SLIM

SLIM

Biografía política del mexicano más rico del mundo

DIEGO ENRIQUE OSORNO

Slim

Biografía política del mexicano más rico del mundo

Primera edición: noviembre, 2015

D. R. © 2015, Diego Enrique Osorno

D. R. © 2015, derechos de edición mundiales en lengua castellana:
Penguin Random House Grupo Editorial, S. A. de C. V.
Blvd. Miguel de Cervantes Saavedra núm. 301, 1er piso,
colonia Granada, delegación Miguel Hidalgo, C. P. 11520,
México, D. F.

www.megustaleer.com.mx

ISBN: 978-607-311-606-0

Impreso en México – *Printed in Mexico*

El papel utilizado para la impresión de este libro ha sido fabricado a partir de madera procedente
de bosques y plantaciones gestionadas con los más altos estándares ambientales, garantizando
una explotación de los recursos sostenible con el medio ambiente y beneficiosa para las personas.

Penguin
Random House
Grupo Editorial

3 1232 01081 7890

Para Daniel Gershenson, Cuauhtémoc Ruiz y Andrés Ramírez

En memoria de Conrado Osorno

Todo poder es una conspiración permanente.
BALZAC

Índice

ÍNDICE

Prólogo

Diego Enrique Osorno tiene agallas. En lo que va de su carrera —y tiene apenas 34 años de edad— se ha metido a fondo en los temas más cruentos de su país, desde el zapatismo hasta el narcotráfico por medio del cártel de Sinaloa y de Los Zetas. Sus reportajes y libros de investigación lo han puesto a la cabeza de su generación y le han valido un amplio y merecido reconocimiento de la comunidad periodística. Es admirado por sus colegas y ha ganado premios. Pero Diego no es periodista de concursos y becas. Lo que lo distingue, de hecho, es que es todo lo contrario de eso. Diego se mete a fondo, y en carne propia, en lo que está investigando. Es valiente. No es poca cosa escribir sobre Los Zetas desde Monterrey.

La primera vez que conocí a Diego él tenía apenas 26 años y acababa de llegar de un periplo intenso entre los manifestantes de una revuelta en Oaxaca, donde más de una veintena de opositores fueron asesinados, y otros tantos desaparecidos y torturados. Sintió, me dijo, que había estado en una guerra, y de hecho así fue. En la calle donde él también estaba murieron el mecánico José Jiménez Colmenares y el camarógrafo Brad Will, y vio cómo sus muertes, como tantas otras vinculadas con la política en México, quedaron impunes. Había visto la injusticia en su forma más cruda y descarnada.

Diego Enrique Osorno es un norteño de apariencia afable y desenfadada. Alto, barbado, habitualmente vestido de *jeans,* botas y camisas de cuadritos con botones y bolsillos estilo vaquero, lo único que le falta para completar el cuadro de vaquero es un sombrero Stetson y, quizá, una pistola en la mano. Porque, claro está, más allá de sus temas y su presencia física, y aunque no lo anda proclamando, tiene alma justiciera. Lo que lo lleva a examinar en detalle y a divulgar los horrores de su país no es un instinto morboso, sino uno moral. Su indignación no la lleva como estandarte o escudo, sino que ya es parte de su camuflaje cotidiano, y sus investigaciones no son menos que grandes denuncias narrati-

13

vas. Diego Enrique Osorno no necesita viajar al Congo para penetrar en el corazón de las tinieblas, porque lo tiene a la vuelta de la esquina.

Hace un par de años, durante una visita a su tierra natal de Monterrey, Diego me llevó por su ciudad y me enseñó sus lugares icónicos y de renombre. A la manera de un parisiense que me señalara el Moulin Rouge y la Torre Eiffel, Diego me mostró cómo Monterrey era una ciudad controlada por el hampa. Un día, como para subrayar esa realidad, procuró comprobarlo, presentándome a un soldado de Los Zetas quien, durante tres horas en un salón privado de mi hotel, explicó cómo hacían y cómo funcionaban las cosas en su organización. Nos contó cómo y por qué mataban a ciertas personas y cómo, en sus temibles "cocinas", se deshacían de los cuerpos. Al final quedó muy claro que su organización era la dominante en ese territorio mexicano, a tal punto que para el hombre de la "Letra" los jefes de su organización y de los cárteles eran tan autoridades como los generales de la policía, del ejército o los gobernadores de los estados. Tampoco hacía distinciones morales entre éstos, sino que hablaba de todos como de quienes compartían algo en común —el poder—, y quedaba sobreentendido que el poder en sí no se definía ni se juzgaba; se reconocía: existía como el Everest, más allá del bien y el mal.

Si Los Zetas comprenden el poder como algo absoluto, amoral, los mexicanos en su conjunto reconocen a un ciudadano como su máximo rey de reyes. Ese ciudadano es Carlos Slim Helú, el hombre que ha llegado a ser el más rico, no sólo de México sino del mundo. En este nuevo libro, producto de años de investigación dedicada, Diego examina a este *pasha* moderno, símbolo vivo del capitalismo del siglo XXI y a la vez de México: en un país de caciques, Slim es un gigante entre liliputienses. Semejantes dimensiones tan surreales llevan a Diego a preguntar, en voz abierta, si un hombre tan rico puede también ser una buena persona. En el presente libro él intenta explorar ésta y otras ideas, así como llegar a una respuesta justa.

Lo que propone Diego, claro está, es un reto verdaderamente mayor. Como alguien que también se ha propuesto perfilar a algunos hombres poderosos, entre ellos al antiguo dictador chileno Augusto Pinochet y a Juan Carlos I, el rey de España, sé que lo más importante es establecer un conocimiento intuitivo del personaje, así como, idealmente, un acercamiento que permita una mirada más íntima y que también, en el mejor de los casos, arroje alguna luz nueva sobre el personaje retratado. Siempre es muy difícil acercarse a los poderosos, quienes normalmente rehúyen a los periodistas —al menos a los que no controlan— y debido a que tienen séquitos nutridos de empleados cuya función en la vida es mantenerlos distantes y asegurar que todo retrato de ellos sea positivo. Por sus grandes méritos como periodista, y —no me cabe ninguna duda— su afable personalidad también, Diego ha logrado circunvalar los retenes alrededor de Slim para lograr no uno, sino varios encuentros con él, y sostener diálogos profundos sobre un arcoíris de diversos temas. Eso, claro, aparte de sus propias pesquisas alrededor de Slim durante varios años: entrevistas con amigos y enemigos, así como trabajo de revisión en archivos inéditos, lo que hace que este libro de Diego sea realmente algo de valor, todo un aporte a la historia moderna. Hay unos encuentros inolvidables que sostiene Diego con Slim en su biblioteca personal. Ahí Slim se muestra como un omnívoro devorador de libros —desde biografías políticas y de grandes financistas hasta el diario del *Che* en Bolivia— y bastante campechano. Le dice a Diego que está dispuesto contestarle todas las preguntas que él le haga y que lo único que pide a cambio es que no ponga "muchas mentiras" en su libro. En todo momento, claro, Diego es nuestro guía, preguntando, mirando, y olfateando todo lo que ve y oye, buscando la verdad sobre Slim.

En el fondo, claro está, lo que Diego busca es la frontera entre el bien y el mal. ¿Dónde está? ¿Cómo encontrarla en un país como México? ¿Quién es Carlos Slim y qué dice del México de hoy?

Acá los dejo con esa incógnita, en las manos del genial y valiente Diego Enrique Osorno.

Jon Lee Anderson,
Holguín, Cuba, septiembre de 2015

Introducción

La vida del mexicano Carlos Slim Helú, uno de los seres humanos más ricos de todo el mundo, no sólo es el relato del primer hombre nacido en un país en vías de desarrollo que alcanzó la cima de *Forbes*. Es también la crónica sobre un empresario que respaldó en momentos críticos al régimen del Partido Revolucionario Institucional (PRI) que gobernó México durante más de 70 años ininterrumpidos hasta el 2000, a la par que aprovechó el proceso de privatización de empresas y bancos nacionales impulsado desde los ochenta a nivel internacional por Estados Unidos y otras potencias mediante el llamado Consenso de Washington, la puerta de entrada para la consolidación del neoliberalismo en América Latina. Slim conoció el mundo de los negocios desde niño, gracias a su padre Julián Slim Haddad, un emigrante de Líbano que prosperó en México como comerciante y cuyas ideas políticas estaban cerca de Al Kataeb, organización creada en su país natal por la familia Gemayel, con inspiración de las falanges españolas de Primo de Rivera.

Durante su juventud, luego de estudiar ingeniería civil en la Universidad Nacional Autónoma de México (UNAM) —y destacarse por ser un estudiante bromista que, además de dar clases de matemáticas y ser cátcher del equipo universitario de beisbol, celebraba el uso de la entonces novedosa calculadora electrónica—, Slim se casó con Soumaya Domit Gemayel, sobrina del presidente libanés que ordenó las masacres de Sabra y Shatila, en las cuales falangistas mataron a más de dos mil personas, sobre todo palestinos refugiados en Líbano a causa de la guerra con Israel. El sacerdote que ofició su boda fue Marcial Maciel, fundador de los Legionarios de Cristo, congregación religiosa que ha sufrido escándalos de pederastia y corrupción hasta llegar a ser intervenida por El Vaticano. Quien acompañó a Slim al altar ese día, además de su madre Linda, fue su hermano mayor, Julián, un activo comandante de la Dirección Federal de Seguridad, la policía política del régimen priista que, bajo el contexto de la Guerra Fría, cometió asesinatos, tortura y desapariciones forzadas de opositores.

Después de la boda, Slim unió las iniciales de su nombre y las de su esposa para fundar Carso, el grupo que encabeza las operaciones que le han dado una fortuna en ocasiones cercana a los 80 mil millones de dólares, por algunos momentos incluso superior a la de Bill Gates, Warren Buffett, Amancio Ortega, George Soros y otros afamados millonarios. Soumaya, su esposa, no pudo ver consolidado a nivel global el emporio familiar ya que murió de una enfermedad renal crónica en 1999. Dos años antes, el mexicano más rico del mundo estaría también al borde de la muerte, luego de una operación de corazón practicada en Houston, Texas, que cuando trascendió provocó caídas de las acciones de sus empresas en la Bolsa de Valores de Nueva York y rumores sobre su posible retiro del mundo de los negocios.

Pero en 2015, Slim había dejado atrás aquellos malestares… Y también algunas de sus relaciones más polémicas. Ya no es identificado como prestanombres del ex presidente Carlos Salinas de Gortari, quien en la actualidad, además del banquero Roberto Hernández, es considerado uno de sus adversarios en México, junto con Televisa, la principal cadena de televisión en habla hispana del mundo. Ahora el apellido Slim se asocia más con el de otros ex presidentes, como el del demócrata Bill Clinton, el del socialista Felipe González y hasta con el de Fidel Castro. Incluso, durante la crisis electoral que vivió México en 2006, de acuerdo con colaboradores del ex presidente Felipe Calderón, Slim intervino de forma sigilosa para respaldar al candidato presidencial de la izquierda, Andrés Manuel López Obrador, en su demanda de que se anularan los cuestionados comicios. Aunque dice que no le agrada ser Santa Claus, a través de sus fundaciones Slim ha dado dinero para causas altruistas. Sin embargo, en comparación con otros ultrarricos del mundo, su filantropía es bastante tacaña. Además, su faceta de mecenas se ha convertido en otra forma de seguir siendo calculador y hacer política.

Tras entrevistar a amigos y enemigos del empresario, así como de una exhaustiva investigación en archivos históricos y confidenciales de los órganos de inteligencia, que incluye el testimonio claro de Slim, gracias a una serie de entrevistas concedidas especialmente para este libro, esta biografía busca contar quién es el mexicano más rico del mundo, más allá de frías cifras económicas y clichés del éxito empresarial. Con sus ventajas y desventajas, se le mira desde la distancia de una pasarela periodística como la que lo miró pasar en Washington, D. C., en 2010, donde una fotografía de la agencia Getty muestra a Slim, con una pintura del ex presidente Grover Cleveland de fondo, mientras camina vestido de frac y asomándosele un gafete de invitado especial de la Casa Blanca.

★ ★ ★

El periodismo en Latinoamérica suele venir de arriba y se dirige hacia los de abajo. Representa una forma en la que el poder dice su verdad al pueblo, no necesariamente en la que el pueblo dice la verdad al poder. En 2007, cuando tuve por primera vez el impulso de investigar en términos periodísticos a Slim, la idea era retratar a mi país desde un ángulo distinto. En ese momento acababa de cubrir una rebelión en Oaxaca, uno de los estados más pobres, y las historias de las que solía escribir en otros lugares de la República siempre estaban ligadas a la marginalidad. ¿Cómo sería entonces reportear al poder?, ¿qué encontraría si me pusiera a indagar sobre el hombre más rico del mundo con el mismo ímpetu con el que seguía un levantamiento popular o con el que visitaba una comunidad sumida en el hambre?, ¿qué cosas de México podrían apreciarse desde esa otra mirada?

Mi temperamento político estaba muy agitado en aquel 2007. Además de la insurrección oaxaqueña en la que me tocó presenciar algunas ejecuciones extrajudiciales de manifestantes, había estado inmerso en La Otra Campaña lanzada por el Ejército Zapatista de Liberación Nacional (EZLN), la iniciativa nacional que lideró el subcomandante Marcos, bajo los lineamientos de un manifiesto anticapitalista conocido como la Sexta Declaración de la Selva Lacandona, el cual firmé como adherente. Pero escribir un libro como éste no era posible sólo con cierto temperamento político. Como reportero, había que tener y desarrollar otras características que durante estos años tuve que aprender como se aprenden las cosas más importantes de la vida: en la práctica. Con ese interés de mejorar la forma en la que puede mirarse la vida de alguien con fama y poder dentro de su ámbito, seguí y escribí extensos perfiles del actor mexicano Gael García, del dueto puertorriqueño Calle 13, de la bloguera cubana Yoani Sánchez y del escritor Juan Villoro. Además, codirigí un documental sobre Mauricio Fernández Garza, uno de los empresarios más extravagantes de México, y otro llamado *El poder de la silla*, sobre el ex gobernador de Nuevo León. Aunque tratan de personajes muy distintos a Slim, cada uno de esos retratos previos me entrenaron para tener paciencia y mirar con cuidado las contradicciones con las que vive cualquier ser humano.

En 2008, un año después del anuncio de *Forbes* de que un mexicano encabezaba por primera vez su lista de ultrarricos, me enteré de que un Julián Slim Helú había sido subdirector de la Dirección Federal de Seguridad en los peores tiempos de ésta y que también había sido comandante de la PGR en los años ochenta. Varias semanas pensé que se trataba de un Slim apócrifo, una especie de coincidencia desafortunada para el dueño de Telmex. Sin embargo, conforme indagaba fui confirmando que se trataba de un hermano bastante cercano de quien en ese momento ya era el hombre más rico del mundo, como se da cuenta en un amplio capítulo de este libro. Ésa fue la primera sorpresa de mi investigación y en cierta medida fue la que hizo que me interesara más en explorar la figura de Slim. No resultó sencillo comprobar oficialmente el paso de Julián Slim Helú como primer comandante de la PGR. Quienes fueron sus compañeros se mostraban reacios a hablar de él debido a la notoriedad de su hermano. Tuve que recurrir al Instituto Federal de Acceso a la Información (IFAI) e interponer varios recursos en contra de las autoridades federales que se negaban a darme el expediente, pero al final logré comprobarlo. Una persona fundamental que me ayudó también en este tipo de trabajo fue María de los Ángeles Magdaleno C., quien realizó la investigación histórica en diferentes fondos del Archivo General de la Nación, en el Archivo Histórico de la Ciudad de México, en El Colegio de México y en la Hemeroteca Nacional

Aunque mi proyecto principal durante todos estos años fue documentarme y escribir sobre Slim, me comprometí con muchas otras historias: por eso investigué y escribí sobre el siniestro de una guardería de Sonora en el que murieron 49 niños a causa de la corrupción; sobre la manipulación política detrás de la guerra del narco lanzada por el presidente Calderón, y sobre el colapso social provocado por Los Zetas en Tamaulipas, Nuevo León y Coahuila. A lo largo de ese tiempo, de manera intermitente seguí recopilando información sobre el mexicano más rico del mundo.

Mientras trabajaba en este libro, muchos de mis entrevistados se sorprendían de que estuviera investigando al presidente del Grupo Carso. Varios de ellos me advertían que no sería fácil publicarlo ya que todas las editoriales tenían un miedo enorme, en especial a afectar su relación comercial con Sanborns, la mayor cadena de librerías de México. Ese tipo de comentarios no perturbaban mi ánimo tanto como los que me señalaban otro tipo de riesgos. Riesgos como el de que el libro fuera ignorado por medios al servicio de Slim o incluso el riesgo de que sus abogados me aniquilaran legalmente. Uno de los que me advirtió de esta posibilidad fue el editor de una de las revistas más influyentes de México, a quien Slim demandó simultáneamente la misma mañana a través de cinco agencias del Ministerio Público, por una ligera crítica. Su caso, como el de otros activistas y críticos a los que enfrentó Slim, nunca se conoció públicamente.

Además de Nueva York y Beirut, viajé a varias ciudades para investigar acerca de Slim; estuve cerca de él en algunos actos públicos y otros privados como la fiesta de inauguración de Saks en México. Durante el corte del listón de la primera sucursal mexicana de la tienda neoyorquina quedé a dos metros de distancia, lo que hizo que más tarde algunos de los invitados al exclusivo coctel creyeran que yo era alguien cercano al hombre más rico del mundo y tuvieran una actitud extremadamente amable conmigo, la cual cambiaba en el instante en que se enteraban de que, aunque sabía muchas cosas acerca de él, en ese momento ni siquiera habíamos cruzado una palabra.

Con el fin de lograr fijar una mirada sobre Slim desde diversos prismas, entrevisté de manera formal a más de cien personas, desde colaboradores de bajo rango hasta empresarios de alto nivel cercanos y adversarios del magnate, como Bernardo Gómez y Alfonso de Angoitia, dos de los tres ejecutivos que participan con Emilio Azcárraga en la dirección de Televisa, una empresa contra la que, en el sector empresarial más crítico del país, prevalece la percepción de su agresiva intervención en el poder público mediante la burda manipulación de información. Otros importantes miembros de la clase política y económica también me concedieron entrevistas pero se rehusaron a que los citara expresamente. No fue el caso de Jacques Rogozinski, operador oficial de la privatización de Telmex, quien me dio una amplia entrevista con el permiso de citarlo.

Antes de tener la primera de las tres largas conversaciones que sostuve con el magnate para contar con su versión para esta biografía no oficial, consulté buena parte de las entrevistas que Slim había brindado. Quizá las más reveladoras son las que ha otorgado al periodista estadounidense Larry King, quien se convirtió en su socio y a quien algunos señalan como el futuro autor de su biografía oficial, aunque el propio Slim me dijo que él mismo la escribiría. Por ahora ambos han protagonizado conversaciones interesantes en congresos empresariales en Estados Unidos. En uno de ellos, celebrado en 2013 y disponible en Youtube, el periodista explicó así su relación con el mexicano más rico del mundo:

> Hace casi dos años y medio Carlos Slim organizó una importante conferencia en la ciudad de México para entregar becas y me llamaron para pedirme que fuera el orador principal en el marco de esa conferencia; me dijeron que tenía que limitar mi intervención a 20 minutos, lo que para mí es apenas como una breve llamada telefónica; extendieron mi intervención, nos hicimos buenos amigos, vino a casa, fuimos a cenar, estuvo en mi programa. Entonces finalmente decidimos crear Ora TV, que se transmite por internet y es distribuida por Hulu, que empezó a operar en julio; ya hemos hecho 170 entrevistas, cifra que se incrementa cada semana. Así que él es mi socio; él era pobre y necesitaba ayuda [sonriendo]. Es un hombre increíble.

Slim ya cuenta con una autobiografía mínima que se difunde en su página de internet. Este libro retoma algunos datos de ahí, pero sobre todo agrega ángulos políticos poco explorados. Además contradice o contextualiza, con base en testimonios y documentos, otros aspectos de la narrativa biográfica que el empresario ha elaborado sobre sí mismo. Como lo exige el periodismo en el que creo: nunca hay un afán de linchamiento ni tampoco se busca glorificarlo.

Otros compañeros periodistas ya han escrito ya retratos de la vida de Slim. El más completo lo hizo José Martínez —generoso autor de un texto añadido a este libro—, pero mi propósito era crear algo que no existía: una biografía que abordara también las influencias y las relaciones políticas alrededor del mexicano más rico del mundo. En ese sentido, este libro no es un reportaje financiero ni una mirada económica a su imperio, sino un retrato de la forma en la que Slim ha influido socialmente, así como de la manera en que se relaciona políticamente y sus acciones u omisiones repercuten en la vida pública. A la par, espero que sea un recorrido por pasajes claves de la historia de México, como los años posteriores a la Revolución, la matanza de Tlatelolco en el 68, la guerra sucia, las crisis económicas de los ochenta, la privatización salinista, la alternancia del año 2000, el conflicto poselectoral de 2006, la llamada guerra del narco y el regreso del PRI al poder con el gobierno de Enrique Peña Nieto.

Después de la investigación que hice, ensayé varias formas de escribir esta biografía: desde el recurso de la carta al mexicano más rico del mundo, hasta el modelo coral, usado magistralmente por Ryszard Kapuściński en *El emperador* o por Hans Magnus Enzensberger en *El corto verano del anarquismo*. Finalmente, ante las características del personaje y de la información obtenida, opté por un registro más puntual como la mejor forma de contar la historia de Slim. Así es que mi amplia investigación sobre él se entrelaza con sus puntos de vista.

Debo mencionar que pese a los diversos temas delicados que le planteé en mis entrevistas, Slim mantuvo siempre una actitud de respeto. Si acaso, algunas de las preguntas acerca de asuntos controversiales prefirió responderlas escuetamente. Debo agradecerle por tanto las más de siete horas que me compartió para este libro en el que, como mencioné, empecé a trabajar hace ocho años. Durante nuestros encuentros, me mostró fotografías suyas mientras era atendido por su dentista, oímos canciones de Chamín Correa, platicamos en lo que le cortaban el pelo un día antes de un evento con el presidente, me obsequió la autobiografía de su amiga Sophia Loren y un ensayo biográfico sobre Gengis Kan, además de compartirme el proceso de preparación de una conferencia que dio en septiembre de 2015 a los becarios de su Fundación Telmex sobre la evolución de las sociedades durante la historia de la humanidad. En algún momento el magnate, en su tono medio de reclamo y de juego, me dijo: "Me hiciste decir muchas cosas que nunca había dicho".

Aunque esta biografía quizá tiene una fuerza especial porque cuenta con la voz directa y habitualmente poco escuchada de su personaje principal, sobre todo espero que plantee el reto de conocer y analizar a uno de los personajes más importantes del mundo actual, a partir de datos e interrogantes como la de si ha ayudado realmente a combatir la pobreza y si se puede vivir sólo por el dinero, con la creencia de que la economía es ajena a los problemas sociales y políticos. La pregunta acerca de si el hombre más rico del mundo puede ser una buena persona fue una de las que me guió durante el trabajo de inmersión en la investigación para este libro, aunque a final de cuentas decidí no exponerla abiertamente en el texto, para dejar al lector la libertad de hacer ésta o cualquier otra reflexión durante la lectura. Una inteligente amiga me recordó que Javier Cercas plantea en *El impostor* que contar la historia de alguien implica entender, y lo que se entiende suele acercarnos, de tal suerte que el ejercicio de narrar, de alguna forma, disminuye las distancias que las brechas —en este caso de dinero— imponen, y así, cada quien puede juzgar con una mejor perspectiva.

No dudo que este libro pueda decir diversas cosas sobre Slim, dependiendo del lector que lo tenga en sus manos. Puede ser la historia del hijo de un inmigrante libanés que sumó su habilidad matemática a su visión empresarial para crear un emporio global; o bien, puede ser el registro de la desigualdad económica que prevalece en el mundo y en especial en México, donde la riqueza de los millonarios —Slim por delante— creció 32 por ciento entre 2007 y 2012, a pesar de que en el resto del mundo disminuyó 0.3 por ciento según el Global Wealth Report 2014.

También hay quienes podrían encontrar aquí el relato sobre un personaje que representa la moral neoliberal de nuestros tiempos, aquella que desconfía de los políticos, cree que el mercado es el mecanismo más eficaz para todo, incluso para el combate a la corrupción, y ve la filantropía como una inversión social y a la empresa como un elemento de riqueza colectiva.

Lo que me queda claro es que dominación y resistencia son dos conceptos que me han marcado, a veces inconscientemente, al reportear y al escribir éste y mis otros libros. Es en esa disputa entre cualquier tipo de poder establecido y la oposición que se organiza para hacerle frente, donde se encuentran mis preguntas periodísticas más importantes. Estoy de acuerdo con el filósofo boliviano Raúl Prada en que la teoría de la lucha de clases de Marx no es una clasificación botánica, como muchos marxistas dogmáticos creen, "sino que es una puesta en escena de la lucha de clases, una puesta en escena a través del drama del enfrentamiento de dos protagonistas históricos, el proletariado y la burguesía. Se trata de una teoría no sólo crítica sino dinámica de la lucha de clases".

A mí me ha tocado atestiguar y narrar, desde perspectivas diferentes, la existencia de esa lucha de clases. Mi primer libro *Oaxaca sitiada* cuenta la primera insurrección que hubo en México en el siglo XXI en un lugar pobre y sojuzgado durante largo tiempo. Se relata el conflicto desde las barricadas populares, aunque también entrevisté al cuestionado gobernador y a todos los miembros de la clase política que gobernaba en ese momento, incluso a los jefes policiales que encabezaron la represión.

En contraste, lo que traté de hacer en este libro fue contar la vida de uno de los mayores representantes del capitalismo: la lucha de clases es motor de mis historias y de muchos otros narradores a los que nos tocó vivir en esta era tan efervescente y desigual.

No ver la lucha de clases detrás de una insurrección popular o de la vida del hombre más rico del mundo es no querer ver la realidad. En ese drama gira la Historia.

Oaxaca de Juárez, Oaxaca,
octubre de 2015

PERSONAJES

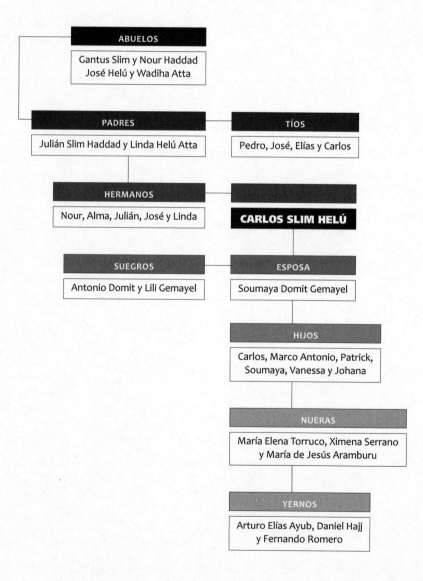

ABUELOS
Gantus Slim y Nour Haddad
José Helú y Wadiha Atta

PADRES
Julián Slim Haddad y Linda Helú Atta

TÍOS
Pedro, José, Elías y Carlos

HERMANOS
Nour, Alma, Julián, José y Linda

CARLOS SLIM HELÚ

SUEGROS
Antonio Domit y Lili Gemayel

ESPOSA
Soumaya Domit Gemayel

HIJOS
Carlos, Marco Antonio, Patrick,
Soumaya, Vanessa y Johana

NUERAS
María Elena Torruco, Ximena Serrano
y María de Jesús Aramburu

YERNOS
Arturo Elías Ayub, Daniel Hajj
y Fernando Romero

I

1

Negociar

Hace unos años, en un acto público de caridad, un hombre se acercó a Carlos Slim Helú para proponerle un negocio: editar un libro de fotografías sobre la ciudad de México y regalarlo en Navidad. Uno de los hombres más ricos del mundo en los inicios del siglo XXI —según las listas anuales de la revista *Forbes,* incluso en ocasiones más rico que Bill Gates y Warren Buffett— aceptó la oferta. Le pidió que preparara mil ejemplares para sus clientes especiales de Inbursa, el banco del que es dueño, como también lo es de decenas de empresas en una veintena de países, incluyendo la de telecomunicaciones más gigante de Latinoamérica, una compañía industrial de cables eléctricos, hospitales, minas de oro, petroleras, cigarreras, el predio en torno al cual está una pirámide prehispánica en el Distrito Federal, tiendas Saks Fifth Avenue, fábricas de bicicletas, empresas de cable en favelas de Brasil, líneas de ferrocarriles, constructoras, acciones de *The New York Times* y la colección más completa de moldes de esculturas de Auguste Rodin.

Semanas después de haber conversado con el multimillonario, el hombre del libro navideño obtuvo una cita con él. El empresario, nacido el 28 de enero de 1940 en la ciudad de México, lo recibiría en su oficina de Lomas de Chapultepec, la más tradicional de las colonias adineradas de la capital mexicana, donde exhibe la escultura de bronce de un Napoleón descansando en un sillón, una obra del artista Vincenzo Vela premiada a finales del siglo XIX en París. Según uno de sus empleados, Slim la tiene allí para recordarse que es un simple mortal.

Cuando el hombre le entregó un ejemplar de la publicación, Slim lo revisó con detenimiento y observó la factura con un semblante serio. Le dijo que no podía pagar ese precio porque le parecía muy caro. El fotógrafo aficionado le aseguró que no estaba lucrando con el libro, que sus costos de producción eran reales. De su escritorio, donde no existe computadora alguna, Slim tomó papel y lápiz, sumó y restó, hasta conseguir la cifra que estaba dispuesto a pagar. El hombre del libro navide-ño cedió ante el regateo del mexicano más rico del mundo.

En una de las entrevistas concedidas para este libro, Slim me dijo que no recordaba el episodio contado por el protagonista, quien por temor a represalias me pidió mantener su identidad en anonimato. En México muchos saben algo de Slim, pero no abunda gente dispuesta a hablar de él con soltura. Por eso hay más leyendas que retratos de este hombre que estudió ingeniería civil haciendo cuentas con calculadoras electrónicas, un objeto al que, en su tesis para graduarse, el futuro mi-llonario auguraría un gran porvenir.

La historia del libro de Navidad es una de tantas que, entre la verdad y la ficción, se cuentan en reuniones de empresarios para recordar el "estilo Slim" a la hora de negociar. Otra anécdota de risa que se esparce como virus entre los mismos círculos es la del tiempo que Slim se pasó hablando con un vendedor de Venecia para conseguir el descuento de una baratija que éste ofrecía.

—Sí sucedió algo en Venecia, pero las cantidades no son lo impor-tante. Entré una vez a una tienda y hablé con ese viejo comerciante heredero de la tradición veneciana. Eso es el establecimiento de con-versación con la gente. Primero estaba platicando yo con el hijo del co-merciante y luego llegó él. Entonces ya se volvió una conversación larga —aclara Slim sobre la anécdota de aquella negociación, presenciada por un grupo de intelectuales mexicanos que acompañaban al magnate—. Yo no soy comerciante. Yo no estoy en la tienda comprando mercancía para revenderla. Yo me meto a los costos, a los programas de venta, a la comercialización, a los planes, a cosas de ese tipo, pero no a comprar. Cuando compras lo haces a gusto, aunque normalmente yo no ando comprando cosas.

Para Slim, lo que hizo con aquel comerciante veneciano no fue re-gatear, sino "entrar en comunicación con un empresario, con una gente de negocios".

A fin de que se entienda mejor su estilo de negociación, el propio Slim elaboró un decálogo que sus empleados y algunos seguidores que conozco tratan de atender puntualmente. En 2007, cuando solicité por primera vez una entrevista formal con él, uno de sus 220 000 trabaja-dores me respondió con amabilidad que analizarían la solicitud. Entre los documentos que anexó en el mensaje estaba ése donde el magnate explica los principios de su conglomerado de empresas:

1. Estructuras simples, organizaciones con mínimos niveles jerárquicos, desarrollo humano y formación interna de las funciones ejecutivas. Flexibilidad y rapidez en las decisiones. Operar con las ventajas de la empresa pequeña que son las que hacen grandes a las grandes empresas.
2. Mantener la austeridad en tiempos de *vacas gordas* fortalece, capitaliza y acelera el desarrollo de la empresa; asimismo evita los amargos ajustes drásticos en las épocas de crisis.
3. Siempre activos en la modernización, crecimiento, capacitación, calidad, simplificación y mejora incansable de los procesos productivos. Incrementar productividad, competitividad, reducir gastos y costos guiados siempre por las más altas referencias mundiales.
4. La empresa nunca debe limitarse a la medida del propietario o del administrador. No sentirnos grandes en nuestros pequeños corralitos. Mínima inversión en activos no productivos.
5. No hay reto que no podamos alcanzar trabajando unidos con claridad de los objetivos y conociendo los instrumentos.
6. El dinero que sale de la empresa se evapora. Por eso reinvertimos las utilidades.
7. La creatividad empresarial no sólo es aplicable a los negocios, sino también a la solución de muchos de los problemas de nuestros países. Lo que hacemos a través de las fundaciones del grupo.
8. El optimismo firme y paciente siempre rinde frutos.
9. Todos los tiempos son buenos para quienes saben trabajar y tienen con qué hacerlo.
10. Nuestra premisa es y siempre ha sido tener muy presente que nos vamos sin nada; que sólo podemos hacer las cosas en vida y que el empresario es un creador de riqueza que administra temporalmente.

Slim enfatiza su discurso público para dar este tipo de consejos a quienes lo escuchan. No fue difícil para sus asesores de comunicación determinar que el potencial de popularidad que posee radica en este aspecto: crear o alentar en los demás el sueño de volverse millonarios siguiendo sus pasos. Así, el magnate reparte fórmulas, tips y claves para el mundo de los negocios, donde su *holding* Carso —llamado así por las iniciales de su nombre y de su fallecida esposa Soumaya— controla empresas de alimentos, autopartes, comercio, detergentes y cosméticos, maquinaria y equipo eléctrico y no eléctrico, metales no ferrosos, minería, papel y productos de papel, productos de hule, química y comunicaciones, entre otros ramos diversos que lo hacen el grupo industrial de mayor participación en la Bolsa de Valores de México.

"Historia de Grupo Carso" se llama el documento que escribió para relatar la forma en que evolucionó su imperio. Aunque está fechado en junio de 1994, me lo dio personalmente —con algunas anotaciones que hizo lápiz a mano— en la primavera de 2015 para que entendiera la forma como opera su conglomerado de compañías. Entre los principios que se mencionan de Grupo Carso se encuentra el de trabajar sin un *staff* corporativo, ya que la empresa siempre debe localizarse en la planta de producción, en la operación y la venta, y con los mínimos gastos de operación. También se especifica que las inversiones deben realizarse en la planta productiva y en los equipos de administración y distribución, nunca en activos corporativos.

Slim explica:

> Buscamos reducir al mínimo los niveles jerárquicos acercando a los directores a la operación lo más posible, y que trabajen para ésta y no para estructuras corporativas. Tratamos de combinar la actividad ejecutiva con el interés de los accionistas a través de un delegado presidente del consejo, quien trabajando conjuntamente con los directivos busque constantemente optimizar inversiones, estrategia y gastos.

Más allá de su perfil empresarial, Slim también posee un lado político. Desde 2006 hasta la fecha, ese perfil político ha sido cada vez más escudriñado, aunque él nunca ha parecido demasiado preocupado por la drástica división de opiniones que produce su figura ni tampoco demuestra esmero en explicar directamente a la prensa el origen y desarrollo de su megafortuna. Sin embargo, "¿cómo se siente ser el hombre más rico del mundo en un país de 50 millones de pobres?" es una de las preguntas que contesta el empresario en un *dossier* de temas frecuentes que reparte su equipo de comunicación a los reporteros que solicitan entrevistas: "Esto para mí no es una competencia y mucho menos en ese tipo de categorías. Yo al morir no me voy a llevar nada; crear riqueza y procurar distribuir su ingreso sí se quedará aquí", responde para sí. Otras preguntas del cuestionario son igual de ásperas: "¿Es cierto que Carlos Salinas de Gortari le vendió Teléfonos de México a cambio de un favor?"

Pero la mayoría son complacientes. La última es: "¿Por qué no ha incursionado en la política mexicana como candidato presidencial?" Slim pudo haber colocado ahí una frase que ha pronunciado en otras intervenciones públicas que registré durante el tiempo que seguí su rastro para escribir esta biografía: "Creo que un hombre de negocios puede hacer con un dólar lo que un político no puede hacer con dos o más".

¿Cómo se involucró de manera formal en el mundo de los negocios este hijo de un comerciante libanés que estudió ingeniería civil en una universidad pública? En 1965 adquirió la embotelladora Jarritos del Sur, para luego crear una casa de bolsa, una constructora, una minera, una operadora de bienes raíces y una inmobiliaria a la que llamó Carso, cuyo nombre retomaría años más tarde para nombrar a todo su emporio. Su primera adquisicón estratégica fue una empresa de artes gráficas llamada Galas de México, de la cual compró el 60% en 1976:

> Galas, al adquirirla, presentaba condiciones muy difíciles: huelga, 1 700 clientes y sólo uno era 25% de las ventas (y se integró poco después), numerosos productos, equipos obsoletos, muy endeudada, clientes molestos por la huelga, proveedores que no surtían por falta de pago, deudas vencidas con bancos, arrendadoras financieras y proveedores, así como convenios de impuestos y seguro social no cumplidos, además de dificultades laborales y con experiencia industrial más limitada.

Fue esta compra, y cuatro años después la del 10% de Cigarrera La Tabacalera Mexicana, con las que el apellido Slim se empezó a conocer entre el empresariado nacional. En 1980 nació formalmente Grupo Carso, y entre 1981 y 1984, periodo de crisis económica en México, su consorcio realizó un importante número de operaciones, a las que Slim define como "mexicanización de empresas", un término que refleja el nacionalismo que suele aparecer en su lenguaje. Escribe el magnate:

> En esos años, y en virtud de que muchos grandes inversionistas nacionales y extranjeros no querían mantener sus inversiones, fue viable adquirir a precios muy por debajo de su valor real la mayoría de varias empresas, e incluso mexicanizar a varias de ellas, entre las que destacan Reynolds Aluminio, Sanborns, Nacobre y sus subsidiarias. Posteriormente mexicanizamos, patrimonial y operativamente, Luxus, Euzkadi, General Tire, Aluminio y 30% de Condumex. Otra forma en que mexicanizamos em-

presas fue venderlas a otros empresarios mexicanos, como fue el caso de Química Penwalt, en 1983, y La Moderna, en 1985.

La década de 1980 es considerada por el empresario como el punto de inflexión en el desarrollo de su conglomerado de empresas. Este crecimiento es relatado de manera entusiasta por el magnate:

Como todos recordamos [la de década de 1980] fue una etapa crítica en la historia del país, en la que se perdió la confianza en su futuro. Entonces, mientras los demás rehusaban invertir, nosotros decidimos hacerlo. La razón de esta decisión del Grupo Carso fue una mezcla de confianza en nosotros mismos, confianza en el país y sentido común. Cualquier análisis racional y emocional nos decía que hacer cualquier otra cosa que no fuera invertir en México sería una barbaridad. No es posible educar y formar a nuestros hijos adolescentes (o de cualquier edad) con miedo, desconfianza y comprando dólares.

Slim equipara este periodo de compras arriesgadas con una adquisición hecha por su padre: "Las condiciones de aquellos años me recordaron la decisión que tomó mi papá en marzo de 1914: cuando en plena Revolución le compra a su hermano 50% del negocio, poniendo en riesgo todo su capital y su futuro".

En realidad, las condiciones entre un momento y otro resultaban sumamente distintas. Mientras que al papá de Slim le había tocado el caos revolucionario, el magnate hizo su inmensa fortuna en el marco de la ideología dominante en la actualidad: el neoliberalismo. Fue durante su intensa aplicación en México, a través del llamado Consenso Washington, como Slim desarrolló buena parte de su capital.

¿Qué es el Consenso Washington? Es el término usado coloquialmente para nombrar el modelo económico que imponen las potencias mundiales a los países en vías de desarrollo. Una de las mejores definiciones que hay es del escritor indio Pankaj Mishra, quien lo sitúa como "la ortodoxia ideológica dominante antes de la crisis económica de 2008, a saber, que ninguna nación puede progresar sin poner freno a los sindicatos, sin eliminar las barreras comerciales, poner fin a los subsidios y, lo que es aún más importante, sin minimizar el papel del gobierno".

2

Forbes

La lista de los hombres más ricos del mundo que elabora la revista *Forbes* detalla que, en 2014, junto con Carlos Slim, entre los mexicanos más ricos del mundo también estaban Germán Larrea, con 14 mil 700 millones; Alberto Baillères, con 12 mil 400 millones; Ricardo Salinas Pliego, con 8 mil 300 millones; Eva Gonda de Garza Lagüera, con 6 mil 400 millones; María Aramburuzabala, con 5 mil 200 millones; Antonio del Valle, con 5 mil millones; la familia Servitje Montul, con 4 mil 800 millones; la familia González Moreno, con 4 mil 700 millones, y Jerónimo Arango, con 4 mil 200 millones. Si se suma la fortuna en conjunto de estos otros nueve multimillonarios mexicanos da la cantidad de 65 mil 700 millones de dólares, la cual resulta aún inferior a los 72 mil millones de dólares adjudicados a Slim en aquel año. En México no hay nadie que se acerque a disputarle al magnate de ascendencia libanesa su liderazgo en la lista de *Forbes*.

El novelista Eduardo Antonio Parra alguna vez me aseguró que Slim no era el primer mexicano que lograba ser el hombre más rico del mundo, sino Antonio de Obregón y Alcocer, quien en el México virreinal del siglo XVII amasó una enorme fortuna explotando la mina de La Valenciana, en Guanajuato, la cual fue en esos años la mayor productora de plata del planeta. La explotación sistemática y el trabajo semiesclavizado de sus mineros convirtieron a Obregón en un personaje célebre de la época colonial y por ello recibió el título de conde por parte del rey Carlos III de España. De acuerdo con Parra, el conde de La Valenciana era tan rico que cuando su hija se casó mandó alfombrar el camino de su casa a la iglesia con puros lingotes de plata.

De Obregón y Alcocer no aparece en un interesante ejercicio que hizo la revista *Forbes* al calcular mediante una serie de variables una lista de las 75 personas más ricas en la historia de la humanidad. Este listado lo encabeza el petrolero John D. Rockefeller y se incluye también a otros personajes como el zar Nicolás II de Rusia, el magnate Andrew Carnegie, el empresario automotriz Henry Ford, el faraón Amenofis III de Egipto, el petrolero Jean Paul Getty, el *robber baron* Cornelius Vanderbilt, el rey Guillermo II de Inglaterra, la emperatriz Cleopatra, el fundador de Walmart Sam Walton, el senador romano Marco Licinio Craso y el propio Slim.

En realidad Slim no sólo es un hombre inmensamente rico: también es un estratega. Desde su juventud demostró esa característica. Su tesis para titularse como ingeniero ("Aplicaciones de programación lineal a algunos problemas de ingeniería civil"), además de ser una reivindicación de las calculadoras electrónicas, es un minucioso análisis de la forma en la que se dieron las operaciones de la guerra más sangrienta del siglo XX. El joven Slim inicia el prólogo así:

La intención fundamental de este estudio es describir algunas técnicas de las desarrolladas a partir de la Segunda Guerra Mundial y clasificadas, correcta o incorrectamente, dentro de "la investigación de operaciones", así como describir brevemente algunas de sus aplicaciones a la ingeniería civil. Estas técnicas, que han logrado un notable desarrollo como resultado del gran número de aplicaciones prácticas que se les han encontrado, constituyen una herramienta formidable que viene a ayudar notablemente al sentido común y que permite hacer a los directores en general decisiones más racionales y objetivas (sin desplazarlos en ningún momento), haciendo posible asimismo "jugar" con ellas, determinando sus consecuencias. Lo efectivo de su empleo depende de la precisión de los datos suministrados y de la elección de la técnica conveniente.

Luego de quedarse con el control de la antigua empresa pararestatal mexicana Telmex, una táctica que Slim utilizó fue la de usar el capital generado por el crecimiento del mercado de la telefonía celular en México que en dos años pasó de 8.3 millones a 96.2 millones de usuarios, para fortalecer económicamente a su empresa América Móvil y, con el enorme flujo de dinero que poseía, ir adquiriendo nuevas compañías de telecomunicaciones en Brasil, Argentina, Perú, Chile, Ecuador y Colombia. De esta forma, los consumidores mexicanos de telefonía fueron la mina de plata de La Valenciana que Slim aprovechó para expandir su imperio.

Sin embargo, al cumplir 75 años de vida, Slim enfrentó ligeros reveses en su expansionismo latinoamericano. Previamente, un juez panameño había ordenado que algunas de sus propiedades fueran embargadas, debido a una controversia judicial por la concesión que recibió para construir una planta hidroeléctrica durante el gobierno de Omar Torrijos. Por esas mismas fechas, el gobierno de Uruguay revocó la concesión de su telefónica Claro, debido a cuestiones de legitimidad, según un comunicado oficial. José Mujica, uno de los más aclamados presidentes a nivel internacional, antes de concluir su periodo de gobierno declaró públicamente que no deseaba que la compañía de Slim se convirtiera en la dueña de las comunicaciones de su pequeño país sudamericano.

Pero la pregunta para muchos analistas de la política latinoamericana no era si Slim sería capaz de seguir acumulando más dinero en sus años restantes de vida, sino el destino que tendría esa estratosférica fortuna.

—Antonio de Obregón, el conde de La Valenciana, no parece un personaje muy recordado en México actualmente... ¿Cómo crees que trate la posteridad a Slim? —pregunté al escritor Eduardo Antonio Parra.

—Él sabe que muchos en México y en Latinoamérica lo odian y quiere hacer algo al respecto. Puede pasar como un buen benefactor, pero depende de lo que haga de aquí en adelante. Lo que me llama mucho la atención de él es cómo se mete en todo, no nada más en el negocio de la telefonía. Me enteré que una de sus empresas se va a meter al drenaje de la ciudad de México. ¡Hasta con la mierda es capaz de hacer dinero!

3

Éxito

En un mundo como el actual, donde hay 1 400 millones de personas con un ingreso menor de un dólar diario, ¿qué tipo de éxito significa que una sola persona como Carlos Slim acumulé una fortuna rondante de los 80 mil millones de dólares? "El éxito es fácil de obtener. Lo difícil es merecerlo", escribió Albert Camus en *La caída*. El magnate reaccionó con una mueca de desgano al leer la palabra "éxito" en una de las hojas que llevaba como guía para la primera de las entrevistas formales que me dio para este libro. Luego me leyó el fragmento de una carta que él escribió en la década de 1990 para los jóvenes: "Tener éxito material, empresarial o como profesionista, eso no es éxito. El éxito es el equilibrio, la armonía, la familia y los amigos, que son lo importante". Le hablé del éxito en su definición más básica, aquella que lo considera simplemente como un "resultado feliz".

—Yo creo que la felicidad es un camino y en el camino se atora uno, se cae, tiene graves problemas y lo único que tiene que hacerse es más fuerte en las crisis para poder avanzar. Y lo importante en la vida es amar la vida y lo que la vida ofrece. No querer hacer un solo proyecto, una sola actividad, nada, sino la vida misma, es lo que uno tiene que amar, conocer, comprender, porque conociéndola y entendiéndola se disfruta más profundamente. Más o menos es lo que pongo en la carta ésa para los jóvenes.

—¿Qué le diría a las personas que lo ven como una referencia de éxito?

—Mira, si el éxito lo ven como una forma de tener familia, una familia activa que se quiere mucho, que trabaja y que posee sentimientos y el sentido de la responsabilidad, creo que eso es un buen ejemplo: tener una familia muy funcional, muy integrada, muy querida, con una relación, y hablo de la familia en el sentido más amplio, pues creo que eso es importante que lo tengamos todos, y contar con amigos de mucho tiempo. En ese sentido, pues qué bueno que uno pueda servir de alguna forma como ejemplo, sobre todo en la forma de vida. Yo creo que todo el que goza de algún privilegio, cualquiera que sea, tiene un compromiso y una responsabilidad social…

—Pero creo que la admiración que tienen algunos hacia usted no es por su familia, sino por su gran acumulación de dinero. Eso es para muchos un símbolo del éxito.

—Puede ser, pero no creo que el dinero sea el símbolo del éxito, porque puedes tener mucho dinero y ser un infeliz y estar solo. Alguien decía de una persona: "Era tan pobre, tan pobre, que solo tenía dinero". Yo creo que eso retrata muy bien las cosas. Además, hay que diferenciar entre dinero y empresa. Es distinto tener en el banco equis millones o miles de millones, o en efectivo, o en inversiones o en lo que tú quieras, que tener una empresa, donde lo que estás teniendo es una inversión importante para la sociedad. No sé si me explico.

—Creo que sí.

—Entonces yo creo que hay dos conceptos diferentes: riqueza e ingreso. El ingreso es el fruto de la riqueza. Cuando tienes riqueza bajo tu administración, sea completamente tuya o en parte, o sea pública (una empresa del Estado, por ejemplo), tu responsabilidad es manejar esa riqueza, y el fruto de esa riqueza es del que debe haber distribución y fruto, no de la riqueza misma. Si mañana repartes todas las acciones de Pemex a los mexicanos, ¿qué haría cada mexicano? Las vendes. Tú lo que quieres es tener una mejor vida para tu familia. Entonces lo importante es que Pemex sea una empresa muy eficiente, sobria, muy eficaz, que cree más riqueza y que el fruto de esa riqueza que vaya creando en parte se reinvierta y en parte se redistribuya. Igual en las empresas privadas. Cuando tú creas riqueza, se trata de una riqueza que se queda en la sociedad. ¿Qué es lo importante de esa riqueza? Pues que sea una riqueza que genere muchas cosas: que genere empleo, que genere más riqueza, que genere servicios o bienes importantes para la sociedad, y cuando haya accionistas, que participen del producto y que se queden los impuestos, y que se pueda tener una parte independiente de la empresa (yo creo que los empresarios tenemos esa obligación), aunque a veces la empresa coopere de alguna forma para resolver proyectos sociales importantes.

—Eso suena interesante: que en una época en que hay un culto al dinero fácil, al consumismo, usted, uno de los hombres más ricos del mundo, tenga esta visión que parece contraria a lo que representa su figura...

—Lo importante no es que la gente posea riqueza, sino qué hace con ella y qué tipo de riqueza es. Si lo que tienes es mucho dinero en efectivo o en inversiones para pasear y andar de aquí para allá y te vuelves una especie de parásito social, es una situación distinta al empresario que está trabajando en el desarrollo y en la estructura de la empresa. Son dos características diferentes. Por eso, cuando han hablado los americanos, algunos de ellos [Warren Buffett y Bill Gates], de que van a donar la mitad de su capital, yo digo: y, bueno, ¿por qué la mitad? ¿Por qué no 70 u 80%? No es tanto el porcentaje lo que yo pueda objetar. Mi pregunta es: ¿por qué no se comprometen ellos? ¿Por qué no dan su tiempo? ¿Por qué no, en lugar de dar dinero, entregan su tiempo y su compromiso, que englobado con el dinero que tienen pueda resolver los problemas? Porque, mira: todo el dinero que puedan donar las personas no es funcional, no resuelve nada. Eso a lo mejor es nada más para sentirse bien o sentirse vergonzantes de tener recursos, de tener riqueza. Yo no soy vergonzante de lo que tengo, aunque hay críticas por muchos lados de que te favorecen y de que esto y que lo otro, pero de eso te contestaré lo que me quieras preguntar.

4

Kan

Es normal que un multimillonario como Carlos Slim, tan omnipresente en la vida diaria de mexicanos y latinoamericanos, sea objeto tanto de adulaciones como de insultos gratuitos. Los juicios sobre él se dividen entre la complacencia de intelectuales, políticos y artistas, que lo ven como un mecenas nacionalista, y la lapidación de ciudadanos comunes, que no tienen más opción que ser sus clientes porque es dueño de la mayoría de los productos y los servicios que compran. Luego se desahogan con chistes, como el típico: "Mi amor, entiende que cuando discutimos por teléfono ni tú ni yo ganamos. Gana Carlos Slim". Los efectos de su inmensa fortuna invaden hasta las peleas de pareja en tono de comicidad contra uno mismo.

Pero en el mundo empresarial, una de las cosas que se resalta de Slim es la dureza con la que asume sus negocios. Un muy cercano colaborador del fallecido empresario del norte de México, Lorenzo Zambrano, me contó que el presidente de Cemex y Slim eran amigos hasta que el magnate cementero decidió participar con un pequeño porcentaje en Axtel, una compañía telefónica competidora de Telmex. Este hecho, además de enfriar su relación personal, provocó que el mexicano más rico del mundo decidiera invertir en la Cementera Moctezuma para competirle a su antiguo amigo.

Quizá ese es uno de los factores por los que, en el año 2010, cuando cumplió 100 años la Revolución mexicana por una mayor justicia social protagonizada por Emiliano Zapata y Francisco Villa, Slim celebró sus 70 años de edad acumulando tanto dinero que por esas fechas consiguió rachas de ganancia de un promedio de dos millones de dólares por hora, algo que él minimiza y enmarca como un hecho de la nueva era en que vive la humanidad:

—Pero hoy estamos en una nueva era en que lo más importante es el combate a la pobreza —me explicó Slim en entrevista—. Antes era

41

un problema moral y ético; ahora es un problema económico. El gran progreso chino es que saca a 20 o 30 millones de chinos cada año de la pobreza y de la marginación. Entonces, lo que China ha hecho es sacarlos con capitalismo. Todo es capitalismo. Esos que dicen que capitalismo salvaje y que lo otro, no es cierto. Todo es capitalismo. Hay capitalismo de Estado o capitalismo privado. O el capital que tienen los fondos de pensiones, que al final es privado. El capitalismo es fundamental para que haya inversiones. Un amigo decía: "¿Qué es capital? Es lo que uno gana menos lo que uno gasta. Eso es lo que acaba formando el capital, y las sociedades necesitan capitalizarse, como es el caso de China.

Slim ha dicho en varias ocasiones que le gustan las historias del emperador mongol que conformó uno de los imperios más extensos en la historia del planeta. *Genghis Khan and the Making of the Modern World*, un *best seller* de *The New York Times* escrito por Jack Weatherford, es uno de sus libros preferidos, el cual me obsequió luego de darme la siguiente explicación:

—Ese libro me pareció interesante porque Gengis Kan fue el tipo que más influyó en los cambios del segundo milenio de la historia. Un personaje que no cambiaba las leyes ni las religiones de los países que ocupaba y permitía el libre comercio. Era salvaje con las conquistas, pero cuando había resistencia, como todos los demás. Lo que pasa es que lo plantean como un gran salvaje —durante algunos minutos el magnate relata algunas de las estrategias militares del emperador asiático—. ¿Sabes cómo destruyó al ejército mejor armado? Lo estaban esperando y mandó a algunos de caballería a hacer un intento de confrontación. Luego hizo como que perdía y que empezaba a huir. Su caballería comenzó a retirarse y la del ejército enemigo la siguió. Gengis Kan dejó que la fuera siguiendo, mientras los otros deshacían su ejército, pensando que los destruirían. Los de la caballería se empezaron a ir, dejando a la infantería atrás, mientras que el ejército de Gengis Kan los esperaba en un lugar. Y cuando la caballería enemiga ya estaba ahí, todo el ejército de Gengis Kan se fue contra ésta y la destruyó. Aunque contaban con las mejores armaduras, no se comparaban con la movilización contraria y fueron destruidos ahí. Lograron que la cohesión del ejército occidental europeo se fuera deshaciendo; le quitaron la fortaleza al moverlo y deshacer sus formaciones, pensando que ya los habían derrotado, y además corriendo despacio, porque venían muy armados, muy cargados. Gengis Kan tenía estrategias enormes.

—¿No existe un símil entre usted y Gengis Kan? Usted es el primer empresario latinoamericano que llegó a ser el hombre más rico del mundo, una posición que sólo habían ocupado empresarios de los países más desarrollados. ¿No se siente usted una especie de Gengis Kan moderno? —pregunto a Slim.

—No, no. En la sociedad agrícola había guerras, había saqueos, había conquistas, había esclavos. Eran otros paradigmas completamente diferentes, y él fue un gran conquistador que llegó a lugares remotos. Cosa rara, porque él tenía una sociedad más primitiva de las que conquistaba; es decir, él era tecnológicamente más atrasado que sus conquistados, porque se basaba en la rapidez del caballo, el valor de la gente, en atacar con la flecha desde el caballo, en tener estrategias de conquista, de lucha, muy ingeniosas y otras muy agresivas, y buscaba conquistar también con la negociación. Eran las épocas de guerra y luchó contra ejércitos de armadura, a los cuales vencía a pesar de ser más avanzados técnicamente; usó la pólvora china con la fundición europea… Gengis Kan llenó una etapa muy importante de la historia, porque hizo la conquista más grande de la historia, más que Alejandro Magno: fue el que más transformó el mundo en el segundo milenio.

—¿Entonces es un personaje de la historia que le parece interesante?

—Sí, aunque como otros 300 personajes. Si te interesa la historia, necesitas saber de Gengis Kan, como tienes que saber de Alejandro Magno, de Sócrates, de Platón, de Aristóteles y de muchas otras personalidades, pero yo creo que Gengis Kan sí fue muy importante en la historia de la humanidad.

5

Money

Carlos Slim se levanta de la mesa donde conversamos sobre las influencias que ha tenido en su vida. Da seis pasos hacia la biblioteca, que se encuentra en una esquina de su amplia y alfombrada oficina, para señalar algunos libros con el índice derecho.

—Mira, éste de Baruch es interesante. También éste de Ling, que hizo un conglomerado y acabó quebrándolo, pero es interesante ver cómo lo hizo. Éste de Vesco, que se acabó quedando con un fondo y luego se fugó a Cuba. ¡Éste es muy buen libro porque describe la crisis de los setenta! Éste es de Ford. Éste es el de don Pepe Iturriaga que te decía la otra vez. Éste es un libro de Getty y éste es el otro de Getty que leí cuando salió en la revista *Playboy*.

El millonario mexicano saca el libro del estante. Es pequeño y se nota desgastado. *Así hice mi fortuna* es el título, escrito por el magnate petrolero estadounidense Jean Paul Getty. Mientras lo hojea, se alcanzan a ver oraciones y párrafos subrayados con tinta negra. Es uno de los pocos libros en español de esa sección de la biblioteca, donde predominan los libros en inglés, idioma que Slim lee y habla desde su juventud.

—¿Getty fue su principal referencia del mundo empresarial?

—¡Nooo! Mi principal referencia no. Baruch es anterior a él. Rockefeller es anterior a él... —contesta y se sumerge de nuevo entre sus libros—. Mira, éste es el libro del nieto de Rockefeller, y el de Chrysler está por ahí. Entonces a todos les aprendes, y te digo, aprendes de lo bueno y de lo malo. En este libro, por ejemplo, se hace un buen juicio sobre Gates cuando estaba empezando. Lo juzga bien. Dice: "Éste no está vendiendo, está desarrollando bien su empresa". Éste, por ejemplo, es el *Paper Money*...

Slim es esencialmente un lector de biografías, libros de negocios, estadísticas deportivas y económicas, así como de volúmenes de historia, los cuales se amontonan en una estantería austera de seis pisos que acapara una pared de la oficina —de unos 90 metros cuadrados— que tiene en el Corporativo Financiero Inbursa, en la colonia Lomas de Chapultepec, muy cerca de la residencia donde ha vivido desde hace 40 años en la ciudad de México. En la oficina hay fotos familiares, pinturas clásicas y un escritorio espartano que el magnate casi nunca usa, ya que prefiere trabajar en una mesa colmada de papeles donde a veces hay envoltorios de chocolate sin azúcar para diabéticos. Aunque es miope del ojo derecho, el ojo funciona muy bien y le permite leer sin anteojos a sus 75 años de edad. A fin de mostrarme alguno de sus libros o documentos guardados en esta biblioteca, suele interrumpir nuestras entrevistas. Si, como decía Borges, uno no es lo que es por lo que escribe, sino por lo que ha leído, estas interrupciones de Slim son más reveladoras que algunas de las cosas que dice, pues reflejan parte de la personalidad de un mexicano del que muchos se preguntan cómo llegó a acumular una fortuna que, de acuerdo con un cálculo del investigador José Merino, podría mantener a 10% de las familias más pobres de México durante 14 años.

Uno de los libros que señaló la primera vez que nos vimos en su oficina fue *Mr. Baruch,* escrito por Margaret L. Coit y publicado en inglés por la editorial Houghton Mifflin en 1957, el año en que Slim inició sus estudios de ingeniero civil en la Universidad Nacional Autónoma de México. En éste se cuenta la historia de Bernard Baruch, un financiero estadounidense que se hizo millonario a principios del siglo XX especulando con el mercado del azúcar, al que apodaban *el Lobo Solitario de Wall Street* por actuar al margen de las casas financieras de la época. Baruch dio un giro interesante al dejar Wall Street para mudarse a Washington, D. C., meterse a la política y convertirse en asesor de guerra durante los gobiernos de Wilson, Roosevelt y Truman.

Otra de las biografías que ha leído Slim es *Ling. The Rise, Fall, and Return of a Texas Titan,* de Stanley H. Brown. La sinopsis del libro, publicado en 1972 por la editorial Atheneum, explica que Jim Ling, un electricista de Oklahoma que sólo estudió secundaria, fue uno de los grandes especuladores corporativos y creador de Ling-Temco-Vought, el cual llegó a ser uno de los conglomerados más grandes del mundo hasta que quebró durante la crisis de la década de 1970 en Estados Unidos. También está *Vesco,* de Robert A. Hutchison (Praeger, 1974), el cual trata sobre Roberto Vesco, un personaje fascinante y contradictorio, hijo de padre italiano y madre yugoslava, nacido en Detroit, que ni la secundaria terminó aunque a los 30 años, gracias a su habilidad como vendedor, se hizo millonario, si bien después defraudó a una empresa suiza con varios millones de dólares y emprendió la huida al Caribe: primero a las Bahamas, luego a Costa Rica y al final a Cuba, donde fue recibido animosamente por el gobierno revolucionario hasta que asimismo defraudó a un sobrino de Fidel Castro y acabó en una cárcel de La Habana.

The Crash of '79, de Paul E. Erdman (Simon & Schuster, 1976), es otro de los libros que Slim presumió. El texto de contraportada dice: "Erdman conoce bien las intrigas de las altas finanzas internacionales. Nadie mejor que él para describir ese mundo. Con mano maestra lleva al lector a los centros de poder de hoy". También *The Fords. An American Epic*, de Peter Collier y David Horowitz (Summit Books, 1987), sobre las tres generaciones de la familia que creó uno de los mayores emporios automotrices, enfocado en los conflictos que existieron entre padres e hijos.

Del empresario Jean Paul Getty, a quien Slim sigue desde la década de 1960, tiene dos libros: la autobiografía *A mi manera* (Grijalbo, 1977) y *Así hice mi fortuna* (Sayrols, 1987), cuyo primer capítulo se titula "¿Cómo hice mis primeros mil millones de dólares?"

—Veo que también hay poesía en su biblioteca —le digo cuando encuentro un libro de Jaime Sabines, un popular poeta de Chiapas.

—Éste lo hicimos nosotros. Bueno, lo hizo su secretaria y nosotros lo publicamos. Mira, si quieres hablar de poemas, éste es interesante —dice, para luego moverse a la derecha de los libreros, de donde saca uno de Gibran Jalil Gibran.

Slim pregunta si quiero que lea algo del escritor libanés sobre las dádivas y le digo que sí, a sabiendas de que hizo lo mismo en 2007 con el periodista Tim Padgett de la revista *Time*, cuando éste lo cuestionaba sobre su manera de hacer filantropía.

Y así, de pie junto a su biblioteca, con la corbata azul aflojada y una camisa celeste con sus iniciales CSH bordadas en un costado, uno de los hombres más ricos del mundo comienza a leer un poema.

> Todo lo que tienes algún día se dará;
> entonces da ahora,
> para que la estación del dar sea tuya
> y no de tus herederos.
> Muchas veces dices "yo daría,
> pero sólo a el que lo merece".

Los árboles en tu huerto no dicen esto,
tampoco el rebaño en tu pasto.
Dan para que vivan,
porque retener es morirse.

Gibran Jalil Gibran, nacido en Líbano, el país de Oriente Medio donde también nació su padre Julián, es uno de los escritores preferidos de Slim. La lista la completan mexicanos contemporáneos como Ángeles Mastretta y Carlos Fuentes, quien antes de morir noveló en clave parte de su relación con Slim en *La voluntad y la fortuna*, uno de sus últimos libros. Slim y Fuentes se reunían con frecuencia antes de que el escritor muriera. Slim también entabló amistad con el fallecido premio Nobel colombiano Gabriel García Márquez. Otros de sus interlocutores privados selectos son el ex presidente de Estados Unidos William Clinton, el científico Stephen Hawking, el historiador Hugh Thomas, el futurólogo Alvin Toffler, el estratega Nicholas Negroponte y el ex presidente socialista español Felipe González, quien además es su amigo. Todos ellos han estado en casa del multimillonario en Lomas de Chapultepec, algunos en domingo o en lunes por la noche, que es cuando sus hijos Carlos, Marco Antonio, Patrick, Soumaya, Vanessa y Johanna se reúnen para cenar y conversar sobre diversos temas con personalidades internacionales de la ciencia, la literatura y la política.

A partir de 2002 la Fundación Telmex organiza un encuentro internacional en la ciudad de México, al que Slim invita a algunas de las personalidades que conoce o admira para que impartan una conferencia magistral a la cual sólo tienen acceso los jóvenes becarios y determinados colaboradores de sus empresas. La lista de personajes es tan larga como diversa, y denota algunos intereses y aficiones del mexicano más rico del mundo, así como el poder de convocatoria que posee. En 2002, por ejemplo, acudió el legendario astro del futbol Pelé, mientras que en 2003 estuvieron el futurólogo Alvin Toffler, el ex presidente Bill Clinton y el basquetbolista Earvin *Magic* Johnson. Para 2004 acudió Mijaíl Gorbachov, el último presidente soviético, y de Estados Unidos, la ex secretaria de Estado Madeleine Albright. En 2005 estuvieron la actriz Goldie Hawn y el ex futbolista argentino Jorge Valdano, mientras que en 2006 —año de unas conflictivas elecciones presidenciales— no se llevó a cabo.

En 2007 la pasarela internacional de relaciones de Slim se retomó y en su celebración participaron la cantante Gloria Estefan, el atleta Carl Lewis, y Carly Fiorina, directora general de Hewlett Packard. En 2008 la actriz y activista Jane Fonda y, también de Estados Unidos, Colin Powell, ex secretario de Estado. Entre 2009 y 2013 la lista de invitados abarca al ex presidente de Chile Ricardo Lagos; la tenista Anna Kournikova; el actor Forest Whitaker; el cofundador de Twitter Biz Stone; el periodista Larry King; el cineasta James Cameron; el ex secretario general de la ONU Kofi Annan; el presidente de la Reserva Federal de Estados Unidos Alan Greenspan; la ex secretaria de Estado Condoleezza Rice; el basquetbolista Shaquille O'Neal; el ex presidente brasileño Luiz Inácio Lula da Silva; el entrenador Joseph Guardiola; el ex primer ministro británico Tony Blair; el escritor Deepak Chopra; el nadador Michael Phelps; el cofundador de Wilkipedia Jimmy Wales; el actor Al Pacino; el fundador de Facebook Mark Zuckerberg; el actor Antonio Banderas, y la ex secretaria de Estado Hillary Clinton.

★ ★ ★

—Éstos que están aquí son libros que he leído, varios de ellos de negocios, pero tengo muchos otros en la casa —aclara Slim mientras caminamos al lado de su biblioteca.

—¿Y qué más lee?

—Muchas cosas.

—¿Lee teoría económica?

—Yo casi no leo teoría. No me gusta.

—¿Entonces es omnívoro?

—Mira, éstos de aquí son de arte.

El empresario que construyó uno de los museos más grandes de México, el cual lleva el nombre de su fallecida esposa Soumaya, señala un estante donde predominan los volúmenes regalados que ha decidido mantener en su biblioteca, de los cientos que le llegan cada año y que se amontonan, junto con otro tipo de regalos, en una sala contigua que funciona como aduana o filtro de revisión antes de llegar a la oficina de Slim. Algunos de los libros de arte que pasaron el filtro y que logré identificar son *El Greco. Su revalorización por el modernismo catalán*, de J. Álvarez Lopera *et al.* (MNAC/Enciclopèdia Catalana, 1996); *Rodin's Art. The Rodin Collection of Iris & B. Gerald Cantor Center of*

Visual Arts at Stanford University, de Albert E. Elsen y Rosalyn Frankel Jamison (Oxford University Press, 2003); *Rodin. Plasters & Bronzes*, sin autor (Robert Gordon/Gruppo Mondiale, 1999); *Rodin. Le festin d'une vie*, de Alexandre Bailhache (Du Chêne, 1998); *Frida & Diego. Passion, Politics & Painting*, edición de Dot Tuer y Elliott King (Art Gallery of Ontario/High Museum of Art, 2013); *Juan Gris*, de Juan Antonio G. Nuño (Poligrafía, 1991); *The Annenberg Collection. Masterpieces of Impressionism and Post-Impressionism*, de Colin B. Bailey, Joseph J. Rishel y Mark Rosenthal (Philadelphia Musem of Art, 1989); *Para saber de vinos*, de Asher Benatar (Benatar Comunicaciones, 2004); *Alfredo Zalce*, de Beatriz Zalce *et al.* (Gobierno del Estado de Michoacán, 2005); *Rufino Tamayo. Catalogue raisonné, gráfica prints 1925-1991*, sin autor (Turner, 2005); *Pintura y vida cotidiana en México (1650-1950)*, de Gustavo Curiel (Conaculta, 1999); *Tu hijo puede ser un crack*, de Jaume Alguersuari (Planeta, 2012); *The Accidental President of Brazil. A Memoir*, de Fernando Henrique Cardoso y Brian Winter (Public Affairs, 2007), y *Harvard Art Museum Handbook*, edición de Stephan Wolohojian (Harvard Art Museums, 2008) —la lista completa se anexa al final del libro—.

Seguimos caminando y Slim recuerda algo. Justo entre el libro *Historia de la deuda exterior de México*, escrito por Jan Bazant y publicado por El Colegio de México en 1968, y la biografía *Hammer,* de Armand Hammer y Neil Lyndon, saca un viejo ejemplar titulado *Geometría analítica y cálculo infinitesimal,* de F. Woods y F. H. Bailey (UTEHA, 1979).

—Éste es mi libro de segundo año de la universidad —dice con orgullo.

Luego aparece *La Reina del Sur*, novela de Arturo Pérez Reverte sobre una mujer de Sinaloa metida en el narcotráfico internacional. Slim aclara:

—Esto no tiene nada que ver. Hay otros de aquí que tampoco he leído... Mira, éste es muy bueno. Mira qué bonito título tiene.

Leo en la portada *Reinas, mujeres y diosas. Mágicos destinos,* mientras Slim le quita el papel transparente que aún lo cubre.

—Lo hicimos en Sanborns y la portada es una pintura del museo —continúa esculcando—. *El principio de Peter,* éste es muy bueno —me muestra el volumen, cuyo autor es famoso en el mundo empresarial por su máxima: "En una jerarquía, todo empleado tiende a ascender hasta su nivel de incompetencia: la nata sube hasta cortarse".

En la misma sección aparece un libro bellamente ilustrado que relata las guerras modernas, el cual dice Slim que acaba de leer y que yo también debería leerle a mi hijo. Asimismo, está una biografía de los Kennedy y el libro *Outliers (Fueras de serie)*, de Malcom Gladwell. Me pregunta sí lo he leído. Cuando respondo que no, dice que debería hacerlo y me lo regala. Lo tomo y en ese momento veo sin suspicacia el subtítulo en la portada: "Por qué unas personas tienen éxito y otras no".

Slim no sólo es un lector constante, sino también el mayor vendedor de libros en México. Sanborns, su cadena de cerca de 200 restaurantes y tiendas de conveniencia, incluye la mayor red de librerías existente en el país, lo que implica que para autores y editoriales sea vital establecer una relación comercial con la empresa, dirigida en la actualidad por Patrick, el menor de sus hijos.

—Si tu libro no está en Sanborns, no existe. Así de fácil —me dijo un experimentado editor con el que he trabajado algunas veces.

Desde hace años circula la sospecha de que los libros que le resultan incómodos a Slim o a sus cercanos, son censurados. Sin embargo, el empresario asegura que esto es falso y cita un ejemplo: Daron Acemoglu y James Robinson, el primero profesor del Instituto Tecnológico de Massachusetts y el segundo de la Universidad de Harvard, escribieron *¿Por qué fracasan las naciones?,* en el cual incluyen un pequeño apartado sobre el dueño de Telmex. "Slim ha hecho su dinero en la economía mexicana, en gran parte, gracias a sus conexiones políticas. Cuando se ha aventurado en Estados Unidos no ha tenido éxito". Este fragmento provocó que el magnate contemplara la posibilidad de emprender un proceso legal para que estos profesores de dos de las universidades más reconocidas del mundo, cuyo libro ha sido alabado por varios premios Nobel de Economía, se desdijeran públicamente. El que sí actuó legalmente contra la editorial fue Jacques Rogozinski, jefe de la Oficina de Desincorporación de Empresas Públicas durante el gobierno de Salinas de Gortari, periodo en el que Slim adquirió Telmex. Rogozinski objetó la frase de que "Slim se quedó con Telmex, pese a que no puso la oferta más alta", y consiguió que la editorial la eliminara en la siguiente edición.

—Ese libro, pese a todo, lo estamos vendiendo en Sanborns. Se compraron 700 piezas a 349 pesos —dice Slim.

—¿Nunca ha bloqueado un libro?

—Bueno, sí, solamente una vez no vendimos uno.

—¿Cuál?

—No me acuerdo cómo se llamaba, pero el autor nos dijo que si no hacíamos tal o cual cosa, se iba a parar afuera de Sanborns a venderlo, nomás para hacerse publicidad. Entonces no se lo vendimos un tiempo, para que no estuviera jodiendo.

—¿Se refiere al periodista Rafael Loret de Mola?

—¿Cómo sabes?

—Pues porque fue una denuncia que él hizo pública en la década de 1990…

—Pues sí, fue una especie de presión que no nos gustó, pero él es buen tipo; es raro y todo, pero buen tipo.

Además de ser lector, vendedor y hasta editor ocasional de libros, Slim podría incursionar en el futuro próximo como autor de su propia biografía. La primera vez que lo entrevisté, una de las cosas que aclaró fue que él también estaba escribiendo un libro sobre la historia de su vida y de su familia, y que en esa labor lo estaba ayudando su sobrino Roberto Slim Seade, "una especie de secretario particular", hijo de su fallecido hermano Julián y que formalmente ocupa la dirección de las empresas hoteleras de la familia.

—La única biografía oficial que existirá la estoy escribiendo yo, nada más que ahorita tengo otras cosas de trabajo por hacer —advirtió en ese momento—. Yo te voy a contestar todo lo que me preguntes, pero de tu libro sólo te digo que no pongas demasiadas mentiras.

★ ★ ★

—Mira, ésta es una cosa especial: una vez que me invitaron a comer a Los Pinos, durante el gobierno del presidente Vicente Fox, al terminar me invitaron a la biblioteca, a la que nunca había entrado. Iba con la persona que trabajaba con el presidente Fox cuando, de repente, veo un libro acomodado, que tiene solamente la palabra "Leonardo", y me jala. ¿Y qué crees? ¡Era un libro que había regalado mi mamá! Lo abro y leo escrito en las primeras páginas: "Este libro fue donado por Linda H. de Slim". Ésta es una copia que me sacaron, pero me sorprendió mucho lo que pasó, porque descubrí el libro entre los que había en la biblioteca y resulta que era una biografía de Leonardo da Vinci donada por mi mamá.

—Entonces, ¿en esta biblioteca tiene sus libros más especiales? —pregunto.

—Mira, yo no soy univocacional: no tengo una mentalidad uniforme. Soy muy plural.

—Pero ésta es una biblioteca especial, y es interesante mirarla, ya que, como se dice: "Por sus libros os conoceréis".

—Pues no, no me vas a conocer, porque éstos son también libros de todas las pendejadas que se te pueden ocurrir —dice con desdén y luego retoma el recorrido por la estantería—. Mira, aquí está el informe anual del Banco de México de 1994. ¿Por qué el de '94? Porque aquí está la historia de la devaluación —me enseña una serie de indicadores con letra diminuta y señala la fecha, 21 de marzo—. Aquí están Colosio, las reservas y hasta dónde se las llevan; aquí está el "error de diciembre".

Luego saca un libro de pasta dura. Son las memorias de George Bush padre. En las primeras páginas se aprecia una dedicatoria, pero sólo alcanzo a leer: *Family and friends,* y una fecha: mayo de 2006.

—Este libro de Bush es una chingonería. ¿Sí sabías en que él y Gorbachov se pusieron de acuerdo?

—¿En acabar con la Guerra Fría?

—No, no, no sólo eso. También se pusieron de acuerdo en llevar la democracia y la libertad a todo el mundo. Lo de Chile —la renuncia de Pinochet—, fueron ellos; lo de Panamá —la caída de Noriega— y lo de toda Europa del Este —Primavera de Praga—, también. Muy buen libro.

Otro de los títulos dedicados que Slim me muestra es *Leadership,* escrito por Rudolph Giuliani, el ex alcalde de Nueva York famoso por aplicar una política represiva. Apenas alcanzo a leer las palabras finales en español: "Con admiración y amistad", y luego la firma del ahora consultor de seguridad. Cerca del libro de Giuliani está *El desacuerdo nacional,* de Manuel Camacho Solís, el político mexicano que en 1994 medió entre el gobierno y el Ejército Zapatista de Liberación Nacional (EZLN), cuya dedicatoria me lee el empresario: "Para Carlos Slim, quien es capaz de ver el bosque y de realizar lo que imagina, con mi amistad y determinada convicción de hacer un acuerdo para crecer con justicia".

Continuamos recorriendo los libreros y saca un manuscrito encuadernado cuya portadilla dice: "*Revolutionary Wealth,* Alvin Toeffler".

—Éste me lo dio Alvin Toffler para que le echara un ojo, antes de publicarse.

Repasa el volumen, donde se aprecian algunas notas en crudo hechas al margen del texto del mayor futurólogo contemporáneo, quien es amigo de Slim.

—¿Y corrigió algunas cosas?

—Trae algunos errores de números.

—¿Y Toffler sí hizo los cambios?

—No, porque ya no se los mandé a tiempo.

A diferencia del libro *Por qué fracasan las naciones*, del cual Sanborns apenas compró 700 ejemplares, la edición en español de *Revolutionary Wealth* fue adquirida casi en su totalidad por la cadena de Slim.

El paseo por la biblioteca continúa. Delante de nosotros aparece el libro *Los retos que enfrentamos,* publicado en 2014 por el ex presidente Felipe Calderón, pero el empresario lo ignora. Por el contrario, extrae con entusiasmo un viejo ejemplar titulado *Desarrollo estabilizador,* de Antonio Ortiz Mena, y exclama:

—¡Éste es muy bueno!

—¿Qué hará con estos libros?

—¿Te refieres a qué van a hacer mis hijos con ellos cuando yo muera?

—Bueno, usted también puede hacer algo antes…

—¿Dices que si voy a regalar mi colección? Pues no.

—¿Por qué no darlos para consulta a la UNAM?

—No, si nosotros tenemos centros de estudios.

—O a la Universidad de Austin. Por ejemplo, el político Bill Richardson acaba de donarles su biblioteca.

—Pero allá las compran.

—Sí, la de Gabriel García Márquez la compraron ahí en dos millones de dólares.

—¿Doce millones de dólares?

—No, dos millones de dólares.

—Ah, no, pues está muy barata.

—¿Y la de Bill?

—Creo que él la regaló.

Por un breve momento el empresario se queda en silencio, como si pensara en lo que sucederá con sus libros en el futuro.

Pero no lo dice.

★ ★ ★

—Nunca he usado anteojos. Con el ojo izquierdo leo desde que soy joven.

—¿Y por qué nunca se operó con el láser?

—En ese tiempo no había operaciones.

—¿Y ahora?

—¿Para qué me opero si con el ojo izquierdo leo bien?

—Yo me operé hace un año y me cambió la vida.

—Pues sí, pero en 10 años vas a ver cómo estás.

—Aunque los 10 años no me los quitará nadie antes de volver a usar lentes.

—Sí, pero vas a vivir 50 más. A ver cómo te va… No, yo veo muy bien, leo muy bien. A ver, mira, dame una letra chiquita.

Frente a unos documentos financieros con letra pequeña, el magnate empieza a leer en voz alta a la perfección.

★ ★ ★

Pregunté por separado a un par de exitosos empresarios treintañeros si les parecía interesante conocer cuáles son los libros que Slim tiene en su biblioteca. Pese la brecha generacional y a que son críticos del papel preponderante del billonario en el mundo de los negocios, ambos respondieron que sí. Después de que les comenté algunos de los títulos, uno de ellos me dijo que había empezado a buscarlos para leerlos pronto, mientras que el otro seguía impresionado porque no conocía la mayoría, pese a ser un lector frecuente de literatura de finanzas y estrategias empresariales. Entre los textos de ese tipo que miré en la biblioteca de Slim, donde la palabra más repetida es "dinero", estaban *Money. Whence it Came, Where it Went*, de John Kenneth Galbraith (Houghton Mifflin, 1975); *The Money Machine. How KKR* [Kohlberg, Kravis, Roberts] *Manufactured Power and Profits*, de Sarah Barlett (Warner Books, 1991); *Paper Money*, de Adam Smith (Dell, 1982); *Super-Money*, de Adam Smith (Random House, 1972); *Common Wealth. Economics for a Crowded Planet*, de Jeffrey D. Sachs (Penguin, 2009); *The Warren Buffett Way. Investment Strategies of the World's Greatest Investor*, de Robert G. Hagstrom (Wiley, 1997); *Las fórmulas de Peter. Cómo hacer que las cosas vayan bien*, de Laurence J. Peter (Plaza & Janés, 1991); *Arriba la organización. Cómo evitar que la organización ahogue a los empleados y se coma los beneficios*, de Robert Townsend (Grijalbo, 1970), y *The Money Lords. The Great Finance Capitalists, 1925-1950*, de Mathew Josephson (Weybright and Talley, 1972).

De todos los títulos de este apartado, el que más me intrigó fue *Venciendo a través de la intimidación,* de Robert J. Ringer (V Siglos, 1974). Mi *dealer* de libros me dijo que sería difícil de conseguir, pero que me ayudaría a encontrarlo por mil pesos. Al mismo librero le pregunté en cuánto creía que podría venderse una edición de la década de 1960 de un libro de Getty subrayado por Slim: me respondió que valdría entre 50 000 y 100 000 pesos.

También platiqué sobre la lista de más de 100 libros que identifiqué en la biblioteca con Daniel Gershenson, un destacado activista independiente y crítico de las prácticas monopólicas de Slim. Gershenson, quien vivió buena parte de su vida en Nueva York, opinó que "su selección de títulos es bastante convencional; indistinguible de la de cualquier ricachón de Wall Street ("dueño del universo", según Tom Wolfe), que pudiese ser, por añadidura, fanático del beis o el basquet".

De las decenas de libros deportivos que también hay en la biblioteca de Slim, Gershenson destacó que el billonario tuviera una biografía de Ty Cobb, un beisbolista de los Tigres de Detroit al que apodaban *el Durazno de Georgia,* considerado por los expertos como el mejor beisbolista de la historia, incluso por encima del famoso Babe Ruth:

—Cobb fue un cascarrabias: racista atrabiliario y beligerante, en las Grandes Ligas segregadas (hasta 1947, cuando fue contratado Jackie Robinson —primer jugador negro— por los Dodgers de Brooklyn). Famoso por su carácter violento y el salvajismo exhibido: tacos por delante, cuando esos "atributos" eran altamente apreciados. Alguien que, de acuerdo con el folclor norteamericano, torció las reglas y sacó indebidas ventajas con tal de lograr su cometido: prevalecer a toda costa. Un beisbolista "sucio", pero ganador. Valor supremo del pragmatismo gringo.

II

6

Telmex

Cualquiera puede volverse millonario de la noche a la mañana por azar, pero estar en la cumbre de los que ganan más de 1 000 millones de dólares, según la fábula de la riqueza occidental, cuesta media vida de esfuerzo y corresponde a la ilusión de un hombre de perfil generoso, creativo y audaz. Bill Gates es visto como un genio de la computación; Warren Buffett, como un inversionista infalible; George Soros, como un millonario rebelde y *chic*. Carlos Slim es conocido por ser uno de los hombres más ricos del mundo en un país con 50 millones de pobres. Tal vez por eso, en lugar de creer en el valor de su trabajo, sus críticos lo asocian más a los oligarcas rusos, los cuales multiplican su fortuna por corrupción y reciben ventajas para hacer negocios bajo la sombra del poder. *The Wall Street Journal* atribuye la fortuna de Slim a sus prácticas monopólicas. El magnate lo ha negado una y otra vez, si bien en México es muy popular la idea de que sin la ayuda que recibió del gobierno jamás habría llegado a la cúspide de los más ricos del orbe.

En un desfile de trabajadores del 1° de mayo de 1989, cuando el régimen del PRI todavía se esmeraba en el *performance* anual de hacer que miles de obreros recorrieran las avenidas principales de las ciudades, el entonces presidente Carlos Salinas de Gortari, quien presenciaba el acto desde el balcón del Palacio Nacional, pidió al dirigente de los trabajadores de la empresa paraestatal Teléfonos de México (Telmex) que detuviera su marcha y subiera con él para acompañarlo a mirar el paso de los demás contingentes obreros. Para la nomenclatura priista un simple gesto como éste encerraba las claves del futuro: el gobierno se preparaba para privatizar la empresa telefónica estatal. Poco más de un año después, el 11 de diciembre de 1990, Slim fue presentado como el ganador.

Si en aquel entonces hubieran existido redes sociales como Twitter y Facebook, "Carlos and Charlies" se habría vuelto *trending topic:* el chiste popular que invocaba el hecho nunca confirmado de que Carlos Slim en realidad era un prestanombres de Carlos Salinas de Gortari para la adquisición de la telefónica nacional. La primera denuncia periodística exhaustiva de las irregularidades fue *Operación Telmex,* de Rafael Rodríguez Castañeda, director de la revista *Proceso*. En su libro, el periodista anticipa la creación de un monopolio telefónico con ganancias sin límite. También cita un artículo de la revista estadounidense *Business Week*, publicado en julio de 1991, en el cual se asegura:

> Rumores y alegatos de amiguismo rondan por todo el proceso de privatización. En respuesta, el gobierno hace lo imposible por crear una imagen de imparcialidad. Por ejemplo, en la junta de gabinete que decidió quiénes serían los nuevos dueños de Telmex, los tres postores fueron nombrados A, B y C. Pero todos sabían quién era quién. "No estamos vendiendo naranjas", dijo un secretario de Estado.

Bajo esta teoría, las condiciones de monopolio ventajoso también tenían una razón política: el gobierno debía demostrar que vender paraestatales era rentable, por lo que buscó consolidar y maximizar a Telmex para convertirlo en un caso de éxito, en lugar de generar un mercado de competencia: el éxito de Slim como empresario significaba el éxito de la política de privatización del régimen priista.

En un documento de 1990 titulado "Aspectos regulatorios del proceso de desincorporación de Telmex" aparece el cuadro "Etapas evolutivas del entorno regulatorio del sector telecomunicaciones" en el que se esbozan las características del sector a lo largo del siglo XX en México:

1938 Ley de Vías Generales de Comunicación
- Los concesionarios telefónicos eran extranjeros
- Existencia de dos compañías telefónicas, dos redes públicas

1948-68 Estabilidad y desarrollo
- Creación de Telmex mediante la incorporación de las dos compañías existentes
- Tasas anuales de crecimiento del 10 al 14 por ciento

1968-81 Crisis política-Mayor intervención estatal
- Establecimiento de una nueva concesión (1976)

- Nacionalización de las telecomunicaciones (establecimiento de la dualidad regulador-operador)
- Deterioro tarifario, político y de las relaciones laborales
- Carga fiscal creciente

1982 Inicio de la reestructuración de la economía
- Inicia proceso de cambio para establecer un régimen moderno
- Corrección de finanzas públicas
- Apertura de economía
- Reforma democrática

1988 Cambio y apertura
- Rompimiento de la dualidad regulador-operador
- Desregulación
- Procesos de privatización

De acuerdo con especialistas independientes en materia de telecomunicaciones, buena parte de las privatizaciones latinoamericanas y de las antiguas repúblicas de la URSS ocurrieron de manera muy parecida en los noventa: cuando dejaron de ser monopolio estatal, entraron dos o a lo mucho tres nuevos participantes empresariales dominantes, en los que se fusionaban un operador con experiencia y un enorme capital de respaldo para administrar las redes telefónicas existentes, ya que crear una nueva infraestructura resultaba económicamente inviable. Una idea todavía más radical ha sido esparcida en defensa de los monopolios en telecomunicaciones: éstos fueron "naturales", pues se requerían inversiones elevadas y una escala muy grande para mantener cierta eficiencia. Sin embargo, la acotación es que, con las redes ya montadas, como sucede en la actualidad, es posible mantener la eficiencia y generar una mayor competencia.

Durante el mandato del presidente Salinas de Gortari se privatizaron casi 1 000 empresas públicas y, de todas, la venta más rentable para el universo empresarial —y polémica para el ámbito político— fue la de Telmex, la única telefónica en el mercado. Hasta entonces Slim sólo había figurado como uno más de los empresarios que acompañaban a Salinas de Gortari desde la campaña electoral. Tenía menos de 50 años de edad, y de lo poco que se sabía de él era que primero trabajó como agente en la bolsa de valores y luego se enriqueció comprando compañías en crisis, a las cuales volvía rentables de manera casi milagrosa, supuestamente inspirado en el llamado teorema Modigliani-Miller, que alienta la operación y la compra de empresas aun cuando éstas trabajen con deuda. La adquisición de Telmex incluía cláusulas especiales que otorgaban al empresario el control de la compañía y el monopolio de este servicio en la época de mayor contratación de líneas telefónicas fijas en el país. Comprar Telmex en 1991 lo catapultó como personaje de la vida pública en México y tal vez lo empujó a esa normalidad del mal que Octavio Paz atribuía al PRI en su ensayo *El ogro filantrópico*.

La transformación de la economía nacionalista de México a una de libre mercado es parecida a la que experimentó Rusia durante la Perestroika. En medio de esos cambios, casi a la par, en ambos países aparecieron por primera vez los multimillonarios en el centro de la vida política y social. Varios de estos hombres acaudalados protagonizaron un capitalismo en el cual el tráfico de influencias ocupó el vacío dejado por la falta de leyes y gobiernos fuertes. Por eso los multimillonarios mexicanos del siglo XXI, ante cierto escrutinio internacional, se encuentran más cerca de los oligarcas rusos que de Buffett, Gates o Soros, si bien estos últimos también han sido señalados por conductas cuestionables, como cuando, en 1992, Soros lanzó un ataque especulativo contra la libra esterlina, conocido como *Black Wednesday* ("Miércoles Negro"), el cual provocó un daño severo al gobierno británico. Hay que recordar también que Gates consolidó un monopolio con Microsoft: nueve de cada 10 computadoras del mundo son de su compañía. Esto ocasionó que el magnate fuera enjuiciado en Estados Unidos por tales prácticas y que con el paso del tiempo se convirtiera en el mayor filántropo que ha existido en el planeta, al dar cada año más dinero que todo lo que gasta, por ejemplo, la Organización Mundial de la Salud.

El analista Gerardo Esquivel elaboró para las organizaciones Iguales y Oxfam un estudio titulado *Desigualdad extrema en México: concentración del poder económico y político*, el cual fue dado a conocer en 2015. Ahí retoma un estudio de la Organización para la Cooperación y el Desarrollo Económicos en el que se concluye que entre 2005 y 2009, el monopolio de las empresas de telecomunicaciones de Slim había significado la pérdida de bienestar superior a los 129 mil millones de dólares para los mexicanos, aproximadamente 1.8% del PIB por año, lo cual se debía a la falta de competencia y a la alta concentración del mercado en el marco de un sistema legal abiertamente disfuncional. "Está claro —considera Esquivel— que la debilidad de las instituciones mexicanas contribuyó a la agudización de la desigualdad imperante en el país. Toda la población mexicana pagó tarifas telefónicas exacerbadas gracias al poder monopólico de las empresas del señor Slim."

Al momento de participar en la licitación de Telmex, Slim ni siquiera figuraba en la lista de *Forbes* que hoy encabeza; sin embargo, es común encontrar entre sus admiradores descripciones respecto de que, cuando recibió la empresa paraestatal, ya era un empresario consolidado que además poseía una sencillez admirable en su trato. Lo que también reconocen sus defensores es que Slim llevaba una relación intensa con Salinas de Gortari desde que éste era secretario de Programación y Presupuesto, y que el magnate nunca dudó en ser un empresario simpatizante del PRI.

Entre mis decenas de entrevistados era común que algunos dijeran que, como empresario, Slim parecía contar con el perfil de un "priista" sagaz, nacionalista, austero y leal que un año después de la venta de Telmex sobrepasó la cumbre de los que ganan más de 1 000 millones de dólares, con lo que entró por primera vez en el selecto club mundial de "los *Forbes*".

Desde que apareció en la palestra global, uno de sus principales entes críticos ha sido *The Wall Street Journal*, un diario con una agenda propia en sus cuestionamientos editoriales, de acuerdo con periodistas especializados como Diego Fonseca: "*WSJ* suele hablar por Corporate America, que quiere comerse Telmex hace rato". El autor de *Joseph Stiglitz detiene el tiempo*, un perfil narrativo sobre este economista, explica que ahora el grueso de los negocios de las empresas de telecomunicaciones de Slim es crecientemente internacional, en especial en materia de telefonía inalámbrica, internet y datos, con mayor futuro que las comunicaciones fijas, y que los monopolios en telecomunicaciones en procesos de desregulación son casi "naturales" por razones de escala —el alto costo de invertir en líneas fijas en el pasado y, recientemente, para el lanzamiento de la telefonía inalámbrica—.

Fonseca explica:

En al menos los 20 mayores mercados mundiales ha habido un "incumbente" (una empresa con gran penetración respecto del resto, pues fue la compradora de un activo privatizado) durante la apertura. Esos incumbentes han manejado, cuanto menos, 60% de cada mercado. Muchos de ésos son privados y muchos otros tienen participación estatal. (Un ejemplo: Telefónica, que le ha tirado bombas a Slim por su "monopolio", es históricamente dominante en España, y es una empresa de capital mixto público-privado.) A medida que la infraestructura se vuelve óptima y los mercados amplían el número de clientes, el peso de los incumbentes se reduce. Eso hace más complicado el fenómeno mexicano, porque tras casi 25 años, recién con la apertura de 2014 Slim reduciría su enorme penetración de 70% a alrededor de 49%, una participación que se acerca a la que poseen las telefónicas de los principales mercados europeos, por ejemplo.

Desde que alcanzó la cima de los ultrarricos, durante sus participaciones en congresos, conferencias y actos en Estados Unidos, Slim insiste en que no posee un monopolio telefónico, ya que, por ejemplo, en Latinoamérica compite con Telefónica de España y lo ha hecho en diversos momentos con Vodafone, Verizon, AT&T y MCI World Com. De hecho va más allá y asegura que no existe ningún monopolio en ningún lugar del mundo: "Lo que sucede es que hay empresas más grandes que otras", suele recalcar.

Telmex representó "retos muy difíciles profesionales y financieros", explica Slim en su documento "Historia de Grupo Carso". Al momento de ser adquirida, la telefónica operaba "con grandes deficiencias de servicio, equipo obsoleto, planta exterior deteriorada, una gran demanda insatisfecha y subsidios cruzados de doloroso ajuste. Todo ello con grandes repercusiones en la vida social y económica del país". Ahí revela que su inversión fue financiada a través de obligaciones quirografarias por 500 000 millones: "La primera oferta pública privada por 307 000 millones, un aumento de capital de 500 000 millones y una oferta pública internacional por 1 094 000 millones en enero de 1993".

El empresario relata que integrar al grupo mexicano de control

fue una tarea difícil por los montos y plazo de la inversión (cinco a 10 años) y fue especialmente ardua la negociación con nuestros socios tecnólogos, Southwestern Bell y France Telecom, aunque después de llegar a los acuerdos no hemos tenido problemas. No cabe duda que entre más se discuten y definen las condiciones de una asociación menos problemas se tienen después.

Para Jacques Rogozinski, operador de las privatizaciones durante el gobierno de Salinas de Gortari, lo sucedido con Telmex y demás entidades paraestatales se dio de manera normal tomando en cuenta el contexto del lugar y la época:

En México, los posibles compradores que tenían acceso a los recursos para financiar la adquisición y posterior operación de Telmex, otras empresas paraestatales y bancos lo conformaban un grupo muy limitado de empresarios: la distribución del ingreso, la falta de ahorro y la ausencia de préstamos para los empresarios locales por parte de la banca nacional e internacional, entre otros factores, no permitían (y siguen sin permitir) la construcción de un entramado más amplio de grandes empresas. Por otro lado, la participación de un mayor o menor número de empresas no depende de México: en todo el mundo las compras de grandes empresas son un juego de unos pocos grandes corporativos con escala y conocimiento del negocio —los operadores— y un grupo de socios financieros con capacidad suficiente para proveer capital en el largo plazo. En México, ese mercado es aún muy pequeño.

Si alguien quería participar en los procesos de compraventa de las empresas paraestatales debía poseer un gran respaldo financiero y pertenecer a la élite corporativa del país; también, por ende, debía tener acceso a los principales despachos del poder, incluido el presidencial. Esto sucede en todos los países. Sería absurdo que si Bill Gates o Mark Zuckerberg llaman al presidente de Estados Unidos, éste no les tomara la llamada. Y es igualmente inocente suponer que, en una conversación privada, el presidente de una nación no prestará atención a las necesidades de los empresarios más importantes de su país.

7

Privatización

Tecnócrata es una palabra que inventó H. G. Wells en una de sus novelas de ciencia ficción publicadas a principios del siglo xx. Ahora se usa para definir a un especialista en temas de dinero cuyas convicciones políticas o ideológicas salen sobrando. Jacques Rogozinski, doctor en economía por la Universidad de Colorado, ha sido calificado de esta forma en diversos momentos álgidos de la vida política mexicana.

Rogozinski trabajaba en la década de 1980 en la Lotería Nacional cuando recibió la invitación para formar parte del sector central del gobierno federal de México, por parte de Pedro Aspe, un economista egresado del Instituto Tecnológico de Massachussetts y uno de los principales miembros del equipo de Carlos Salinas de Gortari, el presidente que entre 1988 y 1994 vendió la mayor parte de las empresas paraestatales mexicanas, incluyendo Telmex.

—Oye, ¿por qué no te vienes a trabajar conmigo? Ya corta el cordón umbilical —le dijo Aspe, entonces secretario de Programación y Presupuesto del gobierno de Miguel de la Madrid, que antecedió al de Salinas de Gortari.

Así fue como Rogozinski llegó con Aspe, a principios de 1988, para realizar la misión de estudiar las privatizaciones en el mundo.

—[Aspe] me dijo: "Yo lo único que quiero es que viajes y empieces a trabajar en entender qué es lo que están haciendo los distintos países en privatizaciones en general, y en algunas en especial, como telecomunicaciones".

Mientras Salinas de Gortari hacía campaña para la presidencia como candidato oficial del pri, Rogozinski visitó diversos países como Italia, Alemania y Chile, aunque se enfocó en los procesos de Francia e Inglaterra.

—Acuérdate que la señora [Margaret] Thatcher era la bandera de la privatización y que era la que más adelantada estaba; también me tocó ir a Francia a ver cómo la habían hecho, aunque no habían privatizado exactamente la empresa, pero habían modernizado toda la parte de la telefónica France Telecom.

Tras esos viajes, Rogozinski estableció que a México no le quedaba otra que privatizar. En su diagnóstico, consideraba que durante el gobierno de Luis Echeverría (1970-1976) el sector paraestatal había crecido demasiado, de tal suerte que se administraban 1 100 empresas paraestatales, que iban desde una fábrica de leche hasta una de bicicletas, pasando por compañías acereras como Altos Hornos de México.

—Era una locura. Yo me pregunto: ¿qué fregadera tiene que estar haciendo el gobierno manejando, por ejemplo, el *mix* para hacer piñas coladas? Y tenías el problema de las acereras también, nada más que ésas ya no funcionaban y era un gastadero. Por ejemplo, en Sicartsa [en Lázaro Cárdenas, Michoacán] producías alrededor de 100 millones de toneladas de acero y perdías 100 millones de dólares por producir eso. Pues mejor ciérrala.

Antes de hacer su estudio, Rogozinski ya era partidario de la privatización.

—Pero no por religión —aclara—. No es que el gobierno no pudiera tener empresas públicas, sino que había empresas públicas y en su momento, cuando viene la Segunda Guerra Mundial y no hay acero en el mundo, y en México no hay suficiente tecnología, y no hay suficiente gente que tenga su capacidad financiera, [se toma] la decisión de que el gobierno haga empresas acereras. Pues se me hace brillante, porque Estados Unidos se estaba tragando el acero de todo el mundo. Entonces, si tú me dices: "Oye, el sector público le entró en los cuarenta y creó una empresa de Altos Hornos", pues eso hay que aplaudirlo. Lo que ya no queda claro que haya que aplaudir es que 50 años después sigas con esa empresa, cuando ya tienes acero que sale hasta por la nariz; además, tú te habías vuelto totalmente ineficiente y te estaba costando un dineral. Entonces mi filosofía era: "Deshazte de esa acerera y, con esa lana, a lo mejor ve y haz una empresa en Chiapas donde requieran otra cosa". No es que te salgas al cien por ciento de todas las empresas.

Tras su exploración por el universo neoliberal, Rogozinski concluyó asimismo que era necesario empezar el proceso de privatización por las empresas más pequeñas.

—Así, si metes la pata privatizando una empresa chica, no pasa absolutamente nada —explica.

Con esta idea, una de las primeras privatizaciones que le tocó ejecutar fue la de El Mirador de Acapulco, un hotel entonces propiedad del gobierno mexicano que está ubicado junto al acantilado de La Quebrada, desde donde se lanzan los atrevidos clavadistas locales.

Sin embargo, en la mira de Salinas de Gortari estaba especialmente el sector de telecomunicaciones. Durante la entrevista que me concedió en su oficina de Nacional Financiera, el organismo gubernamental que dirige en el gobierno de Enrique Peña Nieto, Rogozinski me enseñó un documento titulado "Policy Options for Restructure in Telecomunications Industry Structure and Regulation in Mexico".

—¿Qué fecha tiene? —pregunto mientras me lo muestra.

—10 de diciembre de 1988.

Ya con Salinas de Gortari en la presidencia, después de unos cuestionados comicios, Rogozinski tenía un diagnóstico y muchas referencias para que la nueva administración iniciara el proceso de licitación. Telmex era uno de los objetivos principales.

—¿Cómo fregados no quieres privatizar una empresa donde prácticamente todas las llamadas locales eran casi gratis y sólo la larga distancia mantenía todo lo demás? Además, la forma en que estaba organizada la empresa para las llamadas de larga distancia era desastrosa: si querías hacer una llamada de Monterrey a Nuevo Laredo, por la forma en que estaba Telmex, la llamada tenía que ir de Monterrey al Distrito Federal y del Distrito Federal a Nuevo Laredo.

Justo en el norte de México, Grupo Alfa, el consorcio económico más importante del país en ese momento, había hecho sus propios estudios sobre el sector de telecomunicaciones nacional, con la finalidad de aprovechar la privatización de Telmex. Rogozinski recuerda haberse reunido con los empresarios de Monterrey y haber notado que entonces el consorcio tenía dos grupos internos muy fuertes: uno formado por jóvenes y otro más tradicional. A este último pertenecía Bernardo Garza Sada, presidente en ese momento. Los empresarios analizaban participar en la licitación de Telmex e invitaron a Rogozinski para que viajara a esa ciudad cercana a Texas para conversar sobre tal posibilidad.

Rogozinski acudió, y mientras comían sushi, Bernardo Garza Sada recibió una tarjeta de su asistente. El empresario se levantó y se disculpó diciendo que el secretario de Hacienda, Pedro Aspe, lo buscaba por teléfono.

Cuando regresó, Rogozinski le dijo en tono de broma:

—Oye, Bernardo, ¿no me digas que te habló el secretario de Hacienda para decirte que encontraron un problemita fiscal?

—No, es algo peor que eso —respondió con seriedad el presidente de Alfa.

—¿Por qué es peor?

—Me acaba de informar que el señor presidente Carlos Salinas acaba de decidir que se va a privatizar la industria acerera y, ahora sí, se acabó la idea de ir por Telmex: nos vamos a concentrar en la industria que conocemos.

A la postre Alfa quedó fuera de la puja por Telmex. Los otros dos consorcios que participaron junto con Grupo Carso fueron Grupo Gentor, liderado por otro empresario regiomontano llamado Javier Garza Sepúlveda (amigo de Salinas de Gortari desde la infancia), así como Accival Casa de Bolsa, del banquero Roberto Hernández, en sociedad con Telefónica de España y la compañía GTE. Las columnas políticas de algunos periódicos mexicanos solían ser la forma en la que el régimen del PRI iría avisando de las decisiones tomadas por el presidente o la jerarquía en cuanto a asuntos delicados. Telmex era uno de éstos, y al leer los textos de esos años da la impresión de que el favorito para ganar la licitación no era Slim sino Roberto Hernández, quien desde antes poseía una buena cantidad de acciones y ya tenía un asiento en el consejo directivo de la empresa. La derrota de Hernández provocó un distanciamiento con Slim, aunque el banquero cuidó las formas y a final de cuentas mandó publicar un desplegado en el que reconocía el proceso.

—¡Los números de la licitación son los números! ¡Aquí no hay de otra! —se exalta Rogozinski al decir que Slim ganó porque hizo la mejor propuesta y no por ayuda presidencial.

—Entonces, ¿a qué atribuyes la amplia percepción de que la licitación estuvo fabricada?

—Te voy a explicar por qué se genera la percepción. Te recomiendo leer mi libro —*Mitos y mentadas de la economía mexicana* (Debate, 2012)—. Los medios de comunicación fueron una de las herramientas más útiles para difundir esas ideas. Vender ideas usando los medios de comunicación se ha convertido en un mecanismo eficiente para que las naciones desarrolladas, las empresas dominantes, los políticos importantes y muchos otros les quiten la escalera a quienes desean emparejárselas. Parte de esa estrategia es vender verdades o recetas incompletas que justifiquen esas acciones. En las sociedades mediatizadas lo que cuenta es lo que sale en los medios: lo que se muestra es la realidad; lo que no se exhibe, no existe. ¿O qué? ¿De veras uno debe creer que un país líder va a invertir en capital y esfuerzo para hacer crecer a una nación en desarrollo hasta convertirla en una amenaza para el *statu quo* que tanto dinero, recursos y sangre le costó perseguir? En el discurso público de los funcionarios de gobierno, los empresarios y los intelectuales gentilmente les ofrecen a las naciones necesitadas el acceso a la escalera, pero en privado se las hacen a un lado. Y aquí pongo varios ejemplos. Nada de esto es nuevo: en la década de 1990 los organismos multilaterales globales como el FMI y el BM, principalmente financiados y controlados por países desarrollados, defendían la tesis de que era deseable la privatización de empresas nacionales. Los voceros del consenso en Washington sostenían que los países no debían preocuparse por la necesidad de nuevos propietarios y *bla, bla, bla:* todas las empresas globales se presentaban como profetas del progreso, como militantes voluntarias en favor de los países en desarrollo. Si uno se distraía, acababa creyendo que el mundo estaba lleno de samaritanos. Y los medios de comunicación fueron una de las herramientas más útiles para difundir esas ideas, pero el tiempo ha demostrado la falacia.

Antes de la licitación de Telmex, de acuerdo con Rogozinski, Slim dudaba mucho en participar. El propio presidente Salinas de Gortari y el entonces secretario de Hacienda, Pedro Aspe, lo invitaron a que los acompañara en una gira por Japón para hablar del tema durante el largo vuelo.

—Cuando Salinas, Aspe y Slim regresan del viaje a Japón, me dice a mí el secretario: "Creo que ya convencimos a Slim, pero todavía no decide; ve tú a terminar de convencerlo" —unos días después, el operador de las privatizaciones mexicanas fue a verlo a su casa—. Estuve con Slim en su casa, que por cierto tenía una piscina que nunca tenía agua —Rogozinski parafrasea así lo que le dijo el magnate—: "Si entro y gano, me va a cambiar mi vida y yo no sé si eso es lo que quiero. Todos los domingos nos juntamos en la casa toda la familia. Voy a platicar con ellos este domingo y el lunes te digo mi decisión".

Rogozinski volvió el lunes y Slim le dijo que sí le entraría a la licitación. Así, el 15 de noviembre de 1990 presentó su propuesta para quedarse con Telmex. Lo hizo a través de Grupo Carso, S. A. de C. V., de acuerdo con la documentación original consultada. En la misma se explica que la propuesta de Grupo Carso incluyó a Seguros de México, S. A. de C. V. (Segumex), France Cables et Radio, S. A. ("France Cables") y Southwestern Bell International Holdings Corporation. La oferta era para comprar las acciones serie AA de Telmex, y el consorcio ofreció 0.80165 dólares por acción, por un total de 2 163 040 972 acciones AA, junto con la opción de compra de acciones serie L ("acciones L") de Telmex. Grupo Carso y Segumex participaron con la mayoría del paquete del grupo mexicano, mientras que France Cables y SBIH suscribieron en partes iguales el total del grupo extranjero. La adquisición de todas las acciones y la opción fue efectuada por medio de un fideicomiso especial.

En la propuesta formal con que Slim ganó Telmex se argumenta que el grupo de inversionistas "desea fomentar el desarrollo y difusión en México de conocimientos en el campo de las telecomunicaciones, para lo cual propone establecer, llevar a cabo y financiar programas de educación y capacitación en dicho campo, actuando a través de las instituciones mexicanas apropiadas". También se aclara que la oferta estaba condicionada a que, antes del 7 de diciembre de 1990, a la empresa SBIH se le otorgara una dispensa respecto de ciertas restricciones impuestas por los tribunales de Estados Unidos de América, a la cual se aludía como "Modification of Final Judgement-MFJ".

Slim y sus socios adjuntaron a la propuesta un "plan de modernización" y un "contrato de asociación en participación" donde se especificaba la participación de cada uno de los miembros del consorcio. "En su conjunto", presume el texto de Slim y socios, "configuran una combinación poderosa y singular que reúne todos los atributos necesarios para hacer de Telmex una de las primeras empresas de telecomunicaciones del mundo". Luego explican los perfiles de las empresas participantes:

Grupo Carso constituye una de las agrupaciones industriales más importantes de México, con éxito probado en el manejo y modernización de empresas complejas. France Cables, propiedad absoluta de France Telecom, que a su vez depende del gobierno francés y se cuenta entre las principales empresas internacionales de telecomunicaciones, ha demostrado ampliamente su capacidad para modernizar un sistema extenso de telecomunicación con rapidez y eficiencia. SBIH es subsidiaria en propiedad absoluta de Southwestern Bell Corporation, una sociedad anónima cotizada en bolsa y reconocida en la industria como líder en la administración de operaciones en las redes y en el desarrollo de comunicaciones móviles y directorios telefónicos.

Otros de los documentos que forman parte de la oferta son una serie de recibos de constancia de los depósitos en prenda efectuados por 50 millones de dólares, copias de las autorizaciones y poderes de los miembros del consorcio, el contrato de compraventa de los miembros del consorcio en caso de que el gobierno aceptara la oferta y el convenio de fideicomiso de Grupo Carso, France Telecom y Southwestern Bell. Slim y sus socios también aclaraban que, en caso de ganar la licitación, necesitarían discutir con el gobierno aspectos del título de concesión de Telmex y los acuerdos de servicio empresarial y asistencia técnica.

Jaime Chico Pardo, en aquel entonces colaborador de Slim, firmó la propuesta formal y proporcionó como domicilio el 1020 de Sierra Vertiente, en la colonia Lomas de Chapultepec de la ciudad de México. El mensaje acaba con una escueta exposición de motivos: "Tenemos gran interés ante los desafíos y oportunidades que la privatización de Telmex representa, y reiteramos nuestra dedicación absoluta a la tarea de colaborar con Telmex y el gobierno para desarrollar un sistema de telecomunicaciones de nivel mundial".

Una de las cosas poco conocidas de la propuesta formal que hizo Slim para adquirir Telmex es la participación especial de un grupo de empresarios mexicanos. En ésta se especifica que participaron también, a través de Grupo Carso por cuenta de terceros, los empresarios Agustín Franco y familia, Miguel Alemán, Rómulo O'Farrill, Bernardo Quintana, Antonio y Moisés Cosío, Ángel Lozada Moreno, Manuel Espinosa Yglesias, Antonio del Valle, la Fundación Mary Street Jenkins, José Miguel Nader, Claudio X. González, Antonio Chedraui, Ángel Demerutis Elizarraraz e inversionistas de Sinaloa, así como Ignacio Cobo e inversionistas de Tabasco.

Rogozinski asegura que es erróneo afirmar que Slim se quedó con Telmex en 1990:

—La verdad sea dicha: el amigo de Salinas de Gortari no era el dueño de Telmex. Si Southwestern Bell no hubiera decidido aportar 72 millones de dólares más a la oferta del grupo, el dueño habría sido Roberto Hernández. Dicho de otro modo, la privatización no sólo no favoreció a un amigo del presidente, sino que ¡la ganó un empresario estadounidense! Ed Whitacre III fue quien puso más dinero que el resto. El silencio de esto ha sido ensordecedor. Y si no me crees a mí, tienes una ventaja: el señor Whitacre está vivo. A muchos les he dicho que vayan a entrevistarlo, pero nadie quiere ir. ¿Por qué? Porque entonces se les va a caer su falsa verdad de que el gobierno le dio Telmex a Slim.

Al día siguiente de la entrevista con el funcionario, solicité una entrevista con Whitacre III. Hasta el cierre de edición de este libro no llegó respuesta alguna. Y al revisar el libro mencionado por Rogozinski encontré un cuadro precedido por el siguiente texto:

La prensa nunca mencionó que los accionistas estadounidenses ganaban dos dólares por cada uno que recibía Slim, ni prestó demasiada atención a la composición del capital social de Telmex al término del proceso de privatización:

- 10%: Southwestern Bell.
- 5.23%: 32 inversionistas mexicanos.
- 5.17%: Carlos Slim.
- 5%: France Telecom.
- 4% se reservó para los trabajadores (50 000 personas).
- 70.6% estaban en las bolsas de Nueva York y México.

La verdad sea dicha: el "amigo" de Salinas no era el dueño de Telmex...

8

Monopolio

El 11 de diciembre de 2014, cuando se cumplieron 25 años de que Carlos Slim adquirió Telmex, el ex presidente Carlos Salinas de Gortari, a petición del periódico *El Financiero*, respondió algunas preguntas habituales sobre esta compraventa con un artículo publicado en dos partes con el título "Telmex, una privatización exitosa que terminó cuestionada". La razón por la cual el aún poderoso ex presidente decidió ahondar en este punto, según alegó en la introducción del texto, es que coincidía con "la perspectiva renovadora de la gran reforma de telecomunicaciones de 2014".

En el artículo, Salinas defiende la privatización que hizo su gobierno y reseña opiniones favorables del Banco Mundial. Lo interesante es que luego cuestione la falta de regulación de Telmex por parte de los gobiernos que siguieron a su administración y que refiera encuestas recientes —que no identifica— en las que "la mayoría de los usuarios se quejaron desesperadamente por cortes de llamadas, cobros indebidos, mala señal, pérdida de la conexión y desconexión del servicio sin ningún motivo". El político, que en algún momento para muchos mexicanos era quien estaba detrás de Slim, concluye su texto diciendo que, "para muchos, Telmex se ha convertido en la 'bestia negra' de las empresas privadas mexicanas".

En el resto del texto, el ex mandatario descarta que la privatización de Telmex se haya hecho por motivos ideológicos y que haya producido una mayor concentración de la riqueza en México. También defiende que no se llevó a cabo de manera apresurada ni buscando beneficiar a socios ocultos, y que los recursos obtenidos nunca desaparecieron del erario. Esta postura es la que Salinas ha ventilado en otros de sus textos y en intervenciones públicas. Sin embargo, los tres últimos puntos del texto del ex presidente son señalamientos directos contra Slim, al afirmar que es cierto que Telmex es hoy un monopolio privado, citando a la Organización para la Cooperación y el Desarrollo Económicos (OCDE): "Telmex controla en México 80% del mercado de telefonía fija y 70% de telefonía móvil. Es una empresa con poder dominante en todos los segmentos del mercado (redes fijas, móvil, banda ancha) y en todas las regiones del país". La OCDE concluye que Telmex, operador dominante, "goza de un poder de mercado duradero que la competencia no está minando y que tampoco está limitado por la regulación de ninguna manera eficaz".

El ex presidente también afirma que Telmex "es hoy una empresa ineficiente y abusiva" y vuelve a citar el documento de la OCDE:

> Sus precios son demasiado altos: los usuarios mexicanos pagan más que los de la mayoría de los demás países miembros de la OCDE. El caso de la banda ancha, la más importante tecnológicamente, es el peor: los precios se cuentan entre los más altos y la tasa de penetración es la menor con velocidades muy lentas. Telmex tiene márgenes de utilidad que duplican a los de la OCDE, y a cambio ocupa los últimos lugares en penetración y el último en inversión per cápita. Altos costos, precios elevados, mala calidad, pocas opciones actúan contra el bienestar de todos los mexicanos.

Finalmente, Salinas asegura que no fue la privatización de Telmex —hecha durante su gobierno— la que catapultó a Slim como el hombre más rico del mundo:

> Slim no heredó su fortuna de Telmex, sino que aprovechó la falta de regulación neoliberal para consolidarse en el surgimiento de un nuevo sector, la telefonía móvil, y entró como dominante en ese sector también en América Latina (Argentina, Colombia, Ecuador y Guatemala, entre otros). La fortuna está en América Móvil, la cual nunca fue empresa pública. En 2012 esa empresa valía más de 100 000 millones de dólares. Telmex, por su parte, 15 años después de su venta, tenía el mismo valor en términos reales, al incluirse el monto de la inversión realizada durante su expansión.

Durante una de mis entrevistas con Slim le pregunto al respecto. El magnate me dice que sabe del artículo, pero que no lo ha leído, así que para tener su opinión le leo algunos fragmentos. Mientras lo hago, ataja de inmediato:

—Es una mentira. Nomás cubre su parte y todos los demás hicieron las cosas mal. Dice que Telmex es ineficiente. ¿Qué es ser ineficiente si ha venido a competir Telefónica, ha venido a competir AT&T, ha venido a competir Verizon, ha venido Vodafone? ¿Tú crees que sea muy ineficiente si todas esas empresas no han podido? —luego toma un papel de su mesa. Es un estudio de la OCDE. Lo hojea hasta dar con una tabla—: Éste es el ingreso por minuto por país. México vende a dos centavos y sólo estos países venden a uno: Telefónica vende a nueve centavos en España. ¿Somos muy abusivos vendiendo nosotros a dos centavos?

—Bueno, Salinas también cita documentos de la OCDE para cuestionar a Telmex…

—Pues le dieron 90 000 euros a José Ángel Gurría —ex secretario de la OCDE— para realizar un estudio en el que hizo mierda a América Móvil y dijo que éramos los peores y no sé qué, pero ya lo están corrigiendo.

—Entonces, ¿qué motivación tendría el ex presidente Salinas para sacar este artículo?

—En decir que es un chingón, que él lo hizo todo limpio y que los demás son unos pendejos y sucios, y que Telmex es una mierda.

—¿Eso quiere decir que no hay una relación entre usted y Salinas?

—No, sí lo veo… Lo vi el otro día y le dije que decía una bola de mentiras.

—¿Y qué le contestó él?

Slim responde ofuscado y después me dice que no publique lo que me acaba de decir. Entonces retoma la respuesta:

—A lo mejor leo completo lo que escribió y se las enseño —las mentiras— una por una. Lo escribió en *El Financiero* para quedar bien con Televisa, con las televisoras. Volvió a ser un instrumento… En fin, si me pongo a discutir, para como está el país, es meterle más tensión a la situación actual.

—Más allá de lo que diga el ex presidente Salinas, existe una amplia percepción de que el gobierno le regaló a usted un monopolio…

—Es la mentira repetida una y otra vez. Mira, aquí mi competidor fue el beneficiario. En las bases él venía beneficiado, porque ahí decía que podías dar en pago o temporalmente acciones, y nosotros no teníamos ninguna y él tenía 10.6% de la empresa… Había una casa de bolsa que tenía 10.6% antes, porque el chiste era que el valor que nosotros ofrecimos por la empresa era muy superior a lo que valía un año antes. ¿Eso sí lo has visto? ¿Cuánto valía?

El principal competidor de Slim para la adquisición de Telmex fue el banquero Roberto Hernández, en ese entonces dueño de Banamex. Antes de la privatización de la empresa paraestatal, la Casa de Bolsa Accival, de la cual Hernández es socio, fue adquiriendo acciones de Telmex hasta tener 10%.

En aquellos años Hernández era el empresario favorito para ganar la licitación de la telefónica mexicana. Sin embargo, no perdió del todo: en diciembre de 1984 Telmex tenía un valor en el mercado de 316.8 millones de dólares, mientras que en junio de 1994, después de la privatización, ya valía 29 445 millones de dólares. Hernández y los demás socios de la Casa de Bolsa Accival, de quienes no se conocen todos los nombres, al haber acumulado una buena cantidad de acciones de Telmex antes de la privatización, vieron cómo el valor de su inversión crecía de manera estratosférica.

—Cuando se privatizó Telmex, fue 20.4% —enfatiza Slim, para luego explicarme, mientras hace números en una hoja—, del cual 10.2% fue del extranjero, y del restante nosotros teníamos como 5.2% en Carso y en Inbursa, del que yo tenía como 60%. Entonces yo tenía realmente 3.7%. Decían que era mía, pero yo sólo tenía 3.7 o 3.8% de Telmex.

También le pregunté a Rogozinski sobre el artículo escrito por el ex presidente para cuyo gobierno trabajó:

—Bueno, y ¿qué quieres que diga yo?

—Pues tu opinión del artículo.

—Independientemente de lo que diga ahí, yo quiero decir que Telmex sí fue una privatización exitosa. Mira, podrás criticar todo lo que quieras, pero lo que no puedes criticar es que hoy, si necesitas un teléfono, te lo ponen en días, si no es que en horas.

—Bueno, el ex presidente reconoce todo ese proceso de la privatización, pero dice que después se volvió ineficiente, monopólica y demás, porque no hubo regulación...

—A ver, a ver, mi punto de vista sobre ese tema es el siguiente: ¿hay un problema de regulación? Sí, pero no de regulación, porque no se hizo, sino porque no se aplicó. Eso es distinto, aunque al final de cuentas es lo mismo. A la gente ahí, en la calle, le vale. Yo te puedo aceptar que hay partes de lo que se critica a Telmex que se deben a la no aplicación de la regulación; te puedo aceptar eso. Lo que no te puedo aceptar es que me digan que Slim no invierte. Te voy a poner un ejemplo y con eso vamos a acabar esto: tengo un amigo que odia a Slim; no a él en lo personal, sobre todo al servicio de su empresa Telcel. Un día tengo este diálogo con él:

"—Oye, no me contestas las llamadas —le digo.

"—Pinche Telcel, no sirve para un carajo. Antes yo lo ponía en mi casa, en mi departamento, y sonaba. Y ahora ya no.

"—Pues cámbiate. Ahí están otras. Vete a Iusacell o a Movistar o a Nextel.

"—Eso voy a hacer.

"Luego pasan seis meses, me lo encuentro y éste es el nuevo diálogo:

"—¿Qué pasó?

"—No, pues ya me regresé a Telcel porque las otras están peor.

"Entonces me pregunta por qué pasaba esto y ya empiezo a explicarle la parte tecnológica. Que faltan torres, y si tú vas en una torre y yo estoy en otra torre y ando en un coche, cuando voy aquí se pasa mi llamada a esta otra, pero si cuando paso a ésta ya está llena, pues se bota mi llamada. Entonces eso lo tienes que solucionar con más torres, ¿sí?

"Bueno, entonces, en este ejemplo que estoy poniendo, mi amigo me pregunta:

"—¿Y por qué Slim no invierte más?

"Yo le digo:

"—A ver, no entiendo un carajo. Explícame para qué quieres que invierta más. Si invierte más, su servicio va a mejorar, y si su servicio mejora, más gente nos vamos a pasar a Telcel, y si más gente nos vamos a pasar a Telcel, va a ganar más, lo cual no está mal, pero ¿no siempre andas mentando madres de que Slim es monopolista, que Slim es dominante? Si él hace lo que tú dices, ¿se va a volver más o menos dominante?

"Y se queda pensando y me dice:

"—No, pues se va a volver más dominante."

—Pero ¿es o no un monopolio, como lo afirma el ex presidente Salinas?

—Ése es otro de los cuentos chinos. A ver, ¿Telmex tiene 100% en la ciudad de México? No, ¿tendrá 80%? Tampoco. ¿Tendrá 60%? Pues sí, tiene 60%. Entre 60 y 100% hay una gran distancia. Ahora, en el pueblito Quinchunchu tiene 100%. Ahí a lo mejor sí. ¿Por qué? ¡Porque nadie más le invierte ahí! Telmex será dominante en algunos lugares y en otros será monopólico, pero no porque quiera, sino porque por obligación Telmex tiene que ir ahí. Y nadie quiere ir ahí y nadie irá. Entonces tienes un problema sobre cómo vas a sacar del monopolio a esa ciudad si nadie quiere ir ahí porque no es negocio. El problema es 100% político.

9

PRI

El domingo 2 de julio de 2000, un ex directivo de la Coca Cola, Vicente Fox Quesada, ganó las elecciones presidenciales de México representando al Partido Acción Nacional (PAN). Por primera vez en más de 70 años el Partido Revolucionario Institucional perdía los comicios más importantes del país. Ese día, Carlos Slim acudió a la sede nacional del partido caído en desgracia, donde fue fotografiado al lado de dirigentes priistas como Enrique Jackson y Jesús Murillo Karam, antes de saludar al candidato priista derrotado, Francisco Labastida Ochoa. El rostro desencajado del magnate en las imágenes coincide con el relato que han hecho algunos priistas presentes sobre la desazón con la que andaba aquella noche en la que la comunidad internacional declaró iniciada la transición democrática en México.

Desde la década de 1980 Slim era un entusiasta defensor del PRI. En aquellos tiempos su éxito se atribuía a las buenas relaciones con los gobiernos del partido que se mantendría durante 70 años en el poder y que, tras ser derrotado en el 2000, regresaría en 2012 a la presidencia de la mano de Enrique Peña Nieto, luego de dos sexenios de gobierno del conservador PAN con las administraciones de Vicente Fox Quesada y Felipe Calderón Hinojosa, recordado porque durante su mandato lanzó una guerra contra el narco que provocó una enorme crisis humanitaria en el país.

Octavio Paz decía que el Estado creado por el PRI era un amo sin rostro y desalmado que no obraba sobre la gente como un demonio, sino como una máquina, y que en la medida en que crecía el mal, los malvados dejaban de ser excepcionales y se empequeñecían. Los mexicanos resumimos esa época diciendo: "El PRI robaba, pero dejaba robar". El poder central en México, explica Paz, no residía en el capitalismo privado, en las uniones sindicales ni en los partidos políticos, sino en el Estado. El poeta lo llamaba la "Trinidad secular": el Estado era el capital, el trabajo y el partido. El Estado pertenecía a una tecnocracia administrativa y a una casta política encabezada cada seis años por un presidente todopoderoso.

Sin embargo, con Carlos Salinas de Gortari en la presidencia, el PRI vivió un cambio notorio en su relación con el capital: asumió públicamente, sin complejos nacionalistas, su cercanía con los hombres de negocios. Le dio vida a un organismo cuyo nombre, sin embargo, aún remitía a la burocracia soviética: la Comisión de Financiamiento y Consolidación Patrimonial, un ente encargado de conseguir dinero para el PRI entre hombres de negocios. Slim aparece en documentos partidistas como uno de los vocales que esa comisión priísta tuvo en 1988, la cual había sido creada unos años atrás con la intención no alcanzada de cobrar cuotas a los servidores públicos de mediano rango. Por las mismas fechas se registró la asociación civil Gilberto, presidida por la entonces primera dama Cecilia Occelli de Salinas, con el fin de ayudar a las miles de personas damnificadas por el paso del huracán *Gilberto,* el cual devastó ciudades y pueblos enteros del país. En la directiva de la organización figuraba también Soumaya Domit, esposa de Slim.

El empresario ascendió por un elevador privado al club de *Forbes* durante los años que abrió su billetera al PRI. En el sexenio de Salinas de Gortari, de acuerdo con los registros periodísticos de entonces, el magnate donó al menos 25 millones de dólares al partido oficial para la campaña electoral de quien sería el siguiente presidente de México, en este caso Ernesto Zedillo, luego del asesinato de Luis Donaldo Colosio, el primer candidato oficial designado. De acuerdo con la denuncia periodística del momento, en febrero de 1993, ya como presidente próximo a terminar su periodo, Salinas de Gortari encabezó una cena en la que se les pidió a Slim y a otros multimillonarios esa cantidad para asegurar el triunfo del partido en el poder, el cual enfrentaría unas elecciones que recibían una importante atención de la opinión pública internacional, luego de mantener el control del país mediante un complejo mecanismo electoral corporativo basado en la decisión del presidente en turno, quien decretaba quién sería su sucesor, con lo cual los comicios formales, hasta 1988 con la participación del ex priista Cuauhtémoc Cárdenas, solían ser una puesta en escena.

La reunión se filtró al periódico *El Economista,* que tituló la noticia: "Fija el PRI cuotas para grandes empresarios". Días después, Antonio Ortiz Mena, ex presidente del Banco Interamericano de Desarrollo

(BID) —en cuya mansión se celebró la reunión de Salinas de Gortari con los multimillonarios—, ofreció una conferencia de prensa en la que explicó que el PRI había nacido ligado al gobierno, pero que ahora esa circunstancia estaba por terminar, para lo cual el instituto político necesitaba una vida económica independiente.

No fue casualidad que una cita tan importante se llevara a cabo en el hogar de Ortiz Mena, quien había sido secretario de Hacienda del régimen durante 12 años consecutivos. Él representaba a la vieja tecnocracia administrativa priista que estaba por desaparecer. Otros multimillonarios presentes en la reunión fueron Carlos Hank Rhon, Claudio X. González, Emilio Azcárraga, Alberto Baillères, Roberto Hernández, Adrián Sada y Lorenzo Zambrano. Slim era el único de todos que desde tiempo atrás formaba parte de la Comisión de Financiamiento y Consolidación Patrimonial priista.

Un año después de aquella cena, una vez con la contienda electoral en marcha, Slim fue abordado por un pequeño grupo de reporteros en el salón Constelaciones del hotel Nikko, durante un evento de apoyo a la recién iniciada campaña de Luis Donaldo Colosio por la presidencia de la República. Corría 1994: continuaba la sombra de la venta de Telmex, al mismo tiempo que el financiamiento priista y el alzamiento del EZLN eran los temas en la agenda nacional.

—¿Usted cuánto aportará al PRI? —preguntó uno de los periodistas, entre quienes estaba Pascal Beltrán del Río, actual director del diario *Excélsior*.

—No es tiempo de entrevistas.

—Después, si usted prefiere.

—No, mejor le mando un documento en el que se sintetiza mi posición sobre el país.

—Hábleme de Teléfonos de México. Cuauhtémoc Cárdenas dice que si gana las elecciones, la empresa volverá a ser puesta en licitación…

—Pero si yo sólo tengo 2% de las acciones de la empresa: 75% de las acciones es de pequeños propietarios. Se lo puedo demostrar.

—Cuauhtémoc Cárdenas dice que la licitación estuvo mal hecha. ¿Qué piensa usted?

—Que eso es una pendejada, de las muchas que dice ese señor. Es ser ignorante y, además, no reconocerlo. Yo le puedo mandar documentos de todo.

—Mejor platíquemelo, ingeniero.

—No, no. Es que las entrevistas no lo dejan a uno trabajar tranquilo.

—¿Qué piensa del conflicto en Chiapas?

—Mejor espere mi documento.

A más de 20 años de aquel 1994 tan convulso, pregunté a Slim si en 2015 seguía considerándose priista.

—No, yo no estuve en ningún partido —me respondió.

—Pero estuvo: aparece formalmente como miembro de la Comisión de Financiamiento y Consolidación Patrimonial del PRI.

—Sí, me invitaban. Fue una forma en la que… Mira, hubo dos cosas: se quería separar, porque la Secretaría de Hacienda era la que financiaba a todos los partidos, a todos, menos el PAN, que usaban el partido de otra forma. Entonces yo me imagino que fue un intento de hacer algo distinto, pero no.

—¿Sí fue usted parte de la Comisión de Financiamiento del PRI?

—Sí, pero nunca nos reunimos, que yo sepa.

—¿Nunca se ha considerado priista?

—Yo no. Yo votaba por el PRI para presidente y por el PAN para diputados y senadores. Siempre. Desde los 21 años. Ésa ha sido mi forma de voto.

—¿El PRI de ahora es el mismo de antes?

—Eso lo tendremos que platicar más largo, pero el PRI cambiaba cada seis años. Es como si dices: el primer ministro de China de ahora es igual que el primer ministro de antes. Lo que está haciendo China es como lo hacía el PRI.

III

10

Corazón

Diez años antes de convertirse en el hombre más adinerado de la Tierra, Carlos Slim estuvo a punto de morir. Sufría del corazón. Ese otoño de 1997 el magnate lucía tan delgado y débil que sus amigos más cercanos no creían que lo verían de nuevo en su oficina, haciendo cuentas con tres calculadoras a la vez. Tampoco se acostumbraban a la idea de no mirarlo revisar reportes financieros del mundo entero con la mirada inexpresiva de un tiburón que acecha a una presa. Había viajado en secreto a Houston, Texas, acompañado de su esposa, para que le cambiaran una de las válvulas del corazón: una intervención que no debía ser riesgosa.

Estaba en el Texas Heart Institute, un centro médico de adventistas dirigido por Denton Cooley, famoso por haber realizado el primer trasplante de un corazón artificial. El jefe del equipo era el cirujano Michael Duncan, y el doctor encargado de operarlo, Paolo Angelini, un cardiólogo italiano que había estudiado en México, hablaba un español aceptable y le caía bien a Slim. Cuando estaban cerrando la cirugía a corazón abierto, la costura de la válvula operada se rompió. Slim sufrió una hemorragia que el equipo de especialistas combatió con el suministro de una bolsa de sangre tras otra hasta llegar a las 31. Durante las siguientes 24 horas Slim respiró con ayuda de un ventilador mecánico. Sus barreras de inmunidad quedaron vulnerables y adquirió una neumonía. De una semana a otra el empresario bajó 20 kilos de peso.

Por esas fechas, como es tradicional en los diarios mexicanos durante el Día de Muertos que se celebra cada 2 de noviembre, se hicieron obituarios en verso de figuras vivas y conocidas. La *calavera* —nombre del juego— que le hizo el periódico *Reforma* a Slim era la siguiente:

CARLOS SLIM
La muerte se impone al fin,
aunque su labor estorbes,

y así sucedió que Slim
se quedó fuera de *Forbes.*
Ha logrado preocuparlos,
a los muertos con sus cifras
(como el panteón compró Carlos,
ya subieron las tarifas).

Todo indicaba que, más que una *calavera,* la noticia de ese otoño sería la de la muerte del entonces hombre más rico de América Latina, de 57 años y con una fortuna de 6 500 millones de dólares. Algunos colaboradores suyos creyeron que en realidad había muerto y esparcieron el rumor. Otros pensaban que los rivales de Slim, como el banquero Roberto Hernández, difundían la noticia para desestabilizar sus acciones en la bolsa de valores. La oficina de prensa del multimillonario se vio obligada a lanzar un comunicado en el que aclaraba que el dueño de Telmex seguía vivo y todas sus empresas operaban con normalidad:

El ingeniero Slim Helú fue sometido el pasado mes de octubre a una intervención cardiovascular programada con anticipación. Durante el proceso de recuperación se presentó una neumonía de la cual está a punto de recuperarse. Las empresas e instituciones en las que participa el ingeniero Slim continúan operando sin alteración alguna con sus mismas estructuras administrativas.

El médico Héctor Castañón, jefe de terapia intensiva del Hospital Siglo XXI, viajó a Houston para apoyar la revisión de su estado de salud. Slim permaneció varias semanas más en Estados Unidos antes de regresar a México para seguir la rehabilitación en su casa de Acapulco, donde el 28 de enero celebró su cumpleaños número 58 con una pequeña fiesta. De ahí se iría a Cuernavaca y finalmente regresaría al Distrito Federal.

Mientras tanto, las batallas cotidianas alrededor de su creciente emporio continuaban. El mismo día de su cumpleaños, una organización barrial de la ciudad de México, la Asociación para la Defensa de Tlalpan, por medio de la actriz Jesusa Rodríguez y el ex diputado Marco Rascón, ratificó una denuncia contra Slim en la Procuraduría General de la República (PGR) por las obras de construcción que se llevaban a cabo en la zona arqueológica de Cuicuilco, en la capital mexicana. Los vecinos inconformes pedían 10 años de cárcel para el presidente del

Grupo Carso por los daños que su empresa estaba causando a la ciudad prehispánica más antigua del valle de México. También comenzaban las disputas públicas y legales de su empresa Telmex con las compañías AT&T y MCI, las cuales entraron a competir al mercado mexicano.

Sin embargo, la principal preocupación empresarial de Slim en ese momento era quedar incapacitado para seguir dirigiendo sus negocios. El magnate ha contado a sus allegados que por este suceso incluso consideró retirarse de las operaciones financieras. Lo que sí hizo fue acelerar la transmisión de responsabilidades a sus tres hijos varones, quienes asumieron las principales posiciones de poder dentro de Grupo Carso. Carlos tenía 31 años, Marco Antonio, 30, y Patrick, 29, cuando fueron nombrados presidentes de áreas estratégicas del emporio de su padre. Otros integrantes de la familia de Slim también han sido colocados en puestos clave del grupo, como la dirección de Telmex para Héctor Slim Seade, hijo de Julián, el hermano mayor de Slim. Todos los jóvenes estudiaron en la Universidad Anáhuac, bastión educativo de los legionarios de Cristo.

Fructuoso Pérez, amigo de Slim desde su etapa universitaria, se enteró de la supuesta muerte del millonario en un periódico. Pronto confirmó que la información era falsa y tiempo después, por boca del propio Slim, supo detalles de lo sucedido. Dice que el magnate se pone mal cuando recuerda aquel momento: lo desesperaban el hospital, la torpeza de las enfermeras y los médicos: "Para él fue como una segunda oportunidad de revivir. Lo hizo pensar en hacer cambios en su vida".

Slim casi no habla en público de lo ocurrido durante aquellos días. Tampoco entre sus amigos más cercanos, aunque a veces menciona a un médico cubano.

—¿Fue un médico cubano quien le salvó la vida en 1997? —le pregunto a Slim en entrevista.

—Ese médico aparece después de que dicen que ya estoy *pelas*. El mismo día un doctor que está de residente, joven, de origen argentino, es el que me saca adelante mientras bajan a la familia a decirle que ya estoy *pelas*.

—¿Por qué le dijeron eso a su familia?

—Yo no estaba… estaba ya muy mal. Seguramente me dejaron en el cuarto pensando que ya no me iba a recuperar y entonces un argentino es el que me ayudó. Luego hay varias crisis porque me dan jugo de naranja y me provoca una broncoaspiración. Y después un doctor de origen cubano es el que me ayuda, pero en otro hospital, en el de la Universidad de Texas, que es donde trabaja el doctor Guillermo Gutiérrez, de origen cubano. Me quedo ahí tres meses. Luego insisto en regresar ya a México. Entonces me dicen que vuelva poco a poco. Primero voy a Acapulco y luego a Cuernavaca. Después a México. Son experiencias dolorosas, pero uno sobrevive con amor a la vida y el apoyo familiar. Mi esposa era muy ubicada y mis hijos lo son.

En octubre de 1992, cinco años antes del problema con la válvula del corazón, Slim ya se había sometido a una primera cirugía cardiovascular, supervisada por el doctor Teodoro Césarman, conocido porque fue el cardiólogo del ex presidente Luis Echeverría y del comediante mexicano *Cantinflas*. Tras esa operación el empresario decidió convalecer en su mansión de Acapulco. De esa intervención quirúrgica se supo aún menos en la prensa, que apenas empezaba a interesarse en el millonario debido a su triunfo en la licitación de Telmex. Unos días después de haber sido dado de alta debió volver a internarse. El cirujano Michael Duncan, miembro del equipo de Cooley, fue el que lo rescata ésa y la segunda vez que estuvo cerca de morir, en 1997.

El estado de salud de Slim todavía no era asunto de especulación en la bolsa. Cuando lo llevó a ser operado, para evitar que los reconocieran, su esposa Soumaya lo registró con el irónico nombre de Carlos Delgado. De la operación sólo sabían ella, sus hijos y sus amigos Ignacio Cobo y Juan Antonio Pérez Simón. Meses atrás, este último se había practicado un cateterismo y le recomendó a Slim que se pusiera en manos del equipo de Césarman.

Durante el tiempo de su primera recuperación, Slim tuvo varias recaídas. Se deprimió. Se dejó crecer la barba y vestía con desaliño. Uno de esos días, cuando tan sólo rondaba el lugar 33 de la lista de *Forbes,* les dijo a sus amigos que tenía ganas de olvidarse de los negocios. A Pérez Simón llegó a comentarle que ya nada le importaba. En enero de 1993, Cobo y Pérez Simón rentaron un avión y llevaron a su socio y amigo al Texas Heart Institute.

Slim se "amarró" el corazón y se animó a continuar con sus empresas. Hoy ese hospital es un consentido de su política de donaciones, tal vez una excepción sentimental en su filosofía pragmática sobre la generosidad.

En 1997, tras ser operado y estar a punto de morir, parecía que se retiraría de los negocios. Una década después se convirtió en el mexicano más rico del planeta.

11

Soumaya

Un par de años después de que logró escapar de la muerte, Carlos Slim viviría otra dura prueba. Su esposa Soumaya Domit Gemayel enfermó a consecuencia de una insuficiencia renal hereditaria y falleció el 7 de marzo de 1999, cuando tenía 50 años de edad. La ceremonia de despedida de Soumaya fue oficiada por el obispo Onésimo Cepeda, quien antes de hacer los votos de castidad fue banquero y socio de Slim en Inbursa; por el sacerdote jesuita Sergio Cobo, hermano de su amigo Ignacio Cobo, y por Marcial Maciel, líder de los legionarios de Cristo. Al velorio, celebrado en la residencia de la familia en Las Lomas, acudió el entonces presidente Ernesto Zedillo y la mayor parte de la élite política mexicana.

Mientras que Slim buscaba información en diversos lugares del mundo sobre remedios y tratamientos para la insuficiencia renal crónica, su esposa encaraba el padecimiento con una fortaleza que sus allegados admiraban. El doctor Francisco Ruiz Maza, jefe del Servicio de Nefrología del Hospital Español, ayudó a que la pareja del magnate escribiera en sus últimos meses de vida un manual para otros pacientes como ella. El libro se llama *La verdadera alegría es la tristeza superada* y su circulación se encuentra restringida a algunos hospitales y fundaciones, donde los médicos lo entregan a quien se le diagnostica la misma enfermedad de que murió la esposa de Slim.

El libro es un folleto de 54 páginas, de impresión sencilla, acompañado por ilustraciones de *Cantinflas*. Soumaya lo inicia pidiendo calma a quien le diagnostican insuficiencia renal crónica, diciéndole que actuar positivamente minimizará la incertidumbre. Además del mensaje introductorio, la publicación explica el funcionamiento del riñón, el tipo de tratamientos que hay y los medicamentos que se usan. El último capítulo es una reflexión titulada "A mi familia", en la cual plantea el tipo de relación ideal entre el enfermo y sus cercanos:

A MI FAMILIA:

Quisiera pedirles:

1. Cariño: sentirme amada es ahora más que nunca primordial para mí.
2. Comprensión hacia mis momentos de mal genio, mis limitaciones, mi necesidad de descansar.
3. Cooperación para ayudarme a salir adelante.
4. Alegría para disfrutar de la vida aún más que antes. Para combatir el ambiente de pesimismo y tristeza que surge cuando uno se entera de estas cosas, hacerlo a través de la música, las diversiones, el sentido del humor, etcétera.
5. Confianza en que puedo superarme y ser cada día mejor, a pesar de tener este problema.
6. Exigencia para que no me sienta inútil, para que no me mantenga en un ambiente de sobreprotección, que sólo me lleva a tener una actitud pasiva y autodestructiva. Por favor, no me preguntes a cada momento cómo me siento y déjame hacer las cosas que puedo y debo. No me ayudes cuando no es indispensable y pídeme que haga todo lo que esté a mi alcance, aunque al hacerlo me cueste un esfuerzo.

Muchas gracias por ayudarme, así, a ser cada día un poco mejor como persona.

Slim y Soumaya Domit Gemayel se casaron el 28 de abril de 1966 en el templo de San Agustín, en la colonia Polanco del Distrito Federal, donde ambos vivían antes de conocerse. Él tenía 25 años, y ella, 17. No hubo fiesta, sólo una ceremonia religiosa, debido a que un mes antes del enlace había fallecido el padre de Soumaya, Antonio Domit. La declaración ante el juez civil fue privada, pero los novios invitaron a la misa a sus familiares y a sus amigos. El acto fue reseñado por *Emir,* la revista de sociales de la comunidad libanesa en México de esos años.

El título del artículo es "Boda Domit-Slim fue un gran acontecimiento", y a lo largo del texto resulta evidente que, por el origen familiar de ambos, el interés predominante recae en Soumaya y no en Slim.

A Soumaya se le describe así: "La bella novia es hija de don Antonio Domit, el finado industrial libanés, y de doña Lily Gemayel viuda de Domit, distinguida dama, ampliamente conocida y estimada en nuestros círculos sociales", mientras que a Slim, de esta manera:

El novio es, por su parte, un magnífico muchacho que honra a la colonia libanesa. Respondiendo al prestigio intelectual de sus antepasados, por parte de la madre, entre quienes se encuentran brillantes jurisconsultos y literatos, que han dado brillo a nuestra amada patria, Carlos Slim, ingeniero, es también brillante profesor en la UNAM. Su reputación como talentoso matemático va en aumento.

Soumaya acudió a la misa del brazo de su hermano Pedro y de su abuela Emile Gemayel, quien viajó desde Líbano. Por su parte, Slim lo hizo junto a su madre Linda Helú y a su hermano mayor Julián, en representación de su padre fallecido.

El sacerdote que los casó fue Marcial Maciel, entonces joven y flamante fundador de los legionarios de Cristo, una congregación religiosa de la Iglesia católica que se volvió muy poderosa entre los ricos mexicanos. Soumaya mantendría una relación cercana con la Legión de Cristo y con Maciel hasta el último día de su vida. No le tocaría conocer los escándalos de corrupción y pederastia protagonizados por el propio Maciel que hicieron que la congregación viniera a menos a comienzos del siglo XXI hasta ser intervenida por El Vaticano.

Los testigos de la boda civil fueron, por parte de Soumaya: Alfredo Assam, Berty Raffoul Gemayel, Juan Shanin, Abraham Bitar, Antun Domit y Jairala Domit. Y por Slim: José, su hermano mayor; su amigo Juan Manuel Cossio, quien en 2013 era presidente de la Federación Ecuestre Mexicana; su tío Antonio Helú, escritor y director de cine especializado en el género policiaco, cuya obra más alabada fue *La obligación de asesinar,* y Michel Kuri, su cuñado, esposo de su hermana Linda.

Domit y Slim tuvieron seis hijos: los varones Carlos, Marco Antonio y Patrick, y las mujeres Johanna, Vanessa y Soumaya. El "séptimo hijo" fue Grupo Carso, como se llama hasta el día de hoy el emporio del magnate, en honor a sus iniciales y las de Soumaya.

12

Gemayel

La esposa de Carlos Slim formaba parte de una de las familias más poderosas de la comunidad libanesa en México. Soumaya, Lilo, Pedro, Antonio y Michel eran hijos del empresario Antonio Domit y de Lily Gemayel. Antonio Domit, como cientos de libaneses, salió de su país a principios del siglo xx a causa de la guerra y la falta de oportunidades empresariales, pero tras hacer fortuna en México con la fabricación y la venta de calzado, regresó a Líbano en 1946 para pasar una temporada y explorar la posibilidad de concretar negocios allá. Durante el viaje conoció a Lily, sobrina de Pierre Gemayel, el líder político de la comunidad cristiana maronita, predominante en Líbano, quien además era fundador de Al Kataeb, un movimiento nacionalista inspirado en la falange española y en el fascismo italiano.

Antonio Domit y Lily Gemayel se casaron en Beirut, Líbano, el jueves 6 de febrero de 1947 en la catedral de San Jorge. La revista *Emir* definió así el acto: "El enlace de la bella damita libanesa y del gran industrial de México constituyó un acontecimiento social sin precedente".

A diferencia de la discreta boda entre Carlos Slim y Soumaya Domit, el enlace matrimonial de Antonio Domit y Lily Gemayel fue todo un acontecimiento. Antonio Domit llegó en su auto a la residencia de la familia Gemayel, seguido por amigos y periodistas que formaban una caravana de vehículos impresionante para esos años. Lily apareció con un vestido blanco adornado de azahares y caminó hasta el automóvil, donde se sentó junto a su padre Michel, quien la acompañaba del brazo. Mientras tanto, Antonio hizo el recorrido con Pierre Gemayel, el jefe de las falanges libanesas, quien fungió como padrino de bodas por parte del novio. Todos avanzaron hasta la catedral de Beirut escoltados también por la policía local. El templo había sido decorado con cientos de flores, alfombras y tapices. Lily caminó hasta el altar acompañada de su madrina, Samia Aboussouan, hija del antiguo presidente del Tribunal de Casación, mientras que Antonio seguía junto a su padrino, Pierre Gemayel. Entre los invitados había ex presidentes, ministros del gobierno libanés, generales y diputados. El vicario de la Iglesia maronita en Líbano, Abdala Khouri, fue el encargado de bendecir la unión. Después un secretario leyó el mensaje especial enviado por el patriarca maronita, en el cual se hace una reflexión sobre la partida de los libaneses a América:

La bendición apostólica esté con nuestro querido hijo don Antonio Domit.

Recibimos su carta de fecha 25 de enero pasado, por la cual solicita nuestra bendición apostólica para vuestro matrimonio con la señorita Lily Gemayel, hija del *shaij* Michel Sulaiman Gemayel; y además desean que deleguemos de nuestra parte a quien se encargue de bendecir su enlace. Con gusto delegamos a nuestro hermano monseñor Abdala Khouri, nuestro vicario general, para que en nuestro nombre otorgue la bendición en la ceremonia de sus esponsales y les comunique nuestras paternales felicitaciones.

Nos enorgullece un ejemplo como el que habéis dado, hijo leal del Líbano que abandona su patria empujado por el amor al trabajo y al progreso, pero siempre guarda en su pecho el amor y la lealtad al Líbano. Los hijos del Líbano llevan con ellos al extranjero el talento, la energía y la honradez, y conviven entre pueblos cuyo idioma y costumbres desconocen; pero no tardan en aprender la lengua y tomar lo mejor de sus costumbres, llegando a ocupar un alto rango y puestos importantes. Conservan sus vínculos con la madre patria, están pendientes de su situación y prodigan su ayuda para verla próspera y gloriosa. Hay veces, como en este caso, que vienen a su país para escoger a la compañera de su vida, una damita de las nobles familias libanesas.

Le felicitamos, y pedimos a Dios que haga dichoso su matrimonio y que les dé muchos hijos para que les eduquen en el amor de Dios y del Líbano, y que aumente su dicha en unión de la compañera de su vida.

En testimonio de ello, repetimos nuestras congratulaciones a usted y a sus parientes, y de todo corazón le damos nuestra bendición apostólica.

Bkerque, 6 de febrero de 1947

Antoun Pedro Arida
Patriarca de Antioquía y de todo Oriente

95

Al término de la ceremonia religiosa, Antonio y Lily fueron al Colegio de las Madres Besanzon, en el que ella había hecho sus estudios y donde se celebró la fiesta por el enlace. La noche de bodas la pasaron en el pueblo de Chtaura y luego viajaron a Egipto en avión para seguir con su luna de miel. Un mes después emprendieron el viaje a México. Antes pasaron unos días en París y luego en Nueva York, donde se reunieron con la comunidad libanesa de la ciudad, encabezada por Salloum Mozarkel, director de un periódico en lengua árabe llamado *Al Hoda*. Finalmente, el 4 de mayo aterrizó su avión en el aeropuerto del Distrito Federal, donde los esperaba un mariachi, un grupo de trabajadores de la fábrica de calzado y familiares encabezados por Pedro Domit, hermano de Antonio.

Pocos días después el matrimonio concedió en su casa una entrevista a la revista *Emir*. Lily Gemayel la dio en francés —"un francés precioso, exquisito, casi polícromo, que denota la presencia de un espíritu cultivado-selecto, de una mente clara y bien organizada"—. La conversación comenzó con la pregunta sobre la gentileza de los libaneses radicados en México y una serie de elogios a ellos por parte de Lily, para luego hablar de su nostalgia por Líbano:

> Recorriendo estos días los alrededores de la capital, frente a panoramas de incomparable belleza, hubo momentos en que creí sentirme en el propio Líbano. Lo que más me encanta son las flores, los árboles, el cielo azul. El azul es mi color predilecto. Y al llegar a México, la primera impresión que captó mi espíritu fue ésa: muchas flores, muchos árboles, un cielo azul de admirable profundidad, que me recuerda al cielo mediterráneo. Flores, árboles, cielo azul… Si no tuviese más que eso, ya sería bastante para que yo amase a México.

En la misma entrevista, Antonio Domit habló del viaje de reencuentro con Líbano y celebró la independencia conseguida por su país, para luego lamentar la mala situación económica, derivada de un ciclo de depresión y de incertidumbre de la posguerra. Cuando el reportero de *Emir* le preguntó si existía una organización que aglutinara las aspiraciones políticas de Líbano, Domit respondió:

> Sí que la hay. En el panorama nacional del Líbano destaca con vigorosos perfiles una organización, un movimiento que reúne en su seno varias

decenas de miles de afiliados, en el que Líbano puede fundar acaso sus más firmes esperanzas. No es, propiamente, una organización política. Es un movimiento de arranque y proyección nacionales, en el que los afiliados se sacrifican por la idea y hacen aportaciones de su propio pecunio [sic], y se desentienden de toda idea de lucro o de medro personal, y en el significado que el que la política, en fin, no tiene otro significado que el que sirva para afrontar los problemas vitales de cuya solución dependen el presente y el futuro del Líbano. En ese movimiento está agrupado lo más amplio y sano de la juventud libanesa, de las nuevas ideas, del nuevo estilo. Ese movimiento se llama Al Kataeb.

Al Kataeb nació en 1936, el mismo año en que Jesse Owens arrasó en las Olimpiadas de Berlín e hizo enojar a Hitler. Se trataba de un movimiento anticolonialista de derecha, muy de la época, cuyo lema era "Dios, patria y familia". Pierre Gemayel, padrino de bodas de Antonio Domit y tío de Soumaya, reivindicaba fervientemente a los fenicios como los ancestros de los libaneses. Con el paso de los años el movimiento se convirtió en un partido político y, en la década de 1970, Bashir Gemayel, primo de Soumaya e hijo de Pierre, creó como subdivisión un grupo paramilitar llamado Fuerzas Libanesas, contraparte de lo que hoy es el grupo guerrillero musulmán Hezbolá.

Bashir llegó a la presidencia de Líbano en 1982 con el respaldo de Israel y el rechazo de miles de palestinos refugiados de la guerra en su tierra en campamentos provisionales de Líbano. Unas semanas después de asumir la presidencia, Bashir fue asesinado. Su hermano Amin lo remplazó y, en represalia, los seguidores falangistas de la familia Gemayel asaltaron los campos de refugiados de Sabra y Chatila, y masacraron, según la Cruz Roja, a 2 400 palestinos delante de las tropas israelíes que habían ocupado Líbano.

Pero esto no lo conoció Antonio Domit, a quien un infarto al miocardio le quitó la vida en 1966, el mismo año en que, un mes después de su muerte, su viuda, Lily Gemayel, acudió vestida de negro a la boda de su hija Soumaya con Carlos Slim, un ingeniero que en esos años sólo tenía fama de ser un matemático talentoso y que se relacionó con la familia de mayor linaje de la derecha de Líbano.

13

Éxodo

Un lugar común para explicar la forma de ser de Carlos Slim es la reputación tacaña de su ascendencia árabe. En 2008, cuando viajé a Líbano, donde nació su padre, una profesora me contó la anécdota de un estadounidense que llega a una tienda de lámparas y ve una que le gusta. Pregunta el precio y el vendedor contesta con el rostro sonriente que son 50 dólares, un monto excesivo para semejante lámpara, que sin embargo el cliente acepta mientras dice que se llevará tres. El vendedor se ofende. Le increpa que no haya reclamado un mejor precio y se niega a venderle siquiera una. En la cultura comercial de Oriente Medio el regateo no sólo es imprescindible: es un acto de cortesía. Sin embargo, en México y en casi todo el mundo un multimillonario regateando está condenado a ganarse la imagen de avaro.

A pesar del chiste, tal vez Slim no sea un producto de la cultura libanesa, pero sí un ídolo para una comunidad que se precia de su olfato para los negocios y lo emprendedor. En las calles de Beirut apenas lo conocen, aunque tiene vínculos personales claves con la historia política reciente del país: sus primos políticos Bashir y Amin Gemayel, dos de los presidentes más polémicos de la época reciente de ese país, cuyo emblema es un cedro. A diferencia del de su esposa, Slim —Salim en árabe— era un apellido sin linaje alguno. Aunque las cosas han cambiado.

Un hombre de Líbano que sí conoce la historia de Slim es Issa Goraieb, el principal editorialista del diario *Le Journal*, un libanés de mirada generosa nacido por casualidad en México, a mediados del siglo XX, en Matías Romero, Oaxaca. Goraieb cree que la gran hambruna que vivió Líbano entre 1910 y 1915 a causa de la invasión turca marcó a las siguientes generaciones, sobre todo a aquellas que, huyendo de la calamidad, emigraron al continente americano y construyeron redes de apoyo, como Julián Slim Haddad, el padre de quien se convertiría en el primer hombre nacido en un país no rico que logró ser el más acaudalado del mundo.

98

Si las culturas árabes tienen reputación de negociantes, los libaneses exiliados a principios del siglo XX que recordaban esas penurias eran todavía más precavidos. Líbano formó parte del imperio otomano entre 1516 y 1920, conformado también por las actuales Siria, Israel, Jordania, Palestina y Turquía. En 1864 Líbano consiguió autonomía para convertirse en abastecedor de seda de Francia, pero vivió guerras intestinas entre cristianos maronitas —seguidores del ermitaño san Marón— y drusos —un grupo religioso islámico—. El padre de Slim era hijo de campesinos productores de seda nacidos en la aldea de Jezzine, y tras emigrar en barco a México, siguiendo a sus hermanos mayores José, Elías, Carlos y Pedro, se volvió un próspero vendedor de telas. Luego participó en la fundación y dirección de la Cámara de Comercio Libanés, donde la palabra más invocada para administrar un negocio fue "austeridad".

Por lo general, los libaneses de aquella diáspora se iniciaban como vendedores ambulantes de bisutería y textiles, en especial lencería. El sistema comercial conocido como "abono" se convirtió en su sello. Las ventas a domicilio y a plazos les permitían ganar hasta el triple del costo de los productos para luego establecerse de manera formal y dedicarse al mayoreo. Durante las crisis económicas, gracias a la liquidez de sus negocios, los libaneses aprovechaban para hacerse de activos valiosos.

El éxodo de éstos a México comenzó a principios del siglo XX, en plena dictadura de Porfirio Díaz, quien alentó su arribo y el de otros grupos extranjeros argumentando que el país necesitaba más mano de obra y de mayor "calidad". Algunos sectores nacionalistas se oponían. *Progreso Latino,* una revista de 1905 reseñada en un estudio de la investigadora Angelina Alonso, exigía que se prohibiera el desembarco de tres mil personas procedentes de Oriente Medio porque no traían "más industria que sus brazos, ni más aspiraciones que la rapiña y mendicidad".

Años después muchos comerciantes libaneses aprovecharon el periodo de la Revolución para afianzar sus negocios. Al no ser obligados a participar con uno u otro bando, se convirtieron en abastecedores tanto del ejército como de las facciones sublevadas, principalmente de uniformes y ropa. Sin embargo, la xenofobia también creció y en la década de 1920, durante el primer auge petrolero del país, políticos y dirigentes obreros presionaron para frenar el arribo de más extranjeros. En 1924 el presidente Plutarco Elías Calles prohibió la entrada de chinos y japoneses, mientras que el 7 de julio de 1927 la Secretaría de Gobernación la extendió para la inmigración de trabajadores "de origen sirio, libanés, armenio, palestino, árabe y turco". Unos años más tarde se canceló esta suspensión, pero a los inmigrantes libaneses se les presionaba para que se dedicaran a la agricultura y no al comercio. Para ese tiempo Líbano ya era un país independiente de Turquía, aunque permaneció bajo la autoridad de Francia hasta el final de la Segunda Guerra Mundial.

El patriarcado es uno de los rasgos predominantes de la forma en que la diáspora libanesa ha administrado sus negocios en México. El padre o el mayor de los hermanos controla a la familia y los negocios, mientras que las mujeres son relegadas de las actividades comerciales y sus matrimonios ayudan a establecer lazos de alianza con otras familias.

Esta forma de organización, propia de la familia de Slim y reflejada en la de otros empresarios de ascendencia libanesa, tiene que ver más con la subsistencia como comunidad extranjera que como una estrategia para la acumulación de bienes, considera el investigador Luis Alfonso Ramírez, quien en su libro *Secretos de familia* explica que la función de las mujeres libanesas, desde su rol de amas de casa, es cuidar, adquirir y reproducir el estatus familiar:

> Son las encargadas de abrir las puertas en los círculos sociales a "la gente de alcurnia", o en su defecto, de crear otros igualmente prestigiosos. Se ocupan de construir una imagen del hombre y los hijos mediante su participación en patronatos de ayuda, clubes de servicio y asociaciones religiosas. Invitan a cenar al arzobispo o a otros hombres de negocios mediante sus esposas.

Algunos libaneses que llegaron a México en la época que lo hizo el padre de Slim ignoraban que el continente americano estaba conformado por diversos países. Muchos de ellos en realidad deseaban arribar a Estados Unidos y no a México, explica la investigadora Angelina Alonso en *Las aventuras del paisano Yusef,* un libro clásico sobre la inmigración libanesa en América Latina. Se embarcaban en el puerto de Beirut con jocoque, garbanzos y frascos de pepinos para alimentarse durante la odisea. Tras pasar el canal de Suez, los barcos se dirigían a Italia a través del estrecho de Sicilia, hasta llegar al puerto de Marsella, en Francia, de donde finalmente partían hacia América. A algunos les tocaba desembarcar en Nueva York y a otros en Veracruz, donde sólo necesitaban contar con pasaporte para entrar al continente.

No todos los emigrantes huían de la pobreza en sus tierras. "Hay familias como los Slim, los Gemayel o los Domit que vinieron acomodadas, y que tanto salieron por tener diferencias políticas o porque tenían el gusto de emigrar de Líbano o conocer otras tierras; pero su motivación no fue la búsqueda de un mejor nivel de vida porque ya lo tenían", considera María Elena Buendía en su investigación sobre los libaneses en México.

Julián Slim Haddad desembarcó en México por Veracruz, según declaró él mismo años más tarde ante el Registro de Extranjeros del Servicio de Migración. Su nombre real era Khalil, pero lo cambió para adaptarse mejor a su nuevo entorno. Así, buscando cierta equivalencia fonética, los Boutros se convertían en Pedro; las Mayrem, en María, y los Youssef, en José. Otros libaneses alteraban radicalmente su identidad. En documentos del Departamento Confidencial aparece el registro de un libanés llamado Mahamud Hamis Bacharroch que se puso el nombre de Hilario Quintero para hacer negocios oscuros en Zacatecas; en Ciudad Madero, Tamaulipas, el agiotista más célebre se hacía llamar Alejandro González, aunque su verdadero nombre era Oly Corand Assad.

Carlos Slim Haddad, hermano de Julián, quien no tuvo hijos y por quien su sobrino, el mexicano más rico del mundo, lleva su nombre, solicitó nacionalizarse el 15 de abril de 1924. Declaró ser mayor de edad y casado, y dio como domicilio el número 52 de la colonia Roma, en el Distrito Federal. Seis años antes tramitó ante la Dirección de Obras Públicas un permiso para construir una recámara nueva y un cuarto para su chofer. El nombre con que se acreditó fue Carlos Beshara Slim, con el siguiente argumento:

> Como nací en el día de san Carlos, Borromeo, 4 de noviembre, y como el idioma de mi nombre no es fácil de pronunciar, especialmente para las personas que están acostumbradas a hablar en español, estando yo en esta república y desde que llegué usé además de mi nombre mencionado [Beshara] el de Carlos, con el fin de facilitar que se me llamase con un nombre de más fácil pronunciación y además porque en verdad yo llevo ese nombre de Carlos, quiero que se me reconozca con mi nombre completo: Carlos Beshara Slim.

Uno de los testigos que presentó para solicitar la nacionalidad mexicana fue Antonio Letayf, lo cual le garantizaba la aprobación inmediata, pues este último fue el primer inmigrante libanés que se hizo ciudadano mexicano. Esto sucedió en 1899, con una carta firmada por Porfirio Díaz, por lo que su nombre se convirtió en la mejor recomendación que podía tener un inmigrante libanés recién llegado.

La cercanía de Díaz con los libaneses no impidió que varios de los inmigrantes participaran en la Revolución que ocurrió en México para derrocarlo. Con Pancho Villa, el libanés Rechid Kuayes llegó a coronel y murió en combate. Otros libaneses se sumaron a las filas zapatistas, como el general Miguel Kuri, quien fue miembro del estado mayor del general Emiliano Zapata, así como los coroneles Félix Fayad y Tufic Daher, los mayores Jorge Atala y Antonio Karamel, y el teniente Elías Mena.

Algo que demostraron los inmigrantes libaneses en México fue su amplia capacidad para adaptarse al entorno político. Desde aquellos años y hasta la fecha.

IV

14

Don Julián

En 1902, cuando Julián Slim Haddad llegó a México, tenía 14 años y sus hermanos radicaban en Tampico. El precursor de la familia Slim en el país fue José, hermano mayor de Julián, quien llegó en 1893 a la edad de 17 años, según su testimonio ante el registro oficial de migración. Cinco años después José abrió una tienda en el puerto, donde antes que a Julián recibió a sus otros hermanos: primero a Pedro y luego a Elías y a Carlos. Tras una serie de peleas, en especial con Pedro, José dejó Tampico y se mudó a la ciudad de México en 1904 en busca de nuevos negocios. El recién llegado Julián lo acompañó. Poco tiempo después Pedro, Carlos y Elías los alcanzaron en la capital del país y volvieron a asociarse para abrir una tienda de mercería y sedería, aunque también comenzaron a buscar y comprar propiedades para renta y reventa, lo cual les dejó una amplia ganancia y uno que otro conflicto: en enero de 1909 su empresa Slim Hermanos fue demandada por la sociedad Giórguli y Duadietel, de Venecia, Italia, por no pagar una gran cantidad de mercancía que habían adquirido.

En la capital del país los hermanos Slim aprovecharon los buenos contactos con el gobierno de Porfirio Díaz, al grado que estuvieron cerca de encargarse de la recaudación de impuestos de los vendedores ambulantes del Distrito Federal. El oficio de la propuesta, firmada por Elías Slim Haddad, propietario de la mercería La Cruz, dice:

> Que salvo el mejor parecer de esa autoridad, nuestra solicitud se contrae a que se nos faculte para recaudar todos los impuestos de vendedores ambulantes de la ciudad de México y de las demás poblaciones del Distrito Federal, dándonos las facultades legales y obligándonos nosotros a nuestra vez a pagar por esto una cantidad fija, adelantada mensualmente y la cual fijará ese gobierno, teniendo en cuenta el monto de la recaudación actual, conociendo, como conoce esa autoridad, el gran número de vendedores

ambulantes que burlan la acción fiscal, ya por ser desconocidos de los inspectores, ya por los ardides de que pueden valerse, nuestra proposición es perfectamente conveniente.

Ante el nuevo escenario de prosperidad que se le abría a él y a sus hermanos, el 7 de abril de 1908 José Slim solicitó la ciudadanía mexicana. En ese momento tenía 33 años y estaba soltero, por lo que al año siguiente decidió viajar a Líbano para buscarse una esposa y traerla a México. La encontró. Su nombre: Zaquie Karam.

A su regreso, el 10 de marzo de 1911, José cedió a Pedro el control total de su empresa La Mariposa de Oriente, la mercería más grande de la capital. "Miles de varilleros ambulantes y comerciantes en pequeño compraban en La Mariposa", recuerda una nota de la revista *Emir,* "pues así se había bautizado su tienda situada en Corregidora y Academia, y en todas partes de la República se vendía mercancía Slim".

Mientras que José se encargaba de planear nuevos negocios y de perseguir con ferocidad a sus deudores mediante demandas legales, Pedro tenía la fama de ser quien administraba el día a día de la mercería: "El señor Pedro Slim unía a una memoria fiel el conocimiento psicológico de las personas, que se hacía admirable tratándose de su clientela. Él personalmente conocía a sus numerosos clientes y a cada quien le daba el crédito que creía conveniente. Casi nunca le fallaba el cálculo".

En un documento escrito por el propio Slim, quien me lo dio durante una entrevista, éste relata que justo en ese mismo 1911 su padre Julián Slim Haddad inició un negocio con su hermano José, 13 años mayor que él. El nombre de esta sociedad fue La Mariposa de Oriente referida arriba. Al principio cada uno poseía la mitad de las acciones, pero en mayo de 1914 Julián Slim le compró a su hermano José su parte respectiva. De acuerdo con el documento del magnate, para el 21 de enero de 1921, apenas 10 años después de fundada, esta empresa tenía mercancía por un valor superior a los 100 000 dólares y había adquirido casi una decena de propiedades en el centro histórico de la ciudad de México, justo enfrente del Palacio Nacional. Slim calcula que el valor actual de la tienda sería superior a los cinco millones, y el de las propiedades, del orden de 20 millones de dólares.

Para Slim, su padre "se anticipó al pensamiento empresarial de su época, pues tuvo un dominio profundo de la actividad comercial. Ya en los veinte hablaba de que el comercio eficiente era el que vendía grandes volúmenes, con márgenes reducidos y con facilidades, factor este último que aún no incorporan los grandes almacenes de descuento hoy en día".

En febrero de 1920 Pedro Slim murió a causa de la influenza española, apenas a los 33 años. Su viuda, María Amar —quien falleció días después—, heredó junto con sus hijos Pedro, Munir, Isabel, Victoria y Carmen la mercería más importante de la ciudad de México, además de edificios y dinero en efectivo. Inmediatamente después de la muerte de Pedro y María, José Slim se convirtió en el apoderado de los bienes de su hermano y se hizo cargo de La Mariposa de Oriente, así como de sus hijos, mediante un proceso legal de adopción de menores. Después emprendió una serie de demandas para cobrar deudas a morosos y a inquilinos de las propiedades de su hermano.

Para entonces José Slim ya era uno de los empresarios más prósperos de la comunidad libanesa en México. En 1923 fundó la primera Cámara de Comercio Libanesa, aunque los cercanos a Carlos Slim Helú aseguran que fue su padre Julián. Lo cierto es que José Slim viajó a París en dos ocasiones como representante de esta cámara para propugnar por la independencia de su país.

A mediados de la década de 1930 José enfermó de diabetes y en 1939 decidió regresar a Líbano con su esposa Zaquie Karam. Su sobrino Pedro lo acompañó en la convalecencia. El precursor de los Slim dejó en México como su apoderado legal a José Meouchi. Convaleciente y a la distancia, el mayor de los hermanos Slim se convirtió en mecenas de familias libanesas recién llegadas al país:

> El conocido acaudalado don José Slim, que se encuentra en el Líbano desde hace dos años, dio instrucciones a su apoderado en esta capital, el señor José Meouchi, para repartir la suma de 600 pesos mensuales a las familias necesitadas. El señor Meouchi ha ejecutado la orden y seguirá. Cada mes, en sobre cerrado, hace entrega a las personas indicadas. En realidad es una verdadera filantropía, ya que el señor Slim lo hace secretamente y el público lo ha sabido por los mismos favorecidos.

Cuando murió, parte de su fortuna estaba siendo usada para construir una casa mexicana en Líbano. Durante el gobierno de Lázaro Cárdenas, José Slim recibió el nombramiento como cónsul mexicano en Líbano, pero nunca asumió el cargo a causa de su enfermedad, que a la postre lo mató. En el obituario que le dedicó la revista *Emir* se lee:

> Recogido en sincera austeridad, jamás se abrieron sus labios para prego-
> nar las fuertes sumas de dinero con que ayudaba mensualmente a gran
> número de familias necesitadas, esparciendo el bien a manos llenas; muy
> pocos sabían de la cuantía y de los grandes beneficios que sembraba don
> José. Y estos beneficios, por órdenes suyas, van a continuar por tiempo
> indefinido.

Trece días después del fallecimiento de José Slim se celebró una misa en el templo de Balvanera, oficiada por el arzobispo de México Luis María Martínez.

> El templo fue decorado con un lujoso pero austero ornamento fúnebre.
> Cortinajes se desprendían de las tres cúpulas principales, formando cuatro
> gajos; y las columnas del altar mayor, el frontis, el comulgatorio y el púl-
> pito se velaron también con negros cortinajes, mientras que al pie del altar
> mayor se levantó un gran catafalco con un féretro de rica madera al frente,
> del cual lucía en el centro la medalla *chevallier* de la Legión D'honneur.

El heredero de su fortuna fue su sobrino Alberto, a quien había adoptado de manera legal como hijo.

Para la década de 1940 el menor de los hermanos Slim Haddad ya había adquirido su propio prestigio como empresario y un capital sig-nificativo, al igual que el resto de sus hermanos. Lo que lo diferenciaba de ellos es que Julián se había casado con la hija de uno de los libaneses más prestigiosos de la época. El padre de Linda era José Helú, director del periódico más influyente de la comunidad y presidente del Círculo Libanés en México.

El suegro de Julián Slim llegó a México a principios del siglo junto con su esposa Wadha Atta, con quien viajó hasta Parral, Chihuahua, donde nació Linda Helú. El ánimo revolucionario estaba encendién-dose por esos años y su negocio resultó incendiado, por lo que la fa-milia dejó el norte del país. Antes de instalarse en el Distrito Federal, José Helú permaneció una temporada en León. Una vez en la capital mexicana se relacionó con empresarios cercanos al dictador Díaz y empezó a preparar el periódico *Al Jawater* —*Las Ideas*—, cuyo primer número, impreso en una máquina de Sudal Mexik, apareció el 24 de julio de 1909.

Al Jawater se publicaba los miércoles y los sábados, aunque en septiembre de 1910, por los festejos del centenario de la Independencia decretados por el gobierno de Díaz, apareció a diario. Finalmente, un par de años después, al fragor de la Revolución, *Al Jawater* dejó de circular.

La siguiente aventura de José Helú fue fundar el Círculo Libanés. En una solicitud del permiso, registrada el 16 de octubre de 1913, el intelectual pedía que el lugar ubicado en la avenida 16 de Septiembre pudiera contar con cantina, restaurante y juegos de apuestas como póquer, paco, ecarté, malilla, tresillo, tute, brisca, conquián y rentoy en cartas, así como billar, boliche, ajedrez, dominó y trik trak.

José Helú y Wadha Atta tuvieron cuatro hijos: Ángela, Carlos, Linda y Antonio. Ángela y Carlos murieron a temprana edad, mientras que Linda se casó con Julián Slim y Antonio se volvió un escritor de novela policiaca bastante exitoso, cuya fama aumentó cuando entró en el mundo del cine.

Por la cantidad de experiencias vividas, el abuelo materno del mexicano más rico del mundo se volvió uno de los hombres mejor informados del país de esos años convulsos. Escribía de vez en cuando, aunque se centraba en cuestiones de Medio Oriente. Una de sus luchas era contra la anexión que siempre ha pretendido Siria de Líbano.

> Parece que los sirios comprendieron que sus actividades en pro de la anexión de Líbano eran inútiles y perjudiciales para sus intereses, pues abandonaron la idea y se pusieron a trabajar para resolver sus problemas internos con la Potencia Mandataria. Con esta política ganaron las simpatías de todos los libaneses, quienes agregarán sus esfuerzos a los de sus vecinos y a los de sus hermanos de lengua y trabajarán unidos para el progreso y la felicidad de sus dos pueblos hasta que llegue el tiempo para la unión política que tal vez se realizará con el método del buen vecino, con el convencimiento y con la igualdad de derechos y obligaciones.

Diez años después de su muerte, la revista *Emir* publicó un artículo en su honor, donde se afirmaba: "Sin demeritar a nadie, pero con una opinión llena de honradez, podemos decir que actualmente, en el periodismo árabe en la América Latina, no existe un escritor de la fuerza y el carácter de don José Helú. Su vacío todavía no se ha podido llenar".

José Helú también fue poeta. Uno de los últimos poemas que escribió se refería a los amigos después de la muerte:

> Muy cierto que en vida
> tuve amigos leales
> que, para servirme,
> mostraron afán;
> hoy que, del Misterio
> pasé los umbrales,
> *¿cuántos quedarán?*

Linda Helú se casó con Julián Slim en agosto de 1926. La primera hija del matrimonio fue Nour, nacida en 1930. Después vinieron Alma, Julián, José, Linda y Carlos, quien nació el 28 de enero de 1940. Julián Slim Haddad, influido por su suegro José Helú, se involucró en la política. Una de las cosas que hizo fue defender la inmigración libanesa en México. En los archivos del Departamento de Migración se observa que buena parte de los libaneses llegados al país daban a Julián Slim como su referencia en territorio nacional. Algunos que lo hicieron así entre 1930 y 1932 fueron Ana Amar Haddad, Porfiria Meneses, Dolores Mansur, María Guaida, Zakieh Asmar, Loreto Kuri, Miguel Atta, Isabel Assaz, David Chartani, José Abud, Eva de Barquet, Gurban Assuad, Miguel Naged, Teófilo Zhil y Sakis Tannous. En esa misma década Julián fue uno de los organizadores de un "homenaje" a Andrés Landa y Piña, jefe del Departamento de Migración, por ser un "verdadero amigo de los libaneses".

A la par de su faceta de activista, Julián era un asiduo visitante de los tribunales, en los cuales demandó al empresario Manuel Echavarría ante el Juzgado de la Quinta Sala porque éste no quería devolverle su local, ubicado en Tacuba número 2, donde Echavarría había puesto la cantina Salón Correo. Pueden encontrarse más demandas de Julián Slim contra Carmen Hernández por no pagarle la renta, o contra Takumi Namba por madera que no le entregó para unos libreros; son muchas las registradas en los archivos oficiales. Su esposa Linda Helú también aparece, como cuando demandó a la Compañía Industrial Manufacturera porque no desocupaba la casa de la familia en Ámsterdam número 155, esquina con Ozuluama, en la Condesa. Esta empresa estaba representada por Prudencio Guízar Valencia, hermano del obispo Rafael Guízar Valencia, quien inició a Marcial Maciel en la religión.

En junio de 1953 Julián Slim Haddad murió de un infarto. Fue despedido en el Palacio de Bellas Artes. El homenaje lo presidió Joseph Naffah, en representación del ministro Khalil Takiedine, y Juan Aun, director del periódico *Al Kustas*. Los Madrigalistas, una orquesta de 20 músicos dirigida por Luis Sandi, tocó *Aleluya*, *Velada trágica*, *Tan dulce ha sido* y *Gloria*, entre otras canciones. En su obituario, la revista *Gemas de Líbano* se refiere así al empresario:

> Era don Julián Slim el vivo ejemplar del inmigrante que tanto necesita esta América nuestra; amaba al Líbano y a la tierra en la que pasó la mayor parte de su vida, y a esta última tanto la amaba que le ha pedido como postrer y perenne favor para sus huesos, el tibio refugio del valle mexicano; y aquí, en esta tierra nuestra que ya es suya por su amor, reposará para siempre; pero también en nuestros corazones y para siempre también, estará vivo su recuerdo, porque su recuerdo irá con nosotros en el sendero que recorremos, ayudándonos en nuestros desfallecimientos, alentándonos en nuestras flaquezas, vitalizándonos en nuestros grandes anonadamientos, y siempre sirviéndonos de ejemplo.

Shiek Nacif Fadl habló en árabe sobre Julián Slim. También lo hizo Roberto Cossío, quien a nombre de "los mexicanos" dijo:

> No vengo a dar mis condolencias a la viuda, señora Linda Helú, ni a sus hijas ni a sus hijos y demás familiares; tampoco a darle mis condolencias a los libaneses porque yo me siento uno de ellos, y también necesito quien me dé esas condolencias por esta irreparable pérdida que nos llena de dolor a todos; vengo, pues, con mi tributo de lágrimas, a rendirle un merecido homenaje al hombre, al amigo, al libanés que acaba de partir hacia las remotas playas de la eternidad.

15

Socialité

A la par de su vida empresarial, el padre de Carlos Slim tuvo una existencia bastante reseñada en el mundo *socialité* libanés asentado en la ciudad de México. El 12 de febrero de 1943, cuando se casaron Alfredo Harp y Suhad Helú en la residencia de Tufic Sayeg, "connotado industrial y hermano político de la novia, pues está casado con la señora Mary Helú de Sayeg", los testigos del enlace por parte del novio fueron Miguel Abed, José Meouchi y Miguel Atta, mientras que por la novia el propio Tufic Sayeg, Carlos Slim Haddad —tío de Carlos Slim Helú— y Assad Bujali.

Después de la ceremonia se fueron a la boda religiosa, celebrada en la iglesia de La Coronación, frente al parque España de la colonia Condesa.

Suhad Helú llegó al templo del brazo de Julián Slim Haddad. La novia vestía "un elegante traje de tafeta blanca, salpicado de perlas y bordado con hilos de plata que era completado por un sencillo tocado y delicado velo que hacía resaltar la distinción de la desposada". A Suhad la seguían sus damas de honor Therese Harp, Nour Slim, Mimí Helú y Almita Slim, "luciendo Therese vestido de tul rosa pálido; Nour, azul pálido; Mimí, color paja, y Almita, color salmón. Todos en el mismo estilo de angora con bordados de plata".

En la lista de regalos del enlace, hecha pública por la revista *Emir,* se incluye lo que obsequiaron a los padres del millonario Alfredo Harp Helú, primo de Slim radicado en Oaxaca. Según el listado, Julián Slim Haddad y su esposa dieron un cheque por 2 500 pesos a los novios, mientras que el banquete de bodas corrió a cargo de sus hijos.

Alfredo Harp vivió muy poco. Falleció de un infarto a los 39 años en Salina Cruz, Oaxaca, a donde se había ido para intentar llevar una vida tranquila.

La residencia de Tufic Sayeg también fue el lugar donde se anunció el compromiso de Nour Slim, la hija mayor de Julián Slim Haddad y hermana mayor de Carlos Slim. En una nota de *Emir* se lee:

Nour es hija de don Julián Slim y de doña Linda Helú de Slim. ¿Es necesario añadir algo a la simple mención de los nombres? Si alguna figura se destaca por el dinamismo, por esfuerzos, por su inagotable capacidad de trabajo, por su espíritu emprendedor, su adscripción a lo que represente prestigio y honra de la colonia, esa figura es la de Julián Slim, que ha sabido desempeñar con acierto cargos de responsabilidad. Nour Slim, a la que en más de una ocasión hemos referido en nuestras páginas, se ha ganado con su juventud generosa a los propósitos que perseguían una noble y plausible finalidad; y por eso es por lo que en torno suyo no hay más que aprecio hacia sus méritos, estimación de sus virtudes y amistad sincera.

Sin embargo, los comentarios sobre el acontecimiento tienen el tono exagerado que mantienen hasta la fecha las publicaciones del *jet set,* en las que no deja de aparecer la familia Slim:

La recepción que el simpático matrimonio ofreció como despedida de soltera de Nour quedó ya catalogada entre las más brillantes, jubilosas y simpáticas entre los anales sociales de la colonia. De doña Maruca y de su capacidad de organización no cabe decir más que esto estuvo formidable. La magnífica residencia de don Tufic Sayeg y su esposa estuvo concurridísima por las más distinguidas personas. Figuras destacadas en el mundo cinematográfico de México (los Grovas, los Bustillos Oro, Antonio Helú, etc.) realzaron con su presencia la brillantez de la fiesta.

Todas las hermanas de Carlos Slim eran personajes habituales de las revistas libanesas *socialité*. En la nota "Las damitas de la residencia Slim" se relata:

Todavía en el ambiente [se percibe] el brillo del éxito singular que las damitas libanesas alcanzaron con su fiesta de El Patio, empresa que había requerido dotes de organización y mucho tiempo empleado en los preparativos, cuando ya el Club Femenino Libanés, infatigable en su acción de caridad, preparó su reunión en la residencia de don Julián Slim. La invitación para esta reunión periódica partió de las gentiles señoritas Nour y

Alma Slim, entusiastas elementos del club que participan activamente en sus labores. El amplio *hall* de la residencia Slim ofreció un marco magnífico para la reunión de las damitas libanesas. Pero toda la amplitud del escenario fue necesaria para acoger al nutridísimo grupo de encantadoras muchachas que se reunió allí, para seguir poniendo granitos de arena en la obra de auxiliar a los desvalidos. La residencia Slim es la casa de la colonia, como en ocasión memorable su jefe, don Julián Slim. Todas las invitadas de Nour y Alma se sentían allí como en propia casa, y el conjunto estuvo animado, platicándose por grupos.

Otro enlace matrimonial de la comunidad libanesa que llamó la atención de aquellos años cincuenta fue el de Antonieta Daw y "Miguelito" Nazar, quien con el paso del tiempo se convertiría en uno de los mayores símbolos policiacos de la represión en México durante la década de 1970, en una época conocida como "guerra sucia", en la cual también participó Julián, el hermano mayor de Carlos Slim. Antonieta Daw y Miguel Nazar se casaron en el templo Santa Teresita del Niño Jesús, acompañados por sus respectivos padres, José Daw y Adela Gastín de Daw, así como Pedro Nazar y Hacibe Hajj de Nazar. Las familias de ambos eran originarias de un pueblito de Líbano llamado Kaitule.

A la hora fijada bajó del carruaje nupcial Antonieta, radiante de felicidad, apoyada en el brazo de su padre, lucía un elegante traje estilo Luis XIV, a la *madame* de Sevigné; la blusa era de brocado y plata con los contornos de perlas; la falda, de crepé de gasa color marfil; el tocado, anacarado con exquisito velo de ilusión, diseñado y confeccionado por Henry de Chatillón; el ramo, de orquídeas blancas con nardos; en el cuello llevaba dos hilos de exquisitas perlas, y completaban su tocado unos aretes de brillantes. El traje de la novia fue diseñado y confeccionado por la señora Nagibe y viuda de Mitry.

Entre la comitiva también estaba José Nazar, tío del novio, radicado en la ciudad fronteriza de Reynosa, Tamaulipas, acompañado por su esposa Caffa M. de Nazar. José Nazar sería clave en el futuro del cónyuge, quien con el paso del tiempo, gracias a la ayuda de aquél, ingresaría a los servicios de inteligencia mexicanos y desarrollaría una larga carrera que lo llevó a pasar los últimos días de su vida juzgado como asesino de opositores al régimen.

Sin embargo, el día de su boda, a la que asistieron cerca de 250 personas durante una reunión celebrada en un restaurante, Nazar estaba radiante y lozano: "La fiesta duró toda la tarde y los novios se retiraron a la inglesa para dirigirse a Acapulco, donde pasaron su luna de miel". Entre los invitados estaba las familias Slim y Domit. Antonio Domit regaló a los novios una lámpara de pie, y Elías Slim, un espejo y un alhajero.

Otra de las grandes bodas de la época fue la de Adela Seade con Jorge Sayeg, en la que fungió como testigo el presidente Adolfo López Mateos y Julián Slim, hermano mayor de Carlos Slim, quien por esos años comenzaba a trabajar en la policía política. Era la misma época en que iniciaba su carrera Fernando Gutiérrez Barrios, subdirector de la Dirección Federal de Seguridad, ascendido por haber seguido los pasos en México de Fidel Castro y Ernesto Guevara, *el Che*, a quienes detuvo y luego dejó en libertad para que hicieran la expedición revolucionaria a Cuba a bordo del *Granma*.

En las revistas *socialité* de entonces también se publicaban noticias tristes, como las muertes de integrantes de la familia Slim, la mayoría por problemas cardiacos. Emily Meouchi, esposa de Elías Slim Haddad, falleció a los 62 años de un infarto y fue enterrada en el Panteón Francés de San Joaquín, en la cripta de la familia de Julián Slim. Su obituario dice: "¡Cuán aristócrata era! De esa aristocracia congénita, delicada y pulcra, que dimana de las bellas almas acrisoladas por las llamas del amor. ¡Y cuánto prodigó doña Emilie de ese hechizo divino: el amor maternal!" Alberto Slim, heredero de la fortuna de Pedro y José Slim Haddad, murió de un infarto durante una cena en el restaurante Mónicas. Tenía 56 años y era un consumado *socialité*. Unos años antes de su muerte, Alberto Slim estuvo en Nueva York con su primo Carlos Slim Helú, quien pasaría una temporada ahí durante el año sabático que se tomó después de acabar de estudiar la carrera de ingeniería civil en la UNAM.

16

Al Kataeb

El papá del hombre más rico de mundo, Julián Slim Haddad, además de ser un empresario próspero y bien relacionado con el gobierno de su época, era seguidor de Al Kataeb, la organización libanesa que en esos años recibió en secreto apoyo económico del gobierno de Israel a fin de que consiguiera el poder político de Líbano. Los israelíes, que habían comenzado las hostilidades contra los palestinos, apostaron a la figura de Pierre Gemayel, tío político de Slim, como un aliado en el vecino Líbano. De acuerdo con documentos desclasificados que dio a conocer el periodista Berry Morris en *The Jerusalem Post* a principios de la década de 1980, el intermediario entre la familia Gemayel y el gobierno de Israel era Elías Rababi. Bajo esta alianza, a largo plazo, se enmarcaría la masacre de Sabra y Shatila ocurrida el 14 de septiembre de 1982.

El periodista inglés Robert Fisk, quien cubrió los acontecimientos para *The Independent*, escribe con cierta regularidad acerca de este acontecimiento, declarado por la Asamblea General de la ONU como un acto de genocidio:

> Yo guardo en la mente la imagen de un hombre tirado en la calle principal, vestido con piyama y con su inocente bastón a su lado; la de dos mujeres y un niño baleados al lado de un caballo de muerto; la de una casa particular en la que me protegí de los asesinos con mi colega Loren Jenkins, del *Washington Post*, y donde encontramos una mujer que yacía en el patio a nuestro lado. Algunas mujeres fueron violadas antes de que las mataran. Los ejércitos de moscas, el hedor de la descomposición… uno se acuerda de esas cosas.

El pacto de Israel con los falangistas libaneses se estableció desde 1948, según la documentación que reveló primero *The Jerusalem Post* y posteriormente *The New York Times*. El operador de ese acuerdo, Rababi, estuvo ese mismo año en México, luego de sus reuniones en Nueva York. En el Distrito Federal, la delegación de Rababi fue recibida por el padre de Carlos Slim, quien se retrató con ellos en la sala de su casa. "Grandioso y popular agasajo de los kataebistas en la residencia Slim", se titula la nota de *Emir* sobre el acontecimiento social.

> La hermosa residencia del prestigioso hombre de negocios don Julián Slim, tan apreciado en la colonia por su fervor patriótico, por su espíritu emprendedor, por su cordialidad, y por el entusiasmo con que a todo instante sabe hallarse presente y brindar su inapreciable colaboración y ayuda cuando se trata de cubrir nobles objetivos. No quiso que fuese una fiesta privada... Un acto alejado de formulismos y protocolos oficiales [para que] la delegación de Al Kataeb percibiese de cerca la adhesión, la simpatía y el cariño con que espontáneamente la colonia acudía en su torno para expresar libremente la fe que pone en los destinos del Líbano y en la patriótica cruzada emprendida por las legiones juveniles de Al Kataeb.

También se menciona que la madre de Slim, Linda Helú, así como sus hermanas Nour y Alma, "educadas en las más selectas disciplinas sociales", se habían encargado de atender a los invitados con "vinos y licores de las mejores marcas, riquísimos platillos condimentados con arreglo al arte de la cocina oriental, francesa y mexicana". Julián Slim dedicó el brindis a la delegación "ilustre" de Al Kataeb y exhortó a la juventud libanesa radicada en México a cumplir hasta el final el destino que habían iniciado los que ahora eran viejos.

> Debían fijarse en que Al Kataeb sabe trabajar cívicamente para mantener las glorias y la independencia de la patria de nuestros mayores. Los jóvenes nacidos en México pueden y deben conservar, junto al amor a la tierra que los vio nacer, la devoción y el fervor por la patria de sus padres, de la que han heredado un espíritu y unas virtudes que dieron días de luz a la civilización.

Elías Rababi fue el último en hablar de la delegación, de la que también formaban parte Jean Skaf, Abdo Saab y Alfredo Yazbek. Inicialmente se dirigió a Julián Slim, agradeciéndole las palabras pronunciadas, pues se veía que le brotaban del corazón.

Recogió para glosarios los temas enunciados por los oradores y poetas que le habían precedido, tanto en español como en árabe, y para todos encontró en su verbo fácil y en su maravilloso dominio del idioma la frase precisa, el comentario justo, la consecuencia y la deducción adecuadas, revelándose una vez más como el más brillante improvisador que hayamos escuchado en lengua árabe durante los últimos tiempos.

Después de esa velada, la delegación falangista volvió a Líbano.

"¿Qué es Al Kataeb?", se pregunta un documento de propaganda repartido a partir de la visita a la residencia de la familia Slim:

No es una de tantas sociedades como existen, y mucho menos un partido político. Constituye, lisa y llanamente, una organización nacional que agrupa lo más granado y selecto de la juventud del país, tanto en el orden físico como en el espiritual, y representa un movimiento de tal empuje, vigor y proyección, que continuamente acuden a la organización nuevas legiones para engrosar sus filas. En la actualidad, Al Kataeb cuenta con más de 60 000 asociados. De su lema "Dios, Patria, Familia" se coligen sus fundamentos y objetivos. Dios, que es fe y conciencia de destino; Patria, que es compromiso de lucha y de sacrificio; Familia, que es amor y lealtad.

Sin embargo, en su autobiografía oficial de internet Carlos Slim omite cualquier relación con este tipo de grupos y resalta las enseñanzas empresariales de su padre:

Don Julián les daba a cada uno de sus hijos una libreta de ahorros junto con su habitual "domingo" y semana a semana, a fin de que administraran sus ingresos y egresos, la revisaban con él, veían sus gastos, compras y movimientos; así es como siguiendo esta regla los hijos de don Julián llevaban sus propios balances personales e iban viendo cómo se desarrollaba su propio patrimonio. A partir de entonces para el pequeño Carlos la inversión y el ahorro se volvieron parte de su vida, siendo esto para él su primer aprendizaje empresarial, mismo que pronto pondría en marcha al abrir su primera chequera y comprar acciones del Banco Nacional de México con tan sólo 12 años de edad.

Durante una larga entrevista realizada en un auditorio de Los Ángeles ante decenas de empresarios, Slim le contó al veterano periodista

Larry King que su padre le enseñó lo que sabe sobre negocios: "De hecho él me mandaba a ver los precios de la competencia y me sentía espía porque eso fue después de la Segunda Guerra Mundial. Así que veía los precios de la competencia y entonces regresaba a la tienda de mi papá y hacía un registro de los precios".

Al Kataeb ha sido borrada por el empresario de su narrativa oficial. Le pregunto al respecto y me da esta definición de la organización falangista:

—Al Kataeb fue muy importante en la independencia de Líbano y lo que he visto en papeles es que hay una gran liga de Francia con Líbano, la cual todavía sigue.

—Pero justo existen estas denuncias y documentos del *Jerusalem Post* donde se establece que a Al Kataeb lo financiaba Israel para tener el control de la zona.

—No sé. Tengo duda y puede ser que les haya dado armas, pero yo creo que tenía aparte de financiamientos propios, yo creo que de los países árabes. Los países árabes eran muy… Líbano era antes lo que ahora es Dubái.

—Sus tíos políticos Bachir y Amin Gemayel fueron señalados como culpables de la masacre de Sabra y Shatila…

—Eran primos de mi suegra. Mira, yo creo que sí fue una guerra-guerra y hubo matazones por todos lados y que inclusive… En Líbano hubo una guerra civil muy triste. Hubo muchos muertos de todos lados. Lo que me impresionó es que se acabó. Yo creo que en el '82 es cuando le pusieron una bomba al edificio donde vivía Bachir y murió todo mundo. Yo creo que fue una guerra muy violenta, en la que hubo muchos muertos, y yo no sé si hubo muertes y masacres de un lado y de otro. Yo creo que son guerras-guerras.

—¿Usted sigue actualmente la política en Líbano?

—No la sigo mucho. Sigo los problemas, pero sí estamos tratando de hacer algunas cosas allá. Tenemos una fundación para buscar hacer actividades sociales y educativas. No hacemos diferencias entre los diversos grupos que existen. Lo hacemos en varios lugares, no importa que sean católicos o musulmanes.

—Su papá y algunos otros miembros de su familia eran seguidores de Al Kataeb.

—Mi papá no mucho, no creo.

—Sí, tengo una foto de una bienvenida que les ofreció.

119

—Lo que hemos visto (y tenemos mil cartas y papeles y documentos) es que mi papá no era un radical, para nada. A lo mejor lo que pasa es que hay muchos países, algunos del siglo XVIII y otros del XIX, como México, que separaron la Iglesia del Estado y eso fue un gran logro. Ahorita estamos viendo los problemas religiosos de Oriente Medio, de Irán. Irán, desde que se fue el sha, y ahorita estamos viendo los fanatismos religiosos. Yo creo que en Líbano hay partidos católicos y partidos no católicos, y musulmanes, pero al final siempre han vivido ahí católicos, musulmanes, judíos, y chiitas y siitas, y drusos.

—Por los documentos consultados puede entenderse que su papá era un activista...

—Yo creo que mi papá no era un activista ni mucho menos. A lo mejor vino alguna organización maronita y la recibió, porque, eso sí, mi papá era muy maronita, pero no era gente de ir a misa diaria. Sí le gustaba entrar eventualmente, pero a templos chiquitos y ya.

17

Racismo

"¿Qué pasa si multiplicas un libanés por un gato?", se preguntaba con sorna en los corrillos populares del México de la primera mitad del siglo xx, durante el cual nació Carlos Slim. La respuesta era: "Siete abrigos de Minsk". Pero también había reflexiones duras y desbordantes de racismo.

José Vasconcelos, el mayor hombre de letras de la época, rector de la Universidad Nacional y secretario de Educación, publicó en 1937 el ensayo "¿Qué es el comunismo?", en el cual criticaba la mezcla de la raza mexicana con la libanesa:

> Decir una palabra contra los gachupines en el momento en que les dijo don Ramón, era poco caballeresco; era desleal porque precisamente en este momento se desarrollaba una persecución sorda que acabó por remplazar en nuestras ciudades y nuestras aldeas, al gachupín nuestro, con el judío comunizante, que hoy explota las pequeñas industrias y buena parte del comercio, pero habla inglés, lo remplazó con el sirio-libanés que no mejora nuestra raza, la empeora.

Su crítica, que reflejaba una xenofobia creciente en el país contra los "árabes", provocó una airada reacción entre la comunidad libanesa, así como interesantes autorreflexiones. En la revista *Emir,* el ingeniero Leonardo Kaim enumeró así las cualidades de los libaneses:

> *Cualidades físicas.* El libanés, en general, está perfectamente dotado; es fuerte, hermoso, de raza blanca, varonil, resistente, de larga vida.
> *Cualidades morales.* Su religión es católica. Es de buenas costumbres (y cuando no las posee, es maravilloso para asimilar las buenas del país que le brinda hospedaje). Es de una bondad innata. Su sensatez, su deseo de ser siempre franco y sincero, su afán de seleccionar lo mejor, su anhelo de ser útil y hacerse agradable, hacen de él un hombre nada despreciable.

Cualidades espirituales. Posee una tradición cultural bastante rica. La magnífica literatura árabe es su pan cotidiano.

Otros respondieron a Vasconcelos diciendo que, si analizaba las fortunas de los libaneses en México, vería que éstas no duraban como las de los demás extranjeros, debido a que a ellos les gustaba gastarlas en este país y nunca acumularlas para ir a disfrutarlas en su país de origen. También le hacían notar que el libanés no desplazaba al trabajador mexicano, ya que en lugar de ser empleados, los libaneses abrían comercios y contrataban a mexicanos: "Usted habrá notado que no hay industria, comercio o profesión en la que no se encuentre ningún libanés o algún descendiente de libaneses. Trabajan en todas las actividades del país. En todas excepto: cantinas, pulquerías, cabarets…"

La revista *Emir* emprendió la defensa del honor de su comunidad y reseñó en diversos números de su edición algunas frases de presidentes mexicanos sobre libaneses:

Nuestros puertos siempre estarán abiertos para recibirlos, porque vienen a nuestro país sin estar apoyados por acorazados y cañones.
PORFIRIO DÍAZ

Siempre he tomado en cuenta que la colonia libanesa es la que más se asimila con el pueblo mexicano.
VENUSTIANO CARRANZA

No solamente tenemos nuestros puertos y fronteras abiertas para ustedes, sino nuestros corazones, pudiendo contar con toda clase de garantías.
ÁLVARO OBREGÓN

Hay que vender tan barato como ellos [los libaneses] y seguro no perderán. Nuestro pueblo necesita mercancías baratas para poderse cubrir como es debido.
PASCUAL ORTIZ RUBIO

No fue sino hasta el 19 de mayo de 1943 cuando Vasconcelos, también autor de *La raza cósmica,* respondió a las críticas con una carta enviada a la comunidad libanesa:

No puedo ni debo retractarme de la afirmación que hice de ser raza superior y más deseable, como emigrante, la española. Esto no impide que se pueda tener estimación y cariño por personas o emigrantes de otras razas. Tengo amigos sirio-libaneses, pero hasta la fecha la raza sirio-libanesa no ha podido demostrar un poder cultural y un desarrollo espiritual semejante al español.

Años más tarde, el presidente Adolfo López Mateos acuñaría la frase más conocida al respecto: "Quien no tenga un amigo o pariente libanés, que se lo busque". En el año 2000, ya con medio millón de mexicanos de ascendencia libanesa —algunos de ellos artistas reconocidos como Salma Hayek, Astrid Hadad, José María Yazpik y Demián Bichir, o bien empresarios de diversa calaña como Carlos Slim, Antonio Chedraui, Alfredo Harp Helú, Kamel Nacif, José Sulaimán y Jean Succar Kuri—, el presidente Vicente Fox mantendría la tradición de reivindicar a los libaneses mexicanos diciendo: "La comunidad libanesa es más mexicana que el mole".

Slim no recuerda haber sentido particularmente racismo por el origen de sus padres:

—En la prepa y en la universidad no. A lo mejor en la primaria y la secundaria que te pudieran decir algo. A veces nos decían "turcos".

Después de que le explico las opiniones de Vasconcelos sobre los libaneses, Slim dice que recuerda haberlo visto en casa de sus familiares:

—Conocí a Vasconcelos físicamente, pero nunca platiqué con él —luego su secretaria le trae unas copias de un discurso escrito a máquina por su papá—. Esto —señala Slim— es una defensa de los libaneses que hace mi papá durante el gobierno de Ruiz Cortines, en el cual se quería poner un decreto en contra de los libaneses.

Hojeo el discurso, que consta de unas ocho hojas, y le pido una copia, pero Slim me dice que sólo me dará una hoja, porque lo demás prefiere guardarlo para la biografía que él está escribiendo.

El discurso de Julián Slim Haddad explica las claves empresariales de los libaneses de la época:

El comercio libanés ha implantado en la república un sistema provechoso; sus actividades y su finalidad descansan en una pequeña ganancia en las ventas, proporciona al consumidor, con el que trata directamente, artículos finos y baratos, les da facilidades en el pago, ajusta sus actos a la más extricta *[sic]* moralidad y honradez, no adultera sus artículos ni los recarga con precios exagerados y por lo mismo constituye una barrera de acero contra el capital egoísta que explota al pueblo. En algunos lugares de la república, el capital libanés es el más fuerte y su comercio el más desarrollado, y en algunos centros es el único factor del renacimiento y resurrección mercantil, especialmente en lugares malsanos, peligrosos y muy retirados de los centros poblados, como en Quintana Roo y en parte del estado de Yucatán; acontece lo propio en el Istmo de Tehuantepec, en gran parte del estado de Veracruz, en el estado de Morelos y en otros sitios que sería prolijo *[sic]* enumerar. En esos centros, el libanés, por su amor al trabajo, por su actividad y por su experiencia ha podido establecer su comercio llevando sus métodos comerciales que descansan en este aforismo que es regla invariable de conducta: vender mucho a base de honradez y de legalidad, con muy corta utilidad, facilitando los medios de pago para acreditar y establecer con firmeza el comercio libanés.

Comprendemos que nuestro comercio no puede ser simpático para otros comercios en grande, como el nuestro, y no puede serlo porque, desde el momento en que para nosotros es regla invariable vender barato y con poca utilidad, dando facilidades para el pago y procediendo con absoluta providad *[sic]*, no es posible que aquel otro comercio que pretende lograr pingües utilidades acepte un competidor que lo obliga necesariamente a reducir sus grandes aprovechamientos y utilidades exageradas. Por esto, señor ministro, pudiera llegar a la consideración de usted la influencia interesada de aquellos comerciantes que no pudiendo aceptar módicos provechos levante *[sic]* en contra nuestra la atmósfera perjudicial, que necesariamente tiene que influir en un concepto desfavorable para nosotros, afortunadamente fácil de destruir por medio de las pruebas que abundantemente pondremos ante la equitativa consideración de usted para modificar en lo que a nosotros se refiere el acuerdo ministerial de que nos ocupemos.

V

18

Niñez

Carlos Slim me cuenta que sólo sintió discriminación por ser libanés durante un momento pasajero de su niñez. La infancia del magnate transcurrió en el número 51 de la cerrada México, en la colonia Condesa. Hizo el jardín de niños y parte de los estudios de primaria en la escuela G. B. de Annes, a tan sólo dos calles de su casa, donde había tanto niños como niñas. Cuando tenía siete años, su familia se mudó al barrio residencial de Polanco, a la calle Calderón de la Barca, curiosamente también a un edificio con el número 51. Entonces entró a un colegio dirigido por agustinos donde sólo había hombres. De quinto de primaria a tercero de secundaria permaneció ahí. Desde los 10 años, además de estudiar, Slim acompañaba a su padre Julián al centro histórico de la capital del país para ayudarle en sus negocios, sobre los cuales le explicó su funcionamiento. Cuando tenía 13 años, su progenitor murió de un problema cardiaco.

Sin embargo, antes de fallecer, Julián Slim Haddad le dio una educación financiera básica.

—Debo afirmar —relata Slim— que desde el principio conté con el apoyo familiar, el cual no se limitaba a lo material, sino principalmente al ejemplo y a la formación. A fines de 1952, y con el objeto de administrar nuestros ingresos y egresos, mi papá nos estableció la obligación de llevar una libreta de ahorros que revisaba con nosotros cada semana. Siguiendo esta regla, llevé mis balances personales varios años. Así, en enero de 1955 mi patrimonio era de 5 523.32, y para agosto de 1957 aumentó a 31 969.26, el mismo que siguió creciendo, invertido fundamentalmente en acciones del Banco Nacional de México, y usando en ocasiones crédito, de manera tal que para principios de 1966 mi capital personal era mayor a cinco millones, sin incluir el patrimonio familiar.

Slim recuerda que en primaria y secundaria le tocó convivir con niños que querían hacerle *bullying,* y en ese contexto tuvo su primera pelea a golpes.

—Yo era muy tranquilo, pero no me dejaba. En sexto año de primaria estaba dando lata el del *bullying* (porque nos llevaba dos o tres años el cabrón; ¡ah, cómo era latoso!). Entonces me paré y le di un trancazo, y el padre, que era el perfecto (era un colegio agustino), hizo lo más inteligente que se podía haber hecho: en el recreo nos puso los guantes y a pelear todo el recreo.

El magnate tenía entonces 11 años y el colegio agustino donde estudiaba era el Instituto Alonso de la Vera Cruz. La segunda vez que volvió a pelearse a puños fue en secundaria. Dice que ya ni recuerda cuál fue el motivo de la bronca: sólo tiene en mente que su rival era "un muchacho muy agresivo". Tampoco recuerda si ganó o perdió.

—Mira, en esa época no se trataba de ganar o perder. No había nocaut ni nada. El chiste era aguantar. Ya después no sabías si le pegaste tú más al otro o si el otro te pegó más a ti, pero el chiste era aguantar. Entonces no sabías si ganabas o perdías.

Le pregunté si durante su juventud había vuelto a pelearse a golpes, como me contó un ex compañero suyo, quien asegura que Slim se dio de puñetazos con otro estudiante universitario en los baños del Palacio de Minería durante un baile anual.

—No, yo no me hubiera peleado. Yo ya era maestro de la universidad. ¿Cómo me iba a poner a pelear? Y menos en el baño. Ahí va uno a otras cosas, no a pelear —risas—. En la universidad casi no había pleitos. Bueno, en mi facultad no. A lo mejor de repente una palomilla en fiestas y eso, pero ahí en la facultad no me acuerdo de haber visto yo un pleito. Fíjate que la maravilla de la universidad desde la preparatoria es el ambiente de camaradería de las clases sociales más diversas. Podías tener coche y el otro no tener un centavo, pero había amistad.

El magnate dice que sus padres estaban a diario al tanto de su educación y que una buena decisión que tomaron con él fue inscribirlo en colegios pequeños, donde había cinco alumnos por clase y no más de 40 en toda la escuela.

—Antes de cuarto de primaria, a mí y a mis hermanos nos inscribieron en una escuela muy famosa que está por donde está el Sheraton. Se llama Escuela Inglesa para Varones. Yo creo que no la aguanté ni 10 días y mis padres tuvieron la inteligencia de respetar, porque yo necesitaba más libertad; yo siempre necesité más libertad.

Slim dice que tenía una buena relación con sus hermanos mayores, Julián y José, pero que a él le gustaba andar solo en la escuela y en los parques:

—Con Julián yo nunca estudié; nunca estuve en la misma escuela. Me llevaba más años. Con Pepe, él se fue a la Escuela Inglesa, luego regresó a ésta —Vera Cruz—, y luego, cuando nos cambiamos de casa, yo seguí en esa escuela —Vera Cruz— y Pepe se regresó a esta escuela —Inglesa—. Y a Julián yo no sé cuándo lo cambiaron de la Inglesa al Cristóbal Colón. No sé desde cuándo estudió ahí Julián. Pepe y yo entramos a la Alonso de la Vera Cruz. Yo entré a quinto, y él, a primero de secundaria. Estaba aquí en Palmas, donde estaba San José de la Montaña.

Cuando José y Julián acabaron la secundaria, su padre los llevó a Monterrey para que estudiaran en el recién creado Instituto Tecnológico de Estudios Superiores de Monterrey, pero un mes después de dejarlos en esa ciudad del norte de México, Julián Slim Haddad falleció y los hermanos de Slim regresaron a la capital del país.

—Si hace el ejercicio de recordarse como niño, ¿cómo se definiría?

—Pues muy libre. Nunca me sentí reprimido.

—¿Qué tipo de cosas soñaba? ¿Qué le gustaba hacer? ¿Cómo se vestía?

—Normal. Como cualquier otro niño. La mezclilla no se usaba como ahora. La usábamos más bien cuando mi papá nos llevaba al trabajo.

—¿Cómo iba vestido a la universidad?

—Un pantalón, una camisa y a veces una chamarra.

—¿No tenía unos zapatos favoritos?

—No.

—¿No era muy cuidado en ese sentido?

—Nadie. Era un poco más informal la vestimenta. Algunos sí tenían su chamarra de cuero.

—¿Qué *hobbies* tenía?

—El futbol americano. Yo era muy bueno para correr la bola, pero siempre me ponían de tacle. Entonces nunca jugué. Sólo de tacle algunas veces. Jugábamos tochito y me gustaba correr el balón. Era bueno corriendo el balón.

A Slim lo que más le gusta decir públicamente de su infancia es que abrió su primera cuenta de cheques cuando tenía 12 años. Llega el momento en que empieza a relatarme eso y saca una vieja libreta en la que se ven anotaciones con tinta ya gastada por el tiempo. Se sumerge así en un monólogo que relata con emoción:

—Mira, cuando tenía 16 años mi mamá me regaló 50. Entonces los invertía. Aquí está lo que me pagaban: 200 pesos... Cuando se muere mi papá, la que asume... Antes de morirse, mi hermana era muy estudiosa. La segunda deja la escuela y se va a trabajar con mi papá. De 18 años. Era muy joven. Sí, Alma, que era la que manejó esto, y ahí íbamos dizque a trabajar. Mira qué fea letra tenía. Aquí me regaña mi papá por tanto tachón. Aquí también me regaña. Aquí, cuando se muere mi papá, hago la relación de acciones que tiene la familia en cajones. Mi papá tenía 1% del Banco Nacional, que son 16 667. Esto es de cuando yo tenía 13 años.

—¿Y cómo era su papá? ¿Cuál es el momento más entrañable que usted recuerda con él? —intento retomar la conversación.

—Por ejemplo, éste es mi primer balance —sigue el magnate, cada vez más animado—. Papá nos daba cinco pesos de domingo en una libretita negra que no encuentro, caray. Es así, negra y chiquita. Yo creo que me la llevé a la casa. Búscala en la casa, en el despachito del frente, donde está el antecomedor —le dice a su sobrino Roberto Slim, presente en la entrevista; luego continúa—: Aquí hice mi primer balance: cuando tenía 40 acciones de Banamex, tenía 6 600 pesos. Era mi capital. Tenía 15 años: 6 600 pesos, menos 1 000 que le debía a mi mamá. Éste es el balance de enero, de marzo. Esto es de 1955. Y luego esto lo hice en recuerdo de mi papá, yo creo. Digo: saldo en efectivo: 600; pago atrasado, regalo, sueldo... Tenía también una tiendita de dulces y éstas son mis ventas. Éstos ya son los diarios. Vidrio para el reloj, grasa para los zapatos, camión; teléfono, 20 centavos (¡mira qué caro era!); torta, 65; taco, limón; camión, 25. Dos cajas de canicas para damas chinas, 3.50. Esto era en memoria de mi papá, porque nos hacía llevar esta libretita y nos daba cinco pesos. Pago a compra de acciones, 300 pesos. Son mis primeros balances. Ya luego ni hice balances.

—Entonces tiene sentido que le interesara tanto la calculadora electrónica en ese tiempo para manejar tantas sumas a diario.

—Lo que usábamos era la regla de cálculo... Mira, para mayo ya había duplicado mi capital. Aquí tenía 22 000 pesos. La verdad es que nunca tuve necesidad de dinero en mi vida. Para la compra de acciones mi mamá me prestó 1 000 pesos; 31 000 pesos. Eran acciones del Banco Nacional. Aquí ya tenía 300 en lugar de 40. Éstos eran mis timbres. Ah, esto es cuando me encargan administrar las cosas de la familia. ¿Cuánto tiempo crees que las administré?

—Hasta la fecha, supongo.

—¡N'ombre: 60 días!

—¿Por qué?

—Porque me daban lata, y les dije: "Ahí nos vemos". Aquí puedes leer cómo, cuando me despedí, mis hermanos dijeron: "Agradeciendo que haya perdido su tiempo en beneficio nuestro". Ésta fue la división que hicimos: "A los dos meses de su misión, en los cuales no cobró honorarios". Aquí es interesante porque, fíjate, si no quise que mi hermano fuera socio, menos voy a tener socios extraños ahora. Por ahí me hace un préstamo mi mamá para comprar acciones. Creo que era un préstamo por 500 000 pesos. Le dije: "En lugar de que los tengas en el banco, dámelos, yo te doy 10 por ciento".

—¿Y su mamá cómo era?

—Mi mamá era muy cordial, muy linda, muy sociable, muy cumplida, muy cuidadosa, muy detallista, porque además mi papá le dijo antes de morir: "No te metas en negocios ni prestes dinero ni des avales". Y mi mamá fue religiosa para esto. Nos dejó muchas propiedades inmobiliarias y acciones.

—¿Qué siente que le aprendió a ella? ¿Qué le heredó de carácter?

—Su sentido de justicia familiar. Ella a mí no me regalaba nada si no se lo daba igual al otro hermano. O cuando me casé, que le compré un anillo grande a mi mujer, ¡uh!, se dio una enojada…

—¿Estaba celosa?

—No, para nada. Estaba afligida de que el anillo que había comprado mi hermano era más chico, de que se fuera a enojar la esposa de mi hermano, porque había una diferencia en los anillos. Era pareja. Teníamos un terreno precioso de dos mil metros. Entonces, cuando me iba a casar, yo tenía una constructora. Le dije que me lo prestara y yo hacía una casa en el terreno, y cuando se vendiera, me salía de ahí. Me dijo que por qué me lo iba a prestar a mí y no a mis hermanos. ¡N'ombre, su sentido de justicia y de trato igual era muy fuerte! También era muy sociable y todo mundo la quería, pero sí, las reglas eran las reglas.

19

Juventud

Las influencias empresariales de Carlos Slim y de su entorno familiar también provienen de lugares menos lejanos que Líbano. Cuando terminó sus estudios de ingeniería civil en la Universidad Nacional Autónoma de México (UNAM), encontró inspiración en las páginas de una revista *Playboy*. Un día, entre fotografías de chicas semidesnudas, leyó un artículo de Jean Paul Getty, el primer hombre en acumular una fortuna superior a los 1 000 millones de dólares. La filosofía de Getty en torno de la necesidad de tener una "mentalidad millonaria" impresionó al joven estudiante. A mediados de la década de 1960, el magnate petrolero escribía para esa revista sobre estrategias de negocios; las páginas de la publicación enseñaban a sus lectores a convertirse en consumidores y promovían un estilo de vida desenfadado y hedonista.

Eran los años previos a la rebeldía de finales de esa década. En la UNAM, la escuela de Slim, se habían desatado marchas y protestas que acabaron en una masacre de estudiantes perpetrada por el ejército en la Plaza de las Tres Culturas de Tlatelolco. Sin embargo, la Facultad de Ingeniería Civil, donde él había estudiado a principios de ese decenio, tenía una fama más bien conservadora y estaba al margen de la agitación política universitaria. Por esa misma época Getty aconsejaba a los jóvenes despreciar la radicalidad. Para él se trataba de una apuesta que casi siempre se perdía.

Slim decidió estudiar ingeniería civil porque en aquel entonces las carreras de economía todavía no usaban números y se enfocaban en la retórica.

—¿Entonces qué podía estudiar? ¿Contador? —me dice, haciendo una cara de desagrado en respuesta a su propia pregunta—. ¿Por qué estudié ingeniería? Porque me gustaban los números. Se me dan los números y a otros se les dan las letras. A mí, desde primaria, me gustaban los números, y en ingeniería en ese momento no había carreras alternativas. Quizá yo habría estudiado ingeniería administrativa o ingeniería industrial.

También cursó algunas materias en la Escuela de Matemáticas de la Facultad de Ciencias, pero le pareció que la carrera se enfocaba demasiado en las matemáticas puras y no terminó esos estudios.

El mexicano más rico del mundo ingresó en 1957 a la Facultad de Ingeniería Civil después de concluir sus estudios en la Preparatoria número 1 de San Ildefonso, donde algunos maestros lo marcaron especialmente, como uno de apellido Mosqueira, quien le daba física y cosmografía, así como también otro apellidado Cordero Amador, apodado *el Sonrisal*, quien le impartió historia universal.

En 1954 se había inaugurado la imponente Ciudad Universitaria, por lo que a su generación le tocó prácticamente el momento de despegue de la que hoy es una de las universidades públicas más importantes de Latinoamérica. El primer año de la Facultad de Ingeniería Civil eran alrededor de 1 350 alumnos, la enorme mayoría hombres y muy escasas mujeres, pero el grupo en general se fue reduciendo conforme pasaba cada ciclo escolar. Sólo cerca de 300 estudiantes terminaron la carrera, en 1961. Entre los maestros que tuvo Slim estaban Enrique Rivero Borrel, Javier Barros Sierra, Carlos Izunza, Rodrigo Castelazo, Rodolfo Félix Valdéz, Daniel Ruiz y una tríada de hermanos llamados Marco Aurelio, Francisco y Jaime, apellidados Torres Herrera. También eran docentes Antonio Dovalí, a la postre director de Petróleos Mexicanos, y Mariano Hernández, Premio Nacional de Ingeniería.

Eran los años de agitación política en la ciudad de México, sobre todo en la Facultad de Filosofía y Letras, así como en la de Derecho de la UNAM, donde estaba latente la referencia a la Revolución cubana. Alguien que conoce bien esos tiempos estudiantiles de Slim en la Facultad de Ingeniería Civil es su amigo Fructuoso Pérez García. Me reuní con este amable ingeniero gracias al periodista Francesc Relea, ex corresponsal de *El País* en México, quien me lo presentó. Después de pedírselo en varias ocasiones, Fructuoso aceptó conversar conmigo, *on the record,* durante un largo rato en sus oficinas de la colonia San Miguel Chapultepec, en el Distrito Federal.

En Ingeniería Civil, Fructuoso no recuerda mayores aspavientos políticos.

—Había muchachos de la izquierda extrema, y pues hacían algunos movimientos, pero lo más que hacían era tomar los camiones urbanos y, en fin, tratar de que se hicieran paros en las demás facultades, pero no, no había lo que después hubo en años posteriores, como en el '68.

La época en que estudió Slim fue el preámbulo de una rebelión estudiantil ocurrida en 1968, la cual acabó sofocada por una brutal represión oficial conocida como la matanza de Tlatelolco.

—Pero la Facultad de Ingeniería era muy apolítica. Llegaban ahí a tratar de convencer algunos grupos y no tenían éxito —dice Fructuoso, quien registra que la mayoría de los grupos que llegaban eran de organizaciones "antiestadounidenses".

Por la escuela de Slim, un joven de izquierda llamado Amado Armejo fue quien representó a la Facultad de Ingeniería Civil ante la Federación de Estudiantes de la UNAM.

El recuerdo que tiene Fructuoso de aquellos años raya en lo idílico:

—Nos llevábamos todos muy bien con las demás escuelas. Por ejemplo, junto a nosotros estaba la Facultad de Arquitectura, por un lado, y por el otro lado la Facultad de Ciencias Químicas. Nunca había problemas de ningún tipo. Lo más que podía pasar era en el día de San Juan, que todos nos mojábamos unos a otros y entonces había una competencia y, desde luego, las competencias internas de futbol americano, de la Escuela de Ingeniería contra Arquitectura, o Leyes, o Ciencias Químicas. O sea, eso sí se veía, pero no había ninguna forma, ninguna diferencia. En los camiones urbanos íbamos de todo, con una gran familiaridad, incluyendo a Carlos, que era un muchacho normal.

Slim también lo rememoró de esa manera y aprovechó para juguetear con el nombre de su amigo Fructuoso. En un extravagante acto especial celebrado en mayo de 2013 en el Palacio de Minería, con motivo del quincuagésimo aniversario de su titulación como ingeniero, el multimillonario evocó ante cientos de invitados —entre los que estaban por igual el presidente del Tribunal Superior de Justicia que el periodista y político Carlos Payán o José Narro, rector de la UNAM— que en la Facultad de Ingeniería Civil de la UNAM:

Los alumnos proveníamos de los más diversos lugares de toda la República, de los más diversos niveles sociales y económicos, de las más diversas formas de pensar; era, en suma, un mosaico de todo el país, que incluía además a muchos compañeros de Centroamérica y algunos un poco más allá de Centroamérica. Ésos fueron años en que pudimos apreciar, sin duda, la importancia de la educación pública, que constituye la mejor posibilidad que puede ofrecer un país a su población de mejorar y nivelar las oportunidades a todos a través de la educación pública de calidad. A través de la pluralidad y diversidad de nuestros compañeros, de nuestros maestros, conocimos mejor al país; convivíamos en armonía, teníamos amistad; en muchos casos esa amistad, como la de nuestra generación '57, después de tantos años, sigue en buena parte gracias a nuestro presidente Fructuoso Pérez —así se llama, no es apodo—, al que le agradezco su empeño y su divertido liderazgo de tantos años.

En la Facultad de Ingeniería se organizaban dos bailes muy importantes: el de primavera y el de pasantes. Una orquesta formada por estudiantes virtuosos amenizaba las fiestas, celebradas por lo regular en el Palacio de Minería, ubicado en la calle Tacuba del centro histórico del Distrito Federal. Además de la orquesta estudiantil solían tocar músicos como Juan García Esquivel, Juan García Medet o los solistas de Agustín Lara. Dos orquestas tocaban en el patio principal, y las otras dos, en el salón de Tacuba, al cual Slim y sus amigos llamaban "la Maternidad", porque ahí se hacían exámenes extraordinarios y de título de suficiencia. Fructuoso recuerda que todos los hombres llegaban de esmoquin, y las muchachas, con vestido de coctel, para una fiesta que solía terminar a las tres o cuatro de la mañana.

Slim no sólo usaba ropa de etiqueta. También le gustaba vestir ropa deportiva, en especial de beisbol. Jugaba con sus compañeros en un equipo de la facultad. Fructuoso era *shortstop* y Slim solía escoger la posición de *catcher* durante los partidos contra otras escuelas de la UNAM. Había un buen nivel en el equipo, sobre todo gracias a estudiantes de Chihuahua, Guanajuato y Veracruz. El beisbol era el deporte predominante en la escuela, aunque al término de sus estudios, más que al beisbol, algunos estudiantes de esa generación se dedicaron al mundo del futbol profesional: Víctor Mahbub fue presidente del equipo Pumas de la UNAM y Gustavo Hernández jugó con los Diablos Rojos del Toluca; Federico Schroeder, con el Atlante, y Pascual Ortiz Rubio en el América.

—Me intriga que jugara usted de *catcher*. Tengo la impresión de que es la posición más aburrida del beisbol —pregunto a Slim en entrevista.

—No, es más aburrido ser *fielder*: nunca llega la bola —risas—. Qué va a ser aburrido ser *catcher*. Yo no era bueno. El *catcher* es el que maneja al *pitcher*. La combinación *pitcher-catcher* es lo más importante en el beis-

135

bol. Nada más imagínate: el *catcher* se tiene que poner de acuerdo con el *pitcher*. Le tiene que decir cómo es cada bateador, dónde lanzarle, para dónde ponerle la bola. Por eso a veces no se ponen de acuerdo y falla.

—¿Entonces usted era buen *catcher*?

—No, bueno, pues era cáscara.

—¿Y bateaba bien?

—Fui muy bueno bateando y después, de repente, empecé a batear mal. Pero era muy bueno bateando primero, y luego entré en un *slump*. Yo no sé si porque con este ojo soy miope —se toca el ojo derecho.

Slim también practicó el atletismo durante esos años. En especial le gustaba el lanzamiento de bala, jabalina y disco en el campo.

—A mí me encanta el atletismo. Es más, me gusta más que el beisbol.

—¿O sea que ve más las Olimpiadas que la Serie Mundial de las Grandes Ligas?

—Sí.

—Eso sí que es revelador. No lo había escuchado. ¿Y la bala es lo que más le gusta del atletismo?

—No, me gustan las carreras. Por ejemplo, tú sabes qué es lo más rápido que corre el hombre, ¿no?

—No.

—Son como 40 kilómetros por hora. Lo más rápido. A lo mejor un poco pasadito en tramos chicos; en tramos medianos, entre 100 y 200 metros, nunca ha llegado a 40 kilómetros. Sólo en relevos: en relevos pasa de 40 kilómetros. Tú tienes 40 kilómetros, luego baja en 200, casi corres igual; en 400 todavía es rápido, pero después de 1 500 la velocidad, distinta entre 1 500 y 40 kilómetros, no es mucha. De correr 1 500 o una milla no baja mucho la velocidad. ¿Has visto correr los 10 000 metros? Agarran unos ritmos fantásticos. Todo eso donde hay números.

—Pero dígame algo: ¿le gusta más ver la acción o ver los números?

—Me gusta ver a los atletas, pero también las estadísticas. Es lo que te dije al principio. Cualquier actividad humana que conoces y sabes cuánto corre y quién corrió y *tan tan*: entre más sabes de algo, más lo disfrutas. Más sabes de música, más lo disfrutas, o si sabes de teatro, de arte o de arquitectura, vas disfrutando más. Entonces, entre más sabes de deporte, y sabes lo que pasó y cómo lo hizo. Por eso Jesse Owens… ¿Sabes quién es Jesse Owens? La "leyenda negra". Ése corrió en la Olimpiada de Berlín e hizo enojar a Hitler porque ganó todo: ganó 100 metros, 200, salto largo, pero en 100 metros hizo 10.3 segundos. Ahorita hacen 9.58.

—¿Y todas estas estadísticas las tiene aquí —en la cabeza— o tiene archivos?

—Las tengo aquí —señala su cabeza—. Bueno, en un cuaderno sí tengo una grafiquita de velocidades.

—Pero buena parte está en la cabeza, ¿no?

—Y si se queda, bien. Si no, no me importa.

Más allá de sus aficiones deportivas, la rutina académica del Slim universitario durante los primeros años era tomar clases entre las siete y las 11 de la mañana, para regresar a las cuatro de la tarde y a veces acabar a las 10 de la noche. Por lo regular, en el receso del mediodía practicaba algún deporte, estudiaba y comía con sus amigos. Algunos de sus más cercanos en aquella época eran Luis Ramos Liñán, José Campa y Sergio Covarrubias, con quienes había estudiado en la Prepa 1.

De acuerdo con Fructuoso, Slim no era nada serio:

—Le gustaban las pachangas y le gustaban las chavas y todo. Era un estudiante regular, o sea, era buen estudiante pero sin ser de los *matados*. Tenía una enorme facilidad para las matemáticas, al grado de que él empezó a dar clases de esa materia en la facultad, cuando estaba en cuarto de ingeniería.

Una de las anécdotas que más recuerda Fructuoso sobre Slim ocurrió durante un viaje de prácticas realizado a Estados Unidos durante 45 días en un camión Mercedes Benz. Como en cualquier odisea juvenil de este tipo, las bromas pesadas estaban a la orden del día.

—Cada vez que comentamos esto, Carlos se muere de risa. Estábamos en un hotel de Houston, que se llamaba Shamrock Hilton. Ahí todos nos metíamos a las habitaciones de todos y él entró en la mía. Yo estaba desnudo totalmente. Alguien tocó la puerta y él me dijo: "Abre, que tocan". Entonces abrí. Ya estaban de acuerdo: Carlos me empujó y me sacó al pasillo, desnudo. Abrían puertas y, ¡córrele!, yo iba y las cerraban. Luego por ahí venían unos gringos y yo desnudo totalmente. Con esa broma que me hizo, ¡uta!, se botaban todos de risa.

Otras anécdotas de ese viaje sucedieron en los bares de Nuevo Orleans. Fructuoso las relata pero prefiere que no sean publicadas.

Sin embargo, los viajes no eran de paseo, sino para visitar obras de ingeniería civil que ayudaran a los jóvenes estudiantes en su proceso de formación. El profesor Carlos Insunza, quien luego se convirtió en gran amigo de Slim, solía organizarlos. En Estados Unidos visitaron plantas hidroeléctricas y puentes viales, mientras que en México iban a todas las obras de vanguardia, como el puente de Coatzacoalcos, Veracruz, o la presa de La Amistad, en la frontera entre México y Estados Unidos.

—Esto nos daba mucha hermandad porque convivíamos, desayunábamos, comíamos, cenábamos y pachangueábamos juntos. Entonces siempre había anécdotas y había de todo; nos acordamos tanto de los viajes que la gozábamos realmente.

—¿Otra anécdota que recuerde de esos viajes? —pregunto a Fructuoso.

—En un viaje de prácticas... Si publican esto no le va gustar mucho, pero déjame ver... En un viaje de prácticas, no me acuerdo del lugar, creo que fue por Guanajuato, él llevaba un carro, un carro viejito. Bueno, no muy viejito, un Ford. Se separaron del grupo porque iba el camión. Y estos condenados se trajeron a unas chavas de allá.

—¿De Guanajuato?

—Sí, unas *prostis*. Desde allá se las traían en el carro hasta acá, a México. Fue un relajo el que se armó... En fin, tantas anécdotas. Le encantaba. Era muy alegre. Le gustaba todo, como una persona normal.

En 2007, cuando se cumplieron cinco décadas no de titulación, sino del año que marcó su generación de la Facultad de Ingeniería Civil, Slim financió una serie de actividades que duraron varios días e incluyeron desde una rocanroleada —a la que el empresario y sus ex compañeros acudieron de chamarra de cuero y *jeans*— hasta visitas grupales a balnearios de las afueras de la ciudad de México. También hubo una comida en el Jardín Botánico de la UNAM, varios desayunos, varias cenas-baile —algunas amenizadas por Angélica María y Enrique Guzmán—, así como un concierto especial de la Orquesta de Minería en la Sala Nezahualcóyotl. La actividad de Slim y sus antiguos compañeros no paró ahí. Fructuoso relata:

—En agosto de 2007 hicimos un recuerdo a nuestro padrino de generación, el ingeniero Bernardo Quintana Arrioja, presidente de Ingenieros Civiles Asociados (ICA). Nosotros y Carlos Slim logramos que al ingeniero Bernardo Quintana lo pusieran en la Rotonda de los Hombres Ilustres. Luego nos trasladamos a Tequisquiapan; de ahí fuimos a festejar las fiestas patrias. Nos fuimos a un hotel: hotel Tequisquiapan. También estuvimos en el Museo de Cera, en la calle de Londres, cuyo propietario es nuestro compañero. Ahí hicimos una cena muy agradable. Y luego Luis Pecman, otro compañero, dio un concierto junto con un grupo que cantaba las canciones de Chava Flores. Y para terminar hubo una ceremonia religiosa en el templo de San Francisco con el coro Convivium Musicum y con la Orquesta de Minería. *La misa de coronación,* de Mozart. La misa la dio Roberto Oliveros Maqueo, jesuita, compañero de nuestra generación, quien terminando segundo semestre de ingeniería decidió irse de jesuita y cursó el doctorado en Roma. Luego tuvimos la cena-*show* en el Palacio de Minería. Hicimos todo un programa durante todo el año.

Durante la jornada de festejos también publicaron una edición especial de *Orbe,* la revista estudiantil de aquellos años en la Facultad de Ingeniería Civil, en la que aparece un jovial y desafiante Slim haciendo el tancredo, ese arte que consiste en ponerse en un ruedo delante de un toro sobre una silla, sin moverse. Esto sucedió en el rancho El Charro el 8 de agosto de 1959.

—Carlos lo hizo perfecto. No es fácil porque el toro viene a ti. No debes moverte porque éste sigue el movimiento. El chiste es tener los huevos para no hacerlo. Y este cabrón lo hizo. A mí me ha dicho: "Es uno de los momentos más emocionantes que he tenido en la vida".

Slim me confirmó después que ese tancredo ha sido "la emoción más espontánea, más fuerte que he tenido". Le muestro la revista que tengo de 1959 y me dice que al año siguiente hizo otro:

—Esa vez el toro me embistió tres veces y no me tocó. Ya que llegaba hasta donde yo estaba, se retornaba. Creían que me había pasmado y no sé qué tanto inventaron que me había pasado, pero recuerdo que toda la plaza se volvió loca. También fue en el rancho El Charro, allá en Ejército Nacional.

Los festejos por el quincuagésimo aniversario de la generación en la que estudió Slim fueron pagados entre todos, pero el empresario puso la mayor parte, al decidir que si había algunos que no tuvieran, él se haría cargo. Fructuoso cuenta lo que le pidió:

"—No quiero que falte nadie de la generación a los eventos. Yo voy a pagar lo de ellos sin que les digas. Tú nada más diles que no tienen por qué pagar, que hay un fondo y se acabó, pero no quiero que les digas que lo pagué yo.

"Ésos son detalles. No es la cantidad de dinero, que puede ser mucho o poco o nada para él: es el hecho. Y a nosotros, por ejemplo, en nuestros eventos, pues nos decía:

"—Oye, ¿no vas a traer nada de *show*?

"—No, no tengo presupuesto.

"—Pues trae. Necesitamos que venga aquí fulano de tal. A ver, consigue a la Chavelita, esa que sale en la televisión. La que se confiesa con el padre de forma muy simpática en *sketches*.

"Ésa la llevamos a un *show* porque le gustó a Carlos y porque es muy dadivoso."

—¿Cómo son las fiestas de cumpleaños del ingeniero? —le pregunto.

—Se las organizan sus hijos y he tenido la suerte de que me hayan invitado.

—¿Pero son más tranquilas o más serias, o son también de mucho baile?

—No, no, no: 40 o 50 personas, amigos y familiares nada más.

—Cuando está en la calle, parece que no tiene mucha seguridad.

—Trae mucha seguridad, pero como si no la trajera. Él maneja, no trae chofer. Obviamente los escoltas que trae lo tienen que cuidar, eso es natural. Un día me dijo: "Vámonos". Y fuimos a Toluca, al aeropuerto de Toluca. "Maneja tú." Y ahí venía yo manejando. "¡Ay, qué pendejo eres para manejar, cabrón!", me decía a cada rato. Le dije: "Pues si esta pinche madre pesa un chingo". Como son blindados, entonces uno no está acostumbrado. Le hace uno así y se hace el carro...

—¿Y qué auto era? ¿Un Mercedes?

—Sí, un Mercedes, o camionetas, le vale madres.

—¿Cuando él estaba en la facultad tenía coche?

—Sí, pero uno modesto. Algunos teníamos la suerte de traer coche, que no éramos muchos. Pero que dijéramos que Carlos traía chofer o eso, para nada, para nada.

—¿Se imaginaba en aquella época lo que pasaría con él?

—¿A dónde iba llegar? ¿A ser el hombre más rico del mundo? No, nunca nos imaginamos.

20

Empresario

De acuerdo con sus compañeros de estudios, Carlos Slim no parecía tener un perfil de empresario cuando estudiaba en la UNAM. A algunos los sorprendió que en diciembre de 1967, seis años después de haber salido de la facultad, los invitara a formar un club de inversiones. Se trataba de algo inusual, ya que la mayoría de los ingenieros recién egresados optaba por trabajar de manera directa en el ámbito de la construcción, que era el camino habitual para un ingeniero civil. Fue por ese tiempo cuando Slim, ya casado con Soumaya, fundó Carso y empezó a trabajar como corredor de bolsa. Algunos de sus amigos creen recordar que les dijo que había estudiado una maestría en inversiones en Estados Unidos, aunque este dato se omite en su autobiografía oficial.

Cuando el Che Guevara inspiraba a cientos de estudiantes latinoamericanos, uno de los héroes de Slim era Jean Paul Getty, quien además de ser millonario cobró fama como escritor motivacional. En su libro *Cómo ser rico* describe a cuatro tipos de personas:

1. Las que trabajan mejor por sí solas que con una empresa.
2. Las que buscan ser las más importantes dentro de una empresa.
3. Las que sólo aspiran a recibir un buen salario.
4. Las que no tienen ninguna necesidad o deseo de prosperar y se conforman con lo que tienen.

Los que se ubican en las primeras dos clasificaciones podrían conseguir la riqueza económica porque —abracadabra— cuentan con una "mentalidad millonaria", explicaba Getty. El magnate estadounidense decía que su secreto para lograr su riqueza era levantarse temprano, trabajar hasta tarde y encontrar petróleo. La principal fuente de su fortuna era Getty Inc., un emporio energético que desapareció cuando fue adquirido por Texaco, años después de su muerte. Getty gozaba también de fama de no gastar dinero. En la literatura de los magnates, además de ser el billonario pionero, suele ser calificado como "el hombre más tacaño del mundo".

—Sí leía a Getty en *Playboy*. No es que viera las fotos de las muchachas… Bueno, también las veía, pero no compraba la revista. Estaba en las peluquerías —me cuenta Slim en entrevista—. Pero al que más admiro como empresario es a mi papá, y de empresarios hay muchos que tienen cosas notables, de los que les puedes aprender mucho, pero en la vida personal no te convencen. Yo creo que a todo mundo le puedes aprender de lo que hace bien, aunque también de lo que hace mal. Del siglo XX, te diría que el mejor empresario, en mi opinión, es Edison. Era un gran inventor, desarrollaba los inventos, era un gran científico, probablemente mexicano, o cuando menos latino porque era Thomas Alva Edison. Y estupendo, extraordinario; por más que lo critiquen, él inventó todo. Un día ve en internet cuántas patentes tiene.

El mismo año en que AT&T envió al espacio el primer satélite experimental de telecomunicaciones, cuando Los Beatles lanzaron su primer disco sencillo, Slim se graduaba como ingeniero civil en la UNAM. Su tesis, "Aplicaciones de programación lineal a algunos problemas de ingeniería civil", es un documento dedicado a la memoria de su padre. El joven Slim empieza el último capítulo de su trabajo con una frase que hoy semeja un anticuado eslogan publicitario: "Con las calculadoras electrónicas es posible sumar, restar, multiplicar y dividir con una rapidez asombrosa".

Fructuoso Pérez García recuerda que sus maestros celebraron ese proyecto, aunque un Slim de 22 años de edad también intentara refutar teorías de Einstein. A principios de la década de 1960 la programación lineal era un modelo matemático novedoso para resolver problemas, por lo que resultaba un terreno espinoso para un estudiante recién graduado. Slim había ensayado una tesis audaz. El modelo había sido aplicado en secreto por el ejército de Estados Unidos durante la Segunda Guerra Mundial para organizar mejor las ofensivas militares, con un algoritmo que permitía elegir las actividades necesarias para lograr una meta entre todas las alternativas existentes. En su tesis, el ingeniero que estudió para construir puentes y presas pronosticó que las calculadoras electrónicas revolucionarían la forma de hacer negocios en el mundo. Medio siglo después, las calculadoras, artefactos de museo, lo siguen ayudando a conservar el control minucioso de su fortuna cuando alguien le cobra una factura.

El miembro de una comitiva peruana con que Slim visitó Machu Picchu relata que después de llegar a la ciudad sagrada de los incas el magnate se apartó un momento del grupo para ponerse a hacer números. De acuerdo con su testimonio, al cabo de media hora se reintegró y dijo que ya tenía un nuevo modelo para implementar un sistema de telefonía celular en Sudamérica. También en Perú, pero en Lima, un ejecutivo relató una anécdota de Slim, a quien define no como alguien al que no le gusta perder, sino como alguien que siempre quiere ganar. Estaban en Lima visitando un museo y Slim le preguntó al ejecutivo cuántas piezas de artesanía calculaba que había en exhibición. El ejecutivo le dijo que no tenía idea. Slim insistió:

—Treinta mil —dijo el otro, que conocía la fama de certero para el cálculo de Slim.

—No —respondió Slim—, hay más de 45 000.

Entonces apareció uno de los guías y Slim le pidió que le dijera el número mágico, confiado en que ganaría:

—Treinta y tres mil —le respondieron.

Slim miró a su colega con enfado y le dijo que a la próxima le ganaría.

En una entrevista con el periodista estadounidense Larry King, éste le preguntó a Slim si sabía leer un balance general y si se creía afortunado por eso:

—Creo que aprendí cuando tenía como 20 años, porque no entendía por qué había lo mismo de un lado del balance y del otro...

—... porque tenían que cuadrar —atajó King.

—Hasta que entendí que una parte es lo que tienes, otra lo que debes y la diferencia es tuya. Es sólo aritmética.

—¿Simple?

—Muy simple. Cualquiera lo puede hacer.

Este diálogo acabó con una sonrisa pícara de King.

Usar la calculadora para sumar las donaciones del mexicano más rico del mundo nos generaría la impresión de que se trata de un paladín de la filantropía. Sin embargo, en comparación con otros multimillonarios, con una fortuna acumulada de 75 000 millones de dólares, la escala de generosidad de Slim resulta mediocre. Con todo su dinero podría pagar dos veces la deuda externa de Líbano y todas sus investigaciones de salud podría financiarlas con lo que gana en tres semanas. El dinero que ha regalado a Bill Clinton le costó una semana producirlo. La donación que recibió Shakira, sonriente, no le quitó ni un día completo de su tiempo. Es como si los límites de su generosidad no excedieran el número de dígitos de la calculadora en su escritorio.

No obstante, Slim es un personaje complejo que no merece la definición de mero tacaño. No regala dinero porque aspira a que su dinero siga produciendo más dinero, con él en medio. Diego Fonseca lo considera "hijo de una escuela perdida: la de la CEPAL" (Comisión Económica para América Latina y el Caribe). Al término de sus estudios de ingeniería civil, Slim viajó a Santiago de Chile para estudiar un posgrado en programación industrial en el Instituto Latinoamericano de Planeación Económica, un organismo creado por un fondo especial de la ONU. Durante ese tiempo descubrió y estudió las tesis de Raúl Prebisch, un economista argentino que recomendaba a los futuros empresarios: "Antes de pensar, observar".

Slim, explica Diego Fonseca, "puede inscribirse en la escuela desarrollista en el sentido amplio: un empresario formado intelectualmente en los sesenta, cuando se creía que se podían construir grandes burguesías latinoamericanas como modelo autónomo de desarrollo al capitalismo de las naciones centrales". Y 50 años después así fue. El empresario es la punta de lanza de un capitalismo latinoamericano que en la década de 1960 parecía muy remoto.

Las enseñanzas chilenas de Slim durante ese decenio resultan claves para entender su forma de hacer negocios en la actualidad.

> Lo que Slim hizo con el empresario que le ofreció un calendario de fotos de Navidad es muy propio de él: compra de oportunidad. Tiene el capital y el otro tiene una deuda (hizo un trabajo sin asegurarse primero el precio, y tiene compromisos con quienes le proveyeron el trabajo); Slim sacó ventaja de la imprevisión del otro (que no se aseguró el precio primero) y lo sometió a una ecuación que podría llamarse de "valor presente neto": o te quedas con nada, o al menos tomas esto. Es duro, es jodido, pero el otro debió preverlo: él pensó en un mecenazgo, quizá; pero Slim estaba haciendo un negocio.

Cuando Slim acabó su carrera de ingeniería civil, primero intentó hacer una arriesgada tesis de cuestiones estructurales, pero al final desistió. Luego le propusieron enfocarse en la programación lineal. Así,

144

a los 22 años de edad, vio en el periódico el anuncio del "Tercer curso de desarrollo económico y evaluación de proyectos" que ofrecían en conjunto la ONU, la CEPAL, la UNAM y el gobierno de México. Entre las materias estaba programación lineal. En 1962 entró a ese curso de cuatro meses, el cual acabó con un promedio de 9.8 que sorprendió a sus maestros, ya que los economistas que estudiaban con él habían alcanzado apenas ocho de promedio. Por esa calificación fue invitado a irse a Chile a tomar un curso de ocho meses organizado por la CEPAL. Slim llegó a la mitad del curso, ya que prefirió brincarse la parte de introducción y enfocarse en las clases de programación industrial.

Según Slim, disfrutó mucho vivir esos meses en Santiago y se mantuvo al margen de las discusiones teóricas que había:

—La escuela de la CEPAL era de los estructuralistas contra los monetaristas. Algo así que no entendía. Al final unos estaban a la izquierda, y los otros, a la derecha, y los dos iban al centro y coincidían. Yo lo que te digo es que la programación lineal es optimizar chingaderas; o sea: simplificar cosas, sintetizarlas, entenderlas y hacerlas más eficientes.

Durante su estancia en Santiago aprovechó para viajar por Sudamérica y conocer Buenos Aires, Argentina, y São Paulo, Brasil, una ciudad que lo dejó impresionado por su estructura urbana. Al regresar de Sudamérica se enfocó en terminar su tesis, recibirse formalmente como ingeniero, dar clases en la Universidad Iberoamericana y en el "Cuarto curso de evaluación de proyectos y desarrollo Económico" de la CEPAL.

Por entonces el futuro magnate tenía 23 años. Un año después, en 1964, decidió tomar un periodo sabático y primero se fue a Nueva York, luego a Europa y finalmente a Jezzine, la aldea de Líbano donde nació su padre. Se quedó en hoteles de Manhattan y aprovechó al máximo la Feria Mundial de Nueva York que se celebraba ese año. También recuerda haber ido a la Bolsa de Nueva York a leer en solitario, en la biblioteca, libros de análisis y material referente a un programa de inversión que se llamaba Monthly Investment Program (MIP). Después se dirigió a Europa y viajó por Ámsterdam, París, Madrid y Roma, hasta que llegó a Líbano, el país de sus ancestros.

Y unos meses después Slim estaría listo para volver a México e iniciar su carrera formal como empresario en 1965.

VI

21

Julián

Julián Slim Helú nació en 1938 en la ciudad de México. Junto con José, Carlos, Alma y Nour, completaba la familia de Julián Slim Haddad y Linda Helú. De todos los hermanos de Carlos Slim, fue con Alma con la que el mexicano más rico del mundo tuvo la relación más cercana, probablemente debido a que tardó un poco más de tiempo que Nour en casarse y se hizo cargo de varios asuntos de la familia tras la muerte del padre del magnate.

Slim cuenta que, cuando niño, no llevó una relación tan estrecha con Julián como la tuvo con José, su otro hermano mayor, a quien le decían Pepe.

—Julián —dice Slim— era de otra palomilla. Pepe y yo teníamos otro grupo de amigos en el parque. Nosotros teníamos unos 12 años y él tenía 18. Entonces, mientras nosotros jugábamos futbol y beisbol, a Julián, de joven, le gustó la ligada. ¿Sí conoces esa historia de Chapultepec o no? La gente daba vueltas y se cortejaba. A él le encantaba ir ahí.

Cuando platiqué con Slim sobre su hermano Julián estaba presente Roberto Slim Seade, uno de los hijos de aquél, quien además de tener un cargo formal en la estructura hotelera del Grupo Carso asume misiones especiales como secretario particular del magnate. La más reciente había sido organizar el cumpleaños número 80 de la legendaria estrella de Hollywood, Sophia Loren, quien lo celebró en la ciudad de México por invitación de su amigo Slim.

—Con Alma fue con quien me llevé mejor de mis hermanos. Luego me llevé mejor con mis amigos de prepa y universidad, más que con los mismos primos y demás parientes —remarca Slim, quien me cuenta que Julián inició una carrera policiaca trabajando en una corporación preventiva ya desaparecida, llamada en aquellos años Policía Vial. Julián recorría las calles nocturnas de la ciudad de México como la Zona Rosa—. Un día me lo encontré de policía de la Vial en la Zona Rosa.

149

Dije: "Mira, vamos a buscar a ese policía y a preguntarle dónde queda este lugar". Íbamos con Antonio del Valle y Soumaya a cenar. Llegamos a preguntarle y era Julián —rememora.

El hermano policía del mexicano más rico del mundo entró a estudiar leyes en la UNAM. Al poco tiempo de graduado consiguió una plaza como agente del Ministerio Público de la Procuraduría de Justicia del Distrito Federal. Su gran amigo desde la universidad era Mario Moya Palencia, quien llegó a ser secretario de Gobernación y estuvo a punto de ser nominado candidato del PRI a la presidencia en la misma época en que era señalado como el responsable político de matanzas cometidas en la década de 1970 contra opositores al régimen.

Julián Slim Helú contrajo nupcias con Magdalena Seade, cuyo progenitor, Carlos Seade, había sido, junto con Luis Farah, de Guadalajara, uno de los primeros inmigrantes libaneses en graduarse como médico en México. Una revista de la comunidad libanesa que circulaba en aquella época reseñó la boda entre Julián y Magdalena. En la nota de sociales aparece una foto donde se ve a Julián de traje, con una ligera sonrisa en el rostro y la mano izquierda descansando en su pecho, mientras con la otra abraza a su esposa Magdalena, vestida de blanco.

Recién egresado de la Facultad de Derecho de la UNAM, el 22 de junio de 1960, Julián asumió la Secretaría de la Asociación Libanesa Internacional, un proyecto lanzado por su tío, el empresario del calzado Antonio Domit, cuya "alta meta", de acuerdo con un manifiesto difundido en publicaciones libanesas, era "lograr la unificación y organización de los libaneses residentes en cada país, fomentando entre ellos el compañerismo y la amistad sincera y desinteresada, así como entre las comunidades libanesas de todo el mundo". El documento iba acompañado de una fotografía en la que aparecen los ocho "hombres de prestigio y completa solvencia moral y material" que conforman la directiva. Al centro puede verse a Julián vestido con traje oscuro, junto a Domit, quien era el presidente de la naciente organización.

La relación entre los hermanos Julián y Carlos se afianzó tras la muerte de su padre. En 1966 el primogénito Julián acompañó al altar a su hermano Carlos, en su matrimonio con Soumaya Domit. Desde esas fechas Julián empezó a trabajar en las agencias de seguridad nacional del régimen del PRI. De acuerdo con un expediente que conseguí de él en la PGR —tras varios años de litigio—, Julián fue miembro de la generación 1957 de la Facultad de Derecho de la UNAM. Sin embargo, del mismo modo que su nombre no aparece en los reportes de la Comisión Nacional de los Derechos Humanos (CNDH) ni de la fiscalía especializada en investigar delitos políticos y sociales del pasado, en la Facultad de Derecho su tesis, "Efectos de la buena y mala fe en el derecho civil mexicano", tampoco es fácil de encontrar. Resulta mucho más sencillo localizar en la Facultad de Ingeniería Civil la de su hermano Carlos, la cual se inicia con la dedicatoria: "A mis hermanos".

Siguiendo la pista de los documentos consultados sobre la trayectoria policiaca del hermano del magnate, da la impresión de que la carrera de Julián iba en ascenso, pero justo cuando su hermano Carlos empezó a ser conocido en el mundo empresarial, aquél desapareció del escenario público. En 1991, cuando Carlos ganó la licitación de Telmex —la empresa de mayor importancia estratégica para la seguridad nacional entre todas las que se privatizaron durante el gobierno de Carlos Salinas de Gortari—, el comandante Julián Slim Helú prácticamente abandonó el servicio público y se convirtió en una especie de leyenda de la que muy poco se habla.

Al especialista Fernando Montiel, a quien relaté la historia de los hermanos Slim Helú, le recordó en cierta forma el mito de los hermanos Rómulo y Remo bajo el cual se construyó Roma: uno de los hermanos (Remo) es sacrificado para que el otro (Rómulo) sea el rey y así levante después uno de los mayores imperios de la historia.

Julián falleció la tarde del jueves 17 de febrero de 2011, a la edad de 74 años. Su cuerpo fue velado en su propia residencia, ubicada en la calle Sierra Leona de la colonia Lomas de Chapultepec, en el Distrito Federal. La noticia de su muerte tuvo escasa repercusión en los diarios de circulación nacional, enfocados al día siguiente en la tristeza diaria que sufría el país a causa de la llamada guerra contra el narco, ligada en más de un sentido a la "guerra sucia" que vivió México en la década de 1970. En aquella fecha, *Milenio*, *El Universal*, *Reforma* y *La Jornada* publicaron en sus portadas fotos de las 30 000 velas que se encendieron en la explanada de la UNAM tras la primera marcha que hubo en el Distrito Federal por los hasta ese momento 30 000 muertos desde el 1° de diciembre de 2006, cuando tomó protesta el entonces presidente Felipe Calderón. Los columnistas políticos tampoco mencionaron la muerte de Julián. En cambio, algunos destacaron las promesas del entonces secretario de Seguridad Pública federal, Genaro García Luna, para depurar a los corrompidos cuerpos policiacos del país.

Fue *Excélsior* el diario que dedicó el mayor espacio a la noticia de la muerte de Julián, así como a los actos luctuosos que la siguieron. De acuerdo con la crónica firmada por la redacción, en el velorio del antiguo comandante lo mismo pudo verse al ex secretario de Gobernación, Manuel Bartlett, que al presidente de Banamex, Alfredo Harp Helú; al rector de la UNAM, José Narro, y al presidente de Kimberly Clark, Claudio X. González; al jefe de la policía del Distrito Federal, Manuel Mondragón, y al cantante Chamín Correa.

Héctor Slim Seade, el cuarto hijo de Julián, es el actual director general de Telmex. Él y su tío Carlos Slim Helú fueron los deudos más abrazados y consolados. El sábado 19 de febrero ambos entraron juntos al Panteón Francés, donde una carroza fúnebre transportó, a las cuatro de la tarde, el cuerpo de Julián Slim Helú en un ataúd de caoba. Tras una breve ceremonia de despedida, y ante pocas personas, el cuerpo del policía fue acomodado en un mausoleo.

Localizado a la entrada del panteón, el monumento sobresale por el busto esculpido de Julián Slim Haddad, el patriarca de la familia de Carlos, el mexicano más rico del mundo, y de Julián, el policía de la "guerra sucia" del que nadie se acuerda.

El joven profesor de matemáticas, Manuel López Mateos, entró el 22 de enero de 1975 a la mesa número 5 de la Procuraduría de Justicia del Distrito Federal. Estaba ahí para denunciar a Miguel Nazar Haro y a Julián Slim Helú por secuestro y lesiones. Ellos eran agentes del grupo policiaco con más negra fama en la historia de México: la Dirección Federal de Seguridad (DFS).

> Manuel López Mateos fue detenido a las 10 horas del día 29 de noviembre de 1974 por agentes de esta dirección y conducido a la misma para investigación de sus relaciones con el grupo subversivo y terrorista denominado Unión del Pueblo, habiéndose encontrado en su domicilio vasta documentación y propaganda de diversas organizaciones subversivas.
>
> Al ser interrogado manifestó [fragmento borrado], originario de Veracruz, profesor de matemáticas en la Facultad de Ciencias de la UNAM, donde siempre se ha ostentado como elemento revolucionario que ha participado desde su época estudiantil en diversos movimientos auspiciados por el Comité de Lucha de la Facultad de Ciencias.

Asimismo, confesó haber fungido en múltiples ocasiones como intermediario en la difusión de propaganda y literatura subversiva entre el estudiantado, valiéndose para tal fin del ascendiente que le da su carácter de maestro universitario.

Éste es un fragmento del reporte que elaboró el capitán Luis de la Barreda para proteger a sus agentes Miguel Nazar Haro y Julián Slim.

Al calor de la Guerra Fría —bajo cuya lógica maniquea toda disidencia era "comunista"— las acusaciones contra aquella poderosa policía a las órdenes de la Secretaría de Gobernación eran inusuales: como primera línea de defensa contra los enemigos del Estado, la DFS era intocable. Todo valía "para garantizar la gobernabilidad".

La denuncia de López Mateos nunca se investigó.

Treinta años después, en el año 2000, el PRI perdió la presidencia de la República. El PAN llegó al poder. La alternancia puso fin a siete décadas de monopolio partidista y se inició la época actual, considerada de transición política.

Para investigar los asesinatos, las desapariciones forzadas y otros delitos cometidos durante el conflicto al que eufemísticamente se le llama "guerra sucia" —¿acaso existen "guerras limpias"?—, el nuevo gobierno de Vicente Fox Quesada creó una fiscalía especial. De forma paralela, buena parte de los archivos de la antigua DFS se abrieron y con base en éstos se produjeron toneladas de notas periodísticas y textos académicos, libros de reflexión sobre aquellos años traumáticos e informes especiales de la CNDH. Pero, entre todo esto, poco se tradujo en justicia. La impunidad prevaleció, ahora dispersa entre el caos "democrático".

En uno de esos expedientes desclasificados y guardados en las que fueron crujías de la antigua cárcel de Lecumberri —"El Palacio Negro", lo llamaban entonces—, hoy sede del Archivo General de la Nación, está guardada la reseña interna de la denuncia de López Mateos, registrada bajo una averiguación previa de efímera duración: la 8430/SC/74.

En el informe interno de la DFS se anota al respecto:

El 22 de enero de 1975, Manuel López Mateos (sobrino del ex presidente) presentó denuncia en la Procuraduría General de Justicia y Territorios Federales, en contra de Miguel Nazar Haro y Julián Slim Helú, por los delitos de privación ilegal de la libertad y los que resulten, motivo por lo que la mencionada Procuraduría solicita la comparecencia de ambos,

Nazar y Slim, ante la Mesa 15 a efecto de que rindan su declaración acerca de los hechos referidos en la denuncia.

El tono administrativo de la nota tuvo una respuesta inmediata y enfática. En el mismo documento oficial, marcado con la clave 21-500-75, una nota manuscrita ponía las cosas en su lugar, indicaba las prioridades del Estado y definía lo que tenían que hacer Nazar Haro y Slim Helú ante el citatorio del poder judicial: "De ninguna manera se presenten, por orden superior".

Y así fue.

Estreché la mano de Manuel López Mateos a mediados de 2009 en la recepción de un lujoso hospital de la ciudad de México. Estaba ahí para revisarse el corazón. Aquel joven —que acaso por ser sobrino del ex presidente Adolfo López Mateos se atrevió a denunciar a los intocables comandantes de la DFS— era ahora un hombre calvo y con gafas, que tenía a su cargo la dirección de la entonces recién fundada Facultad de Ciencias de la Universidad Autónoma Benito Juárez de Oaxaca (UABJO). Detrás de los lentes, su mirada sugería los episodios trágicos que vivió décadas atrás, por los que yo quería entrevistarlo.

López Mateos se apoyaba en el brazo de su esposa, que lo acompañaba mientras nos dirigíamos a la cafetería del hospital. Tras charlar sobre su natal Veracruz, de amigos en común y de la insurrección de Oaxaca en 2006, le pregunté sobre su denuncia contra Nazar Haro y Slim Helú, quienes —según los archivos desclasificados— lo detuvieron bajo la sospecha de que pertenecía al grupo Unión del Pueblo, una organización armada cuyos fundadores, los hermanos Cruz Sánchez, siguen en la clandestinidad y operan bajo las siglas del Ejército Popular Revolucionario (EPR), uno de los grupos guerrilleros que persisten en el México del siglo XXI, además del EZLN.

López Mateos pareció desconcertarse. Volteó a ver a su esposa y le acarició el rostro. Después me compartió su resumen de aquellos años: tras las masacres de estudiantes perpetradas por el régimen del PRI en 1968 y en 1971 aumentó el número de jóvenes que decidían encarar la represión gubernamental con grupos armados inspirados en Fidel Castro y Ernesto Che Guevara —dijo—, aunque el gobierno de Cuba, en esos años, tenía una mejor relación con el emblemático policía político de la época, Fernando Gutiérrez Barrios, que con cualquier dirigente guerrillero mexicano. Luego me habló del sueño revolucionario, la liberación de México y las características autoritarias del régimen cuya esquizofrénica naturaleza —revolucionaria pero institucional— hizo que fuera definido por Mario Vargas Llosa como "la dictadura perfecta".

En 1974 alguno de aquellos grupos guerrilleros colocó una bomba en la Facultad de Ciencias de la UNAM, donde López Mateos estudió y apenas empezaba a impartir clases de matemáticas. El acto provocó que varios universitarios fueran detenidos y llevados a los separos de la DFS, sospechosos de ser los dinamiteros. Uno de ellos fue el sobrino del ex presidente.

A López Mateos lo golpearon y lo encerraron a partir de la una de la tarde del 29 de noviembre de 1974 y durante 24 horas en la sede policiaca, ubicada junto al monumento a la Revolución mexicana. Frente al mausoleo nacional donde yacen los restos de Pancho Villa y otros héroes de la patria, el agente Miguel Nazar Haro le daba puñetazos al "sospechoso", a quien en los archivos se le clasifica como "elemento revolucionario", aunque durante la golpiza se le decía "pinche revoltoso".

Dos meses después, López Mateos decidió denunciar a los agentes que lo detuvieron y lo golpearon.

—¿Julián Slim Helú también lo torturó? —pregunté.

—¿El hermano de Carlos Slim? —reviró—. No, él no me golpeó.

—En la denuncia usted incluyó su nombre —dije mientras acercaba el documento.

—Él también estaba ahí, pero él no me golpeó. Sólo fue Nazar Haro.

Tras escuchar su historia resultó difícil no pensar en el título —tomado de un verso de Quevedo— de una novela del ex guerrillero y escritor argentino Miguel Bonasso: *La memoria en donde ardía*.

El principal grupo guerrillero de esos años fue la Liga Comunista 23 de Septiembre. En el otoño de 1973 esa organización de inspiración marxista ejecutó las dos acciones más radicales de su breve existencia: el 17 de septiembre de ese año el empresario cervecero Eugenio Garza Sada fue asesinado en Monterrey por uno de los comandos de la liga en un intento de secuestro; un mes después, otro comando guerrillero plagió en Guadalajara al cónsul británico Anthony Duncan Williams y al empresario del almidón Fernando Aranguren Castiello. Garza Sada era un dirigente carismático de Nuevo León —el estado más industrializado del México de esos tiempos—, mientras que Aranguren Castiello era uno de los líderes empresariales más destacados de la zona occidental de México.

La liga expresó sus demandas: a cambio de liberar a Duncan Williams y a Aranguren Castiello pedían 200 000 dólares y el traslado de 51 opositores presos a Corea del Norte. El gobierno rechazó el emplazamiento mediante un mensaje de radio transmitido en cadena nacional. Un día después el cónsul británico fue liberado, aunque Aranguren no corrió con la misma suerte: fue ejecutado a sangre fría y su cadáver se encontró en la cajuela de un automóvil abandonado.

Era la guerra.

Los grupos económicos de Monterrey y Guadalajara ya estaban enemistados con el presidente Luis Echeverría Álvarez debido a su discurso nacionalista, a la buena relación que tenía con Fidel Castro y a que había emprendido programas sociales que ellos veían como procomunistas. Tras los crímenes contra Garza Sada y Aranguren Castiello arreció la disputa entre los empresarios y el régimen. Algunos líderes patronales de Monterrey desconfiaban del gobierno, incluso al grado de sospechar que Echeverría había ordenado los asesinatos de ambos personajes, que trataba de encubrir haciéndolos pasar como una acción de la guerrilla.

La tensión aumentó y la DFS recibió la orden de encontrar de inmediato a los autores materiales e intelectuales de los crímenes para contener los reclamos empresariales y proteger así al titular del Poder Ejecutivo. La cacería de los guerrilleros se desató en invierno y no se prolongó demasiado: en los primeros días de febrero de 1974 aparecieron muertos los dos dirigentes nacionales de la Liga Comunista 23 de Septiembre que habían planeado los secuestros de los empresarios. La geografía de los hallazgos no fue casual: el cadáver de José Ignacio Olivares Torres fue arrojado en el cruce de las calles Altos Hornos y Metalúrgica, de Guadalajara... muy cerca de la casa de la familia de Aranguren. El cuerpo del otro dirigente guerrillero, Salvador Corral García, apareció en un lote baldío de la colonia Fuentes del Valle, de San Pedro Garza García, Nuevo León, el municipio donde residían los deudos de Garza Sada.

Los dos guerrilleros tenían señales de haber sido largamente torturados antes de su ejecución.

Era la guerra.

Con la lectura de los archivos desclasificados de la DFS es posible conocer con mayor detalle la forma en que reaccionó la corporación ante los asesinatos de Garza Sada y Aranguren Castiello, y el afán con que buscaron a los guerrilleros involucrados.

Los redactores habituales de la corporación eran policías anónimos con un nivel medio de estudios. Algunos tenían inquietudes literarias y una prosa de extravagante precisión, con guiños infrarrealistas. A Salvador Corral García se le describe así en uno de los reportes:

Tiene 26 años de edad. 1.63 metros de estatura. Complexión delgada. Color blanco. Pelo castaño, semiquebrado y abundante (acostumbra peinarse de raya). Ojos negros, vivaces y profundos. Nariz roma, grande. Boca regular. Labios gruesos. Barba cerrada. Mentón agudo. El pabellón de la oreja izquierda, más abierto que el de la derecha. Medio jorobado o de espaldas cargadas. Camina en forma peculiar porque tiene los pies planos. Mueve mucho los brazos al andar.

Un oficio interno del 15 de noviembre de 1973 prueba que Corral García era uno de los principales blancos de la cacería, junto con sus hermanos, de los cuales uno, Luis Miguel, también murió tiempo después bajo una granizada de balas policiacas, mientras que el otro, José de Jesús, fue detenido por la DFS el 8 de marzo de 1976. Desde entonces, José de Jesús se encuentra desaparecido. Su ausencia es testimonio mudo de una verdad: no todos los muertos de la "guerra sucia" tienen una tumba.

Ciudad Juárez, Chihuahua. En virtud de que se señala a SALVADOR CO-RRAL GARCÍA, de 26 años de edad, originario de Corrales, municipio de Tepehuanes, Durango, como uno de los presuntos asesinos del señor Eugenio Garza Sada y de quien se presumía se encontraba en esta población, elementos de esta Dirección Federal de Seguridad y de la Policía Judicial de Monterrey, NL, se abocaron a su búsqueda, localizándose únicamente a su hermano ROBERTO CORRAL GARCÍA, de 28 años de edad, mismo que fue detenido a las 17:50 horas de hoy en su negocio denominado "Ferretería Industrial", ubicado en las calles de Ayuntamiento y Central, de la colonia Industrial de esta ciudad, el que quedó detenido en el Primer Batallón de Infantería.

Muy respetuosamente,
EL DIRECTOR FEDERAL DE SEGURIDAD
CAP. LUIS DE LA BARREDA MORENO

Otros expedientes de la pesquisa de los asesinos de Aranguren Castiello y Garza Sada tan sólo contienen notas periodísticas plagadas de eufemismos y que ofrecen poca información. Sin embargo, hay un documento asegurado en 2005 mediante una diligencia solicitada por la investigadora Ángeles Magdaleno "para evitar la mutilación de documentos clave en los trabajos de nuestra memoria histórica". Se trata del expediente 11-235-L6, que de la página 163 a la 167 consigna la presencia del guerrillero Salvador Corral García en la ciudad de México el 1° de febrero de 1974, donde fue interrogado "por el licenciado Julián Slim H., quien se desempeñaba como jefe del Departamento Jurídico de la DFS".

Este documento demuestra algo que hace más de 30 años se dio como un hecho en los círculos opositores al gobierno, pese a que no se conocían las pruebas oficiales que lo verificaran: el guerrillero Salvador Corral García fue detenido en Sinaloa y llevado a la ciudad de México para ser interrogado; cinco días después fue asesinado y su cadáver terminó arrojado en San Pedro Garza García, Nuevo León, como tributo de sangre ofrendado por el gobierno priista al empresariado mexicano.

En 2006, tras conocerse los informes con los resultados de las investigaciones especiales de la "guerra sucia" tanto de la CNDH como de la fiscalía especial, éstos fueron menospreciados y criticados prácticamente por todos los involucrados: por un lado, los funcionarios y los ex funcionarios señalados descalificaron las conclusiones, a las que definieron como "tendenciosas"; lo mismo pasó con los familiares de las víctimas y los antiguos guerrilleros, para quienes los reportes eran insuficientes, y sus conclusiones, encubridoras. En suma, la memoria oficial que se intentó hacer de aquellos años turbios recibió pocos comentarios encomiásticos.

En ambos informes hay reportes internos y cientos de testimonios recogidos después de 30 años. En esos documentos están las voces contundentes que confirman, una tras otra, secretos ahora innegables: el hecho de que en la DFS la tortura era un método común de investigación policiaca, que la DFS era la principal máquina represiva del poder y que hubo cientos de testigos y víctimas de sus atrocidades. Luego de ser detenidas —la enorme mayoría de las veces sin órdenes judiciales de por medio—, las personas eran interrogadas con los ojos vendados y se les obligaba a firmar declaraciones y confesiones en medio de amenazas, golpes y tortura mediante la aplicación de toques de corriente eléctrica en los genitales. O se les desaparecía para siempre. Son tantos los casos y tan vasta la documentación al respecto que se necesitarían entre

800 y 900 notas a pie de página para incluir en este libro a cada una de las víctimas.

También aparecen los nombres de casi un centenar de policías que participaron en esta "guerra sucia": Arturo Durazo Moreno, Salomón Tanús, Jorge Obregón Lima, Francisco Sahagún Baca, Luis de la Barreda Moreno, Francisco Quirós Hermosillo, José Guadalupe Estrella, Florentino Ventura, Miguel Nazar Haro... Sin embargo, un nombre que nunca se menciona en los informes históricos de la CNDH ni de la fiscalía especial es el de Julián Slim Helú, quien ni siquiera fue citado a declarar como testigo, como sí sucedió con la mayoría de los policías de la DFS.

Después de tener en mis manos los documentos oficiales en que se revelaba que Julián Slim Helú interrogó a Corral García antes de que fuera asesinado y tirado en una calle de San Pedro Garza García, Nuevo León, pregunté a varios sobrevivientes de esos años, como los ex guerrilleros Héctor Escamilla Lira, Elías Orozco, Alberto Sánchez y Manuel Saldaña, si habían oído hablar del policía Slim Helú. Ninguno lo recordaba bien. Sólo alcanzaban a señalar que al parecer se trataba de un pariente, "primo o tío lejano de Carlos Slim Helú", que —al parecer—, después de estar en la DFS, se había incorporado como comandante a la PGR y de quien luego no se volvió a saber nada.

El apellido Slim Helú sí ocuparía un lugar en la memoria nacional, pero en la década de 1990, por la venta de Telmex, la empresa paraestatal más importante de todas las que privatizó el régimen priista en su recta final, antes de que llegaran el año 2000 y la transición democrática a México.

El 27 de mayo de 2008, por medio del Instituto Federal de Acceso a la Información (IFAI), solicité a la PGR el expediente laboral de Julián Slim Helú, en caso de que existiera. El 3 de julio, la Unidad de Enlace de la PGR me respondió: sí existía un expediente de un policía con ese nombre, pero no podía entregarlo debido a que era información confidencial. Apelé la decisión de la procuraduría con el argumento de que el policía Slim Helú ya no estaba en funciones y habían transcurrido los 20 años reglamentarios para mantener bajo reserva cualquier documento catalogado como confidencial.

Convencida de que debía hacerse pública esa documentación, la entonces comisionada del IFAI, María Marván Laborde, tomó el caso y me ayudó a ganar el recurso de revisión, un año después. El IFAI exigió a la PGR que me entregara el expediente, donde constaba que Julián Slim

Helú inició labores como primer comandante de esa dependencia el 16 de junio de 1983 y renunció el 7 de junio de 1984, una semana después de la muerte de Manuel Buendía Tellezgirón, entonces el columnista político más influyente de México, asesinado por un pistolero contratado por la DFS.

De acuerdo con el expediente, Julián Slim Helú tenía el cargo de primer comandante de la Policía Judicial Federal. Estaba adscrito al Aeropuerto Internacional de la Ciudad de México y su clave de cobro era la número 17007011500.0. Recibía un sueldo mensual de 21 240 pesos y un sobresueldo de 7 434 pesos. En el rubro de "Percepciones extraordinarias variables" se lee que, además, le pagaban una "compensación adicional por servicios especiales de 47 326 pesos"; es decir, una cantidad mayor que la cifra conjunta del sueldo y sobresueldo que recibía. En total sus ingresos alcanzaban los 76 000 pesos mensuales. Los cheques que cobraba estaban firmados por Carlos Madrazo Pintado, hermano ya fallecido del candidato presidencial priista en 2006, Roberto Madrazo Pintado. Además, el comandante Slim Helú contaba con un seguro de vida por un millón de pesos, contratado con la Aseguradora Hidalgo.

En el documento que conseguí a través de la Ley de Transparencia se consigna que Julián Slim Helú recibió su cartilla militar el 18 de marzo de 1952, tras acudir a 50 sesiones del Ejército mexicano y ser calificado positivamente por su conducta, aplicación y aprovechamiento. Asimismo, la cédula profesional 106050 lo acredita como licenciado en derecho por la UNAM.

Sin embargo, la precisión de algunos datos contrasta con la oscuridad de otros. Los motivos de su salida de la PGR no quedan claros. En su expediente laboral existe una carta de renuncia, fechada el 7 de junio de 1984 y dirigida por el comandante Slim Helú al entonces procurador general de la República, Sergio García Ramírez:

Estimado señor procurador y dilecto amigo:

Lo saludo cordialmente con la expresión de mi más caro aprecio ligado a mi gratitud por el alto honor que tuvo a bien conferirme al ser designado, el 16 de junio de 1983, primer comandante de la Policía Judicial Federal.

Durante el desarrollo de mi función, que siempre entendí como una gran responsabilidad, más que como un privilegio, invariablemente me vi alentado por el aseguramiento de su confianza, simpatía y afecto, lo que reafirma una vez más los atributos de su calidad humana que siempre he estimado del más alto rango.

Considerando haber cumplido con la delicada encomienda que se designó asignarme, ruego a usted se sirva, si para ello no hay inconveniente, relevarme de tan señalado cargo.

Me valgo de la ocasión para reiterar a usted las seguridades de mi solidaria amistad y consideración.

JULIÁN SLIM HELÚ

El columnista de *Reforma* Miguel Ángel Granados Chapa, amigo de Buendía y uno de los hombres que conoció a detalle las investigaciones del crimen contra el principal columnista del país unos meses antes de fallecer, me dijo en entrevista que la renuncia de Slim Helú a la Policía Judicial Federal nada tenía que ver con el asesinato, pese a que ocurrió en ese contexto.

De acuerdo con Granados Chapa, Buendía fue asesinado por órdenes de José Antonio Zorrilla, quien había llegado a la DFS en 1982, en sustitución de Miguel Nazar Haro. Zorrilla tenía pactos con capos del narcotráfico de los cuales supo Buendía Tellezgirón.

Durante una reunión en casa de Zorrilla, el periodista lo encaró sobre el tema, lo que provocó que el todopoderoso jefe policiaco dictara una sentencia de muerte en su contra. El asesinato lo ejecutó un motociclista que le disparó al columnista cinco veces por la espalda.

—Julián Slim Helú renunció unos días después del asesinato de Buendía. ¿Su renuncia no tuvo nada que ver con este caso?

—No.

—Don Miguel, ¿por qué nadie sabe nada del policía Slim Helú? Parece que ni siquiera existió.

—Hay zonas del delito que no son tan glamorosas y quizá por eso no sonaba mucho el nombre de Julián Slim. Tal vez él se movía en una de esas zonas.

—¿Cuáles son esas zonas del delito no tan conocidas?

—Como delitos arqueológicos, o algo así, pero, efectivamente, de Julián Slim Helú no sabemos nada. Es uno más de nuestros misterios.

Fructuoso Pérez Galicia, el amigo de Carlos Slim Helú, me contó en 2009 que entre Julián y Carlos había una excelente relación de hermanos, que Julián se dedicó durante la década de 1990 a trabajar en un despacho de abogados y que ofrecía asesorías de seguridad a las empresas de su hermano Carlos, además de que tenía un rancho en Veracruz donde pasaba largas temporadas.

—¿Usted conoce a Julián Slim?

—Sí, claro. Yo estimo mucho a Julián.

—¿Cómo es?

—Es abogado. Y bueno, toda la familia Slim es gente muy decente, muy sencilla. Sencillísimos. Una cosa que nadie cree, de verdad.

—¿Cómo se llevan Julián y Carlos Slim?

—Perfecto. Se llevan muy bien.

—¿Qué hace Julián actualmente?

—Julián tiene un despacho y aparte creo que tiene unas… vamos a decir "asesorías", así, entre comillas, para su hermano Carlos.

—¿Cómo es físicamente Julián? ¿Se parece a Carlos?

—Se parecen mucho. Julián es muy tranquilo. Una gente muy culta.

—¿Cómo cree que maneje Julián que su hermano menor sea más reconocido que él?

—No, para nada hay envidias ni nada de eso. Hay un verdadero entendimiento de quién es Carlos.

—¿Y cómo son los otros hermanos de Carlos?

—El único que le queda es Julián.

—¿Y Julián participa de alguna forma en los negocios?

—Yo no sé qué tanto, pero imagino que algo. Por ejemplo, el hijo de Julián es Héctor Slim Seade, el actual director de Telmex. Y otro hijo de Julián, Beto Slim Seade, es quien maneja los hoteles Calinda.

—¿Qué dice Carlos de la época de juventud en que Julián estuvo como policía en la DFS y en la PGR?

—Carlos nos platicaba que era muy inquieto y que andaba en ese medio porque le gustaba.

—Pero era un mundo de muchos riesgos.

—No, pues sí, el mundo es peligroso siempre para todos los que andan entre las patas de los caballos.

Gustavo Hirales Morán fue uno de los dirigentes de la Liga Comunista 23 de Septiembre. Junto con Ignacio Salas Obregón, Ignacio Olivares y Salvador Corral García formaba parte de la dirección colectiva del principal grupo guerrillero de la década de 1970. De todos, es el único que no está muerto o desaparecido.

En 2009 el escritor Héctor Aguilar Camín me presentó a Hirales Morán en el restaurante Seps de la colonia Condesa, en la ciudad de México, donde nos vimos para platicar sobre el EPR. El motivo de la reunión fue un reportaje que publiqué en *Milenio* sobre la fuga de un guerrillero de una base militar, pero no en aquella década, sino en la de 1990. Hirales Morán apoyó la crítica que me hacía Aguilar Camín por creer la versión del eperrista, la cual ambos consideraban rotundamente falsa.

Después de aquella ocasión, Gustavo Hirales y yo nos escribimos algunas veces. En julio de 2011 le pedí una cita y nos vimos de nuevo en la plaza principal de Coyoacán, el mismo fin de semana en que cerró la legendaria cafetería y librería El Parnaso. Caminamos a otra cafetería cercana. Mientras lo hacíamos, me habló de lo que piensa sobre la guerra contra el narco, de algunos libros que ha escrito y de sus polémicas con ex compañeros. Pese a ser uno de los dirigentes históricos de la guerrilla de la década de 1970, Hirales no goza de buena reputación en el seno de la izquierda mexicana. El diario *La Jornada* dice que se trata de "un guerrillero arrepentido y enemigo jurado de la causa que defendió en su juventud".

Busqué a Hirales no sólo por su participación y su conocimiento directo en la "guerra sucia", sino también por la fama de su imparcialidad a la hora de analizar aquellos hechos. Sobre todo quería hacerle una pregunta que me asaltaba respecto del comandante Slim Helú, cuya historia he reporteado durante mucho tiempo para este libro.

La pregunta que me rondaba era: ¿se podía ser un buen policía estando en la DFS?

Primero hurgué en los recuerdos de Hirales sobre Salvador Corral García, el dirigente guerrillero que apareció muerto en San Pedro Garza García, Nuevo León. Hirales me dijo que Corral García era chaparrito, de cuerpo macizo y que, serio y cauteloso a la hora de hablar, sus formas no correspondían a las del estereotipo norteño. También me dijo que tuvo "una muerte muy hija de la chingada" porque fue sacrificado en honor de los industriales de Nuevo León. Para precisar, le pregunté si creía que la DFS mató a Corral.

—¿Quién más? —me respondió un poco agitado—. Si yo lo tengo y luego aparece muerto... si no fui yo, ¿entonces quién?

Luego mencioné a Julián Slim Helú y me dijo que el hermano de "don Carlos" era uno de los libaneses de la policía política —otros eran

Nazar Haro, Tanús…—, pero que, al igual que ahora, en aquellos años Julián no era un policía muy conocido.

—¿Por qué cree que no era tan conocido?

—Retrospectivamente pienso que Julián Slim se cuidaba mucho para no afectar a su hermano, que ya empezaba una carrera empresarial.

—¿Se podía ser buen policía en la DFS?

—Mira, por ejemplo, muchos dicen que Luis de la Barreda, director de la DFS, fue un buen policía porque él no torturaba directamente. O sea, era un buen policía con el que llegabas a hablar después de que te pasaban por cuatro vías distintas de tortura que otros realizaban. Eso me pasó a mí. Nadie me lo contó. Hay muchos casos conocidos. Por ejemplo, delante de Luis de la Barreda colgaron herido de un disparo a José Luis Moreno, hasta que se le pudrió el brazo y se lo tuvieron que cercenar. Si eso es la medida para ser buen policía, entonces él era un buen policía, pero en esos años quien fuera policía de la DFS torturaba, por lo menos.

—¿Pudo haber salido un buen policía de la DFS?

—La DFS fue cantera de los jefes del narco. Miguel Félix Gallardo, Amado Carrillo, muchos capos de la droga estuvieron ahí… ¿Dónde están los buenos policías? Yo no sé.

Días después, Hirales me compartió el ensayo *Los archivos de la guerra secreta*, donde a partir del asesinato de Corral reflexiona:

En cuanto a las ejecuciones extrajudiciales, en los archivos de la DFS encontré la pista de la suerte que corrieron Salvador Corral García e Ignacio Olivares Torres, dirigentes nacionales de la Liga 23 de Septiembre. Como se sabe, Salvador Corral apareció muerto a principios de febrero de 1974 en Monterrey, Nuevo León, cerca de las residencias de los familiares de Eugenio Garza Sada; mientras que Ignacio Olivares Torres corrió la misma suerte, sólo que su cadáver fue tirado en las cercanías de la casa de la familia Aranguren, en Guadalajara.

Se trataba evidentemente de un tributo sangriento de la policía política (es decir, de la Presidencia de la República) a las familias de los empresarios que habían sido asesinados por militantes de la Liga. Sin embargo, en aquel tiempo la DFS hizo la faramalla de que no sabía quiénes eran los muertos, e incluso agentes de esta corporación fueron a diversas prisiones a preguntarles a los presos de la guerrilla que "si no sabían quién podría ser esta persona". Más allá de estas cortinas de humo, en los archivos está muy claro: el 31 de enero de 1974, dice la ficha, "en Mazatlán, Sinaloa, fueron detenidos Salvador Corral García y José Ignacio Olivares Torres, ambos del Buró Político de la Dirección de esta Liga *[sic]*. Han sido enviados a la DFS para su interrogatorio". En el expediente respectivo, de fecha 30 de enero de 1974, dice: "La Policía Judicial Federal detuvo en la ciudad de Mazatlán a los que dijeron llamarse Salvador Corral García y Raúl Gómez Armendáriz", quien luego resultó ser "José Ignacio Olivares Torres (a) Sebas, miembro prominente del Buró Político de la Dirección de la Liga Comunista 23 de Septiembre y responsable de la misma en el estado de Jalisco". La nota la firma, "muy respetuosamente, el director federal de Seguridad, capitán Luis de la Barreda Moreno".

El 11 de febrero de 1974 aparece en la ficha de la DFS sólo esta escueta nota: "En Guadalajara apareció el cadáver de José Ignacio Olivares Torres y en Monterrey el de Salvador Corral García". ¡Como si no hubieran reportado, diez días antes, que ellos, la Dirección Federal de Seguridad, los tenía a ambos detenidos y sujetos a interrogatorio! ¡Como si alguien externo a la DFS hubiera podido cometer los dos asesinatos!

Otro dato interesante por sintomático sería el de un "análisis" de la DFS sobre la muerte de Eugenio Garza Sada, hecho a mediados de 1975, en el que al final repasan la lista de los implicados materiales en el atentado. Entonces, junto al nombre de Elías Orozco Salazar, dice: "sujeto a proceso en la penitenciaria de Nuevo León"; junto al nombre de Anselmo Herrera Chávez dice: "muerto en el intento de secuestro"; pero junto al nombre de Jesús Piedra Ibarra no dice nada, ni "detenido", ni "prófugo", ni "muerto". Se entiende el mutismo: no podían poner la palabra "desaparecido", ni tampoco "este elemento está en nuestro poder".

Mi convicción es que, si se trabaja con rigor, perseverancia, intuición y conocimiento de causa, muchas cosas interesantes saldrán de estos ultrasecretos archivos de la policía política mexicana, lo cual sin duda contribuirá al necesario conocimiento del pasado inmediato.

Hasta la fecha, ninguna instancia oficial ha investigado la posible ejecución extrajudicial del guerrillero Salvador Corral García, quien antes de ser ejecutado estuvo declarando ante el comandante Julián Slim Helú. Su muerte se suma a decenas más que ocurrieron en aquellos años siniestros de México que a finales de la primera década del siglo XXI parecían repetirse, ahora bajo el contexto de la llamada guerra contra el narco, con los casos de Tlatlaya, Tanhuato, Apatzingán y Ayotzinapa, entre otros.

Pese a ser el hermano más cercano del mexicano más rico del mundo, Julián murió como vivió: entre las sombras.

Carlos Slim es muy escueto a la hora de responder sobre el papel de su hermano en la historia política reciente de México.

—A nadie de la familia le gustaba que estuviera en el gobierno. No te puedo decir algunas cosas, pero lo que sí te puedo decir es que ahí donde te hablaba de los valores, es que estando en los puestos en los que estuvo, en el aeropuerto donde entra contrabando, fue una gente muy honesta, porque él tuvo que vender propiedades de las que le tocaron de la familia, para mantenerse. Cuando nos casábamos, mi mamá nos regalaba una casa, tú sabes. Yo hice un edificio. Y después nos repartimos propiedades y él tuvo que vender propiedades para tener un ritmo de vida razonable. O sea que es de los pocos políticos, bueno, no sé, hay muchos, pero que en lugar de ganar, le cuesta dinero lo que hace. Pero, insisto, a nadie le gustaba que estuviera en eso.

22

Seguridad

La historia familiar de Jean Paul Getty fue tormentosa. Tras su muerte, se supo que en sus mansiones instalaba teléfonos con máquinas tragamonedas para impedir que la servidumbre, invitados y familiares hicieran llamadas gratis.

El relato más conocido sobre su tacañería gira en torno de una oreja: cuando tenía 16 años, su nieto John Paul Getty fue secuestrado en Roma. La mafia de Calabria le pidió al abuelo 17 millones de dólares a cambio de la liberación de su nieto. El multimillonario, con la fama de ser un trozo de hielo que jamás se derretía, pensó que aquello podía tratarse en realidad del autosecuestro de su nieto para sacarle dinero. Durante varias semanas ignoró la advertencia de la 'Ndrangheta, lo cual provocó que los secuestradores mutilaran una oreja al cautivo y se la enviaran. El abuelo sólo accedió a pagar dos millones de dólares que después cobraría a su nieto como un préstamo, con un cobro preferencial de interés de 4 por ciento.

John Paul Getty no logró pagar el adeudo a su abuelo. A los 25 años tomó un coctel de metadona, válium y alcohol que lo dejó paralítico, mudo y casi ciego hasta su muerte, 20 años más tarde. Apenas disfrutó la herencia que le había dejado su abuelo.

Aunque Carlos Slim nunca ha tenido que ponerle precio a la vida de nadie en su familia, su generosidad con otras víctimas de secuestros lo coloca en un plano más halagador que a Getty. Un año después de que el magnate entró en la lista de *Forbes*, en 1994, el banquero Alfredo Harp Helú, su primo, fue secuestrado por un grupo guerrillero mexicano y liberado tras nueve meses de negociaciones en las que Slim se mantuvo en comunicación con sus sobrinos, pese a que, por competencia económica, la historia personal con su primo se había vuelto tirante durante esos años.

Alfredo Harp permaneció retenido 106 días por un comando del EPR, organización clandestina que se mantiene activa hasta la fecha y que durante una época tuvo alianzas con grupos guerrilleros de otros países. Un par de años antes de este acontecimiento se descubrieron en Nicaragua planes de combatientes centroamericanos asociados con la ETA para secuestrar a diversas personalidades mexicanas. Una de éstas era Slim, quien a principios de la década de 1990 apenas comenzaba a volverse famoso en México y en Latinoamérica, tras la compra de Telmex.

El expediente 83/93 del Juzgado Quinto de lo Criminal de Managua, que consta de 45 tomos con 6 000 hojas, incluía documentos incautados a los grupos subversivos. En junio de 1993 el periodista Gerardo Galarza consiguió el acceso a la ficha de vigilancia que los guerrilleros hicieron sobre el empresario tras seguir de cerca sus movimientos en la ciudad de México. Aunque tiene varias imprecisiones, resulta interesante porque en cierta forma muestra la aparente vida austera que llevaba en aquel entonces el que se convertiría más de una década después en el hombre más rico del mundo:

CARLOS SLIM HELÚ

Es descendiente libanés. Los medios lo mencionan como miembro destacado de la comunidad libanesa en México (junto con Alfredo Harp Helú, de la Bolsa Mexicana de Valores y asociación de casas de bolsa).

CS vive en la Reforma, entre Rocallosas y Apalaches, en la tercera casa de abajo hacia arriba.

Todos los días, a las 10 horas, pasa el carro de la basura en la esquina Rocallosas/Reforma. Un empleado sale a dejar la basura. El portero cierra el portón, después de haber salido. Tiene un jardinero (eventual, por horas) y por lo menos una empleada (unos 40-45 años).

Frente a la casa está una parada de camión Ruta 100. En su esquina hay un teléfono público. En la esquina opuesta Reforma/Rocallosas hay un *stand* de flores ocupado por uno, dos hombres (¿vigilantes?). Enfrente hay un teléfono público.

A la casa de CS pertenecen dos carros rojos (uno de ellos con placa ASA380); a veces está sólo uno de ellos. Al lado de la casa hay un terreno colindante con su residencia, donde están construyendo. El jardín de la casa llega hasta la Virreyes.

A CS le pertenece la casa de bolsa Inversora Bursátil (oficina Paseo de Las Palmas).

Según *La Jornada* también tiene Probursa. Esto no se confirmó. En relación con los negocios de CS, *Excélsior* ("Portafolios" de octubre de 1987) menciona que éste fue un hábil en sus actividades. Mientras todos andaban mal, las acciones de CS superaron su cotización en relación a antes del *crack*.

CS compró la FUD a los Brener. Vendió Bicicletas de México a una empresa que también le pertenece (fue mencionado en los medios como un negocio no muy transparente).

Otras empresas que le pertenecen son Sanborns (tiendas), Lampazo, S. A., Aluminio, S. A., Peña Pobre y Loreto (fábrica de papel), Seguros América. Una foto de él aparece en *Proceso* (1988, sept.).

Ante este tipo de amenazas, y dado el secuestro de su primo Harp Helú, en el interior del emporio de Slim comenzaron las presiones para desarrollar un programa de protección ejecutiva. En 1994, año en que México vivió, además del alzamiento del EZLN, el asesinato del candidato presidencial del PRI, Luis Donaldo Colosio, así como otros crímenes políticos, un equipo de especialistas llevó a cabo estudios en las principales oficinas, casas y hangares de Grupo Carso y creó una fuerza de seguridad que contaba con aparatos antiespionaje muy modernos, de acuerdo con testimonios y documentos internos recopilados sobre esa época. Tanto Slim como sus hijos y sus principales socios fueron considerados personas que enfrentaban un riesgo criminal alto. A la mayoría se les dio desde cursos intensivos para el manejo de crisis y amenazas de bombas, hasta guardias especiales capacitados en vigilancia criminal y medidas de contravigilancia, así como vehículos blindados.

Para coordinar buena parte de esto, por las oficinas de Telmex apareció el consultor en seguridad Eric Lamar Haney, nacido en Rome, Georgia. Lamar fue sargento mayor comandante en el 5° Batallón de la 87ª Infantería y de la Brigada de Infantería número 193, apostados en Panamá por el ejército de Estados Unidos. De acuerdo con su *curriculum vitae*:

Se desempeñó como administrador de recursos humanos de una fuerza de más de 600 hombres; tuvo a su cargo el desarrollo y la implementación del entrenamiento individual de los mismos. Supervisó la administración y conducción de una fuerza de guardia compuesta por más de 85 elementos. Desarrolló, entrenó y dirigió en campaña la organización de francotiradores más exitosa del ejército estadounidense. Entre marzo de 1988 y marzo de 1990 participó y guió operaciones de combate en Panamá. Colaboró como examinador y experto en operaciones de contraguerrilla y antiterrorismo, en ejercicios militares de simulación de combate realizados como parte del entrenamiento de diversos ejércitos de Centro y Sudamérica. Habla el español con fluidez.

En 1992, antes de trabajar en Telmex, Lamar se encargó de la seguridad y la estructura de la guardia que cubrió la visita de Estado del príncipe de Arabia Saudita, Khaled Abdulaziz, a Londres. También fue instructor en jefe de armas de fuego para la Real Policía Militar de Arabia Saudita y fue jefe de turno de los operativos de protección para el príncipe Khaled y la familia real saudí durante los viajes que ésta realizó por Europa, Estados Unidos y las Bermudas. Tuvo a su cargo la seguridad del yate real durante las operaciones en puerto. También dirigió auditorías en empresas petroquímicas de Salomón Brothers y diseñó para éstas los programas necesarios para incrementar su seguridad. Otras acciones destacadas fueron la liberación en 1990 de un empresario petrolero capturado por el Ejército de Liberación Nacional, en Bogotá, Colombia. Una "proeza" más reseñada en su hoja de servicios es que después de la invasión de Estados Unidos "organizó y entrenó a los 60 hombres que integran el Estado Mayor Presidencial en la 'nueva' República de Panamá".

La mayoría de los principales operadores de la seguridad de Slim son especialistas con currículos parecidos, además de ser extremadamente discretos. De todos los que han pasado por las áreas corporativas, el único con un alto perfil público es Wilfrido Robledo Rincón, un viejo conocido de los movimientos sociales mexicanos por haberse encargado, como titular de la Policía Federal Preventiva, de romper la huelga de estudiantes de la UNAM en 1999 y de perseguir a estudiantes de la desaparecida Escuela Normal Rural de El Mexe en Pachuca, Hidalgo, en el año 2000, dos casos emblemáticos de represión policiaca que para algunos se trata de acciones admirables y para otros son rasgos del régimen autoritario prevaleciente.

Robledo se enroló en su natal Oaxaca a la Marina Armada y durante el gobierno de Luis Echeverría fue ascendiendo hasta convertirse en ayudante presidencial. Luego trabajó en la campaña presidencial del también priista Miguel de la Madrid. Poco acostumbrado a dar entrevistas sobre su vida, Robledo concedió una al periodista Andrés Becerril para el periódico *Excélsior*, en la cual asegura que fue el mentor de Genaro García Luna, secretario de Seguridad Pública federal durante el gobierno de Felipe Calderón. García Luna fue acusado por diversos actos de corrupción, así como por realizar montajes televisivos, como el de la falsa captura de Florence Cassez, una francesa acusada de secuestro y después liberada por una decisión de la Suprema Corte de Justicia de la Nación, la cual consideró que hubo graves irregularidades en su proceso legal. "Es desde la Dirección de Protección donde se construye la célula básica de la PFP, que es también donde nacieron todos estos angelitos, como Genaro [García Luna], Facundo [Rosas] y todos los demás angelitos que ahora están dedicados a la seguridad en el país", le dijo Robledo al periodista de *Excélsior.*

Tanto García Luna como Robledo han presumido públicamente su admiración y su cercanía con Slim. Fuentes cercanas a ambos aseguran que ésta se dio en la década de 1990, a su paso por el Centro de Investigación y Seguridad Nacional (Cisen), el organismo de espionaje para el cual era imprescindible relacionarse con Telmex para las tareas de intercepción telefónica. Las otras dos personas que enlazaban a Carlos Slim con estos dos polémicos jefes policiacos son su fallecido hermano mayor, Julián Slim Helú, y su socio y amigo, el empresario Ignacio Cobo.

En una de esas extrañas coincidencias de la vida, en mayo de 2006, cuando Wilfrido Robledo estaba a cargo de la Agencia de Seguridad Estatal del gobierno del Estado de México, encabezado entonces por el ahora presidente Enrique Peña Nieto, dirigió un operativo contra comuneros y activistas de San Salvador Atenco que impidieron la construcción de un aeropuerto internacional en sus tierras. Más de 200 personas resultaron detenidas, una docena de mujeres denunciaron abusos sexuales de los policías bajo el mando de Robledo y dos jóvenes murieron a causa de proyectiles policiacos. Además, un centenar de activistas fueron golpeados brutalmente. En este operativo —el cual me tocó presenciar y cubrir como reportero—, el símbolo de la represión desmesurada por parte de la fuerza pública fue Jorge Salinas, un trabajador de Telmex simpatizante de La Otra Campaña del EZLN, el cual decidió ir al poblado cercano a la capital para apoyar a los comuneros, fue detenido y, una vez sometido, golpeado por lo menos en 34 ocasiones por un grupo de policías. Las cámaras del programa *Punto de Partida* de Denise Maerker captaron buena parte de esta golpiza y la transmitieron por Televisa.

Salinas es uno de los 60 000 trabajadores de Telmex, la empresa que detonó el emporio de Slim. Así, en mayo de 2006, dos personas que han trabajado para la riqueza del empresario se encontraron en Atenco, aun-

171

que en condiciones muy distintas para cada uno: Salinas estuvo varios meses incapacitado por las lesiones sufridas y después mantuvo su denuncia de la corrupción en el sindicato telefonista dirigido por Francisco Hernández Juárez, líder cercano a Slim. Por su parte, en 2014, ya con Enrique Peña Nieto como presidente, Robledo se retiró con honores durante una ceremonia pública encabezada por el secretario de la Marina, Vidal Francisco Soberón.

En cuanto al aeropuerto, en agosto de 2014 el presidente Peña Nieto anunciaría la reactivación del proyecto con una inversión de 169 000 millones de pesos. Y la persona designada para desarrollarlo sería un arquitecto llamado Fernando Romero, esposo de Soumaya Slim, una de las hijas del magnate, quien hará dupla con el prestigioso Norman Foster. El anuncio no provocó grandes polémicas en la opinión pública. "¿Qué habría pasado si un yerno de Emilio Azcárraga [dueño de Televisa] hubiera sido designado como arquitecto del proyecto?", preguntó un comentarista del satírico sitio digital mexicano www.SDP.com.

En abril de 2013 el periodista estadounidense Larry King entrevistó en Los Ángeles, California, a Slim durante la conferencia global del Milken Institute, un organismo creado para desarrollar lo que se conoce como "capitalismo humano". En la conversación, King preguntó a Slim sobre su seguridad en el contexto de la llamada guerra contra el narco vivida en el gobierno de Felipe Calderón.

—¿Qué hay de la seguridad? ¿Tienes mucha seguridad? —preguntó el periodista estadounidense al magnate mexicano.

—Sí, por algunas razones que tenemos, usamos seguridad, pero es importante decir que nunca he tenido problemas de inseguridad en mi vida. Jamás.

—Pero ¿es algo que te preocupa?

—¿Que me preocupa que nunca he tenido inseguridad? —contestó, mordaz, Slim.

—No, hemos leído acerca de los problemas que hay en México. ¿Alguna vez te ha preocupado tu seguridad personal?

—Hemos pasado por algunos problemas a causa del crimen y las drogas, pero ellos están ocupados en su negocio y ellos a veces tienen problemas con la policía y también entre ellos mismos.

—¿Y tú no crees que te afecte de algún modo?

—No hasta este momento. Yo supongo que es lo mismo que sucedió aquí, en Chicago, y en otras ciudades con la Ley Seca, en que la violencia no era contra la sociedad ni contra la gente, sino entre ellos y la policía.

—¿Y eso no te preocupa?

—Bueno, nos preocupa que Estados Unidos venda armas a los criminales. Hay una guerra y los dólares y las drogas se quedan en Estados Unidos, mientras que en México se quedan las armas y la violencia, como en Colombia.

23

Cercanos

Carlos Slim es famoso por tener un sentido del humor bastante relajado y por llevarse fuerte con sus más cercanos. El empresario Ignacio Cobo, uno de sus mejores amigos, cuando llama por teléfono a legisladores para invitarlos a comer y discutir alguna ley con el magnate, suele decirles: "*Ciertobulto* quiere invitarte a comer tal día, ¿cómo ves?" Cobo también suele relatar historias divertidas de él junto a Slim. Ante un grupo de diputados contó que un día viajaban en automóvil por el centro histórico de la ciudad de México. Slim conducía y en algún momento dieron un ligero golpe a un taxista que iba delante de ellos, en una de las avenidas más transitadas. Slim se preocupó por el escándalo que habría al día siguiente en la prensa, por lo que su amigo Cobo bajó de inmediato y fue a hablar con el enfurecido taxista. Al cabo de un par de minutos regresó al coche y le dijo a Slim que reanudara la marcha.

—¿Qué le dijiste? —preguntó el magnate a su amigo.

—Le dije que mi chofer era un pendejo y que nos disculpara —respondió Cobo entre risas.

Parece absurdo que alguien con tanto dinero deba conducir su automóvil, sobre todo en el tráfico desesperante de la ciudad de México. En realidad se podría hacer una lista interminable de contradicciones en torno de Slim: el mexicano más rico del mundo comparte estrategias financieras con Fidel Castro para combatir el endeudamiento de los países en vías de desarrollo a través de *swaps,* un sistema de intercambio de deuda externa por acciones de empresas nacionales; en el año 2000, cuando llegó la alternancia a México, un grupo de intelectuales mexicanos le propuso a Slim que les financiara un periódico que se llamaría *El Independiente.* El multimillonario les respondió que en su código empresarial no estaban los proyectos vinculados con medios de comunicación. Una década después, además de tener acciones en *The New York*

Times y Grupo Prisa, ha adquirido docenas de cadenas de radio, revistas y televisoras en Latinoamérica.

En la década de 1990, Slim mantuvo una relación muy cercana con el empresario Juan Antonio Pérez Simón, quien fue el primer director general de Telmex y es el principal socio de Slim en Grupo Carso, así como en Inbursa. En general, el antiguo colaborador de Slim suele decir que el mundo de la política está lleno de soberbia, prepotencia y altanería, donde en un segundo se pasa de la adulación a la difamación y de la lealtad a la aniquilación. También comparte con Slim la crítica hacia los inversionistas extranjeros que llegan a México, ya que por lo común sólo tienen objetivos económicos, sin preocuparse por las demás responsabilidades empresariales. Personas allegadas a Pérez Simón relatan que a su paso por la dirección general de Telmex tuvo varios desacuerdos con el gobierno de Carlos Salinas de Gortari, los cuales siempre se plantearon en los pasillos del poder.

"Salinas desató las fuerzas del mal, empantanó posiciones y cambió señales varias veces", ha dicho Pérez Simón en algunas reuniones. En especial, el socio de Slim cuestiona que en 1994, su último año en el poder, Salinas de Gortari haya nombrado a dos candidatos presidenciales —Luis Donaldo Colosio (asesinado) y Ernesto Zedillo— y maniobrado políticamente por medio de personajes tan encontrados como Manuel Camacho Solís y Emilio Gamboa. Sin embargo, Pérez Simón suele terminar sus reflexiones diciendo que Salinas de Gortari, a diferencia de muchos presidentes, alcanzará una trascendencia histórica.

En ese tiempo, Pérez Simón poseía un enorme poder. A finales de 1994 organizó en su casa una reunión privada e inimaginable entre los ex presidentes José López Portillo y Luis Echeverría, quienes estaban enemistados. Sin embargo, durante el encuentro, ante los esfuerzos de mediación de Pérez Simón y otros invitados, Echeverría dijo algo así como: "A nosotros ya sólo nos falta morir". Poco tiempo después falleció López Portillo, mientras que Echeverría cumplió 93 años en 2015. Ambos ex presidentes, junto con Miguel de la Madrid —todos del PRI— forman parte del espectro de buenas relaciones que mantuvo Slim y sus operadores desde la década de 1980 hasta la fecha.

En 1995 Pérez Simón dejó la dirección general de Telmex y en buena medida las operaciones para Slim, aunque mantiene su participación en algunos consejos de administración del emporio y buena parte de sus inversiones bursátiles en las empresas del magnate. Algunos críticos de Pérez Simón aseguraron que el distanciamiento se debió a refinados y suntuosos gustos que molestaron a Slim. Sin embargo, la versión más difundida es la de que este último quería preparar el terreno para la llegada de sus hijos al consorcio.

Pérez Simón mantuvo una buena relación con Slim, aunque ha establecido una agenda propia: se ha convertido en uno de los mayores coleccionistas mexicanos de arte, es consejero de diversos museos en el mundo y en el año 2000, después del triunfo de Andrés Manuel López Obrador en las elecciones para la jefatura de gobierno del Distrito Federal, organizó a un grupo ciudadano que buscaba apoyar la administración del político tabasqueño. En diciembre de ese mismo año se celebró la primera reunión en la mansión que Pérez Simón tiene frente a la plaza Río de Janeiro, en la colonia Roma. Ayudar a combatir la corrupción en el gobierno capitalino era el principal objetivo del grupo conformado por el banquero Rubén Aguilar Monteverde (QEPD), el economista David Ibarra, el escritor Germán Dehesa (QEPD), el analista Fernando Solana y los periodistas Ricardo Rocha, Carmen Aristegui, Javier Solórzano y Miguel Ángel Granados Chapa (QEPD), quien poco antes de su fallecimiento me relató la conformación de este grupo:

—La casa de Pérez Simón es elegantísima. De tres predios, dos de ellos porfirianos, se hizo uno y tiene dos entradas: una por Jalapa y otra por Río de Janeiro. Nosotros nos veíamos en el comedor de la casa, que tiene una cocina y cocineros funcionando en forma. Se ve que ahí hay comidas de negocios diariamente. Además se come muy bien. Nosotros decíamos que ojalá las reuniones fueran por semana para comer de forma tan suculenta. El grupo se reunía por lo menos una vez al mes. Iban funcionarios del Gobierno del Distrito Federal y a veces el propio Andrés Manuel a platicar con nosotros. Daban informes de lo que se estaba haciendo contra la corrupción. El secretario de Finanzas, Gustavo Ponce, fue una vez, y una semana después lo vimos en la televisión apostando en Las Vegas con recursos públicos. Esperábamos que Andrés Manuel nos diera una versión, pero ya nunca hubo una nueva reunión.

Granados Chapa me contó que conoció a Slim en 1965, cuando trabajaba en una agencia periodística propiedad de Fernando Solana, quien era profesor en la Facultad de Ciencias Políticas de la UNAM. Uno de los servicios que desarrollaban en la agencia informativa era una carpeta semanal con información financiera. Se llamaba *Semana Económica*. A causa de esa responsabilidad, Granados Chapa solía ir a la bolsa de valores, que en aquellos años era una de las fuentes de información primordiales, aunque incipiente. En ese periodo, Slim y el a la postre obispo de Ecatepec, Onésimo Cepeda, eran los grandes "casabolseros". Con el paso del tiempo, el primero comenzó a hacerse conocido por comprar negocios fallidos que luego volvía prósperos, como la imprenta Galas, de acuerdo con Granados Chapa. La siguiente compañía que levantó fue la cadena de cafeterías Sanborns, que antes de que la adquiriera el empresario arrastraba la fama de ser un sitio sucio y en declive. Cuando Slim la adquirió en 1985, la cadena contaba con 35 establecimientos y 6 500 empleados. Treinta años después quintuplicó su tamaño y su valor.

—Todos esos años tuve un trato frecuente y cercano con él —sintetizó Granados Chapa, quien dijo que nunca creyó que Slim fuera prestanombres de Salinas de Gortari—. Yo no sé si Salinas recibió una comisión, pero lo que sí sé es que Slim no es prestanombres de Salinas.

En cuanto a Pérez Simón, Granados Chapa lo definió durante aquella conversación como un enamorado de Asturias, España:

—Pasa dos veces al año en su tierra y tiene el tipo de señorito español. Le gusta vivir bien, es elegante. No creo que esté enemistado con Slim porque, por ejemplo, él es el mediador entre muchos intelectuales y Slim, como, por ejemplo, lo fue en el secuestro del hijo de Julio Scherer.

La última vez que el columnista vio a Slim fue en noviembre de 2009, durante el cumpleaños número 80 del economista David Ibarra, a quien Ignacio Cobo le organizó una fiesta en el hotel Geneve, de la calle Génova, en la Zona Rosa de la ciudad de México, donde el amigo de Slim tiene su oficina en la que opera todo tipo de asuntos para el magnate.

Granados Chapa también recordó una excursión gigantesca a Villahermosa, Tabasco, con todos los gastos pagados, a fin de asistir a la entrega de un doctorado *honoris causa* para el ex gobernador del PRI, Enrique González Pedrero, amigo de Cobo y quien lo ayudó en las artes de la política junto con su suegro, el también ex gobernador Mario Trujillo.

Sobre Cobo González, principal operador de Slim desde finales de la década de 1990, Granados Chapa decía que se trataba de "un amigo muy corriente, muy vulgar, demasiado divertido y amiguero. No pareciera que es uno de los brazos importantes del hombre más rico del mundo".

—¿Ignacio Cobo será el mejor amigo de Slim? —pregunto a Fructuoso Pérez, el amigo universitario de Slim.

—Pues yo no sé si es su mejor amigo, pero sí es uno de los mejores. Eso indudablemente.

—¿Y se llevan bien duro?

—Sí, es muy fuerte Nachito. Todo el tiempo se está manoteando con Carlos.

—Vivían juntos o algo así, ¿no?, cuando estaban en la universidad.

—Iniciaron haciendo negocios juntos también. Creo que hicieron un edificio de condominios donde precisamente vivió Carlos de recién casado. Nacho es muy amigo de él, muy agradable.

—¿Cómo definiría usted a Carlos Slim con sus amigos?

—Es una gente sumamente humana, muy sencillo, muy preocupado…

—¿Puede contarme una cosa que demuestre su sencillez?

—La gente no entiende que una de sus mayores preocupaciones es la pobreza. Mucha gente dice: "Que reparta el dinero". Él es una gente productiva, y una gente productiva necesariamente tiene que ayudar, pero con trabajo. ¡Él es una fuente de trabajo importantísima! Y las fundaciones que él ha creado no tienen más que como resultado un carácter humano. Todas las fundaciones que ha hecho a toda la gente que está ayudando, estudiantes, a gente que está en la cárcel, muchas cosas lo demuestran. Y mucho de eso también era de su esposa, pero Carlos es realmente una persona filantrópica.

—¿Tiene una anécdota que muestre lo sencillo que es?

—En una ocasión nos hizo favor de invitarnos, a un pequeño grupo, a una plática en su casa con el ex presidente de España, Felipe González, y Carlos se levantó, se metió a la cocina y venía cargando entre sus brazos los refrescos y los vasos. Los puso en la mesa, se puso a destaparlos y empezó a servirnos a todos refresco. Si se imaginara uno, como todo mundo se lo podría imaginar, cómo un señor de ese nivel, de esa categoría, iba a hacer ese tipo de cosas. Y lo hace constantemente con una absoluta y total naturalidad. También es un hombre que no usa relojes ni nada de esas cosas lujosas.

—¿Y cómo se lleva con Felipe González?

—No, pues se llevan muy bien.

—¿De qué platicaban en aquella reunión?

—Pues en esa ocasión platicábamos experiencias que él pasó, Felipe, en su gobierno. O cuando yo fui del sindicato, en una época, de la Comisión Federal de Electricidad.

—¿Usted fue líder?

—Sí. Carlos le comentó a Felipe que yo había sido líder sindical en la Comisión Federal de Electricidad y él nos empezó a platicar de ese tema. De los sindicatos en España donde él estuvo y de cómo se manejaban. Se tocaron diferentes temas de diferentes gentes y siempre una plática muy interesante la de Felipe, muy agradable.

—¿Felipe González es amigo o socio de Carlos Slim?

—Hasta donde yo entiendo sólo es su amigo. No dudo que hablen de muchas cosas internacionales, por razones obvias, pero que digamos que se diga socio de tal empresa o tal, no lo sé.

—¿Y el ex presidente Bill Clinton también es su amigo?

—Al ex presidente Clinton lo trajo en una ocasión a una conferencia aquí, que él da todos los años a los estudiantes, y les regala muchas cosas. Yo he tenido oportunidad de estar en esas reuniones en el auditorio y trae algunos conferencistas de renombre mundial. Y una vez trajo a Bill Clinton a una conferencia y pues, este, me imagino que han de tener cierta amistad. Que lo ha visitado allá, cuando viene está con él, cuando viene Clinton a México… Pues a tal grado que volvemos a lo mismo: Clinton le ha mandado regalos a Carlos relacionados con el beisbol. Uno de ellos fue una pelota de Hank Aaron, uno de los mejores beisbolistas de la historia, yo creo que después de Babe Ruth. Un superjugador. Y de varios otros que les ha mandado de pelotas y todo.

—¿Y también sigue a beisbolistas mexicanos como Fernando Valenzuela?

—No he visto yo que haya tenido una pelota de él o una fotografía. No me he dado cuenta.

—¿No le interesa tanto el beisbol mexicano como a su antiguo socio Alfredo Harp?

—No, la liga de aquí no tanto, aunque sabe la historia del beisbol mexicano y habla de cuando vino Babe Ruth y te pregunta: "A ver, ¿quién ponchó a Babe Ruth?" Y él dice que fue Ramón Bragaña, cosas así. Una vez fuimos a un juego de beisbol. Fuimos a ver el México-Tigres porque lo invitó Alfredo Harp y estuvimos ahí en el juego.

—¿Quiénes son sus mejores amigos? —pregunto a Carlos Slim.

—Son mis hijos.

—¿Cómo escoge a sus socios? Hasta donde entiendo, Juan Antonio Pérez Simón e Ignacio Cobo son sus socios.

—No, Ignacio Cobo no es socio.

—¿Juan Antonio Pérez Simón es socio?

—Tiene acciones.

—¿Cómo escoge a un socio?

—Mira, la empresa es pública. Entonces cualquier persona compra y vende acciones.

—Me refiero a un socio a un nivel más importante, como Pérez Simón.

—No, eso fue en su momento. Muchas veces son, como se dice, algo circunstancial. Por ejemplo, en esa época hubo un socio para la casa de bolsa, que nos fusionamos con la de él, Juan Antonio Chico Pardo, pero yo no sé si sigue teniendo acciones o no. Ya no está con nosotros desde hace unos años. Pero Pérez Simón entró a trabajar conmigo en un momento en que formamos una empresa y hubo varios socios que entraron en ese momento.

—O sea, ¿sus socios son coyunturales?

—No, en las nuevas no tengo socios.

—¿Por qué?

—Bueno, son los socios del mercado. ¿Sí me explico? Bueno, sí tengo socios. Cuando entramos a Telmex, France Telecom tenía 5%; AT&T y Southwestern tenía 10%, con cinco y cinco; nosotros teníamos 3.8%, y otros compraron 8 y 5%. Entonces ahí así entramos. Ahorita que estamos haciendo una inversión en una empresa española, tenemos 26%, pero hay socios de 22% y hay otros socios. ¿Sí me explico? Y hay otras veces que teníamos socios, que eran socios... vamos a llamarles "tecnólogos".

—¿Especialistas que necesitaban para ciertos negocios?

—Sí, como por ejemplo...

—¿Bill Gates con Prodigy, no?

—No, no. Ah, no, lo que hicimos fue una asociación para el Hotmail de México, el MSN que se llama, y el T-1 que es Telmex. A lo que me refiero es a asociaciones con otras empresas en las que sí hacemos inversiones y al final sí tenemos socios en cuestiones de salud o telecomunicaciones.

—¿Entonces qué papel tiene Nacho Cobo en la estructura? Tiene fama de ser el operador político de usted...

—No, no, no.

—Hace chistes sobre usted...

—El hace su rollo. Es más, eso enfría mucho nuestra relación.

—Entonces, ¿como definiría la relación de ambos? Muchos aseguran que es su operador.

—No, es como un amigo muy simpático que agarra monte y que anda con una libertad con la que se mete por todos lados. ¿Cómo lo defino? En la función, las gentes que trabajan están claramente en sus puestos. Nosotros no tenemos operadores políticos; no tenemos telebancada ni nada por el estilo. No tenemos operadores políticos. Y las cosas las hacemos nosotros abiertamente.

—Pero hay cosas que cabildear.

—No, ¿como qué cosas hay que cabildear?

—Pues supongo que hay iniciativas que van en contra de la posición de ustedes.

—Pues planteamos nuestros argumentos y lo discutimos.

24

Herederos

El ingeniero que puede ganar un millón de dólares en una hora tiene seis hijos: tres hombres y tres mujeres. Carlos, Marco Antonio y Patrick Slim son directores de sus compañías fundamentales; Soumaya, Vanessa y Johanna participan en actividades culturales, mientras que sus esposos ocupan puestos directivos en otras empresas del suegro. A diferencia de Warren Buffett —quien anunció que devolvería la mayor parte de su fortuna a la sociedad y ha legado a sus tres hijos sólo 20% de la misma—, Carlos Slim no ha contado cuál será el destino de su dinero cuando muera. Si quisiera repartirlo entre sus más de 100 millones de paisanos mexicanos —como se lo piden algunos usuarios en Twitter y Facebook—, cada uno recibiría alrededor de 500 dólares y todos en el undécimo país más poblado del planeta tendrían un iPad.

Cuando eran niños, los hijos de Slim durmieron varios años en dos habitaciones: una para los tres varones y otra para las tres niñas. Su padre se jacta de haberlos educado con responsabilidad. Parece cierto: ninguno de los seis ha conseguido la reputación de derrochador. El que más cerca ha estado de esa fama es Carlos Slim hijo, su primogénito, quien en 2010 celebró su boda con María Elena, hija del empresario Miguel Torruco Márquez, simpatizante del líder de la izquierda electoral en México, Andrés Manuel López Obrador, y secretario de Turismo del gobierno del Distrito Federal durante la administración de Miguel Mancera, quien llegó al cargo mediante las siglas del Partido de la Revolución Democrática (PRD). La ceremonia ocurrió ante más de 1500 invitados, entre ellos varios presidentes y un premio Nobel. El menú de la fiesta incluyó más de 100 postres y la comida que sirvieron después del banquete fueron platillos de Sanborns. A los asistentes que permanecieron hasta el final de una boda gigantesca y fastuosa les invitaron, al amanecer, comida de una cafetería donde un desayuno vale menos de 10 dólares.

Sin embargo, el decano del periodismo mexicano, Julio Scherer García, consideró la celebración como una "boda singular":

Auxiliado por las crónicas de los diarios y las fotografías de las revistas del corazón, me imaginé lo que habría sido la boda. Regresaron a la memoria, arbitrarias e inevitables, las reseñas que describieron hasta el detalle las fiestas de la corte de Versalles, ajenos María Antonieta y Luis XVI a la miseria que bullía amenazadora en el exterior. En los caprichos del recuerdo no podía pasarme por alto que esos saraos congregaban a parásitos y que la fiesta mexicana reunió, sin duda, a una multitud emprendedora y ajena al ocio vil. De muchas maneras atraído por la boda, no me podía desprender de las imágenes que en mí suscitaba el acontecimiento. Leí que una señora se había adornado con esmeraldas blancas, que se fabrican en Brasil, según averigüé, y de ahí saltó la imaginación a una señora que lucía rubíes verdes y otra que mostraba esmeraldas con el ardor de un amarillo solar. Qué sería todo aquello, cuánto costarían los vestidos trabajados a mano con seda virgen, los esmóquines con texturas suaves y dulces como la piel, los relojes de colección, los brillantes como botones en los trajes de los magnates y, en ellas, las señoras, los collares, los aretes, las pulseras, los anillos, las flores de invernadero sabiamente enredadas en el cabello. No sólo sentí toda esa presencia, sino que vi a centenares de guaruras atentos a los movimientos y desplazamientos de los personajes a su cuidado. Sentí, también, la férrea escolta del presidente Calderón, cuerpo militar de élite. Como si se tratara de un relámpago detenido en una larga luz, ese 9 de octubre de 2010 vi a una nueva clase que se expresaba poderosa. Se trataba de una sociedad consolidada, una aristocracia formada por los hombres y las mujeres sobresalientes en la política y la empresa, cada uno en su sitio. Discreparían por asuntos menores, pero se entenderían en lo sustancial, se apoyarían unos a otros, caminarían juntos, definitivamente rotos los vasos de comunicación con los de abajo. Tomé una frase de Coetzee, el Nobel sudafricano: "El poder sólo se habla con el poder".

Dos años antes de casarse, el joven Carlos Slim Domit acudió al quirófano para que le quitaran uno de sus riñones. El receptor de su órgano fue su hermano menor, Patrick, quien padecía insuficiencia renal, la enfermedad que provocó la muerte de su madre Soumaya. Antes de recibir el riñón de Carlos, colaboradores de Patrick recuerdan cómo a éste se le hinchaban la cara, las piernas y las manos, así como sus quejas acerca de la fatiga que le producía su mal. A raíz de la afección y el deceso de Soumaya Domit, la familia Slim enfocó buena parte de sus esfuerzos filantrópicos en el tema de la salud. Marco Antonio, el hermano intermedio entre Carlos y Patrick, propició la creación de la Fundación Nacional de Trasplantes, A. C., dirigida por Gerardo Mendoza Valles. Para la campaña de donación de riñones Carlos y Patrick grabaron unos videos contando su experiencia. Este último relata la forma en que lidiaba con la enfermedad:

> Yo recordaba todo lo que había pasado mi mamá y sí fue algo muy duro… Era casi constante una dermatitis, sobre todo aquí, en el área de la frente. Justo en el momento después de la operación es como si se me hubiera lubricado la piel, como por arte de magia. Carlos, con mucho amor y con total entrega, me regaló un riñón. No sólo lo grande de lo que hizo, sino con cuánto amor lo hizo. La verdad es que la mayor riqueza, no nos damos cuenta, pero la tenemos ahí en la familia, y es una bendición poder ser trasplantados. La calidad de vida es extraordinaria y es una operación sumamente sencilla; es considerada como si se operara un apéndice.

Entretanto, en su testimonio audiovisual el primogénito del magnate relata de manera tranquila:

> Yo pensé que iba a ser algo más complicada la recuperación y fue sorprendente ver que el mismo día estás caminando; a los tres días estás fuera del hospital y casi estás haciendo tu vida normal a los muy pocos días, sin tomar medicinas ni dietas; o sea, no tienes ninguna consecuencia. Una de cada 500 personas nace con un solo riñón y ni siquiera se da cuenta durante toda su vida. La calidad de vida sigue siendo la misma, prácticamente como si no hubiera tenido [que donar], como si viviera con mis dos riñones, y tanto el proceso como la recuperación es mucho más sencilla de lo que me imaginaba. El riñón es de los pocos órganos que puedes donar aún estando vivo y, pues, poder disfrutar ésa, poder sentir esa experiencia, es inigualable.

Posteriormente, ambos fueron videograbados en una conversación conjunta, recordando la experiencia. Carlos enfatiza que fue una de las más importantes que les ha tocado vivir juntos y asegura que siempre supo que, de entre los miembros de la familia, él sería quien donaría el riñón: "Le recomendaba a Patrick que estuviera tranquilo, pues yo estaba muy seguro de que lo quería hacer, porque también para él, quien recibe el riñón, no debe ser fácil su relación familiar, sentir que alguien se está sacrificando por él". En respuesta, Patrick dice: "Y lo que sí es indispensable es que, pues, haya gente como Carlos, que generosamente esté dispuesta a donar el órgano a ese ser querido".

Poco tiempo antes de someterse al trasplante de riñón, el menor de los hijos varones de Slim libró una batalla política que incluso mereció la atención y la respuesta del equipo del entonces presidente Felipe Calderón.

Durante los tiempos más duros de su enfermedad, Patrick —considerado por cercanos de la familia, junto con Soumaya, como los más religiosos entre los hijos de Slim— vivió diversas experiencias místicas y realizó algunas peregrinaciones. Una de las más intensas, según ha relatado a sus amigos, fue la que hizo a Lourdes, un pueblo de los Altos Pirineos de Francia, donde hay una gruta en que la Iglesia católica registra la aparición de la Virgen María y en la que se levantó la Iglesia de Nuestra Señora de Lourdes, considerada patrona de los enfermos. Patrick fue uno de los cerca de ocho millones de peregrinos del mundo que cada año acuden en busca de alivio para sus padecimientos.

El hijo de Slim relató parte de esta experiencia a un pequeño grupo de senadores y senadoras del PAN con el que se reunió en privado en 2007 para pedirles que no aprobaran la despenalización del aborto en la capital del país. Tras varios meses de discusión, el PRD y el resto de los partidos políticos representados en el Distrito Federal, con la excepción del PAN, desecharon la posibilidad de meter a la cárcel a las mujeres que abortaran. Durante el proceso de discusión hubo debate y amenazas de excomunión a los legisladores que apoyaron esta iniciativa del gobierno de Marcelo Ebrard. Incluso se hizo circular una carta del papa Benedicto XVI y algunos grupos recorrieron las calles del centro de la ciudad con estandartes católicos en contra de los diputados. En respuesta, activistas como la antropóloga Marta Lamas consideraron esta reforma como un elemento de vanguardia y, citando al especialista Richard Hare, cuestionaron "la actitud de quien persigue la afirmación de los propios principios morales dejando que éstos prevalezcan sobre los intereses reales de las personas de carne y hueso, al mismo tiempo que permanece indiferente frente a los enormes daños que su actuación ocasiona a millones de seres humanos".

En la reunión privada con los representantes del PAN, además de relatar su experiencia en Lourdes, Patrick Slim contó algo que sorprendió a algunos de los presentes. Les dijo que la Virgen de Cleveland se le había aparecido para pedirle que ayudara en la defensa de los niños no nacidos del Distrito Federal. La idolatría a una Virgen ubicada en Cleveland, Ohio, hasta ahora no es reconocida por la Iglesia católica, que incluso ha condenado el culto que se le tiene. Al final del encuentro, en el que los senadores comentaron su impotencia para hacer algo en el Distrito Federal, donde el PRD posee una amplia mayoría legislativa, el hijo del mexicano más rico del mundo les dijo que seguiría con su encomienda.

En julio de ese mismo 2007, dos meses después de la aprobación del aborto en la ciudad de México, el hijo menor de Slim empezó a reunirse en privado y de manera periódica con integrantes de la Unidad Nacional Sinarquista, miembros radicales del PAN y el fundador de la empresa transnacional Bimbo, Lorenzo Servitje, en el área privada de un populoso restaurante llamado Hacienda de los Morales. El objetivo era intentar hacer algo ante los gobiernos del PRD en la capital del país, los cuales, desde 1998, emprendieron diversas reformas consideradas demasiado liberales por Patrick Slim, sinarquistas y algunos panistas.

Estas reuniones no trascendieron públicamente hasta finales de 2007, cuando Patrick y sus aliados decidieron intentar que el Instituto Federal Electoral (IFE) aprobara la creación de un nuevo partido que representara sus intereses. Para esto empezaron a organizar decenas de asambleas y encuentros, varios de ellos en Iztapalapa, el principal bastión del PRD en la capital del país.

Sin embargo, la cruzada política de Patrick Slim preocupó más a la residencia oficial de Los Pinos que al PRD. El entonces presidente Felipe Calderón ordenó a algunos de sus colaboradores más cercanos, como Germán Martínez Cázares, impedir que el hijo menor de Slim y los sinarquistas obtuvieran el registro como partido. De haber sucedido, resultaba inminente una desbandada del ala más conservadora del PAN hacia la nueva organización política, lo cual debilitaría al gobierno de Calderón y al partido en el poder durante las elecciones generales de 2009.

El nombre contemplado para la organización de Patrick Slim y los sinarquistas, en caso de obtener el registro, era Partido Solidaridad, una palabra que en México remite de manera inmediata al gobierno de

Carlos Salinas de Gortari, pues se convirtió en el símbolo de su proyecto político. Esto acrecentó las sospechas de que el magnate —vinculado para siempre con Salinas de Gortari por la adquisición de Telmex durante su administración, aunque no necesariamente sea así— estaba interesado en poseer un partido político propio que representara sus intereses en el Congreso. Sin embargo, de acuerdo con consultas realizadas, la iniciativa fue tomada por Patrick Slim sin el respaldo total de su padre, quien junto con el resto de la familia estaba más preocupado por la insuficiencia renal de aquél que por su cruzada política.

En junio de 2008 el IFE rechazó el registro de la Unión Nacional Sinarquista, el movimiento en que Patrick Slim había trabajado de manera discreta. Después de la noticia, un político del PAN cercano al ex presidente Felipe Calderón celebró delante de mí: "¡Nos los chingamos!"

Cuando le pregunto a Slim sobre esta historia, relatada por varios de sus protagonistas, responde con cierto tono de molestia:

—No le he preguntado. No creo. Es bastante sensato. Le voy a preguntar. A lo mejor lo invitaron. No tengo idea, pero yo lo he dicho muchas veces: la vocación política es muy distinta a la vocación empresarial y yo veo en mis hijos que tienen vocación empresarial. Entonces no los veo metidos de políticos. Los tres están trabajando, y mis hijas, también. Ahora, que te invite alguien a participar en algo, no sé.

Tras su derrota, Patrick Slim comenzó el proceso de preparación para recibir el trasplante de riñón por parte de su hermano mayor. Después de esto su salud mejoró de manera considerable y desde entonces, aunque ha mantenido su relación con la Iglesia católica, participando en diversas reuniones con emisarios del Vaticano, también ha incursionado en el mundo del cine, donde financió la película *Cristiada,* la producción más cara en la historia de México, en la cual actúan estrellas de Hollywood como Andy García y Eva Longoria, quienes grabaron en Puebla las escenas que recrean y reivindican la guerrilla de la década de 1940 conformada por sacerdotes y devotos católicos levantados en armas contra el gobierno anticlerical de Plutarco Elías Calles.

En contraste, Carlos, su hermano mayor, suele enviar como regalo personal *El hombre que amaba los perros,* la novela biográfica de León Trotski escrita por el cubano Leonardo Padura. Y a principios de 2013, al segundo hijo que tuvo con su esposa María Elena Torruco lo bautizó con el nombre del mayor héroe revolucionario mexicano: uno de los nietos del mexicano más rico del mundo se llama Emiliano Slim.

El que hasta la fecha se mantiene como el más discreto de los tres hijos varones de Slim es Marco Antonio, presidente del consejo de administración de Grupo Inbursa. Durante las entrevistas que me dio, el mexicano más rico del mundo elogió en diversas ocasiones el conocimiento de Marco Antonio. En una ocasión me regaló la copia de un artículo suyo, publicado el 26 de julio de 2004 en el diario *Reforma*. El texto se titula "Cuentas públicas: camisa de fuerza" y gira en torno de la pregunta sobre qué pasaría si la operación de una empresa tuviera base en las cuentas públicas.

El varón intermedio de los hijos de Slim comienza así:

> Lo primero que hacemos cuando vamos a invertir, adquirir o dar financiamiento a una empresa es ver sus estados financieros (estado de resultados y balance). Estos documentos nos permiten ver la película de su historia, la foto del presente y un buen adelanto de su futuro; sin embargo, en las cuentas públicas de un país no existe contabilidad patrimonial, tanto por los activos que no están contabilizados, como por pasivos no registrados (ej.: pensiones y pidiregas).

—¿Cómo cree usted que debe educarse a un hijo? —pregunto al magnate.

—Yo creo que se le debe educar y formar con libertad, con valores; no domesticar, que es distinto. Los valores se quedan muy firmes. Mi papá murió cuando era muy joven y a los tres nos dejó valores de honestidad y muchas cosas que quedaron muy fuertes.

—¿Usted le da consejos especiales a sus hijos?

—No es que les des consejos. Sólo vas platicando con ellos.

—¿Y en el plano estratégico empresarial?

—No, pues ya son responsables de sus cosas.

—Pero ¿qué cosas especiales les inculcó usted?

—Lo primero es que yo platicaba con ellos cuando tenían 12 años.

—¿Les daba libretas como su papá se las daba a usted?

—No, nada más platicar. Les decía que si les gustaban los negocios, se metieran; que si no les gustaban, no se metieran, porque fastidiaban su vida y fastidiaban a la empresa. Y sí, le entraron. Alguna vez recuerdo que les dije: ¿cómo ven si me meto a esto? El más chico, Patrick, me dijo: "Bueno, si te vamos a ver, sí; sino, no". Han sido muy claros, muy participativos. Hay épocas en las que se antoja ser más irresponsable. Quizá una época yo debí ser más irresponsable, como en mi año sabático. Pero a esa edad alguno de ellos ya asumió la dirección de una empresa. Han sabido combinar la responsabilidad y la obligación.

—¿Le hubiera gustado que una de sus tres hijas fuera directora de alguna de sus empresas?

—Sí. Bueno, una es consejera y tiene su propio negocio: Lomas Estudio. Es una escuela para preparar niños con educación temprana y aprenden karate. Y está en el consejo de Sanborns y le gusta ir a las juntas. Lo que pasa es que Vanessa estudió ingeniería unos años.

—Warren Buffett anunció que a sus hijos les heredará solamente 500 millones de dólares. ¿Usted cuántos planea dejarles?

—Mis hijos no van a heredar dinero. Van a heredar acciones de empresas que tienen que administrar. Entonces heredan responsabilidad y compromiso.

—¿Y cómo garantiza que se mantengan firmes los consorcios?

—Están preparados y hay un fideicomiso en el que deben votar en 80% si tienen que cambiar o vender.

—¿Ese fideicomiso será colegiado?

—Sí, se van a tener que poner de acuerdo.

VII

25

Filantropía

Cuando Carlos Slim anunció que donaría 40 millones de dólares para investigaciones de salud, declaró su hipótesis del altruismo: "Nuestro concepto se enfoca en realizar y resolver las cosas, en lugar de dar. No ir por ahí como Santa Claus". El dinero que dio ese día ha servido para que su Instituto Carso envíe médicos a comunidades indígenas de la sierra tarahumara y de Chiapas a que ayuden en labores de parto. O para atender 6 500 trasplantes e investigar problemas de riñón como los que padeció su esposa Soumaya.

—En la parte filantrópica —me dice Slim con entusiasmo— lo que más me interesa es la educación y la salud, y yo lo veo más o menos así: empezamos con la nutrición de la madre durante el embarazo, luego la atención perinatal, que el niño nazca bien, que no tenga hipoxia; la nutrición del niño durante los dos años en que le crece el cerebro, desnutrición infantil y educación infantil, desde educación temprana. Entonces, no vas a tener resuelto el problema, pero ahí vas teniendo gasto social o inversión social, como le quieras llamar, es igual, que puede ser hecho por el Estado o puede ser hecho por los privados. Al final del día, para que acabes con la pobreza, tienes que generar los empleos para que esa persona en el futuro tenga un empleo. Para que ese niño, cuando sea joven, tenga un empleo y su trabajo no sólo sea importante para la sociedad, sino para la dignidad de la persona. La realidad es que el trabajo no sólo es una responsabilidad social; es una necesidad emocional. Tú trabajas a veces porque necesitas, porque tienes que estar activo; te identificas, te da dignidad hacer este proyecto y el otro; forma parte de los intereses vitales de los seres humanos.

El dinero de Slim también ha sido usado para capacitar a 5 000 personas que trabajan en centros de tratamiento contra las adicciones y para crear equipos de atención psicosocial a pacientes en fase terminal en hospitales públicos. Su instituto de salud ha financiado el estudio de las bases genéticas de la diabetes y varios tipos de cáncer, además de la búsqueda de vacunas contra la enfermedad de Chagas y la leishmaniosis.

Mientras que a Slim no le interesa el trabajo de regalar a tiempo completo, Warren Buffett, el empresario que compite con él en la lista de *Forbes,* inversor de un sinfín de compañías que van desde Nike hasta Coca-Cola, cree en la filantropía a otra escala. Buffett ha donado 31 000 millones de dólares, más de la tercera parte de su fortuna, a una fundación de caridad que lleva el nombre de Melinda y Bill Gates, el otro ultrarrico del mundo, con quien Buffett sí comparte esta visión de la generosidad. En tanto que Buffett dejó de administrar sus negocios para dedicarse a la filantropía, el magnate mexicano administra los suyos desde otra balanza. "A Slim no le gusta ni siquiera la palabra 'filantropía'. Prefiere llamarla 'inversión social'", me dijo un antiguo ejecutivo de Telmex, quien desde su punto de vista Slim "no es generoso ni con él mismo".

El mexicano más rico del orbe no siempre tiene chofer. En ocasiones él mismo conduce su automóvil Mercedes Benz en el tráfico desesperante del Distrito Federal. Muchos de sus amigos más cercanos lo encuentran tan normal como cualquier persona. Alfonso Ramírez Cuéllar, un respetado líder campesino que defiende a deudores bancarios, dice que a veces Slim lo cita para hablar de economía y que es un tipo amigable y común en su trato: "Slim es un cabrón que casi siempre anda en calcetines en su oficina. De traje y sin zapatos. Por cosas así me cae bien", dice. "Hace cuentas con las manos y a veces usa una calculadora."

Slim es un personaje fascinante por la paradoja de contar con tanto dinero sin ostentarlo. Cuando viaja fuera de México, duerme en hotel, en casas rentadas o de amigos, porque decidió no comprar para su uso personal ninguna mansión en el extranjero: presume que ha vivido 30 años en la misma casa. Su equipo de prensa difunde que la ropa que viste proviene de cualquiera de las tiendas Sears de su propiedad y no de la sofisticada Saks.

Cuando fundó el banco Inbursa decidió no registrarlo ante la Asociación Mexicana de Bancos porque le pareció caro pagar medio millón de dólares para obtener la membresía, que incluía el uso de las instalaciones de un exclusivo club deportivo. Intelectuales y periodistas influyentes que han sido invitados a comer a sus oficinas de Lomas de

Chapultepec relatan que los alimentos a veces son traídos de la cocina del Sanborns más cercano, una antigua cadena de farmacias que luego incorporó restaurante, pastelería y ahora es la mayor librería de México. A mí sólo me tocó ver la típica vajilla blanquiazul de Sanborns entre algunos de sus papeles.

En acontecimientos importantes, Slim suele comportarse sin sofisticaciones: muchas veces prefiere Coca-Cola *light* que vino tinto, y en actos públicos lo he visto comiendo cacahuates estilo japonés con la mano. Es un fumador retirado, aunque de vez en cuando enciende un puro.

Luis Maira conoció a Slim cuando fue embajador de Chile en México. Al intentar explicar a los sudamericanos quién era el mexicano más rico del orbe, el también sociólogo chileno definió al empresario como un hijo de aquella Revolución mexicana que acabó con la vieja aristocracia y permitió el surgimiento de nuevos ricos sin ningún tipo de linaje. Tras reunirse y conversar en privado con Slim, Maira hizo la observación de que el magnate "habla como si no fuera rico".

Su casa principal está en la colonia Lomas de Chapultepec y sólo tiene seis habitaciones. Aunque en las paredes del interior hay obra de El Greco, Pizarro, Monet y Renoir, los muebles parecen ser los mismos desde la década de 1980, cuando se mudaron ahí Slim y Soumaya. En una decisión inusual, en 2007 el multimillonario abrió las puertas de su casa para que la filmara María Celeste Arrarás, conductora de un programa de Telemundo cuyo nombre describe con fidelidad lo que es: *Al rojo vivo*. Durante el recorrido, Slim explicó que él y su esposa optaron por una casa así porque una demasiado grande habría impedido que existiera mayor interacción familiar. Aseguró que sus tres hijas dormían en una misma habitación, y sus otros tres hijos, en otra.

Aquel recorrido por la mansión preferida de Slim acabó con un diálogo juguetón entre él y la comunicadora:

—Su esposa falleció hace unos ocho años. Yo sé que fue algo doloroso. ¿Usted ha pensado en rehacer su vida? ¿En volver a casarse?

—¿Rehacer mi vida? Pues la rehaces desde…

—Románticamente.

—¿En casarme? No.

—Casarse, no.

—Digo, volver a hacer otra familia, no.

—Pero en salir y disfrutar del sexo opuesto, ¿sí?

—Claro. ¿De qué cara me pinta? ¿Por qué me pregunta eso?

—Porque hay que preguntar. ¿Cómo conoce a las potenciales candidatas?

—Las conozco…

—Hay formas, me imagino…

—Preguntando.

Risas.

—Preguntando…

—No es cierto.

—Y cuando sale con ellas, ¿qué hacen?

—Mm… La siguiente pregunta.

—¿La siguiente pregunta? *Okay.* Pero, bueno, ¿casarse por ahora no?

—Hay muchos niños… No, no es cierto.

Risas de Slim.

—Bueno, es que me imagino que el hombre más rico del mundo ha de tener muchas candidatas deseosas de tratar de cazar esa presa, por decirlo así. Cuando sale con una mujer, ¿cómo diferencia la que de verdad lo quiere por usted y la que está buscando otra cosa, está buscando dinero?

—Igual que tú lo haces.

—Sí. Se sabe a simple vista.

—Bueno, más o menos.

El dinero y el éxito son un imán para los aduladores y para la gente interesada. Slim dice que sabe convivir con ese tipo de codicia, ya que es parte de la condición humana.

—A una mujer guapa, o a un deportista, o a un roquero lo asedian más que a cualquiera —enfatiza en la entrevista que me dio.

—¿Qué siente usted al tener que lidiar con esa circunstancia de la condición humana? —pregunto.

—La verdad es que hay mucha gente y voy a un lado, la calle o donde sea, y es muy amable conmigo. Yo te diría que afortunadamente la gente es amable conmigo. Quieren sacarse una foto o algo, y bueno, pues te la sacas. En la calle no me están proponiendo negocios.

—¿Cuántos negocios le proponen por día o por semana?

—Bueno, me mandan cartas, pero no las leo.

—Y en el otro extremo está aquí la crítica visceral.

—A veces son los mismos: te adulan por un lado y te critican por el otro. Como algunos de los cuates que has entrevistado, que te platicaron cosas…

—Pero ¿cómo maneja usted internamente la crítica visceral?

—Lo pongo ahí, en la carta que le escribí a los jóvenes.

Slim la busca en su escritorio, encuentra el fragmento y me empieza a leer:

—"Cuando des, no esperes recibir, porque la mano que da roza". Ése es un proverbio chino. Y esto es muy importante: no permitas que sentimientos negativos dominen tu ánimo. El daño emocional no viene de terceros, viene de nosotros mismos. No confundas los valores ni los principios ni nada. Tan sencillo como eso. Cuando te están asediando con cosas negativas, tú no puedes tomarlas. Tú tienes que ver tu vida en positivo siempre; si no, estás amolado. Y como decía mi papá: "Optimismo firme y paciente". Eso está en los principios del grupo. ¿Los tienes o no los tienes?

—Los tengo, gracias. ¿Qué piensa de la codicia?

—De los ciudadanos de a pie que dices, pues muchos, no sé si es por la fortuna o no, pero en la calle, por ejemplo, cuando el centro histórico cambió, lo transformamos, entonces me daban las gracias algunas gentes. La verdad es que la gente es amable. En el Museo Soumaya también me dicen mucho. Si quieres un día vamos por ahí a algún lado.

—¿Es necesario ser ambicioso para ser exitoso?

—No sé a qué le llames ambicioso. Ya te dije que exitoso no es tener dinero. Exitoso es algo más que eso. Vamos a decir: para prosperar profesionalmente, para trabajar, más que ambición es necesario que tengas una vocación definida, que definas bien tu rumbo, qué quieres hacer, y que te esfuerces en lograrlo. Entonces, un problema de trabajo, de talento, de vocación y de equipo, porque al final, si tú no tienes equipo, no puedes hacer bien las cosas. Entonces, tener un equipo bueno, que esté identificado y que tenga los mismos objetivos. O sea que, más que ser ambicioso, tienes que crear un liderazgo. Tienes que ser un líder que puedas organizar a las personas y que puedas hacer que las cosas pasen. Yo creo que ésa es la diferencia entre un empresario y ser un soñador, un planeador y hasta un político. El empresario, para prosperar, para desarrollar lo que está haciendo, necesita tener un buen equipo y hacer que las cosas pasen. Que si vas a hacer un programa de tal o cual situación, que no quede en el papel: que sea de ejecución rápida, que tenga flexibilidad.

—Dice que es un asunto de vocación. Usted, por ejemplo, estudió ingeniería, pero su vocación es el mundo de los negocios.

—Pero yo hago negocios desde los 12 años.

—Le voy a hacer una pregunta más simple. En la historia de su vida, ¿quién ha sido la persona más generosa con usted?

—¿Qué es eso de generoso?

—Pues que le ha dado algo que es importante para usted.

—No, pues mi papá. Mi familia, mi papá, mi mamá. ¿Generosa? ¿Que me ha dado qué? Es que te enriqueces de todo mundo. Estamos hablando de personas, porque lo material es secundario. Aprendes de todo mundo, pero no sólo de personas, sino también de lo que lees, de lo que ves. Luego muchas veces aprendes de las malas experiencias o de los malos ejemplos.

—¿Hasta de los enemigos aprendes?

—Sí, claro. Mira, por ejemplo, hace un año y medio que participé con los muchachos, con los becarios Telmex, en el auditorio, y algo me preguntaron sobre educación y eso. Yo les decía que la maravilla, lo importante, es que los seres humanos podemos discernir cuando hay un buen maestro, que lo reconocemos, que le aprendemos, que lo queremos, etcétera, y los malos maestros quedan como anécdota, como el ejemplo de lo que no debemos hacer. Hasta los malos maestros no te hacen daño. No sé si me hago entender.

—Sí.

—O sea, te hace daño la materia que dio, porque perdiste el interés, pero al mismo tiempo es una gente de la que aprendes, porque dices: ¡n'ombre!, pues este cuate nunca venía a clases, o siempre faltaba, tomaba, no sabía comunicar, no sabía explicar.

—Mi hijo me habló en la mañana quejándose de un pésimo e injusto maestro de español...

—Ahí él aprende que no debe ser así en la vida. Yo tuve mucha relación, mucho tiempo de mi vida, con gente mayor. Aprendía de ella: gentes con ciertas capacidades como empresarios o políticos a los que admiro. Admiro mucho a estos presidentes: a Sanguinetti, a Cardoso. Admiro a Cardoso, pero también creo que Lula lo hizo muy bien en muchos sentidos. A Lagos, a Felipe González...

—Y del ex presidente de Uruguay, José Mujica, ¿qué piensa?

—No lo traté, no lo conozco.

—De toda la filantropía que hace, ¿cuál es la acción que más le gusta?

—El próximo... No, yo creo que tenemos un gran potencial de hacer más cosas.

—¿Se acuerda de cuál fue el primer acto de filantropía que hizo?

—La fundación empezó formalmente en '86, pero, mira, a lo mejor el primero que hice fue cuando empecé a dar clases. Me pagaron y yo no necesitaba ese dinero. Estaba en tercero y di dos becas.

—¿A quiénes?

—A dos muchachos de la Facultad de Ingeniería.

—¿Y cómo escogía a esos estudiantes beneficiados?

—Se lo encargaba a que alguien lo escogiera. Yo no escojo a los 18 000 muchachos que tenemos. Fue en el '59.

—¿Se acuerda quiénes eran?

—No, eran dos.

—¿No sabe quiénes son todas las personas a las que les llega dinero de usted?

—No lo hago para que les llegue. ¿No te platiqué lo de Gibran o sí? ¿Te leo el poema que dice sobre las dádivas?

—Gracias, ya me lo leyó.

26

Prensa

Carlos Slim ha demostrado generosidad con víctimas de secuestro que no son miembros de su familia. Durante una madrugada de la década de 1990, una llamada telefónica despertó al periodista Julio Scherer García, fallecido patriarca del periodismo mexicano: "Si no nos entrega 300 000 pesos al amanecer, matamos a su hijo". El fundador de *Proceso,* el más importante semanario político de izquierda en México, tenía sólo 4 000 pesos en casa. A las cuatro de la mañana marcó al teléfono de Slim para pedir ayuda. Por esas fechas Soumaya Domit ya convalecía de su enfermedad renal. "En este momento reúno todo lo que tengo en la caja fuerte. Además, Sumi y yo nos comunicaremos con algunos amigos por si algo más te hiciera falta. Lo siento, lo siente Sumi. Ya sabes, te quiere mucho", le dijo a Scherer, según cuenta el propio periodista. Tiempo después llegó a su casa un enviado de Slim con el dinero en efectivo y la orden de permanecer junto a él. El dinero fue entregado a los secuestradores y el hijo de Scherer recuperó su libertad.

El propio Scherer lo relata así en su libro *Secuestrados:*

Llegó el enviado de Carlos Slim y me entregó una pequeña caja de plástico.

—¿Cuánto es? —lo asaltó Elena Guerra.

—No sé. El señor me entregó esto y me ordenó que me quedara para ayudarlos en lo que hiciera falta.

Sin mayor explicación lo acompañé por su coche, estacionado en la explanada del condominio horizontal que habitaba en Contreras. Deseaba, sobre todo, atreyerme con el cielo, escudriñarlo. Observé que cedía la negrura de la noche cerrada. El amanecer se aproximaba, inexorable. Regresé a la biblioteca al tiempo que sonaba el celular. Escuché a Pedro, seco:

—Le digo que sí, que ya tenemos el dinero.

Junto con Elena Guerra había contado los pesos, los dólares, centenarios y aztecas que Carlos Slim nos había hecho llegar. El precio del rescate había sido cubierto por todos.

Los coqueteos entre el periodismo y el poder han sido siempre una historia de pactos, conveniencias y traiciones. La de Scherer y Slim ha sido, además, una historia turbulenta. En esa misma década las principales críticas contra Slim por la adquisición del monopolio telefónico durante el sexenio del presidente Salinas de Gortari salieron de la pluma de reporteros de la revista dirigida por Scherer. Uno de ellos, Rafael Rodríguez Castañeda —hoy director de *Proceso*— escribió *Operación Telmex: contacto en el poder,* libro donde se cuestiona a Slim por beneficiarse de la corrupción del gobierno durante la apertura económica mexicana al mercado extranjero. Por esos años el empresario Juan Antonio Pérez Simón, amigo de Slim y de Scherer, intervino para reconciliarlos. Fue en esa situación cuando Scherer lo llamó de madrugada al enterarse del secuestro de su hijo. En los últimos tiempos la historia entre el magnate y el periodista se volvió a deteriorar por unos reportajes que cuestionaban que Slim comprara tantas propiedades en el centro histórico de la ciudad de México como si jugara Monopoly con la capital.

Slim también ha sido generoso con otros intelectuales y escritores mexicanos independientes. A Carlos Monsiváis le cedió cuatro pisos y la terraza del Esmeralda, un edificio del primer cuadro de la ciudad que en el siglo XIX fue la joyería más exclusiva y que, antes de convertirse en patrimonio de Slim, fue también una discoteca llamada La Opulencia. Monsiváis acomodó allí unos 12 000 objetos: pinturas, cómics, juguetes indígenas, máscaras de luchadores, entre otras cosas raras y fetiches personales que había coleccionado durante décadas. El museo es administrado por un fideicomiso: su nombre es El Estanquillo, como se llamaba a las tiendas de antaño donde se vendía de todo.

Sin embargo, el magnate de ninguna manera es un hombre gratuito. En 1990, cuando el periodista Miguel Ángel Granados Chapa lanzó la revista *Mira,* nunca pudo convencerlo de recibir publicidad de sus empresas. "Cortejé a Slim para conseguir anuncios que nunca logré, pese a que lo invité a la inauguración de la revista. Tuvimos un trato cordial que no se contaminó con un trato mercantil, debido a que nunca prosperé en mi intención de que se anunciara en mi publicación", me contó Granados Chapa.

Su fortuna le da la oportunidad de convertirse en personaje de portada de los diarios que aún nos importan del mundo, en dos de los cuales —uno en Europa y otro en América— tiene un porcentaje de acciones que no usa para influir en sus líneas editoriales. Granados Chapa me confirmó que el hombre que rescató a *The New York Times* haciéndole un préstamo para recuperar su liquidez es mecenas invisible de buena parte de los diarios y las revistas de papel de su país. Cuando el periodista Federico Arreola estaba por lanzar la desaparecida revista *Milenio Semanal,* dice que acudió con el dueño de Telmex para ofrecerle publicidad. Aunque la publicación apenas estaba por salir, al ver la plantilla de plumas, integrada por reconocidos periodistas, Slim aceptó de inmediato y compró un paquete de publicidad para dos años, pagando tarifas especiales. La aparente ayuda de Slim a *Milenio Semanal* se convirtió en una dificultad para Arreola y los dueños del semanario, debido a que éste tuvo éxito con rapidez y el empresario había comprado planas de publicidad a precios muy por debajo de lo que en menos de un año ya valía anunciarse en esas páginas.

Aunque es miembro del consejo editorial de *El Universal,* el empresario de medios con el que Slim lleva una mejor relación en México es Alejandro Junco de la Vega, propietario de Grupo Reforma, dueño de tres diarios líderes: *El Norte* de Monterrey, *Mural* de Guadalajara y *Reforma* de la ciudad de México. Granados Chapa y otros editorialistas entrevistados mencionaron diversas reuniones organizadas por el propio Junco en la casa que Slim tiene en la calle Julio Verne de la colonia Polanco, en el Distrito Federal. "En esas juntas, más de una vez hemos visto cómo Slim regañaba a Junco delante de nosotros. Bueno, no lo regañaba, lo corregía", cuenta Granados Chapa.

En contraste, Ramón Alberto Garza, precisamente el periodista que ayudó a Junco de la Vega a fundar *Reforma,* tuvo una mala experiencia con el magnate. En 2002 Garza fue nombrado director de *El Universal* como parte de un preacuerdo de venta entre el dueño del diario, Juan Francisco Ealy Ortiz, y el Grupo Prisa, de origen español. Garza sería el director encargado de hacer la transición, mantenida en secreto por ambas partes. Sin embargo, el 17 de diciembre de ese año la transacción se frustró, cuando Ealy Ortiz decidió quedarse con el periódico y consiguió el dinero que necesitaba.

Al día siguiente, 18 de diciembre, Ramón Alberto acudió a una comida en la casa que tiene Slim en la colonia Palmas de la ciudad de

México. Además de ellos dos, de acuerdo con Garza, estaban Juan Antonio Pérez Simón e Ignacio Cobo, los hombres cercanos al magnate. La comida duró desde las dos de la tarde hasta las ocho de la noche y en algún momento Slim le dijo a Garza que dejara a los españoles de Prisa y se fuera con él.

—Aquí hay 100 millones de dólares para que fundes un grupo de medios —le dijo Slim.

—No, Carlos, esto no es de chequeras.

—Bueno, entonces, dime, ¿qué necesitas para mantenerte a flote?

Además de dirigir *El Universal,* Garza era uno de los accionistas principales de la revista colombiana *Cambio,* cuya edición mexicana fue llevada por él y Gabriel García Márquez, en una sociedad con Televisa.

—El primer trimestre del próximo año va a ser muy duro para *Cambio.* Siempre es así. Liquídame la publicidad de todo el año de tus empresas para la revista —pidió Garza.

—¿Es todo? Me vas a salir muy barato.

—Ni muy barato ni muy caro… No quiero quedar mal con García Márquez.

—Aguántame a enero, porque ya cerré el año fiscal —concluyó Slim.

Garza dice que, con base en ese acuerdo verbal con Slim, ese mes gastó un millón de dólares para el pago de aguinaldos, papel y cuestiones de producción editorial. La fecha crítica era el 28 de febrero de 2003, porque se vencía el convenio de solidaridad entre la revista y Televisa en caso de un cierre de la misma, en el cual ambas partes absorbían las pérdidas. Alfonso de Angoitia, vicepresidente de Televisa, le recordó a Garza que debían cerrarla antes de esa fecha para que el acuerdo fuera válido. Los días pasaban y no había noticias del pago adelantado de publicidad de las empresas de Slim. Garza le avisó al respecto a García Márquez y el escritor colombiano llamó al magnate para preguntar. Luego de eso, Cobo buscó a Garza para invitarlo a comer en el restaurante Angus.

—¿Cómo dudaste del ingeniero? —fue una de las primeras cosas que le dijo Cobo, con cierto aire de reclamo, según recuerda Garza.

Durante 10 minutos hablaron del tema y luego siguieron la comida charlando sobre política. El empresario y editor Antonio Navalón estuvo presente.

A la mañana siguiente, Cobo llamó a Garza para citarlo de nueva cuenta, ahora en el hotel Geneve, su centro de operaciones. Ahí Cobo le dijo que algo había pasado, pero que no había cheque.

—¿Cómo que no hay cheque? ¿No hay cheque ahora o no habrá cheque nunca?

—Nunca.

—Pero ¿cómo? Si me dicen eso antes, cierro la revista y listo.

—Pues no sé qué pasó, pero no hay cheque. Alguien te *grilló*.

—Pues si alguien me *grilló* —es decir, conspiró— debió haber sido alguno de los candidatos a diputados que vienen aquí por su cheque de la campaña.

—No tengo idea de quién fue.

Garza piensa que aquellos que conspiraron contra él con Slim fueron algunos viejos políticos del PRI con los que se había enemistado durante la época en que fue director de *Reforma,* o bien podría haber sido el propio ex presidente Salinas de Gortari, con quien Garza tuvo al principio una relación privilegiada que luego se deterioró.

Era el 3 de marzo de 2003. Garza llamó a Televisa para decirle a De Angoitia lo que había ocurrido. "Lo siento, Ramón, pero no puedo hacer nada. Los accionistas no estarían de acuerdo", le respondió el ejecutivo. Garza asegura que tuvo que gastar dos millones de dólares de su fortuna.

Con el paso del tiempo, Ramón Alberto Garza fundó *Reporte Índigo,* un diario impreso y en línea que ha tenido un amplio éxito. El periodista nacido en Monterrey dice que el mexicano más rico del mundo no hace filantropía, sino expiación de culpas.

Otra periodista que ha criticado abiertamente al mexicano más rico del mundo en los años recientes es Denise Dresser, quien colabora como columnista y analista en *Reforma* y *Proceso,* precisamente los medios de comunicación a los que algunos sectores de Televisa acusan de cuidar la imagen de Slim. En marzo de 2005 Dresser publicó un texto titulado "El verdadero innombrable", en el cual asegura:

Hoy por hoy, el poder de Carlos Slim en México es un poder innombrable. Del que casi nadie habla; del que casi ningún medio se ocupa; del que casi ningún periodista escribe; del que casi ningún intelectual habla; ese que ningún regulador mexicano se atreve a tocar. Por lo menos es un empresario nacional, dicen. Por lo menos invierte en México, dicen. Por lo menos está preocupado por el desarrollo del país y da discursos al respecto. Pero hay un serio problema con estos razonamientos. Eluden el hecho innegable de un juego suma-cero: lo que entra al bolsillo de Carlos

Slim sale del bolsillo de los consumidores mexicanos. Y la porción que se embolsa es más de lo que le debería tocar. Más de lo que el gobierno debería permitir.

Años después, en 2009, Dresser analizó una entrevista brindada por el magnate a la revista de sociales *Quién* y escribió una columna periodística titulada "Yo soy Carlos Slim", donde reiteró:

Hay tan sólo un manojo de personas en México dispuestas a criticar públicamente al señor Slim, a hablar *on the record,* a decir lo que tantos musitan en privado pero no se atreven a airear. Y es crucial que los mexicanos entiendan el porqué del temor, el porqué del silencio. La respuesta se halla en un sistema político disfuncional del cual el señor Slim se ha beneficiado y que ahora —debido a su peso en la economía mexicana— ha logrado poner a su servicio. Un sistema caracterizado por instituciones débiles, cortes corruptas, funcionarios cómplices, legisladores doblegados, consumidores poco conscientes de sus derechos o sin la capacidad legal para organizarse colectivamente, y medios en su mayoría silenciados porque dependen de su publicidad o apoyo financiero.

Acaso el texto más conocido de los que ha dedicado Dresser a Slim sea una carta abierta publicada en la revista *Proceso* y por la cual recibió en 2010 el Premio Nacional de Periodismo. Casi al final de la misiva, la columnista dice al magnate:

Sin duda usted tiene derecho a promover sus intereses, pero el problema es que lo hace a costa del país. Tiene derecho a expresar sus ideas, pero dado su comportamiento es difícil verlo como un actor altruista y desinteresado que sólo busca el desarrollo de México. Usted sin duda posee un talento singular y loable: sabe cuándo, cómo y dónde invertir. Pero también despliega otra característica menos atractiva: sabe cuándo, cómo y dónde presionar y chantajear a los legisladores, a los reguladores, a los medios, a los jueces, a los periodistas, a la *intelligentsia* de izquierda, a los que se dejan guiar por un nacionalismo mal entendido y aceptan la expoliación de un mexicano porque —por lo menos— no es extranjero.

En contraste, uno de los periodistas más cercanos a Slim es José Martínez, a quien el magnate dio varias entrevistas para la elaboración de *Carlos*

205

Slim. Retrato inédito, un libro muy bien colocado en las librerías Sanborns. Martínez es un periodista experimentado y discreto que ha hecho una saga de libros sobre personajes del poder en México. Antes de Slim escribió sobre dos figuras claves del sistema priista: Carlos Hank González y Elba Esther Gordillo. Algunos de sus compañeros de generación lo consideran uno de los discípulos de Manuel Buendía, el columnista político más influyente de la década de 1980, hasta que fue asesinado.

Martínez cuenta que su padre era un asiduo lector de periódicos, y aunque no era un hombre místico, le gustaba estar en comunicación espiritual con Dios:

> A mi padre le aprendí la pasión por la lectura, fue así que desde muy joven quise dedicarme a escribir. Mientras realizaba mis estudios universitarios me inicié en el periodismo tomando fotos y escribiendo pequeñas reseñas en algunos medios marginales hasta que llegué, a mediados de los setenta, a la revista *Mañana* donde trabajaba un pequeño grupo de periodistas sudamericanos exiliados en México.

La revista *Mañana* fue fundada en 1957 por Daniel Morales Blumenkron, y su sobrino Fernando Solana Morales lo ayudaba a dirigirla. Después de trabajar ahí como reportero, Martínez se incorporó al desaparecido periódico *Unomásuno* que dirigía Manuel Becerra Acosta, donde se formó al lado de un importante grupo de periodistas.

> Yo leía todos los días el periódico *Excélsior* por la columna de Manuel Buendía, a quien considero que fue mi verdadera universidad de periodismo. Colaboré muy poco en este diario y justamente el día que asesinaron a Buendía al lado de su columna en primera plana apareció mi última colaboración, que trataba de un reportaje de investigación sobre la soberanía alimentaria. Los periodistas de mi generación vimos a Buendía como nuestro maestro.

—¿Cuál fue la primera noticia que tuviste de Carlos Slim? —pregunto a Martínez en entrevista.

—Fue en el periódico *El Financiero,* en el que trabajé por varios años. Mi trabajo en esta publicación de finanzas fue muy enriquecedor porque me permitió aprender los entresijos del periodismo especializado en economía y finanzas. Después de desempeñar varias posiciones editoriales, dirigí el área de análisis político, que me tocó fundar. Siempre he sido muy cuidadoso en el manejo de mis archivos periodísticos. Supe bien a bien quién era Carlos Slim Helú cuando hizo una millonaria donación para el rescate de la ciudad de México tras el terremoto de 1985. Empecé a hurgar y descubrí que era un exitoso hombre de negocios. El maestro Froylán López Narváez, quien fue uno de sus condiscípulos en la Preparatoria número 1, algún día me platicó sobre Slim.

—¿Qué fue lo que te motivó a investigarlo y a escribir de él, a la par o después de haber hecho perfiles de Carlos Hank González y Elba Esther Gordillo?

—Me han interesado muchos personajes, no sólo Slim, como tú dices. Fui el primero en escribir sobre el profesor Hank y la maestra, quienes tenían historias truculentas. Me ha interesado Julio Scherer, como en su momento Fidel Velázquez y otros por lo que representan para bien o para mal. No me considero un biógrafo. Escribo este tipo de perfiles de personajes vivos, pues el biógrafo normalmente escribe por identificación o por admiración. Vivimos el *boom* de las biografías póstumas de todo tipo de personajes, llevándolos a dimensiones de idolatría. Yo he escrito sobre personajes que están vivos y no me importa si mis investigaciones descansan sobre el lado más oscuro del personaje investigado, como también lejos de las intachables vidas de santos. No hay razón para el escándalo. ¿Quién no ha escondido una mancha detrás de un cuadro? Aunque debo decir que para un escritor o un periodista existen miserables secretos de la vida. Esos secretos no cambian nada. Cambian si haces una biografía de verdad, pero mejor hacerlas cuando el biografiado haya muerto. Ahora bien, lo que me motivó de Carlos Slim para escribir sobre él fueron muchas cosas: su habilidad para los negocios, su capacidad de seducción sobre intelectuales y políticos, lo mismo su inconmensurable poder económico y también político.

—¿Cuándo fue la primera vez que lo viste en persona? ¿Podrías contarme ese momento?

—Yo trabajaba en el periódico *El Universal,* en la edición del *Gráfico.* Publiqué, en una revista que se llamaba *La Crisis,* un texto sobre Carlos Slim a propósito de mi libro y fue así como en el año 2000 me invitó el ingeniero Slim a comer a su casa, la casa que había sido de sus padres en la calle de Calderón de la Barca, en Polanco. Estaba sorprendido por la veracidad de la información que yo manejaba. Al otro día me volvió a invitar a tomar un café en su despacho, en la calle de Paseo de las Palmas, en Lomas de Chapultepec. Se estableció un diálogo que luego se prolongó por varios años. Fue muy respetuoso conmigo, cosa que agradezco, y tuve acceso a él llevando en muchos momentos largos encuentros, yo ubicado siempre en mi papel de periodista.

—Cuando los periodistas investigan a alguien a fondo, como tú lo hiciste, es muy humano tener sentimientos encontrados en el proceso. ¿Qué emociones sentías al escribir sobre un millonario y cómo las manejaste?

—Te mentiría si te dijera que ha sido algo muy especial. No, nada de eso. He tratado con muchos personajes por mi trabajo, hombres muy ricos y poderosos; el propio Hank González, con quien hablé en varias ocasiones pero que se negó a responder a mis cuestionamientos; igual pasó con la maestra, quien desdeñó mi trabajo y a cambio me ofreció una cantidad importante de dinero para que no publicara mi libro; desde luego que no acepté sus ofrecimientos y la rechacé. Con Slim fue una experiencia importante, porque él sí decidió hablar abiertamente conmigo, pero nunca tuve sentimientos encontrados.

—¿Qué te dijo Slim después de leer tu libro?

—Recuerdo que, al regreso de la Feria Internacional del Libro en Guadalajara, donde me habían acompañado los escritores David Martín del Campo y Osvaldo Navarro a presentarlo, en el avión leí los periódicos, y Carlos Slim, que había sido entrevistado por un grupo de reporteros sobre mi libro, les dijo que lo que más le había gustado "eran las fotografías". Meses después me invitó a comer a su oficina y platicamos de muchas cosas, pero no del libro.

—¿Cómo ha sido tu relación con él después de la publicación?

—En términos generales, buena. Las veces que he solicitado alguna entrevista con él, ha accedido, pero nada en especial.

—Escribiste el libro antes de que Slim se convirtiera en el hombre más rico del mundo. Al hacerlo, ¿tenías ese escenario en mente?

—Yo creo que ni Carlos Slim soñaba con llegar a la cima de la lista de los hombres más ricos del planeta, y yo mucho menos, pero sí sabía que llegaría muy lejos por su toque de emprendedor como inversionista. Pocos como él en el mundo tienen el olfato para los negocios. Slim es un auténtico representante del *smart money,* del dinero sagaz, de los hombres que huelen y saben dónde está el dinero.

—¿Por qué crees que Slim es tan influyente en el mundo periodístico mexicano?

—Me llama mucho la atención que este magnate sea muy mediáti-co. He visto cómo la gente de todas las clases sociales le pide un autó-grafo o tomarse una foto, como si fuera un auténtico *rockstar*. Fotos por acá, *selfies* por acullá con deportistas, intelectuales, políticos de todo el mundo, artistas y todo tipo de personajes. En cuanto a los medios, he visto cómo enjambres de reporteros lo asedian en todos los eventos; un día sí y otro también aparece en las primeras planas, y cuando habla de negocios, el silencio se impone: todos quieren escucharlo, pues todos sueñan con el éxito y piensan que Carlos Slim les va a confiar sus secre-tos para hacerse ricos.

—¿Te consideras el biógrafo de Slim?

—No me considero su biógrafo. La agencias de noticias EFE de Es-paña y otras como Reuters fueron las que comenzaron a señalarme como tal, pero no hay nada de eso. Yo pienso que hay otras personas que saben más de Slim que yo. Simplemente tuve la visión de antici-parme a otros colegas para escribir sobre quien es ahora el hombre más rico del mundo.

—¿Cómo es tu día a día?

—Tengo que trabajar todos los días para subsistir, como la gran ma-yoría de mis colegas. Leo a diario, trabajo en varios proyectos de libros que estoy preparando, me encargo de llevar mi propia oficina, desde abrir y cerrar la puerta y contestar el teléfono. Disfruto de mis hijos y mi trabajo, al que me entrego con amor para servir a mi país desde mi modesta trinchera periodística. Creo que no se puede entender el periodismo sin ideales. En el gremio hemos tenido tres grandes mitos: primero, la creencia en el paraíso celestial. Después, los periodistas mi-litantes que creían en una transformación socialista, que era creer en el paraíso terrestre. Y ahora, a una gran mayoría de periodistas, como su servidor, sólo nos queda un mito: ¡el de la jubilación!

Revistas de arte de Christie's y Sotheby's abundan en la oficina del ac-cionista de *The New York Times,* aunque nunca he visto un periódico impreso por ahí. Dice que suele leer las noticias diarias en una síntesis interna de Grupo Carso, su conglomerado de empresas, y que cuando se anima a hojear directamente un periódico, *Reforma,* diario considerado de centro, suele ser su preferido, y de vez en cuando *Excélsior,* consi-derado de derecha, o *La Jornada,* de izquierda. No menciona entre sus referencias informativas Uno TV, el canal de televisión por internet con una línea editorial moderada que dirige su yerno Arturo Elías Ayub.

Da la impresión de que el dueño de Telmex es un lector que también está al tanto de lo que sucede en los medios de comunicación. Habla con detalle sobre publicaciones, directivos y periodistas. Algunos de los analistas que asegura leer con regularidad son Federico Reyes Heroles ("es muy bueno"), René Delgado ("tipo brillante") y Jesús Silva-Herzog Márquez ("brillante como la chingada, aunque a veces no lo entiendo").

Si en México existen periodistas conocidos por sus cuestionamientos a Slim, como la analista Denise Dresser o Ramón Alberto Garza, otro de los más cercanos al billonario es el legendario entrevistador estadounidense Larry King, quien es su socio en Ora TV, un canal de televisión por internet.

—Mira —me dice Slim cuando toco el tema de los periodistas que lo han cuestionado—, lo de Ramón Alberto es deshonesto y es ardido por algo que arregló con Nacho Cobo que no sé qué es. Son asuntos de él y de Nacho, porque me han llegado por varios lados. Y Denise Dresser, ella así es, pero a veces dice cosas que no son ciertas. Es que es muy bonito agarrar a alguien así y decir que eres muy inteligente y muy valiente y muy brava porque le mientas la madre al brujo, ¿no? Una vez, dando yo una plática en el ITAM, salieron gentes que ella había mandado preparadas para atacar. Discutí con ellos y con sus gentes. Una sola vez en mi vida he platicado con ella.

—Y ella escribió un artículo muy duro después de que platicaron.

—Sí, pero a mí me interesa que gente seria te critique.

—¿Cómo quién?

—De repente escriben cosas sobre mí, pero no puedes contestarlo todo porque andas en otros asuntos y así, una mentira repetida, que es lo que nos ha pasado —¡que somos los más caros del mundo—, y digo, bueno, qué maravilla que tu competidor, que tiene el mercado más caro del mundo y el más mal servicio. Pero son mentiras que se repiten y se creen.

—¿Y los periodistas con los que mejor se relaciona, como Larry King y José Martínez?

—A José Martínez lo veo poco, desgraciadamente. Me platica mucho de la Universidad de Puebla. Larry King, bueno, pues lo veo con mucho afecto. El otro día estuve con Charlie Rose. Me hizo una entrevista en una cena, una entrevista muy agresiva. Fue privada, pero había como 500 gentes. Yo creo que lo que me interesa son periodistas que van a decir la verdad, no que porque leyeron en tal lado tal cosa entonces eso es la verdad, porque resulta que muchos periodistas agarran una fuente... por ejemplo, los babosos éstos de *Por qué fracasan los países*.

—¿Los demandó?

—Sí, ya lo quitaron, pero yo los quería demandar para que lo hicieran público. Pero ya lo quitaron. Rogozinski también demandó porque estaba cuidando que no saliera lo de la corrupción del gobierno —Slim busca el libro y unas cartas del juicio, que me muestra.

Julio Scherer, fundador de la revista *Proceso* y ganador del Premio María Moors Cabot, otorgado por la Universidad de Columbia, es quizá el periodista con quien Slim tuvo la relación más intensa. Pese a que en el historial de su amistad hubo varios desencuentros, una de las anécdotas preferidas de Slim con Scherer gira en torno de la caballerosidad del periodista con una fallecida actriz mexicana, María Félix, considerada la diva del cine nacional hasta el último día de su vida.

—Recuerdo una reunión preciosa con Julio Scherer. Él andaba con Juan Antonio Pérez Simón y me llamó para decirme que me quería entregar un libro, y les dije: "Vénganse, estoy cenando con María Félix", y estuvo muy bonito. Recuerdo que, de repente, María tira la servilleta y Julio la recoge. Luego María se la vuelve a tirar y Julio se la vuelve a recoger y le dice: "Por ti lo haría una y mil veces, María". Y María le dice: "No, Julio, te daré una ocupación más interesante". ¡Precioso, precioso! Con Julio conviví mucho en muchas reuniones, también con mi esposa. ¿Tuve desacuerdos? Claro. Ya sabes cómo es *Proceso*.

—¿Usted ayudó a que se hiciera Proceso.com?

—A lo mejor sí, no sé. Eh, a lo mejor.

—¿A *Reforma* no lo ayudó en la crisis de 2010?

—Le compramos publicidad y nos la vende muy cara. ¿Tuvo crisis en 2010, 2011?

—¿Pagó usted publicidad adelantada en *Reforma* por unos dos o tres años?

—No, por uno, aunque ojalá hubiera sido por tres. En 2011 subimos nuestra pauta publicitaria en todos lados.

—Granados Chapa me dijo que usted era el mecenas invisible de la prensa mexicana, que casi todos los medios de comunicación llegaban a pedirle dinero.

—No, no es así.

—Don Miguel Ángel dijo que hasta él le pidió.

—Sí, me pidió para la revista *Mira*.

—Pero que usted no le dio.

—Sí, sí le di.

—Me dijo que no.

—Le di publicidad, porque socio de medios no soy más que de *The New York Times*. ¿En *Mira* no estaba Federico Reyes Heroles? Sí, sí le dimos. A lo mejor quería que le diéramos más, eso puede ser. Lo voy a checar, pero yo creo que sí. Yo apreciaba mucho a Granados Chapa.

—¿Le da usted publicidad adelantada a los medios para que sobrevivan a ciertas crisis?

—No, no es eso. Hace 30 años Televisa inventó el "plan francés", que en lugar de venderte la publicidad e írsela pagando, te vende por adelantado un paquete de publicidad a un precio especial. Entonces lo que hacemos, creo, es que negociamos paquetes de publicidad de nuestras empresas para todo el año, pero no es que les demos un anticipo cuando tengan crisis.

—Periodistas de Televisa han dicho que *Reforma* es un medio controlado por usted y que Carmen Aristegui, también, así como *Proceso*. ¿Qué opina de *Reforma,* de Carmen Aristegui y de *Proceso*?

—Lo que pienso es que Televisa tiene que decir eso porque no los controla. Todo lo que no controla soy yo. Ellos han hecho un esquema muy interesante. Tienen a su gente y luego los tienen en programas raros, en el canal equis, foro cuatro, y ahí los coopta. Entonces, si tú te das cuenta, casi todo mundo está en algunos programas, incluyendo Denise Dresser; estuvo un tiempo, pero luego se les escapó… Entonces los tienen cooptados y luego tienen también a otros, pero son a los que usan de gatilleros, como los de *Alebrijes* —programa de comentaristas financieros—. ¿De casualidad no te dijeron también que *La Jornada* era mía?

—También, pero los que señala Televisa sobre todo son éstos.

—Antes decían que yo había comprado *La Jornada*. Y ahí son socios individuales. Carlos Payán —fundador del diario y luego senador— sí fue buen amigo. A Payán lo aprecio mucho, lo estimo mucho, pero, en fin, dicen también que es mío el *Reforma:* lo aseguran.

—Bueno, Granados Chapa me contó que había algunas reuniones de editorialistas de *Reforma* con usted y Alejandro Junco, propietario del diario.

—Es cierto.

—Y Granados Chapa y otro de los editorialistas asistentes me dijeron que a veces usted hasta regañaba a Junco delante de ellos.

—No, lo que yo hago es que digo lo que pienso. No lo regañaba. Lo contradecía y a lo mejor ellos no lo contradecían. Pero yo no lo regañaba, y menos ahí. Lo que sí hago es que me confronto. Y eso lo hice con Payán en su momento. Me sentaba con sus gentes de *La Jornada* a discutir temas. Por ejemplo, hay uno, Demetrio Sodi, que estaba muy ligado a Roberto Hernández —banquero rival de Slim— y me empezó a madrear, y entonces hicimos una reunión y yo llevé papeles. También he hecho eso con gente de *Proceso* y de otros medios. A mí me gusta confrontar.

Slim sostiene un conflicto abierto con Televisa, la principal cadena televisiva en México y una de las más importantes de Latinoamérica. El nivel de la confrontación es tal que, en 2011, Televisa dejó de pasar anuncios pagados por las empresas del billonario, argumentando un desacuerdo en las tarifas económicas. La versión del equipo de Slim es que esto se debió a que Televisa quería afectar la marca Telcel, debido a que la televisora había incursionado en el mercado de la telefonía celular con Iusacell, a través de una sociedad con Tv Azteca, la segunda cadena nacional de televisión mexicana. Tv Azteca se sumó a este bloqueo denunciado por Slim. Sin embargo, durante la entrega de los premios Oscar de 2015 volvieron a verse anuncios de Telcel en la pantalla propiedad de Ricardo Salinas Pliego, quien tras disolver su sociedad en Iusacell con Emilio Azcárraga Jean, a las pocas semanas obtuvo una jugosa ganancia al vender la telefónica a AT&T a más del triple de lo que le costó.

Este conflicto de Slim con las principales televisoras del país benefició a varios periódicos y revistas mexicanas, debido a que el gasto en publicidad de las empresas de Grupo Carso que solía hacer en Televisa y Tv Azteca fue reasignado de manera significativa a la prensa, así como a radio y a cines. En medio de esta batalla, no pocos periodistas influyentes han quedado marcados por ser del bando de Slim o del bando de Televisa, uno de los consorcios empresariales más cercanos al gobierno del presidente Enrique Peña Nieto.

—Lo que pasa es que las televisoras nos prohibieron la publicidad. Nos bloquearon la publicidad para rompernos el hocico. Para quedarse con el negocio de las telecomunicaciones han hecho mil cosas. ¿Sí las

213

conoces? Entre ellas nos pararon la venta de publicidad. Creo que hicieron un acuerdo raro con el gobierno pasado —el de Calderón—, con tus amigos esos que te cuentan esos rollos de que yo apoyaba a Andrés Manuel López Obrador, y la otra es que quería un cambio de gobierno. Pero eso fue: como nos frenaron la publicidad en las televisoras, entonces incrementamos nuestra publicidad en los demás medios. Y como ya no invertimos en televisión, entramos a los cines, por ejemplo. Pero fue un bloqueo de ellos.

Hace unos años, a petición de Slim, el periodista José Martínez organizó una cena para el billonario con algunos de los columnistas que escriben a diario en los principales periódicos nacionales. De acuerdo con el relato de Martínez, los periodistas políticos se mostraron fascinados con el magnate y uno de ellos, para quien era la primera vez que platicaba con el dueño de Telmex, aseguró delante de todos que si el billonario había manejado tan bien sus empresas hasta llegar a ser el hombre más rico del mundo, entonces debería ser el presidente de México para manejar igual de bien al país. Algunos se sonrojaron. Slim respondió diciendo que jamás se involucraría en la política.

—Me llama la atención la forma en que Julio Scherer se relacionaba con usted. ¿Cómo cree que puede relacionarse un periodista independiente con un personaje público tan poderoso? —pregunto a Slim.

—¿Cuál personaje poderoso?

—Pues usted.

—No, los poderosos son los medios y el gobierno.

—¿Usted se cree menos poderoso que los medios y el gobierno?

—¿Que el presidente? Claro que sí. ¿Y que los medios? ¿Cuáles? ¿Las televisoras? Las televisoras son las que manejan las cosas, tú lo sabes. ¿No has visto cómo nos han atacado?

—De hecho tengo varias preguntas sobre eso.

—No, pues de eso a lo mejor no te voy a contestar todo lo que me preguntes…

27

Telecomunicaciones

Cuando Carlos Slim tomó el control de Telmex obtuvo un monopolio porque legalmente era la única empresa con el derecho de ofrecer servicios telefónicos locales y de larga distancia nacional e internacional durante seis años. El poder que acumuló con esa operación se afianzó tanto que sus socios mayoritarios, Southwestern Bell y France Telecom, estaban impedidos jurídicamente para buscar el control administrativo de la compañía.

Una de las escasas obligaciones legales que el magnate debió aceptar fue la de que no podría participar en el sector de la televisión dominado por la empresa Televisa. El último párrafo de la Condición 1.9 de la Modificación al Título de Concesión de Teléfonos de México, S. A. de C. V., del 10 de agosto de 1990, establece que "Telmex no podrá explotar, directa o indirectamente, ninguna concesión de servicios de televisión al público del país". A su vez, Televisa también estaba impedida de participar en el sector de telecomunicaciones. Ésta fue la forma en que el régimen del PRI consiguió mantener un cierto balance entre dos de los conglomerados privados más estratégicos para la seguridad nacional.

El monopolio de la televisión en México lo mantuvo Televisa durante largo tiempo, la compañía que creció vertiginosamente durante la administración de Emilio Azcárraga Milmo, quien se declaraba abiertamente un soldado del PRI y ordenaba que en sus noticieros sólo se reprodujera la información generada o avalada por el sistema. En su estupenda biografía sobre Azcárraga Milmo, titulada *El Tigre,* Claudia Fernández y Andrew Paxman relatan varias estampas de la colusión de esta televisora con el PRI, no sólo sostenida entre las décadas de 1960 y 1980. Una de éstas ocurrió durante las elecciones generales de 1991, las primeras celebradas después de las que ganó Carlos Salinas de Gortari en medio de acusaciones de fraude. Fernández y Paxman cuentan:

215

Tres semanas antes de la elección un reportero arrinconó a Azcárraga en la Guelaguetza, el festival cultural que se celebra anualmente en Oaxaca, y lo cuestionó sobre la sesgada cobertura que Televisa estaba realizando de las campañas. Azcárraga respondió: "Televisa se considera parte del sistema gubernamental y, como tal, apoya las campañas de los candidatos del PRI. El presidente de la República, Carlos Salinas de Gortari, es nuestro líder máximo y estamos muy contentos de que así sea".

En la década de 1990 Televisa empezó a tener la competencia de Tv Azteca, la antigua televisora estatal privatizada por el gobierno de Salinas de Gortari al empresario Ricardo Salinas Pliego. Sin embargo, con el paso del tiempo Televisa y Tv Azteca se asociarían en diversos momentos de manera estratégica para preservar un duopolio televisivo. Incluso lo hicieron de manera formal por medio de la telefónica Iusacell, con la cual buscaron hacer frente al monopolio de Slim. En cuanto a televisión de paga, otra compañía con la que Televisa debió competir fue Multivisión, propiedad del empresario Joaquín Vargas, quien en esa misma década logró arrebatarle un buen número de clientes a Cablevisión. Si a la larga Emilio Azcárraga Jean —hijo de Azcárraga Milmo— y Salinas Pliego aliaron a Televisa y Tv Azteca, Slim y Vargas lo hicieron por su parte con Telmex y Multivisión.

Pero en ese periodo a Slim no parecían preocuparlo las restricciones para ingresar a la televisión, sobre todo ante las enormes ventajas obtenidas con la adquisición de Telmex. En 1995 el abogado Guillermo Hamdan, como parte de un litigio contra Telmex, hizo una analogía sobre la ventajosa compra de la telefónica estatal. Por medio de un documento entregado a los medios de comunicación, Hamdan equiparó la venta de Telmex con la de un taxi cedido por debajo de la mitad de su valor y, además, con el privilegio de circular por las calles sin competencia alguna.

Al vender Telmex, el gobierno, comparativamente, vendió en 12 000 pesos un taxi cuyo costo era de 28 000. Aparte, otorgó a los compradores factura, placas, tarjeta de circulación, permisos de ruta, un lote de refacciones, las utilidades de todo el año en que se hizo la compra y un plazo de seis meses para terminar de pagar el vehículo. Por seis años se le daría protección oficial a su monopolio; sólo ellos darían servicio de taxi en México, y esto tiene ya un valor intrínseco, mismo que no fue tomado en consideración para la venta de la unidad. Igualmente, el permiso para circular se les entregó por 50 años, más 15 de gracia, más la posibilidad de refrendarlos por otros 50 años. Estos 115 años también representan un valor, que presumimos tampoco se incluyó en el precio. Y además, para garantizarle jugosas ganancias, se le vendió el taxi con una demanda cada día mayor, en perfectas condiciones y con tarifas públicas establecidas con incrementos sustanciales. Además, el gobierno aceptó que los usuarios que requieran servicios programados paguen por anticipado al dueño del taxi y que si por alguna razón ya no requieren el servicio pagado, no se regrese el saldo.

Jesús Rangel, columnista financiero de *Milenio*, quien ha seguido la carrera de Slim desde la década de 1970, es uno de los diversos analistas convencidos de que, antes de adquirir Telmex, el magnate ya era un empresario consolidado luego de varias compras importantes, como la de la empresa de publicidad Galas en 1976, la Cigarrera La Tabacalera Mexicana —dueña de Marlboro y otras marcas— en 1981 y Seguros de México en 1984, por la cantidad de 55 millones de dólares, al legendario banquero mexicano Manuel Espinosa Yglesias. También explica que el crecimiento meteórico de su riqueza en la década de 1990 se enmarcó en un fenómeno mundial de apertura de los mercados internacionales a empresas mexicanas y, en general, de países con economías emergentes, como suele decirse en lenguaje financiero.

En una larga entrevista que brindó a la revista *Proceso* en 1995, Slim argumentó:

Hace 30 o 40 años habría, acaso, una empresa mexicana inscrita en la bolsa de Nueva York. Pero en los noventa acudieron en masa a esos mercados. Y cuando una empresa cotiza en esos mercados, puede obtener capitales importantes en condiciones convenientes. Eso fue lo que pasó en los noventa. No hay nada misterioso en el crecimiento y el desarrollo de los grupos.

Slim mantuvo una sólida alianza con Televisa antes de competir contra ella. En los últimos años de vida de Azcárraga Milmo, Slim compró hasta 49% de acciones de Cablevisión (propiedad de Televisa), con la finalidad de ayudar a las finanzas de la empresa, a pesar de que tal acción violaba la concesión otorgada a Telmex. El gobierno del presidente Ernesto Zedillo, quien relevó y se enfrentó a su antecesor Salinas de Gortari, mantuvo a Televisa y a Telmex como las empresas consentidas del régimen priista. Durante la llamada crisis económica de diciembre, ocurrida a finales de 1994, después de que Salinas de Gortari entregó la presidencia a Zedillo, tanto Televisa como Grupo Carso fueron acusados desde el anonimato por otros empresarios de haber recibido información privilegiada para cambiar sus deudas en dólares a pesos antes de que se anunciara una drástica devaluación de la moneda mexicana. Cuando Azcárraga Milmo murió, Slim, en acuerdo con el entonces presidente Zedillo, ayudó a que el hijo, Azcárraga Jean, mantuviera el control de la televisora, mediante la compra de las acciones de las familias Alemán y Díez Barroso, quienes, de acuerdo con versiones consultadas, tras el fallecimiento del *Tigre* intentaron quedarse con el control de la televisora más poderosa de México. Slim se convirtió así en un factor clave para que el hijo de Azcárraga Milmo se mantuviera en la presidencia de Televisa.

La alianza entre Azcárraga Jean y Slim Helú se empezó a desdibujar a partir de que Ernesto Zedillo Ponce de León acabó su gobierno y por primera vez un candidato del PAN ganó la presidencia: Vicente Fox Quesada. En ese momento Televisa pidió a las autoridades reguladoras obligar a Slim a que dejara de tener 49% de las acciones de Cablevisión, ya que tal situación impedía la expansión de la empresa creada para ofrecer televisión de paga. Así, en 2002 Slim salió en definitiva de Cablevisión.

¿Hubo otras razones para la ruptura entre Azcárraga y Slim, aparte de la preparación del terreno de necesaria competencia debido a la inevitable fusión entre los servicios de telefonía y televisión que cada uno ofrecía? Jenaro Villamil, periodista especializado en el tema de telecomunicaciones en México y uno de los analistas más críticos del papel político de la televisora, asegura que los malos contenidos de Televisa fueron los que provocaron el final de la alianza entre Televisa y Carso. De acuerdo con una investigación del propio Villamil, Slim le reclamó a Azcárraga Jean, así como a sus tres principales colaboradores —Bernardo Gómez, Alfonso de Angoitia y José Bastón—, la baja calidad de la programación de Televisa. "Ustedes están haciendo telebasura. Así no van los contenidos", les dijo en una reunión efectuada el 3 de febrero de 2006 en Valle de Bravo, Estado de México, durante la cual se rompió de manera definitiva la alianza, afirma Villamil.

Justo en 2006 Televisa y Tv Azteca consiguieron que el Congreso mexicano aprobara una serie de reformas a la Ley de Radio y Televisión, así como a la de Telecomunicaciones, con las cuales ambas televisoras aseguraban el uso, libre de todo cargo, del espectro digital de frecuencias, considerado como un bien público. La aprobación *fast track* por parte de legisladores de todos los partidos políticos, salvo algunas excepciones, fue conocida como Ley Televisa.

Al calor del conflicto poselectoral que vivió el país en 2006, durante el cual Andrés Manuel López Obrador, el candidato de la izquierda —perdedor por medio punto porcentual, según los resultados oficiales—, denunciaba un fraude de Estado en los comicios celebrados en julio de ese año, el gobierno de Vicente Fox Quesada promovió un acuerdo de convergencia a favor de la fusión de los mercados de telefonía fija, televisión restringida e internet. Con esta maniobra, que beneficiaba los negocios de Slim, la administración emanada del PAN intentaba equilibrar la balanza tras la creación de la Ley Televisa.

Un año después la administración del nuevo presidente, Felipe Calderón, también del PAN, invalidó el acuerdo de convergencia mediante la Comisión Federal de Telecomunicaciones, que anunció a su vez la creación de un Plan Técnico Fundamental de Interconexión e Interoperabilidad, el cual impedía la participación de Telmex. Ese mismo año la Suprema Corte de Justicia de la Nación declaró como parcialmente inconstitucionales artículos clave de la Ley Televisa, ya que propiciaban "prácticas monopólicas y perjuicio al interés público, a la libre competencia y a la rectoría del Estado". Así, tanto Slim como Televisa y Tv Azteca volvieron a estar en condiciones más o menos similares de disputa, de cara a la nueva realidad tecnológica enmarcada por el servicio *triple play*.

Purificación Carpynteiro, subsecretaria de Comunicaciones y Transportes durante el gobierno de Calderón, asegura que, entre Slim y Azcárraga, el ex presidente decidió apoyar al segundo. En su libro *El fin de los medios* la ex funcionaria asegura:

En ese mismo sexenio, Grupo Televisa adquirió Cablemás y TVI, que se sumaron a su filial Cablevisión. Ganó las licitaciones de la fibra óptica de la Comisión Federal de Electricidad (CFE) y la Licitación 21 para ingresar al mercado de telefonía móvil en sociedad con Nextel. Esta sociedad se deshizo después, ante el anuncio de la fusión de Grupo Televisa y Grupo

Salinas, de su presunto competidor Ricardo Salinas Pliego, para adquirir Grupo Iusacell. La Comisión Federal de Competencia autorizó la fusión de Televisa y Iusacell en junio de 2012, un mes antes de la elección presidencial. Las presiones del presidente saliente, Felipe Calderón, fueron claras y explícitas para otorgarle un privilegio más a la compañía de Azcárraga Jean.

Esta disputa se incrementó en 2007, año en que Slim apareció por primera vez a la cabeza de la lista que publica la revista *Forbes,* donde se documentan las fortunas de los hombres más ricos del mundo. Slim superó ese año a Gates y a Buffett y se convirtió en el primer empresario latinoamericano en llegar al *ranking* de los ultrarricos. La atención internacional sobre el magnate mexicano se elevó y éste comenzó a realizar movimientos financieros de mucha notoriedad, como la participación accionaria en *The New York Times*. Esta maniobra provocó una enorme curiosidad sobre él en la capital financiera del mundo, donde cuanto ocurre termina por convertirse en algo global.

Lawrence Wright, quien con su libro *La torre elevada* —sobre el ataque de Al Qaeda contra las Torres Gemelas— ganó el Pulitzer y se ha convertido en guionista de películas como *Estado de sitio,* visitó México hacia finales de 2008 y principios de 2009 para preguntar acerca del magnate y escribir un perfil sobre él. En la crónica publicada en la prestigiosa revista *The New Yorker,* Wright reconstruye una reunión ocurrida en marzo de 2008 en la residencia oficial de Los Pinos, durante la gestión de Felipe Calderón. La cita fue convocada por el entonces secretario de Comunicaciones y Transportes, Luis Téllez, para tratar de abrir a la competencia el sector de telecomunicaciones dominado por Slim. A cambio, al empresario le permitirían su participación en la televisión.

De acuerdo con la descripción de Wright, la reunión ocurrió en torno de una gran mesa en forma de "U". De un lado estaban Slim, su primogénito Carlos, su sobrino Héctor Slim Seade y sus yernos Daniel Hajj y Arturo Elías Ayub. Del otro lado de la mesa se hallaban Luis Téllez, el comisionado Rafael del Villar y dos expertos no identificados por el periodista estadounidense. El presidente Felipe Calderón encabezó el encuentro sentado en la curva de la mesa. "Nosotros estamos de acuerdo en dejarlo entrar a la televisión a usted, pero primero tiene que estar de acuerdo con nosotros en un sistema de términos", dijo el comisionado Del Villar, según el texto de *The New Yorker*. Los términos que los funcionarios mexicanos pedían a Slim eran pagos "razonables" de la interconexión telefónica, reducir costos interurbanos, compartir la infraestructura de Telmex y eliminar la práctica del redondeo al minuto para las llamadas de celular. El equipo de Slim respondió que las tarifas de la interconexión en México eran competitivas con las de otros países y la discusión se prolongó durante más de dos horas. Tres de los asistentes le contaron a Wright que Slim se enojó tanto que amenazó con vender Telmex; sin embargo, el magnate negó ante el propio escritor haber dicho eso exactamente: "Dije: 'Dígame lo que usted quiere. Si usted quiere que vendamos, aceptamos. Si usted quiere que lo dividamos en dos porciones, tres porciones, *okay*. La única cosa que no haremos es destruir Telmex'".

La reunión acabó sin acuerdo alguno. Meses después, Luis Téllez renunció a la Secretaría de Comunicaciones y Transportes, tras un escándalo desatado por la divulgación que hizo la periodista Carmen Aristegui en mvs Radio de unas llamadas telefónicas privadas del funcionario federal, en las cuales éste hablaba mal de diversos personajes de la política nacional, en especial del ex presidente Carlos Salinas de Gortari.

A finales de 2008 la ex subsecretaria Purificación Carpynteiro envió al presidente Calderón un largo documento de diagnóstico y propuesta de soluciones para el enfrentamiento entre Televisa y Slim. El documento privado, que Carpynteiro hizo público años después, cuando estaba en ruta para ser diputada federal por la izquierda electoral, describía en uno de sus apartados la crisis que se avecinaba:

El sector se encuentra en guerra. Existen más de 45 demandas, amparos, recursos administrativos y hasta denuncias penales en contra de funcionarios públicos y particulares por operadores de ambos bloques de influencia. De continuar con el rumbo marcado, los pleitos que deberán ser dirimidos en tribunales no tendrán solución sino hasta dentro de tres o cuatro años; y mientras tanto, la incertidumbre jurídica de las reglas aplicables hará que el sector continúe paralizado y con bajas inversiones, y la guerra se volverá mucho más agresiva inclusive contra el gobierno, que sufrirá las embestidas de unos y otros por su acción o inacción. En el mejor de los casos, si el gobierno no cambia de estrategia, los próximos cuatro años serán como los dos primeros. Pero esta guerra puede ser auspiciosa y sentar las bases para cambiar el desenlace de esta historia que estás escribiendo, presidente. Como personaje de esta narración me atrevo a alertarte que no es necesario que la conclusión de este capítulo sea una mera continuidad de los fracasos de los gobiernos anteriores. La coyuntura tecnológica abre la posibilidad de escribir un final insospechado con éxitos que revolucionarían al sector. No estamos destinados a quedar en las manos de los poderosos jugadores que hoy manipulan las fuerzas políticas para defender exclusivamente sus intereses. Tenemos suficientes armas a nuestra disposición para imponer condiciones de negociación que tengan como resultado una verdadera revolución pacífica de las telecomunicaciones en México sin que sea necesario un enfrentamiento que vaya en detrimento de las necesidades políticas del país (por el contrario, pudiera coadyuvar a mejorar la posición actual de tendencias durante 2009). Esta estrategia, que consiste de cuatro acciones (presentación anexa), es conocida por el secretario (de Comunicaciones y Transportes) y está de acuerdo. No obstante, requiere de la coordinación con varias dependencias a los más altos niveles y de la evaluación de las posibles consecuencias políticas durante su proceso. En tanto esa coordinación no suceda, resulta difícil creer hasta para los mismos jugadores que el gobierno está firme en su posición. La estrategia no garantiza el éxito, pero es la única alternativa a la guerra desatada y la desinversión. Pero si en este camino conseguimos el objetivo, ¿cómo se leería este capítulo de la historia?

El gobierno de Calderón no solucionó esta disputa. En la única guerra que el ex presidente parecía estar interesado era en la del narco, la cual asimismo, al final de su sexenio, terminó por resultar tan desastrosa como la librada en el sector de las telecomunicaciones.

Ante la inacción del gobierno de Calderón, Slim mantuvo con Televisa lo que algunos especialistas y funcionarios consultados definen como una guerra de baja intensidad. La lucha empezó a subir de tono en 2011, conforme se acercaban las nuevas elecciones presidenciales. Una nota publicada por el periódico *Reforma* sobre el retraso de la empresa Bestel, filial de Televisa, en la instalación y operación de una red telefónica del Instituto de Seguridad y Servicios Sociales de los Trabajadores del Estado (ISSSTE), detonó uno de los primeros enfrentamientos abiertos. Tras la publicación, Televisa pagó desplegados en diversos periódicos nacionales en los que acusaba a Telmex de ser causante del retraso, y señalaba que *Reforma* estaba "deformando" la realidad con el fin de servir a los intereses económicos de Slim. El comunicado, firmado por

Manuel Compeán, director de Comunicación de Televisa, cuestionaba también al columnista Granados Chapa, quien había revelado que Televisa y Tv Azteca se habían aliado para comprar Iusacell, lo cual fue desmentido de manera furibunda por ambas empresas, aunque a la larga el tiempo dio la razón al periodista. Pero en ese momento Televisa abría fuego abiertamente: "Ahora nos damos cuenta —dice el texto— que ésa no es sólo la posición de un editorialista de *Reforma,* sino del dueño y los directivos del diario. Y si no, qué mejor prueba que los infundios propagados desde 'Templo Mayor', en los que llaman histéricamente a que la autoridad intervenga y 'salve' a Grupo Carso".

El desplegado concluía haciendo referencia a viejas disputas internas de la familia de Alejandro Junco de la Vega, dueño de *Reforma,* a quien busqué para que diera su versión al respecto, pero me respondió que no lo haría, ya que era un rumor muy viejo.

Además del periódico *Reforma,* como ya se mencionó, Televisa ha señalado a Carmen Aristegui de trabajar al servicio de Slim. Por medio de un desplegado publicado y firmado por Alejandro Puente Córdoba, presidente de la Cámara Nacional de la Industria de Telecomunicaciones por Cable —un órgano gremial controlado por Televisa—, se cuestiona abiertamente a Slim y a Aristegui: "Usted, Carmen Aristegui, quiere hacer a Slim dueño de todos nosotros como ya es dueño de usted. Le ayuda a aniquilar a sus competidores, a seguir engordando a un imperio que ya posee".

La empresa presidida por Azcárraga Jean reaccionó así en ese momento, luego de una entrevista hecha por Aristegui al entonces candidato del PRI a la presidencia, Enrique Peña Nieto, a quien le cuestionaba su relación tan cercana con Televisa.

★ ★ ★

El 1° de diciembre de 2012, día de su toma de protesta como presidente, Enrique Peña Nieto pareció enviar un mensaje de mediación a los protagonistas de la guerra del *triple play.* Durante la ceremonia oficial celebrada en Palacio Nacional, Slim, Emilio Azcárraga Jean y Ricardo Salinas Pliego fueron acomodados en lugares contiguos. En la mayoría de las fotografías que circularon, Azcárraga Jean y Salinas Pliego aparecen sonrientes, mientras que, a su lado, Slim Helú muestra un rostro de desdén. Políticos que estuvieron cerca aseguran que el dueño de Telmex sólo saludó y se despidió sin hablar con sus competidores durante el tiempo que duró el acto.

Más allá del aparente mensaje de mediación, allegados a Slim aseguran que el magnate de las telecomunicaciones calcula que durante el gobierno de Peña Nieto ha tenido el viento en contra, debido a la alianza especial de éste con Televisa, cuyo amplio apoyo resultó fundamental para que el político del Estado de México devolviera al PRI la presidencia del país. Mientras tanto, un político cercano a Peña Nieto relata que, más allá del favoritismo que el presidente pudiera tener por la televisora que ha promovido exitosamente su imagen pública durante su carrera política, el nuevo gobierno buscaba "pegarle a todos por igual, pero había que empezar por el más grande". De acuerdo con el registro de la revista *Forbes,* la fortuna de Slim es 30 veces mayor que la de su competidor Emilio Azcárraga Jean.

En marzo de 2014 el presidente Peña Nieto presentó una iniciativa para reformar el sector de las telecomunicaciones y la radiodifusión. La propuesta presidencial afectaba sobre todo los intereses monopólicos de Slim. América Móvil, su compañía punta de lanza en telecomunicaciones y administradora de Telmex y Telcel, resultaba la más perjudicada al quedar obligada a ofrecer servicios de interconexión sin costo alguno. Por el contrario, fueron muy pocas las nuevas medidas contempladas contra el duopolio televisivo. Después de la presentación de la iniciativa presidencial al Congreso surgió una serie de manifestaciones y cuestionamientos sobre la nueva reforma. El sindicato de telefonistas participó en una cadena humana de protesta que abarcó desde las instalaciones de Televisa hasta la residencia presidencial de Los Pinos, convocada por Cuauhtémoc Cárdenas, líder moral de la izquierda, y el senador del PAN, Javier Corral, lo cual fue señalado por Carlos Loret de Mola, uno de los periodistas más importantes de Televisa, como una maniobra de Slim para sabotear la reforma. "Slim toma las calles", tituló uno de varios artículos que escribió en su columna para el diario *El Universal,* a fin de criticar al mexicano más rico del mundo. En su texto, asegura que Slim preparó una estrategia especial para mantener su monopolio. Primero creó un grupo de legisladores a su servicio, "los llamados Telcel-nadores y Dish-putadas", en referencia a Telcel, su empresa de telefonía celular Telcel, y a Dish, la compañía de cable en la que está aliado con Multivisión. Después, de acuerdo con Loret de Mola, por medio de contratos de publicidad Slim tomó el control de varios medios de comunicación y periodistas, y posteriormente de intelectuales y artistas, hasta que a la postre financió protestas como la cadena humana convocada por Cárdenas Solórzano.

El sábado era la cita para realizar una cadena humana desde Los Pinos hasta Televisa Chapultepec para protestar contra la ley secundaria de telecomunicaciones que promueven PRI y PAN. Acudieron personajes afines al ingeniero Slim. Se les sumaron algunos que odian al duopolio de la televisión (pero no les importa aliarse con el monopolio de las telecomunicaciones). Y llegaron otros más que se dejan seducir por éstos, quizá sin darse cuenta de a quién terminan haciéndole el juego. La invitación decía a las 11 de la mañana. Necesitaban seis kilómetros de personas. Era mediodía y la cadena no se formaba porque los asistentes no alcanzaban más que para cinco cuadras desagregadas: una por Los Pinos, dos por el Ángel, dos por Televisa. Justo a esa hora llegó el contingente del sindicato de Telmex, que está bajo total control del ingeniero Slim a través de la figura de Francisco Hernández Juárez, quien lleva 40 años como dirigente. Aunque no se juntó suficiente gente para entrelazarse en cadena en toda la ruta programada, los trabajadores del ingeniero Slim —identificados con playeras y gorras— nutrieron la manifestación con pancartas donde exigían todo lo que el multimillonario mundial quiere en la ley secundaria de telecomunicaciones. Eran mantas y cartulinas impresas profesionalmente con textos tan sorprendentemente especializados como: "No se debe castigar a Telmex y sus trabajadores por cumplir con el título de concesión y declararlo preponderante". Y al ladito: "Peña títere de Televisa". Que el hombre más rico desafíe así al presidente de su país, rete al Estado, plante cara ante las instituciones y financie una manifestación me parece una noticia de talla internacional.

Al final de su texto el periodista de Televisa opinaba que debería existir mayor competencia en el mundo de la televisión, pero que la empresa dominante más dañina para la economía nacional y los bolsillos de los mexicanos era Telmex-Telcel.

La iniciativa del presidente Peña Nieto fue aprobada prácticamente como la envió. Legisladores que votaron en contra la calificaron como la Ley Peña-Televisa. Tras la aprobación, en una jugada sorpresiva, Slim ordenó que América Móvil —la principal empresa afectada por la reforma— fuera empequeñecida mediante la desincorporación de algunos activos y la venta a operadores que no fueran Televisa ni Tv Azteca, con lo cual buscaría dejar la condición de agente económico preponderante en la que quedó tras la aprobación de la mencionada reforma, así como mantener la tensión con sus principales competidores en México. Slim convirtió así en pírrica la victoria de sus competidores directos.

—¿Son Televisa y Tv Azteca sus principales adversarios en México? —pregunto a Slim en entrevista.

—Pues se pusieron de acuerdo, y todo para joder, pero ya se separaron de la sociedad que tenían en Iusacell. Uno le vendió al otro, y el que vendió parece que se equivocó. Pero nuestro competidor-competidor es Telefónica de España.

—¿Y su adversario?

—¿Qué quieres decir con adversario?

—Aquel grupo con que la disputa va más allá de lo económico, también en lo político y demás…

—Muchas veces en lo económico se mueven todos los demás terrenos, pero eso es problema de ellos. Mira, mientras se trate de un negocio en el que quien decide son 100 millones de gentes, no nos importa lo que hagan.

28

Tiburones

A las nueve y media de la noche del domingo 19 de agosto de 2012, la Policía Nacional de Nicaragua fue alertada mediante una llamada telefónica de la operación ilegal que estaba realizando una banda mexicana en su país. Poco antes de las 10 de la mañana del lunes siguiente, 18 personas que se ostentaban como empleados de Televisa y viajaban a bordo de seis camionetas equipadas con los logotipos azules de la televisora de habla hispana más importante del mundo eran detenidos en un cruce fronterizo de Nicaragua y Honduras, conocido como Las Manos. Durante los interrogatorios, los agentes escucharon versiones contradictorias sobre lo que hacían en Centroamérica: unos aseguraron que habían estado trabajando en un reportaje turístico sobre lugares nicaragüenses, y otros, que sólo andaban de paso rumbo a Costa Rica, donde harían un reportaje especial sobre lavado de dinero.

La detención se mantuvo en secreto por tres días, durante los cuales la embajada de México en Nicaragua informó al gobierno centroamericano que Televisa se deslindaba de los detenidos y de los vehículos, donde se habían encontrado 9.2 millones de dólares en efectivo escondidos en compartimentos secretos. Finalmente, el viernes 23 de agosto se dio a conocer la noticia, que corrió como pólvora durante las semanas siguientes, en las que se desataron variadas acusaciones contra la compañía dirigida por Emilio Azcárraga Jean. De acuerdo con registros nicaragüenses, Raquel Alatorre, señalada como líder de la banda, donde había ex policías de Durango y Tamaulipas, había cruzado 45 veces el país en años recientes y en su teléfono celular tenía registrados los nombres de algunos directivos de la televisora mexicana. Pronto los hechos se convirtieron en un escándalo e incluso el presidente sandinista Daniel Ortega se dirigió a los policías involucrados en la detención, azuzando el fuego: "Quiero felicitar a todas las instituciones, de manera muy especial a todos ustedes, hermanos de la policía, a la comisionada general, por el éxito logrado al develar el secreto de Televisa, como que está para una telenovela: el secreto de Televisa develado".

Unas horas antes de que estas detenciones se dieran a conocer, de acuerdo con Televisa, el periodista Joaquín López-Dóriga, conductor de su noticiero estelar, recibió una llamada de Arturo Elías Ayub, director de Alianzas Estratégicas y Contenido de América Móvil. El directivo, quien también es yerno de Carlos Slim, le dijo que tenía un recado de parte del "Ingeniero", como suelen llamar sus colaboradores al magnate. A López-Dóriga no lo sorprendió del todo que Slim, con el que tenía una estrecha relación desde la década de 1980, le mandara una mensaje a través de Elías Ayub, con el que tenía una relación aún más cercana, incluso a nivel de familias, pero sí el tono de premura y urgencia. Le pidió a Elías Ayub que le comentara vía telefónica el recado, pero éste le respondió que era mejor que se vieran en persona y de inmediato. El periodista estaba por salir a su programa vespertino en Radio Fórmula, de modo que acordaron reunirse en un Starbucks frente a la Cruz Roja que le quedaba de paso.

Ahí, de acuerdo con Televisa, Elías Ayub le soltó a bocajarro:

—El ingeniero está muy preocupado porque le informaron que tú habías enviado un equipo de seis unidades de control remoto a Centroamérica para investigar operaciones de lavado de dinero del ingeniero.

López-Dóriga no creía lo que acababa de oír e incluso pidió que se lo repitiera. Cuando Elías Ayub volvió a decirlo, el periodista reclamó:

—¿De verdad me estás diciendo eso a mí? ¡No puedo creer que Carlos tenga esa duda conmigo!

Elías Ayub le comentó que un presidente centroamericano le había avisado a Slim de esto y se negó a decir exactamente quién. Más tarde se sabría que fue el sandinista Daniel Ortega. López-Dóriga le dijo a Elías Ayub que eso era "una pendejada y un agravio", porque Noticieros Televisa no tenía en la ciudad de México, disponibles para mandar a ninguna parte, siete unidades de control remoto, que incluirían a siete reporteros, siete camarógrafos, siete ayudantes, siete ingenieros, siete productores, siete choferes y siete asistentes. El periodista le dijo a Elías Ayub que lo que acababa de contarle era un agravio por creerse un infundio "tan miserable" y que estaba indignado y decepcionado de que Slim creyera una versión como ésa.

La tarde de ese mismo día López-Dóriga platicó sobre lo sucedido con Bernardo Gómez, vicepresidente ejecutivo de Televisa. Gómez se sorprendió con el relato y lo desdeñó. Unas horas más tarde, ya en la noche, la Procuraduría General de la República emitió un comunicado de prensa en el que informaba que había empezado una averiguación por el hallazgo en Nicaragua de unas camionetas de Televisa con dinero en efectivo y restos de cocaína. López-Dóriga buscó de nuevo al vicepresidente ejecutivo: "Llamo a Bernardo y le digo: 'Te voy a enviar un comunicado de la PGR'. Para esto eran las 9:20 de la noche. Él lo ve y dice: '¡Cómo! ¿Entonces era cierta la versión?' Unos minutos después vuelvo a marcarle y le digo: 'Oye, ya tengo también un comunicado de Relaciones Exteriores'. Luego vino la queja del gobierno de Estados Unidos al gobierno de México y luego la de los nicaragüenses diciendo que iban a investigar".

En una entrevista que me dio Bernardo Gómez, vicepresidente adjunto de Televisa, consideró este hecho como el mayor ataque público que haya recibido Televisa por parte de Slim:

—Eso en el foro público, porque en lo empresarial nos ha tupido: nos ha tirado sistemas, nos ha contaminado, pero así es la práctica y eso. Arrieros somos y nos defendemos, y no vamos a chillar y vamos a seguir hacia delante, pero en lo público ha sido —lo de las camionetas— lo más grave que se ha aventado. Pero dijeras tú: lo hicieron bien. Pero ¿de narcotráfico? Ora sí que me rindo. Ve bien, no te pierdas. Fíjate en lo que controla este hombre —Slim—. A él nadie lo toca y a Televisa, si tú abres una síntesis informativa, todos los días critican a Televisa. ¿Eso es poder? Me rindo. Si es poder, me rindo. ¿Poder? Carlos Slim. ¿Quién lo toca con el pétalo de una rosa? Eso es poder, Diego, no te hagas bolas.

Consultado al respecto para este libro, Elías Ayub me comentó primero que se enteró del asunto de las camionetas por las noticias, aunque luego recordó, sin ahondar en detalles, que tuvo una conversación previa con López-Dóriga, en la que le dijo que tenían información de que los supuestos empleados de Televisa estaban investigando los negocios de Slim en la zona. El directivo de Telmex me dijo que sería todo lo que comentaría al respecto.

Finalmente, los 18 miembros de la red de lavado de dinero detenidos en Nicaragua fueron extraditados a México en diciembre de 2013, sin que nunca se aclarara públicamente a qué organización pertenecían. La PGR no informó más del caso, pese a solicitudes que hice, al mismo tiempo que la Comisión Nacional de Seguridad de la Secretaría de Gobernación no informó hasta el cierre de este libro sobre los centros penitenciarios donde se encontraban los 18 detenidos.

★ ★ ★

Bernardo Gómez y Alfonso de Angoitia, vicepresidentes de Televisa, me recibieron en una casa de la colonia Las Lomas, en la ciudad de México, adaptada como oficina de la televisora. No parece casualidad que haya cuatro tiburones medianos disecados de Damien Hirst a la entrada del lugar donde a veces despacha el cuarteto al mando en Televisa, conformado por el presidente del consejo de administración, Emilio Azcárraga Jean, así como los vicepresidentes De Angoitia, Gómez y José Bastón.

En 1997, luego de la muerte de Emilio Azcárraga Milmo, quien bajo el apodo del *Tigre* convirtió a Televisa en un emporio, estos cuatro tiburones asumieron el control de la televisora cuando promediaban una edad de 28 años. En el cuarteto Gómez tiene bajo su responsabilidad el área informativa de la empresa y las relaciones políticas.

—Decir que Televisa no tiene poder es una mentira —comenta Gómez—. Pero no lo tiene una persona. Lo tiene una empresa y lo tiene un logotipo. O sea, el día que Bernardo o que Alfonso, o que Pepe o que Emilio lo deje, va a venir otro y va a representar esto. Eso es lo que tiene poder. Cuando se fue don Emilio Azcárraga Milmo, *el Tigre,* todo mundo decía: "Se va a acabar Televisa". Y se fue *el Tigre* y siguió, y nos vamos a ir nosotros, ¿y sabes qué va a pasar? Televisa va a seguir, porque la empresa, la institución, es más poderosa.

En abril de 1997, cuando Azcárraga Milmo falleció en su casa de Miami, Florida, Televisa debía 1 400 millones de dólares y el *holding* Grupo Televicentro, otros 1 400 millones de dólares. Por si fuera poco, *el Tigre* sumaba una deuda personal de 500 millones de dólares con diversos acreedores, entre éstos el banco Inbursa, de Slim. Además, la manera en que se hizo el testamento del magnate dejaba la puerta abierta a diversas controversias entre sus hijos y parejas. Se trataba de un escenario completamente adverso para el heredero Azcárraga Jean, de 28 años de edad y que sólo había recibido 10% del *holding* de Televicentro, lo que en ese momento motivaba que el mundo empresarial dudara de la capacidad del heredero para mantener el control de Televisa.

—Los que decían: "Éstos no van a poder", tenían razón, porque si veías el panorama de las deudas y de lo que Emilio tenía en ese momento, sí estaba complicado —rememora De Angoitia, quien además de vicepresidente ejecutivo es presidente del Comité Financiero de

Televisa. Acompañado por Gómez, Bastón y De Angoitia, Azcárraga Jean reestructuró los pasivos de la empresa, al ofrecer garantías adicionales. Además, los nuevos administradores eliminaron diversos gastos que consideraban excesivos. Fue así como vendieron los tres aviones privados disponibles para los ejecutivos.

—Había muchas cosas que se permitían y que se podían, porque en la gran mayoría del tiempo fue un monopolio, y cuando llega la competencia, recuerdo que les costó mucho trabajo entenderle y adaptarse —considera De Angoitia.

Durante ese proceso, el empresario y político Miguel Alemán, quien tenía 14% de la compañía, se desesperó y pidió salir de Televisa justo cuando Azcárraga Jean y su equipo estaban por invitarlo a que comprara las acciones de otro inversionista llamado Fernando Díez Barroso, quien había capitalizado unos pasivos. Alemán les respondió que no sólo no quería comprar, sino que deseaba vender de inmediato sus propias acciones, ya que estaba por lanzarse como candidato del PRI a la gubernatura de Veracruz. El cuarteto de Televisa trató de convencerlo de que se quedara, ofreciéndole una clase especial de acciones para su hijo con las que éste gozaría de derechos corporativos. Las negociaciones comenzaron, pero se trabaron cuando los abogados de Alemán exigieron que cualquier operación de más de millón y medio de dólares fuera aprobada por Alemán. De Angoitia explica que ceder en esto habría imposibilitado la operación de la empresa. Este escenario fue el marco para que apareciera Slim.

—Entonces fue que le dijimos: "No nos estamos poniendo de acuerdo y los dos pensamos que tenemos la razón. Tú, Miguel Alemán, que quieres proteger a tu hijo con todos estos derechos, y nosotros, que pensamos que así no va a operar la empresa y así la vamos a hacer fracasar. Entonces, ¿por qué no nombramos como árbitro a Carlos Slim y que él diga qué es razonable y qué no es razonable? ¿Cuáles son las protecciones que tú necesitas y cuáles las que necesita la empresa para operar libremente? O sea, con protecciones, pero libremente".

Slim se involucró en ese momento como mediador entre la familia Alemán y el equipo de Azcárraga Jean, recuerda De Angoitia. Tras varias sesiones, dio su veredicto: "Con todas estas protecciones que se quieren no va a poder operar la empresa y no se van a poner de acuerdo, porque uno quiere sobreproteger y el otro quiere libertad". Ante la disyuntiva, Alemán insistió de nuevo en que vendería y le pidió a Azcárraga Jean poner el control de la compañía en garantía, en caso de que no se vendiera su paquete accionario. Una decisión así habría puesto en riesgo el liderazgo que Azcárraga Jean y su equipo acababan de conseguir en Televisa. Finalmente, Alemán le ofreció a Slim sus acciones en venta. Slim respondió: "Miguel, tú eres mi amigo, y yo te estaría comprando muy barato porque esta compañía tiene futuro. Entonces no te puedo comprar ahora". Alemán insistió y de ese modo Slim llegó a ser socio sin voto de Televisa, mediante la compra de un primer paquete de Grupo Televicentro.

—¿No había un impedimento legal debido a la cláusula del título de concesión de Telmex? —pregunto a De Angoitia.

—Es que lo hizo a través de una sinca de Inbursa y no de Teléfonos de México ni de América Móvil. Él dijo: "Bueno, de lo que tengo ciertas restricciones es del área de telecomunicaciones y yo lo hago a través de la sinca del banco".

De acuerdo con la valoración de Televisa, en ese momento no había impedimento legal para que Slim fuera socio. La única restricción existente en el título de concesión de Telmex era que a esta empresa no se le permitía el video, un aspecto clave que a la larga desataría la batalla entre la televisora y Slim, quien en ese momento ya poseía 49% de Cablevisión, la empresa de cable de Televisa, por lo que de alguna forma ya era socio de la familia Azcárraga, rememora el propio De Angoitia.

—¿No había ninguna regulación legal de esto? —pregunto a Gómez.

—Siendo una empresa tan importante para el Estado mexicano, por la misma relación, porque yo creo que don Emilio [Azcárraga Milmo] construyó muy buenas relaciones de amistad, desde con empresarios hasta con políticos. Y el presidente Zedillo fue muy claro con Emilio y con nosotros. Dijo: "Ustedes tienen una oportunidad, y esa oportunidad por la relación que yo tuve con tu padre, pero si fallan, no tendré duda alguna de hacer lo que tenga que hacer porque esta empresa no puede fallar y yo haré lo que tenga que hacer", insistió. Y la verdad Emilio, con un valor increíble, dijo: "Mira, pues no tengo mucho que perder". En aquel entonces tenía 28 años y dijo: "¿Sabes qué? Tengo un pequeño porcentaje, y si fracaso, pues fracaso a los 28 años y vuelvo a empezar. Muchas recomendaciones de los fondos son: vende tu participación, levántate 30 millones de dólares y ya tienes la vida comprada, vete tranquilo. Pero Emilio dijo: "No, me la quiero rifar". Alfonso [de Angoitia] y yo platicamos en ese momento con él, y le dijimos: "Tam-

232

bién es válido. Se vale no entrarle", pero él dijo: "No, me la quiero jugar, la quiero jugar con ustedes". Y como dijo Alfonso: era un operación muy, pero muy complicada, por todo lo que esto conllevaba. Porque Televisa no es una empresa normal. Y los socios que estaban eran familia, eran socios que conozco yo: los Díez Barroso, los Burillo, los Alemán, que alcanzó a sacar Slim, pero sí había arriba mucha gente de la empresa queriendo controlar Televisa. Todo mundo quería mano en Televisa. Slim no. Cuando vieron que don Emilio se murió, apareció, por ejemplo, el regiomontano Alfonso Romo, que dijo: "Yo la compro". ¿Por qué? Porque Televisa era superapetecible. En Emilio no mucha gente confió, y como era tan grande y tan fuerte la imagen de don Emilio, pensaron que su hijo iba a fracasar: 99% pensaba eso.

El veterano de los cuatro jóvenes que asumieron el control de Televisa en 1997 era Alfonso de Angoitia, de apenas 34 años de edad. Azcárraga Jean, Gómez y Bastón tenían 28. Al evocar aquellos momentos, Gómez reflexiona sobre por qué decidieron entrarle a la disputa por el control de Televisa:

—Creo que fue un sentido de irresponsabilidad absoluta y de no medir las consecuencias. Cuando de repente platicamos, decimos: "¿Qué nos pasaba por la cabeza para esto?" Si nos volvieran a preguntar si tomábamos los riesgos que tomamos, yo diría que no lo haría —el ejecutivo considera que el factor suerte también los ayudó—: Dios estaba atrás. Había mucha suerte, mucha buena energía, porque todo se fue acomodando. Que trabajamos como burros no tengo dudas. Y que hubo días... Todos los viernes que llegamos, dijimos: "Ya se fregó". Alfonso [de Angoitia] no sé cuántas veces se levantó de la mesa y dijo: "Ya se fue todo al carajo", y Emilio [Azcárraga Jean] también: "Ya se fue todo al carajo". Y nos parábamos y nos íbamos con esa idea el fin de semana. Pero llegábamos el lunes y decíamos: "A ver, parece que se le movió el dedo meñique al paciente, y vamos a meterlo otra vez al quirófano y otra vez, y otra vez". Pero sí fueron días difíciles. Yo creo que los más difíciles que hemos vivido. Fue así en '97, '98, '99 y 2000.

La situación era tal que Goldman Sachs veía un escenario catastrófico para la televisora, y en 1998, junto con otros bancos, modificaron el vencimiento de los créditos que había tramitado Azcárraga Milmo. Después de comprarle sus acciones a Miguel Alemán, Slim ya era parte de Televisa, y por esos días críticos pudo haberse quedado con la televisora.

—Si Emilio hubiera fracasado, "pues ya ahí, ya siendo parte y no se pudo, no pagaron, pues a ver, yo recojo". Esto es lo que [Slim] ha hecho sistemáticamente con las empresas y lo hace muy bien. No se le pudiera haber recriminado absolutamente nada —explica De Angoitia: de esa época no tienen nada que recriminarle a Slim ni a María Asunción Aramburuzabala, la otra accionista que también ingresó a Televisa en ese momento difícil, tras comprarle su participación a Alejandro Burillo.

De acuerdo con las valoraciones del equipo financiero de Televisa, Slim triplicó su inversión.

—Sería poco educado no estarle agradecido —dice Gómez— a cada personaje que creyó, desde la actriz que dijo: "Oye, pues los sueldos que se ganaban antes ya no se podían ganar", y los mismos actores que dijeron: "Yo ganaba 10 pesos y ahora voy a recibir menos pesos". El mismo agradecimiento que se le tiene a López-Dóriga es el que se le tiene a Slim, porque creyeron en el proyecto no teniendo mucho de qué agarrarse. Joaquín tenía su carrera muy consolidada en radio y decía: "Pero ¿por qué, si yo ya estoy bien en radio? Soy el conductor más importante". Creyó en nosotros, y si tú te fijas, ¿qué credenciales teníamos? Ni una. Nos vimos a los ojos y a corazón abierto dijo: "Pues sí quiero y sí creo". Y está aquí. A la fecha, López-Dóriga no tiene un contrato firmado con Televisa. Ha trabajado 18 años quizá en la posición pública más importante del consorcio, respaldado en un acuerdo de palabra hecho en diciembre de 1997.

La lealtad es algo que también le reconoce De Angoitia a Slim, quien en esos años recibió a Paula Cusi, viuda de Azcárraga Milmo y enfrentada con Azcárraga Jean, quien le ofreció al mexicano más rico del mundo darle su participación accionaria para que se quedara con el control de la empresa, pero se topó con que el magnate le respondió, tajante, que él nunca haría algo así. Además de Cusi, el empresario Alfonso Romo y los Cañedo también trataron de arrebatarle el control de Televisa al cuarteto de jóvenes que se había quedado al mando.

—¿Qué ganaba Slim al ser accionista sin voto de Televisa?

—Lo que el ingeniero ha hecho muy bien es que él se mete a empresas, y más a empresas de comunicación, como en su momento lo hizo en España Juan Villalonga, quien era el rey de los medios. ¿Por qué? Porque él manejaba el presupuesto de Telefónica, la empresa más grande. Entonces tenía un presupuesto brutal con el que decía: "Ven acá, tú, Diego, ¿qué haces? Tengo un periodiquito. ¿Cuánto? ¿Doscientos pesos? Toma, mi Diego, ponte tres *spots* de Telefónica. Nomás pórtate bien. Bueno, ya se va: ¿quién sigue?". El ingeniero pone sus brazos y lo hace muy bien. Es un poco lo que decimos: si yo te enseño las gráficas de *Reforma,* cuando más le pegan a Televisa es cuando más le mete lana el ingeniero. Es muy obvio y está bien. Vamos a dejar a *Reforma* y pongamos a *La Jornada.* Es imposible que un diario de izquierda lo toque ni con el pétalo de una rosa, cuando debería ser al revés, ¿no? ¿Cómo es posible? ¿Por qué? Porque el dinero inhibe.

—¿Slim no opinaba ni participaba en la operación financiera de Televisa?

—Jamás dijo: "Oye, Poncho, ¿las ventas se nos cayeron?" Jamás preguntó cómo iban las ventas. Comíamos con él y veíamos cosas generales. Eso sí, cuando Televisa decía: "Fíjate que estamos pensando entrar en este negocio", nos decían, ¡ups!, el ingeniero lo va a ver muy mal. Él decía: "Ustedes están muy bien, pero ahí se quedan".

De Angoitia resume así la participación de Slim en el momento crítico de Televisa:

—Creo que él pensaba: "Si les va mal, me puedo quedar con la compañía", y, además eso, en ese escenario, le hubiera dado la posibilidad de decir: "Es que me tuve que quedar con la compañía, no me pagaron", porque de otra forma, si él hubiera querido comprar Televisa, hubiera sido imposible. Pero dicho de otra forma: "No me pagaron, ¿qué quieren que haga? Me quedé con la compañía". Éste era el escenario si le iba mal a Azcárraga y a su equipo. Y si nos iba bien, que afortunadamente fue lo que pasó, pues ganó muchísimo dinero. Yo creo que así la vio. Y que además estaba ayudando a Emilio.

Pese a la diferencia de edades, Slim logró llevar una relación muy cercana con Azcárraga Jean, en la que también se fueron involucrando los hijos del mexicano más rico del mundo.

—¿El desacuerdo por qué vino? —se pregunta De Angoitia, para luego explicar su versión—: Porque la tecnología, que no la controla nadie, se va moviendo.

Desde sus inicios Televisa ha enfocado sus negocios en dos rubros: contenidos y distribución. El primero de la dinastía, Emilio Azcárraga Vidaurreta, era propietario de la XEW, la estación de radio más importante del país, donde participaban leyendas como Pedro Infante, pero al surgir la televisión como nuevo canal de distribución tuvo que aprender a proyectar sus contenidos en la entonces llamada "caja mágica". A Az-cárraga Milmo, el segundo de la dinastía, le tocó el surgimiento de los satélites y se aventuró a comprar Panamsat, lo mismo que para hacer una alianza con un *direct home* como Sky, que para crear un efímero *pager* llamado Skytel.

—¿Por qué se metía *el Tigre*? Porque eran canales de comunicación. A telefonía no se metió antes porque nunca lo dejaron.

Sin embargo, en los años recientes la llamada convergencia digital resultó inevitable y los teléfonos se convirtieron en distribuidores masi-vos e instantáneos de contenido. He aquí el corazón de la batalla contra Slim, quien posee el mayor canal de distribución de aparatos móviles.

En 2009 el cuarteto de Televisa acudió ante el dueño de América Móvil para plantearle el escenario:

—Nosotros no fuimos un día, de la noche a la mañana, con el in-geniero para decirle: "Tenemos un banco y queremos competirle". No somos banqueros. Sólo sabemos hacer una cosa, y Joaquín López-Dóriga no me va a dejar mentir, se le propuso a él: "Usted marque las condiciones". La cita textual que le dijo Gómez a Slim en esa comida fue: "Ingeniero, éste es el barco de todos, póngase en el timón. Usted es el capitán; nosotros somos la tripulación", a lo que el magnate de las telecomunicaciones respondió: "No, yo ya estoy cansado, ya soy mayor y estoy dedicado a las fundaciones. Hablen con mis hijos".

Por esas mismas fechas, el *holding* Televicentro había sido disuelto debido a una obligación de Televisa con Aramburuzabala de hacer lí-quida su inversión. De Angoitia coordinó una operación muy delicada en la que al final del día a todos los socios les tocaban acciones directas de Televisa y Azcárraga Jean tomaba el control directo de la compañía. Con este movimiento Slim tomaba acciones del mercado y su relevan-cia era la misma que la de cualquier otro inversionista, así que cuando vino la convergencia de Cablevisión para que ofreciera telefonía, Slim dijo: "No estoy de acuerdo".

—Otra versión de la separación de Televisa con Slim es que él esta-ba en desacuerdo con los contenidos. ¿Es cierto? ¿Fue tema? —pregunto a Gómez.

—Joaquín López-Dóriga tiene una larga amistad personal con Car-los Slim. ¿Cuándo le dijo algo? Nunca. Ni le interesaba. Cero. ¿Tú crees que se mete en el contenido editorial de *The New York Times?* Claro que no. Lo que quiere es que no hablen de él, por favor.

—Otra versión esparcida por algunos de sus cercanos es de ingratitud por parte de ustedes después de que los había ayudado.

—Esa historia es lógica que la cuenten y creo que él está en esa dinámica: "¿Cómo? Yo los ayudé, ¿y ahora me están atacando?" No. Lo único que había de diferencia, y se lo explicamos, efectivamente hablando de la generación, y se lo explicamos mucho Alfonso y yo: "¿Qué mejor aliado van a tener sus hijos, ingeniero? ¿Qué le tiene que heredar a sus hijos aparte de dinero? Relaciones. Porque cuando usted falte, se les van a venir encima y Emilio Azcárraga Jean tiene algo que no tienen los demás: Emilio Azcárraga no quiere ser usted, no quiere ser el hombre más rico del mundo. Él quiere tener un negocio próspero y hasta ahí. *El Tigre,* pues sí, quería ser *el Tigre.* Pero Emilio no es eso. Emilio lo único que quiere es poder tener su negocio y que le vaya bien". Joaquín López-Dóriga estuvo en medio y él oyó, escuchó cómo le dijimos.

—¿La separación de Televisa y Slim se da estrictamente por el tema de la convergencia digital?

—En ese momento —responde De Angoitia— Televisa tiene que hacer lo que tiene que hacer por supervivencia. Entonces empieza a meterse en telecomunicaciones y al ingeniero cada vez le va dando más y más roña, hasta que empieza a apretar y dice: "¿Para qué les voy a dar yo dinero? Le estoy metiendo lana para que ellos compren cableras y me compitan. Pues de pendejo". Entonces él dice: "No, la verdad ustedes me tratan muy mal y Telmex ya no se va a anunciar".

En 2014 se vislumbró con mayor claridad el enfrentamiento, durante la aprobación de la reforma de telecomunicaciones. En ese momento Slim pujó para que Telmex recibiera la autorización oficial para distribuir video, pero no lo consiguió. De acuerdo con Televisa, su postura era a favor de la entrada de dos nuevas cadenas de televisión, pero a cambio pedían "nivelar la cancha de telecomunicaciones, porque está dispareja y así no se puede competir". El principal señalamiento era que las tarifas aún eran reguladas por Telmex. Explica De Angoitia:

—Cuando las avenidas las regula uno solo que dice: "Que pasen las señales por mis antenas, que yo decida cuánto cuesta", pues así no se puede. Ahí es donde viene el enfrentamiento de *a devis.* El ingeniero mete todo lo que puede a la política para sacar lo que tenía que sacar y Televisa respondió por una razón: por supervivencia, no por otra cosa, ¿eh? Porque lo que estamos claros es que al ingeniero le daban video y en ese minuto Televisa desaparece. ¿Por qué? Porque como *dumpea* el precio del video, dice: "El video te lo regalo y la voz te la doy en equis". Te aplica aquí y hace que te ahogues.

Slim ha buscado obtener el permiso para distribuir video desde 2007, y desde el punto de vista de Televisa su cabildeo ha sido intenso.

—Es de una astucia brutal, porque recibe a tres periodistas, recibe a los líderes del partido, y porque los reciba el ingeniero ya estos cuates dicen: "¡Me recibió el ingeniero!" Obviamente los *flashea*. López Dóriga suele comentar que, si Slim te da una cita, es casi el equivalente a que te dé una la reina Isabel o el papa.

En 2011, tres años antes de la aprobación de la reforma de telecomunicaciones, Grupo Carso dio a conocer que dejaría de anunciarse en Televisa y Tv Azteca, asegurando que las televisoras lo habían vetado.

—El veto es de él, nunca de nosotros, porque nos estaríamos dando un balazo si lo hiciéramos. Imagínate que le dijéramos: "No, no le recibimos lana de publicidad" —explica Gómez.

—Es absurdo. No tiene sentido. Si nuestro principal negocio es vender publicidad —concluye De Angoitia.

Para la primavera de 2015 Grupo Carso decidió volver a anunciarse en Televisa y Tv Azteca, ante la nueva entrada de AT&T al mercado de telefonía.

Durante los años en que Slim no se anunció en Televisa y Tv Azteca, estas empresas se asociaron para participar en el mercado de telecomunicaciones mediante la telefónica Iusacell. Esta sociedad concluyó en 2014, cuando Televisa acordó vender a Tv Azteca su mitad de la empresa en 717 millones de dólares; sin embargo, 60 días después Tv Azteca vendió la empresa completa en 2 500 millones de dólares a AT&T, menos 800 millones de dólares de deuda y contingencias, con lo que en pocos días obtuvo millones de dólares como ganancia.

—En los negocios —explica De Angoitia— algunos salen bien y algunos no. El tema es el promedio. Televisa llegó a valer 3 700 millones de dólares y hoy vale 22 000 millones. Igual y en algunos negocios te equivocas.

Gómez agrega y asiente De Angoitia:

—No tenemos la inteligencia del ingeniero. Seguro no. Pero tampoco su ambición. Eso te lo digo de nosotros: no tenemos su ambición. Emilio Azcárraga sólo quiere tener un buen negocio y está en telecomunicaciones porque la tecnología lo llevó a allá. Él no dijo: "Le voy a competir a Slim". No dijo: "Voy a poner un Sanborns". ¿Emilio Azcárraga qué otro negocio tiene? Lo que tiene, en lo que está, la tecnología lo llevó allá, mientras que el ingeniero compró también equipos de futbol. ¿Para qué? Para meterse al futbol y darnos la pelea. Es muy bueno, pero ni modo. Ya le caímos mal y no estamos en su *top five,* y nos toca recibir lo que recibimos de parte de sus aliados en los medios, y esto lo entendemos y lo asumimos, porque estamos en defensa de este negocio. No vamos a poner mañana un banco. No vamos a poner mañana una cafetería. Al contrario, al ingeniero le vamos a estar agradecidos, pero no porque le estemos agradecidos vamos a estar esperando. Ya le dijimos una vez: "Agarre el barco". Todavía el año pasado, cuando todo el tema de la ley de telecomunicaciones, le dijimos: "Entienda, lo que nosotros queremos es estar en este negocio y usted es el líder en esto. Queremos participar en el negocio, pero no queremos quitarle el pastel ni tenemos esas ambiciones". Televisa, si se pelea, es de frente. Lo hace directo. Es demasiado transparente. La pantalla es de cristal, mientras que el ingeniero es de una habilidad tremenda, porque tiene agarrados a los medios con una cosa que es muy sencilla: la publicidad.

—Pero eso incluye a Televisa. No recuerdo análisis ni criticas de Slim cuando era socio de ustedes.

—Por supuesto que tienes un punto, pero te voy a decir algo: el ingeniero, cualquier nota, por más leve que hubiera contra Telmex… Y ahí es donde llega hasta el hartazgo esto de que "el ingeniero". Yo creo que ni en presidencia de la República te avientan al presidente como te aventaban al ingeniero. No Carlos ni Carlos Slim: "Es que el ingeniero está muy confundido, muy sacado de onda, muy decepcionado". Y decías: "Oye, ¿y ahora qué?" "Es que fíjate que sacaron un logotipo de Sanborns cuando estaba una patrulla". Si me preguntaras cuál es la diferencia entre ustedes y ellos, es que a nosotros nos pegan tanto que ya la piel se te vuelve de este tamaño —abre los dedos—. Al ingeniero lo tocas con el pétalo de una rosa y se vuelve… —apunta De Angoitia.

En la narrativa del cuarteto de jóvenes que asumió la dirección de Televisa en 1997, más allá de las batallas con Slim existe el orgullo de haber sacado a flote a la televisora y haber logrado que la empresa valga hoy siete veces más que cuando Azcárraga Jean heredó 10% de las acciones, rememora De Angoitia. En algún momento se manejó que el entonces presidente Ernesto Zedillo no sólo había operado a favor de Azcárraga Jean, sino que hasta era socio de la empresa.

—Esto es una estupidez y el tiempo ha demostrado que Zedillo no tiene ni media acción de Televisa. Es una gente honesta —asegura

Gómez, quien recuerda que el entonces secretario particular Liébano Sáenz, así como el entonces jefe de la Oficina de la Presidencia Luis Téllez, les advirtieron que si no estabilizaban pronto a la empresa, el gobierno se haría cargo, ya que no podían dejar que Televisa cayera, sobre todo por el impacto financiero que hubiera representado a nivel internacional.

En 1997 México venía saliendo de la crisis de 1995, por lo que la crisis de una empresa como Televisa, con la repercusión mundial, habría sido en parte volver a la crisis.

—Todos tenían intereses aquí, y me digan lo que me digan, estaban garantizados con acciones, pero no el presidente de la República —reflexiona Gómez.

Otra cosa segura es que la batalla entre Slim y Televisa continuará, coinciden.

—Cuando dicen: "Es una guerra de titanes", dices: "¡Qué ternura! ¿Cómo titanes? ¿No te has dado cuenta de que el señor vale 70 000 u 80 000 millones y Emilio, 2 000 millones? Un día en burla decíamos: "No, *Forbes* tiene que sacar la edición dos porque Emilio no aparece ni en la primera". O sea, pero sí es esta percepción de que Televisa es poderosísima. Yo sí te puedo decir: "No, maestro, no estás viendo lo que es poder. Poder es eso. Poder es decir: Bill Clinton, toma 50 millones de dólares para tu fundación". Este hombre —Gómez señala a De Angoitia— da 50 millones y a Televisa se le caen las ventas 10%. Es totalmente desproporcionado, pero corremos con este estigma de que Televisa es un gigante. Es enorme, pero cuando haces los comparativos de valor de empresas… Y eso es una ternura.

—¿Cómo representarían en una imagen la batalla de ustedes contra Slim?

—David y Goliat —responde De Angoitia.

—David y Goliat, pero con cerebro —añade Gómez.

Aunque el acuerdo es que la entrevista gire en torno de la historia de la relación de Televisa con Slim, antes de concluir pregunto qué piensan sobre aquellos empresarios, políticos y periodistas que consideran a Televisa como la empresa más poderosa de México.

—¿En serio te la crees? —me dice Gómez mientras De Angoitia asiente—. ¿No has visto las críticas que nos dan todos los días? ¿Eso pasa cuando alguien tiene poder? Cuando realmente tienes poder no te tocan, como sucede con Carlos Slim.

"Ingeniero", es como suelen referirse a Carlos Slim sus colaboradores. Aunque desde joven mostró habilidades matemáticas e interés por los negocios, el empresario se graduó como Ingeniero Civil en la Universidad Nacional Autónoma de México.

Al inicio de los noventa, el presidente Carlos Salinas de Gortari (de espaldas)
vendió una serie de empresas paraestatales, entre ellas Telmex, la compañía más
emblemática del emporio de Slim. Como se refleja en este libro, la relación actual
de ambos no parece la misma de aquellos años, pese a la creencia popular
de que son amigos y de que incluso fueron socios.

Slim formó parte de una Comisión de Financiamiento y Consolidación Patrimonial
del PRI en los años ochenta. El magnate asegura que no era priista, aunque reconoce
que desde joven votó siempre por el PRI para la presidencia y por el opositor PAN
para el Congreso. En la foto aparece con el presidente Ernesto Zedillo (en medio),
así como Luis Donaldo Colosio y José Francisco Ruiz Massieu,
líderes priistas asesinados en 1994.

Patrick Slim Domit, el hijo
menor del empresario,
es un católico ferviente que
tras sufrir de insuficiencia
renal, recibió en 2008
un trasplante de riñón de su
hermano Carlos, el cual
le salvó la vida. Actualmente,
entre otras tareas, dirige la
cadena de cafeterías
y farmacia Sanborns,
que además es la mayor
red de librerías
de México.

Soumaya Domit y Carlos Slim,
durante su boda, celebrada en abril
de 1966 en el Templo de San Agustín,
en la colonia Polanco, Distrito Federal.

Carlos Slim Domit es el mayor
de los hijos del magnate y el que lleva
una vida pública más activa.

Fernando Romero, arquitecto,
es el esposo de la hija de Slim que lleva
el mismo nombre que su fallecida
esposa.

Julián Slim Helú, hermano mayor
del empresario, hizo una amplia carrera
policial como agente vial, Ministerio
Público de la Ciudad de México,
subdirector en la Dirección Federal
de Seguridad y primer comandante
de la Procuraduría General
de la República.

© EL UNIVERSAL / LUCÍA GODÍNEZ

© QUIÉN / MARCO VALLEJO

Ignacio Cobo (a la izquierda de Slim), además de ser uno de sus mejores amigos,
es considerado por políticos y periodistas como uno de los principales operadores
del empresario, lo cual es negado en este libro por Slim.

Colaboradores del presidente Felipe Calderón Hinojosa (a la derecha de Slim) aseguran que el empresario, junto con otros líderes del país, durante la crisis postelectoral promovió la anulación de los comicios presidenciales del 2006.

Slim asegura en entrevista que no cree en la geometría política de izquierda y derecha. En la foto, al lado del presidente Enrique Peña Nieto y el opositor Andrés Manuel López Obrador, cuando éste gobernaba la Ciudad de México.

Emilio Azcárraga Jean (frente al micrófono), encabeza junto con Alfonso de Angoitia,
José Bastón (a su derecha) y Bernardo Gómez (a su izquierda) el cuarteto que dirige
las operaciones de Televisa, una de las empresas más enfrentadas en México con Slim.

El presidente Enrique Peña Nieto pareció mandar un mensaje de mediación
en la guerra de las telecomunicaciones, tras acomodar en su toma de protesta
en asientos contiguos a Slim y a Emilio Azcárraga Jean, de Televisa,
así como Ricardo Salinas Pliego, de TV Azteca.

A sus 75 años de edad,
Slim ha entablado una relación
especial con la legendaria
actriz italiana Sophia Loren,
quien celebró su aniversario
número 80 en la Ciudad
de México, por invitación
del magnate.

"Con mi amigo @carlosslim revisamos los avances de los proyectos y obras
que juntos estamos impulsando en #Acapulco".

El veterano periodista estadounidense, Larry King, no solo es amigo de Slim, sino también socio en el canal de televisión por internet Ora TV.

Slim lleva buenas relaciones con la mayoría de los presidentes latinoamericanos. En la foto junto con Cristina Kirchner, de Argentina.

Dos de los hombres más ricos del mundo suelen reunirse en diversos eventos y plataformas internacionales, aunque los orígenes de su fortuna y su visión acerca de la filantropía sean muy diferentes.

VIII

29

Izquierda

Cuando el poder y la generosidad de Carlos Slim trascienden a la opinión pública pueden meter en apuros a los políticos. Un día el magnate viajó a Buenos Aires y se reunió con la presidenta Cristina Fernández de Kirchner. Al término de su cita le regaló una MacBook Air delante de los fotógrafos. No era la primera computadora que Slim obsequiaba a la presidenta, pero sí la primera vez que lo hacía frente a periodistas, los cuales comprobaron que el aerodinámico ordenador, según las leyes argentinas, era un regalo demasiado caro para un jefe de gobierno.

La relación de Slim con la presidenta argentina comenzó durante la administración de su antecesor, su fallecido esposo Néstor Kirchner, quien encabezó el gobierno de esa nación entre 2003 y 2007. Uno de los personajes clave de la relación con la mandataria de izquierda es Juan Manuel Abal Medina, ex líder guerrillero argentino que tras exiliarse en México se convirtió en un importante operador político en las sombras del sistema. Abal Medina es conocido en su país por haber organizado un operativo especial para que el ex presidente Juan Domingo Perón, derrocado por un golpe militar en 1955, abandonara su exilio forzado y volviera a Buenos Aires en 1973 para gobernar el país de nueva cuenta hasta su muerte, poco tiempo después. Su esposa, María Estela Martínez de Perón, conocida como Isabelita, lo sucedió durante un breve periodo hasta que una nueva dictadura militar se impuso en el país.

En ese contexto, Abal Medina pasó a la clandestinidad y formó parte de los Montoneros, uno de los principales grupos guerrilleros latinoamericanos. Abal Medina acabó aprovechando la política de apertura del gobierno mexicano para recibir a los guerrilleros de otros países, a la par que reprimía con ferocidad a los guerrilleros nacionales. En ese contexto, colaboró con las agencias de seguridad nacional mexicanas y conoció a Julián Slim Helú, el hermano mayor de Carlos, encargado de perseguir a "elementos subversivos". El ex guerrillero se hizo amigo de ambos, y cuando el dueño de Carso entró en el mercado argentino, Abal Medina participó, aunque nunca por medio de su despacho de abogados ni de manera oficial.

La importancia de Abal Medina es tal que su hijo, del mismo nombre, llegó a ser jefe de gabinete del gobierno de Cristina Fernández de Kirchner e incluso se ha manejado como un posible aspirante presidencial en el futuro. En medio de su enfrentamiento con el gobierno de la presidenta, Grupo Clarín, propietario del diario más importante de ese país y de otras empresas de comunicación, ha cuestionado constantemente a Abal Medina. Detrás de estos señalamientos existe también la preocupación de los dueños de *Clarín* por la incursión de Slim en Argentina, quien además de adquirir la telefónica Claro y un porcentaje de la empresa petrolera YPF, se quedó con cadenas radiofónicas y televisivas. Ante los ojos de *Clarín,* Slim es una competencia, mientras que el gobierno de Cristina Fernández, que suele ser criticado por sus rivales políticos en cuanto al manejo económico, utiliza las inversiones de Slim para presumir que si el hombre más rico del mundo está invirtiendo en el país es porque la economía nacional se encuentra sana.

En Cuba no hubo escándalo alguno cuando Fidel Castro contó que Slim le llevó a La Habana, en la década de 1990, un moderno televisor que estuvo en la sala de su casa hasta 2009. Slim es visto por quien lideró una inspiradora revolución como "un hombre inteligente que conoce todos los secretos de las bolsas y los mecanismos del sistema capitalista". En abril de 2010, en el diario oficial *Granma* apareció un artículo titulado "El gigante de las siete leguas", donde Castro hace una amplia reseña del libro *La mafia que se adueñó de México,* de Andrés Manuel López Obrador, en el que critica a la élite de empresarios mexicanos, aunque evita cuestionar a Slim, el más rico de todos. Fidel Castro escribe:

La opinión de López Obrador sobre Carlos Slim también la comparto. Yo también lo conocí. Me visitó siempre cuando fui a México y una vez me visitó en Cuba. Me obsequió un televisor —lo más moderno entonces— que conservé en mi casa hasta hace apenas un año. No lo hizo con intención de sobornarme. No le pedí nunca tampoco favor alguno. A pesar de ser el más rico de todos, con una fortuna que supera los 60 000 millones de dólares, es un hombre inteligente que conoce todos los secretos de las bolsas y mecanismos del sistema capitalista.

Slim y Castro se conocieron el 2 de diciembre de 1988, tras los agitados comicios presidenciales de ese año, cuando Carlos Salinas de Gortari resultó electo en medio de serias acusaciones de fraude por parte de Cuauhtémoc Cárdenas y miles de seguidores. Castro estuvo en México durante esos días para participar en la toma de protesta de Salinas de Gortari, quien organizó una cena para el mandatario cubano y un reducido grupo de empresarios, entre los cuales estaban Claudio X. González, Jorge Kahwagi y Slim.

De acuerdo con una crónica del periodista Fernando Ortega y el testimonio de un político que colaboró en el gobierno de Salinas de Gortari, la reunión de Castro con los magnates mexicanos fue en el número 220 de la calle Sierra Negra, en Lomas de Chapultepec, una mansión propiedad del empresario Enrique Madero Bracho.

—Si usted estuviera en México sería un gran empresario. Tiene talento para serlo —le dijo Antonio Madero Bracho, presidente del grupo Luismin.

—Bueno, chico, soy empresario, pero de Estado —contestó Fidel.

La presencia de Castro en México luego de la tormenta poselectoral significaba un importante y polémico apoyo para Salinas de Gortari, cuyo mandato se iniciaba asediado por las protestas de los seguidores de Cárdenas, quienes reclamaban la existencia de un enorme fraude en las elecciones de aquel 1988, cuando el entonces secretario de Gobernación, Manuel Bartlett, pronunció a la mitad del conteo de votos una triste frase célebre: "Se nos cayó el sistema". La presencia del comandante Castro sirvió de gran ayuda a Salinas de Gortari y a la "dictadura perfecta" del PRI para que ésta se legitimara seis años más en el gobierno.

De acuerdo con Ortega, durante la cena Slim sacó el tema de la deuda externa, diciendo que México necesitaba conservar su crédito en el exterior para garantizar la modernización del país. Castro respondió que lo que debía hacer México era dejar de pagar la deuda externa, ya que ésta era impagable. Luego hablaron de los *swaps* —intercambio de deuda externa por acciones de empresas mexicanas— como una solución para resolver en parte el endeudamiento del país, y aunque Castro alabó esa medida, de todos modos recomendó que no se pagara la deuda, pues México ya la había liquidado en los hechos con el pago de los intereses "al imperio yanqui". Según el propio Ortega, Castro le preguntó a Slim sobre el significado y los alcances de la modernización del país, a lo que el empresario respondió que esa tarea no sólo abarcaba a la industria, sino también la educación, la política, la vida social y la democracia: "Es una modernización en todos los sentidos".

La buena relación entre Salinas de Gortari y Castro continuó. En los años siguientes Cuba recibió una serie de apoyos económicos mexicanos durante la crisis desatada en la isla tras la desaparición de la URSS, su principal socio. Entre el grupo de empresarios que viajó a La Habana para intentar participar en diversos proyectos económicos estaba Slim, pero los primeros en hacerlo de manera importante fueron Luis Niño de Rivera, en telefonía celular, y el regiomontano Mauricio Fernández Garza, quien hizo una inversión conjunta con el gobierno cubano para reactivar 15 plantas textiles cubanas, paralizadas por falta de dinero.

Veinte años después de aquel encuentro, Castro, desde una posición honorífica pero aún poderosa, continuaba a cargo de Cuba, mientras que el entonces poco conocido Slim era el hombre más rico del planeta.

—Sé que Fidel tiene una relación muy buena con usted. Tan buena que hizo algo que no hace con casi ningún empresario, que es elogiarlo públicamente en 2008, a través de un artículo donde él cuenta que usted le regaló la única televisión que ha usado. ¿Podría platicarme un poco sobre su relación con él? —comento a Slim.

—En la toma de protesta de Salinas lo vi físicamente por primera vez.

—¿Y de qué platicaron usted y él?

—Yo no. Éramos como 30 gentes, aunque sí opinamos todos. Era una plática abierta. En realidad, yo voy por primera vez a Cuba en '94 y ahí me invita a cenar ya muy tarde, aunque nosotros ya habíamos cenado. Ahí lo acompañamos a cenar y estuvo todo muy a gusto. Estuvo muy cordial, y ahí fue donde platicamos.

—¿A qué fue a Cuba en el '94?

—A muchas cosas.

—¿Negocios?

—Bueno, eso prefiero no comentarlo.

—¿Cenaron en la casa de Fidel?

—No, en una oficina. Ahí platicamos primero y luego él, que no había cenado, cenó con nosotros.

—¿Usted llegó a una casa de protocolo?

—Sí.

—¿Y qué impresión le dio Fidel?

—No, pues es una gente interesada en todo, curiosa. Ya le habían informado todo lo que habíamos platicado. Yo pensaba que Cuba estaba en una etapa por cambiar, en la que quería cambiar, y yo sentía que eso era posible. Sondeamos algo de inversión en telecomunicaciones y la verdad es que había muchas formas en que Cuba pudiera comenzar a hacer lo que está haciendo ahora. Te estoy hablando de hace más de 20 años. Se ha ido abriendo poco a poco. Ya había inversión privada española en hotelería y todo eso. Fui esa vez y luego dos veces más también. Me invitó a un viaje el presidente Vicente Fox, para acompañarlo y ver lo del centro histórico de Cuba. Ya estábamos trabajando en el centro histórico de México.

—¿Y participó usted en la recuperación del centro histórico de La Habana?

—No, fui nada más dos veces a conocer La Habana Vieja y a platicar cómo estaba, las cosas que habían hecho y etcétera. Con el que lo está haciendo, Eusebio Leal… De hecho, en 2002, cuando yo fui por última vez a Cuba, con el presidente Fox, por algún motivo fueron Fidel y Fox a casa de la mamá de Eusebio Leal, una señora ya mayor. Entonces yo creo que siempre ha sido importante que Cuba se transforme y se modernice. Cuba tiene una ventaja: tiene buena salud y buena educación, aunque la educación la tenían un poco deformada por el tipo de cosas que aprendían.

—¿Cuando dice "deformada" se refiere a la ideología?

—No era por la ideología, porque el mismo Fidel pidió que se prepararan ya para ver más computadoras y cambiarle a la historia. Cuando perdió influencia Rusia, la Unión Soviética, después del '89-'90, entonces ya cambió a aprender de historia de Cuba, inglés y otras cosas. O sea, el nivel educativo es bueno.

—Con ese nivel educativo y la apertura reciente, ¿qué expectativa tiene de Cuba?

—Ojalá y la aceleren. Ojalá y la aceleren…

—¿A usted no le interesaría invertir en Cuba?

—Lo que pasa es que yo no estoy buscando más actividades. Ya tengo bastantes.

—¿Cómo? Si la vez pasada me contó un montón de actividades que estaba haciendo.

—Pues eso es lo que estamos haciendo.

—Bueno, regresando a Fidel, ¿por qué cree que se llevaron tan bien Fidel y usted?

—Mira, yo creo en la diversidad, en la pluralidad, en la libertad. Yo, la verdad, desde niño busqué esa posibilidad. No sé si te comenté la vez pasada que me metí a una escuela medio internado. Yo no lo aguanté. Hay ciertas actividades para las que yo nunca hubiera tenido la vocación. Entonces, hablar con gente interesante, con líderes como Fidel, como podría ser con cualquier otro, pues es un privilegio poder conversar con esas personas.

—Alguien en Cuba me decía que usted y Fidel hablaban mucho de la deuda externa de los países.

—No, fueron pláticas muy largas algunas de ellas, no solamente conmigo. En algunas estaban otras personas. En la primera vez que fui estaba con varias personas de buen nivel: el del Banco Central, el vicepresidente [Carlos Lage], y al del Banco Central le preguntaba: "¿Cuánto circulante tiene?" Recuerdo que el precio del dólar que el gobierno manejaba a la par valía 130. Si el dólar valía 130 pesos, quiere decir que el sueldo máximo valía cuatro o cinco dólares, porque pagaban 500 pesos cubanos… Entonces ahí lo que les decía es que todo lo que había de circulante al precio del mercado eran 100 millones de dólares. Entonces, después, lo que Fidel pensó que era un IVA, yo les decía que tuvieran alguna tienda en la que hubieran mercancías que se pudieran vender en dólares. Entonces, con esos dólares limpiaban lo que había. En fin, sí estuvimos discutiendo de economía, pero no con él. Con él platicábamos de otras cosas, de posibles situaciones. Por ejemplo, comentábamos del tabaco cubano. Me regaló una caja de un puro que decían que no existía: el puro Trinidad. Había salido en una revista que existía y me hizo el favor, al final del viaje, de mandarme una caja de puros Trinidad que todavía tengo.

—¿Y usted le regaló una tele por eso?

—Sí, yo llevé una televisión. Dije: "Una televisión puede ser interesante para que la use o para que se la dé a un espacio en el que la usen las gentes". Yo tenía una parecida y es un producto que vendíamos en las tiendas Sanborns.

—¿Y cómo era o qué tenía de especial?

—Una tele Sony grande.

—Disculpe, pero se me hace un poco desconcertante un regalo así.

—¿Por qué? Bueno, si va uno allá y llevas un regalo, ¿qué otro regalo puedes llevar? No voy a llevarle medicinas o aspirinas. ¿Qué llevas?

★ ★ ★

Una de las pasiones que Carlos Slim y Fidel Castro tienen en común es el beisbol. Mark McGwire, uno de los bateadores más impresionantes que ha existido en la historia de este deporte, inspiró a Slim para escribir un artículo que se publicó en la revista *Letras Libres* en la edición de octubre de 1999. El texto firmado por el mexicano más rico del mundo se inicia así:

> El beisbol, cuyos adeptos parecen despertar en México luego de largas temporadas de tribunas semivacías, es un deporte espectacular que en mucho depende de las facultades físicas y de la destreza técnica de sus practicantes, pero también —no en último lugar— del despliegue de su inteligencia. De ahí que los mejores partidos sean los conocidos como "duelos de picheo", juegos cerrados, de muy escasas anotaciones, que suelen ser decididos por el buen fildeo o por el *home run* solitario. En el beisbol —como en ningún otro deporte de conjunto— los números hablan, se activa la memoria, se forjan las leyendas.

Una de las leyendas forjadas alrededor de Slim es que su relación con Andrés Manuel López Obrador, líder actual de la izquierda electoral en México, se debió precisamente a la gran afición de ambos por el beisbol, la cual los llevó a plantearse la posibilidad de que buscaran que un equipo de las Grandes Ligas tuviera como sede permanente la ciudad de México. Eso nunca sucedió. Lo que sí ocurrió fue que ambos hicieron una alianza para que Slim, con el apoyo del gobierno de izquierda, invirtiera en el centro histórico del Distrito Federal.

Con su sobria personalidad y el uso de su enorme poder, Slim ha construido una fama pública de modesto y mesurado, pese a ser el hombre más rico del mundo y residir en un país como México, donde son pocos los millonarios que logran aguantarse las ganas de pasar inadvertidos. Basta hojear las revistas de sociales. Slim representa lo contrario en cierto sector del imaginario mexicano. Pareciera que la política de comunicación que ha elegido —la cual está a cargo de su yerno Arturo Elías Ayub— radica precisamente en salir poco en los medios de comunicación y en que sus intervenciones sean tan neutrales que jamás deriven en escándalo. La construcción de esa imagen políticamente correcta, en comparación con la del propietario de Televisa, Emilio Azcárraga Jean, quien ha aparecido celebrando, eufórico y sin camisa, el triunfo de su equipo de futbol, el América, quizá ha provocado que Slim tenga menos críticos que Azcárraga en los círculos intelectuales y periodísticos mexicanos. A esta imagen habría que agregar también el miedo que existe a provocar su ira. Por lo menos tres reporteros y editores me contaron en privado de amenazas de demanda recibidas por parte de Slim o de su equipo sólo por mencionar de paso su nombre en ciertos artículos críticos.

Sin embargo, Slim suele manejar una imagen muy discreta para él y sus compañías, con uno que otro dislate. Telcel, una de las joyas de su imperio, lanzó en su momento una campaña de publicidad en la cual se afirmaba que "Todo México era territorio Telcel". La arrogancia y evidente mentira del eslogan publicitario de la empresa de telefonía celular contrastaban con el mesurado estilo personal acostumbrado por Slim.

Una carta privada que envió el empresario el 6 de noviembre de 2009 al ex candidato presidencial López Obrador desvela el misterio que era para muchos esta campaña, denominada "Todo México es territorio Telcel". En la misiva, el magnate responde a una crítica hecha por López Obrador tras visitar varias comunidades de Oaxaca en las cuales no existía señal de Telcel.

La carta, escrita de puño y letra de Slim y dada a conocer en el libro *La mafia que se adueñó de México... y el 2012*, es la siguiente:

Estimado Andrés Manuel:

Después de casi cuatro años agradezco tu saludo, te mando otro afectuoso de regreso y me permito comentarte lo siguiente:

1. En efecto Telcel mantuvo un tiempo la campaña publicitaria diciendo "Todo México es territorio Telcel" para comunicar su gran cobertura por encima de la competencia, aunque habrás percibido que no es mi forma de pensar ni de ser, por eso fue cambiada a pesar de ser tan exitosa que sigue con un alto nivel de recordación a pesar de que fue hace varios años.

2. Ha sido para Telcel y para Telmex una responsabilidad y compromiso ofrecer servicios de telecomunicaciones universales de alta calidad, los más avanzados tecnológicamente y con cobertura nacional. Sin embargo la presión y limitaciones que las autoridades regulatorias nos

imponen han frenado nuestras inversiones, cobertura, servicios de video y satelitales cuya autorización nos es negada a pesar de más de tres años del acuerdo de convergencia y la importancia de los satélites para la cobertura de las áreas más remotas.

3. Al atender los competidores sólo a nuestros clientes de alto ingreso, los de medio y bajo no son de su interés y son atendidos cien por ciento por Telmex, lo que hace que nuestra participación de mercado por número de clientes sea alta y no por ingresos y resultados. Esto les da pretexto para señalarnos como empresas dominantes, con lo que desalientan nuestra cobertura en áreas no atendidas por los competidores para evitar regulaciones asimétricas que den aún más ventajas a competidores que no intervienen y usan nuestras redes gratuitamente, poniendo en riesgo la estabilidad financiera de Telmex y con la presión permanente de reducir sustancialmente sus operaciones.

Poco acostumbrado a usar un tono moderado con quienes representan a la oligarquía mexicana, en la misiva revelada por López Obrador éste deja ver también la existencia de una relación que parece contradictoria.

—¿Qué opinión tiene sobre la manera de hacer política de López Obrador? —pregunto a Slim.

—Es su estilo.

—Pero su opinión. Usted ha conocido a muchos políticos, muchos estadistas. López Obrador es un personaje polémico que mucha gente lo quiere y mucha gente lo odia. Parece que no hay punto medio. ¿Usted qué opinión tiene sobre la manera de hacer política de él? ¿Le gusta o no le gusta?

—Yo creo que la manera de hacer política... pues eso no sabría yo juzgarlo. Lo que creo que sería bueno es que viajara más, que conociera más cómo pasan las cosas fuera. Y la mentalidad que se requiere hoy para entender el mundo y la nueva civilización implica viajar y saber qué es lo que se está haciendo en otros lados, y ver lo que la tecnología está provocando y está transformando al mundo, para poder entender y ser un buen político y un buen gobernante. Yo creo que uno no puede quedarse en el pasado, con ideas de antes, pensando que siguen siendo vigentes. Mira, hay un comentario desde hace muchos años de una persona que ha sido muy avanzada para ver varias cosas, Alvin Toeffler.

251

Alvin Toeffler, en alguno de sus libros, plantea que si hay un país que ha sido estable y avanzado en su constitución ha sido Estados Unidos. Allá los padres fundadores, que les llaman, pues abrevaron de Europa e hicieron leyes de avanzada en todos los conceptos. Franklin y Jefferson estuvieron en Europa, pero aun todo eso, que ha tenido muy pocas modificaciones, llega un momento en el que hay que actualizar las cosas. Yo creo que lo que tienen que hacer todos, y en especial, yo diría, los que se mencionan de izquierda, y sobre todo los que todavía tienen una mentalidad de cualquiera que sea su forma de pensar, no moderna, que no entiendan lo que es la tecnología y sus implicaciones, el desempleo que está provocando, las crisis que está provocando, las confrontaciones que está provocando, creo que es muy importante para todos, y a eso lo incluyo a él en particular.

★ ★ ★

En una de las ocasiones que visité a Slim en su oficina, pocos minutos después de sentarme en la mesa en la que prefiere trabajar, el magnate me pidió mirar de nuevo hacia su biblioteca, donde había una novedad respecto a mi visita anterior.

—¿Qué te imaginas que hay dentro de ese morral que está ahí? —dijo, señalando un bolso verde reposando entre una hilera de libros.

—Por el tipo de bolso podría haber un arma, pero imagino que adentro hay libros.

El billonario le pidió a su secretaria que le pasara el morral. Lo desplegó en la mesa y luego lo abrió para sacar un folleto, una especie de agenda alemana y una libreta en la que había diversas anotaciones a mano. Se trataba de unos fascímiles del diario que Ernesto Che Guevara escribió en Bolivia antes de ser asesinado. Las copias era tan perfectas que hasta se reproducían manchas de colores y de quemaduras de cigarros que tienen los diarios originales del mítico guerrillero. Slim explicó que Evo Morales, presidente de Bolivia, había mandado hacer unas copias para regalar a varios mandatarios del mundo y que de alguna forma ese obsequio llegó hasta su biblioteca.

—Cuando empezamos a conversar, usted me preguntó si soy de izquierda o derecha. Ahora le pregunto lo mismo.

—Yo no creo en esas cosas: en la geometría política no creo.

—¿Y cómo cree que lo catalogan?

—No sé y no me preocupa... Creo que un buen gobernante, no importa que sea de derecha o de izquierda, va a hacer las mismas cosas. O sea, en el pasado a lo mejor había diferencias, pero ahora no sé. Se lo he comentado a varios políticos de izquierda o de cualquier otro lado. Un buen gobernante va a hacer lo mismo. Hay cosas que no son de izquierda o de derecha: son de "a forziori". El que cree que por ser de izquierda puede poner la maquinita a trabajar y poner políticas populistas, está equivocado. Para cualquier persona, gobernante de derecha o de izquierda, a menos que sea un fanático... pero estoy hablando de gente con cierto sentido. Si es bueno, ¿qué va a buscar? Que la gente tenga buena nutrición, que haya buena salud, que se eduque bien, que haya actividad económica, que haya inversión, que haya empleo. Es lo mismo. Van a buscar lo mismo. A nadie le conviene la pobreza. La pobreza es una pobreza no solamente de justicia social y ética. Es una necesidad económica el combate a la pobreza. ¿Por qué está creciendo China? Porque está sacando a 20 o 30 millones, cada año, de la pobreza. ¿Qué hizo México del '33 al '82? Sacó al México del autoconsumo, campesino, rural, al urbano e industrial. Es un proceso. Dime, ¿qué diferencia podría haber entre un gobernante sensato, ya sea de izquierda o de derecha, en sus acciones?

—Pues las prioridades.

—A ver, ¿cuáles prioridades?

—Por ejemplo, la izquierda está más enfocada en la política social y la derecha en la economía.

—Tienes que hacer las dos cosas. Tienes que pensar como hombre de Estado. Si piensan a tres años, estoy de acuerdo; a seis, puede ser. Entonces ya se buscan a ver cómo están. Entonces ya se vuelven medio populistas. Están buscando las encuestas y a ver si dicen si es popular o no es popular. Mira, mi hijo Marco Antonio escribió una cosa interesante que te voy a dar sobre la diferencia entre la interpretación de las cuentas públicas y de la balanza comercial que a lo mejor corrige una discusión de antes muy tonta: que primero había que crear la riqueza y luego distribuir, ¿te acuerdas? Y otros decían que no. Lo que hay que hacer es: la riqueza que se maneje con sobriedad y se cree más riqueza, y el fruto de la riqueza, que es el ingreso, tenga una mejor distribución, y que la mejor distribución es a través de la combinación del salario, del trabajo y del pago fiscal, y que el pago fiscal tenga un manejo eficiente y honesto.

—Es eso que dice Adam Smith de que primero hay que generar riqueza y que ésta luego se desparrama para todos...

—Es que el asunto no es desparramar riqueza. Sí, pero es que el problema no es de riqueza, es de ingreso. Si tú eres un trabajador... Vamos a suponer que a ti, o a cualquier trabajador, que gane bien... ¿Cuánto crees que puede ser que gane bien: 30 000 pesos o 40 000 pesos?

—Sí.

—*Okay,* entonces 30 000 o 40 000 pesos. Bueno, pues le dan las acciones de Pemex y se las reparten a todos los mexicanos. ¿Qué van a hacer con las acciones de Pemex?

—Deberían trabajar, ¿no?

—No, las van a vender. Cuando se repartió 4.4% de las acciones de Telmex, los trabajadores de Telmex que están bien pagados, entonces 80% las vendió, porque quieres tener una mejor casa, un auto, una mejor calidad de vida. Entonces, como te interesa un buen ingreso, trabajo, seguridad en tu trabajo, seguridad en tu salud, en tu retiro, en la educación, etcétera. Entonces, lo que se necesita es ingreso. Ahora, lo que hace a las sociedades mejores, la calidad del ingreso que tienen, el tipo de trabajo que tienen, la capacidad de financiamiento para hacerse de la casa y de los bienes sin necesidad de juntar el dinero primero y luego comprarlos, o sea, el acceso al crédito, seguridad en su trabajo y obviamente una situación que pueda ser ascendente.

—¿Entonces no ve mucha diferencia entre izquierda y derecha?

—Yo no veo mucha diferencia en el pensamiento y en la ideología y en la discusión. En la dialéctica yo creo que puede haber, hasta en la forma de vida, una forma sobria y una forma de despilfarro, pero eso no quiere decir que sea de derecha o de izquierda. La izquierda también puede ser derrochadora.

—Si uno ve su círculo de relaciones públicas, podría parecer que usted está más cargado a la izquierda que a la derecha —le enseño un folleto de un evento que Telmex organiza cada año, en el que invita a diversas personalidades del mundo.

—¿Por Hillary Clinton?

—Felipe González.

—Pero ahí también está Greenspan... Lo que te diría es que no soy excluyente. Ni mis hijos.

—¿Pragmático?

—No, ¿por qué pragmático? Diverso, plural. Hay que aceptar el pensamiento distinto. A mí, no sé, a lo mejor voy a discutir sobre diversos tipos de pensar, pero yo no me voy a enojar con alguien que piense distinto a mí. Respetas el pensamiento diferente. En lo que estoy muy claro es que uno de los compromisos que tienes como empresario, cuando te das cuenta de que sabes manejar recursos y puedes hacer cosas, más allá de los negocios, es tener sentido social. Pero eso, tener sentido social, no quiere decir que eres de izquierda. Hay gente de derecha que tiene sensibilidad social. O sea, yo por eso no me calificaría de izquierda ni de derecha.

30

Kafka

El 1° de enero de 2006 miles de simpatizantes del EZLN caminaron, enfundados en sus pasamontañas, por las calles de San Cristóbal de las Casas, Chiapas, para despedir al Subcomandante Marcos, quien, transformado en el Delegado Zero, se disponía a recorrer el país en pleno periodo electoral, en el marco de una gira llamada La Otra Campaña, inspirada en la Sexta Declaración de la Selva Lacandona, un documento que plantea los postulados anticapitalistas de la organización que se alzó en armas en 1994 contra el neoliberalismo. Pese a que los zapatistas habían sido relegados de la vida nacional, en esa ocasión los medios de comunicación tenían mucha expectativa de oír al líder zapatista en la plaza principal del pueblo chiapaneco.

En 2006 la posibilidad de que ganara por primera vez la izquierda electoral era más real que nunca. Andrés Manuel López Obrador, candidato del Partido de la Revolución Democrática, el Partido del Trabajo y Convergencia (luego Movimiento Ciudadano), lideraba las encuestas, por lo que la posición de Marcos, el otro gran referente de la izquierda mexicana, se volvía relevante. Aunque la postura de La Otra Campaña era cuestionar a todos los partidos políticos, las declaraciones de prensa que más se destacaban del líder rebelde eran las que dirigía en contra del bloque liderado por López Obrador.

Sin embargo, de acuerdo con lo que Marcos dijo en aquel arranque —y que repitió durante otra docena de actos en los que también me tocó estar—, el objetivo de su recorrido por todo el país no era torpedear la campaña de López Obrador, como se le acusó desde la izquierda electoral. Aquel día en San Cristóbal de las Casas Marcos señaló:

El principal destinatario de la Sexta Declaración de la Selva Lacandona acusó recibo apenas unos meses después de su emisión. El gran poder del dinero en México firmó lo que se puede conocer como la Contra-Declaración Sexta y que es conocida públicamente como el Pacto de Chapultepec, que fue firmado en ese castillo. Antes, la clase política mexicana se había congregado, convocado y exhibido en toda su ridícula apariencia en el Palacio de Bellas Artes. Quienes ahora nos están pidiendo que olvidemos todo, nuestras necesidades, nuestras luchas, y pongamos todo a su servicio para que ellos decidan por nosotros, deciden allí, en los castillos y palacios de este país.

El Pacto de Chapultepec fue el nombre que Carlos Slim dio a una iniciativa convocada desde el antiguo castillo que lleva la misma denominación, sede del poder durante el efímero imperio mexicano a cargo de Maximiliano. La propuesta fue equiparada de inmediato con el Pacto de la Moncloa, bajo el cual un socialista como Felipe González pudo asumir el gobierno de España y realizar reformas económicas en un país monárquico apenas recuperado de la larga dictadura de Francisco Franco. Aunque el ex presidente español, amigo de Slim, no fue el ideólogo del acuerdo, como se especuló en los corrillos políticos, sí aconsejó al magnate, según algunos participantes de esta iniciativa que reunió a la mayoría de la élite económica y política del país, a quienes los zapatistas definieron como sus principales adversarios. Marcos señaló al respecto:

Lo que se está olvidando es que en este país y en todos los lugares donde el sistema que estamos combatiendo es el dominante, no todos somos iguales. Hay quien se enriquece cada vez más y hay quien es cada vez más pobre. Y esta pobreza en la mayoría de la población no es producto de la mala suerte, ni del destino, ni de la orden de un dios que está en otra parte: es producto precisamente de ese sistema. Y es esta miseria que estamos padeciendo, la que logra que se engrandezcan y crezcan los grandes ricos, como aquí en México, Carlos Slim, que es en realidad quien está gobernando, junto con los norteamericanos, los destinos de esta nación. Estos grandes ricos, como Carlos Slim, han hecho el programa de gobierno que, cualquier partido que llegue al poder, es el que va a cumplir, es lo que se llama "el Pacto de Chapultepec". Este pacto o este plan de gobierno consiste en lo siguiente: lo que vamos a hacer —dicen los ricos— es acabar de conquistar este país, acabar de hacerlo nuestro, parcelarlo todo, incluso a su gente y ponerlo a la venta al mejor postor.

257

Más allá de los cuestionamientos ideológicos a la iniciativa del mexicano más rico del mundo, en lo pragmático algunos integrantes del círculo cercano a Slim aseguran que el Pacto de Chapultepec fue una forma de apoyar la candidatura de López Obrador. Mediante este tipo de compromisos públicos se buscaba garantizar "la estabilidad" y "evitar que tentaciones autoritarias como las de [Hugo] Chávez en Venezuela" afloraran en el ganador de la contienda, que en ese momento todas las encuestas indicaban que sería López Obrador. "El ingeniero le estaba dando una cierta cobertura a López Obrador con empresarios, pero éste ninguneó el pacto", relata uno de los operadores que realizó actividades en varios estados del país y ayudó a recopilar más de un millón de firmas de adherentes.

Alfonso Ramírez Cuéllar, aguerrido líder del Barzón, conocido por haber irrumpido a caballo en el salón de sesiones del Congreso durante una protesta, fue otro de los operadores de tierra de este acuerdo de Slim, junto con el líder del sindicato de telefonistas, Francisco Hernández Juárez. "No estaba tan jodido el pacto", opina Ramírez Cuéllar, aunque reconoce que fue difícil convencer a los demás miembros de su partido de sumarse por completo. Porfirio Muñoz Ledo, uno de los líderes históricos del PRD, lo llamaba "El Pacto Slim" y decía que los que se metían ahí ya eran "territorio Telcel".

Ramírez Cuéllar conoció al mexicano más rico del mundo durante la crisis económica que vivió México a finales de 1994, la cual provocó que el gobierno del presidente Ernesto Zedillo creara un millonario fondo de rescate para los bancos afectados. Slim se convirtió en un empresario muy vigilante de esta medida, quizá también porque uno de los principales beneficiarios era Roberto Hernández, en ese momento dueño de Banamex, quien pasó de ser amigo a enemigo de Slim tras perder la licitación de Telmex. "Más allá de si es de izquierda o no, creo que Slim le tenía una gran estimación a Andrés [Manuel López Obrador], y bueno, sé que a alguna de las reuniones que tuvo con Slim, Andrés incluso llevó a sus hijos."

El entonces candidato presidencial de la izquierda electoral, quien acababa de ser jefe de gobierno de la ciudad de México, declinó firmar el Pacto de Chapultepec, que en sus inicios algunos también creyeron que se trataba de una plataforma para preparar la campaña presidencial de Slim. De acuerdo con políticos allegados a López Obrador, Slim ofreció apoyar económicamente al político tabasqueño, pero éste rechazó sus donativos, ofrecidos a través de esquemas indirectos. El candidato de la izquierda se sentía ya triunfador, pero todo cambió después de unos comicios en los que una parte importante de la maquinaria electoral del PRI trabajó de última hora a favor del candidato del PAN, Felipe Calderón.

Ante el resultado adverso, López Obrador denunció un fraude electoral, mandó "al diablo las instituciones" y, para exigir un recuento de los votos que daban el triunfo a su oponente de derecha, encabezó un enorme plantón a lo largo de Paseo de la Reforma, una de las principales arterias de la capital del país. En ese contexto, mientras participaba en una ceremonia de la revista *Forbes*, Slim aseguró que el plantón era una "locura mexicana, kafkiana", lo cual representó la primera y única crítica que el magnate ha hecho públicamente contra López Obrador. El mismo día en que hizo esa declaración Slim reconoció a Felipe Calderón como el ganador de la contienda.

Pese a esto, en el equipo de Calderón se veía con recelo a Slim, debido a la cercanía que había mantenido con Andrés Manuel López Obrador antes de hacer la declaración acerca de la locura kafkiana. De acuerdo con uno de los más allegados colaboradores de Calderón, las alarmas se encendieron cuando se enteraron de que mientras el Tribunal Federal Electoral (Trife) analizaba la impugnación de las elecciones presidenciales presentada por López Obrador, Slim había organizado un par de reuniones privadas con otros empresarios y líderes religiosos y políticos, en las cuales comentó la situación existente y la posibilidad de que se perdiera la gobernabilidad del país.

Según la fuente consultada, durante la reunión incluso se habló de un posible escenario jurídico en el cual el Trife anulara los comicios y la presidencia quedara en vilo. Juan Ramón de la Fuente, doctor en psiquiatría y ex rector de la UNAM, fue el nombre que se manejó como el posible presidente interino. Según el calderonista, De la Fuente y el abogado Diego Valadés planteaban el escenario jurídico de la anulación a magistrados electorales como José de Jesús Orozco. El referido colaborador del ex presidente aseveró:

Del Instituto de Investigaciones Jurídicas de la UNAM le pusieron un asesor a cada magistrado del Trife, tratando de influir en la valoración final de la elección. Por esos días, el cardenal Norberto Rivera llamó al empresario Olegario Vázquez Raña para preguntarle sobre una reunión que estaba

organizando Slim. Olegario le dijo que no iría porque le parecía que podrían dar la impresión de una lógica golpista. El cardenal, que se guía por
Olegario, decidió no ir tampoco. En esos días, Juan Ramón de la Fuente
gastaba 200 000 pesos al mes en un despacho de imagen. Se trató de una
estrategia en marcha para ponerlo como presidente interino en 2006. El
que les puso un alto desde España fue el doctor Jorge Carpizo, jefe del
grupo de Investigaciones Jurídicas de la UNAM.

En entrevista, Diego Valadés negó esto y refirió un trabajo aca-
démico elaborado antes de las elecciones de 2006, en el cual aborda
el problema mexicano de la falta de claridad legal sobre el proceso de
sustitución de un presidente en un momento extraordinario. Dicho artículo inicia así:

> La democracia en México incluye numerosos problemas pendientes de
> solución, varios de ellos semejantes a los que han sido resueltos en otros
> sistemas constitucionales. Entre esos problemas hay uno que resulta esen-
> cial para la estabilidad institucional: la sustitución del jefe del Estado en
> circunstancias extraordinarias. Los instrumentos electorales resuelven la
> cuestión de la sucesión presidencial mediante el voto periódico, libre,
> secreto y efectivo; pero hay circunstancias excepcionales que también de-
> ben ser consideradas, para evitar el colapso constitucional cuando la falta
> del jefe del Estado se produce antes de la conclusión normal de su periodo.

Juan Ramón de la Fuente fue buscado también, pero decidió no dar
comentarios.

Para volver más enredada la situación, en el comité de campaña
de Calderón aseguran que el gobierno del Estado de México, en ese
entonces a cargo de Enrique Peña Nieto, quien en 2012 asumiría la
presidencia, espiaba a los magistrados electorales mientras preparaban su
deliberación. De acuerdo con este colaborador de Calderón, aunque la
administración de Fox tenía las pruebas, nunca las usaron. Prefirieron
entablar una negociación con el PRI, de cara a la toma de protesta de
Calderón. "También teníamos sospechas, nunca confirmadas, de que
Slim hacía lo mismo a través de su sobrino Héctor Slim Seade, director
de Telmex", explica el calderonista, quien dice que este directivo de
Telmex, hijo de Julián Slim Helú, tiempo después de la crisis poselectoral sedujo a panistas prominentes como el legislador César Nava y la

vocera Alejandra Sota mediante invitaciones a cazar en Tamaulipas y el Estado de México.

Finalmente el Trife ratificó el triunfo de Felipe Calderón y éste tomó protesta el 1° de diciembre de 2006, en medio de un escenario de caos. Un mes después se vistió de militar y se hizo retratar ante 4 500 soldados en una base militar. El presidente Calderón tenía miedo de que las protestas de López Obrador, que continuaban, así como los cabildeos entre algunos empresarios, impidieran el arranque de su administración, así que para fortalecerse decidió usar al Ejército y la Marina, a los cuales aumentó el presupuesto ese mismo año, además de darles canonjías que nunca habían tenido. Ése fue el origen de la que años después se conoció como la "guerra contra el narco", que produjo casi 100 000 muertes violentas y miles de personas desaparecidas.

Las maniobras de Slim en 2006 afectaron su relación con el gobierno de Calderón. Aunque nunca rompió contacto, el presidente tampoco confió en él. En su óptica, Slim había intentado darle "un golpe técnico apegado a derecho", aunque en términos llanos algunos calderonistas también llamaban a lo sucedido como un intento de golpe de Estado para impedir que el panista asumiera la presidencia.

Ignacio Cobo, amigo de Slim, fue quien intentó suavizar la relación entre ambos personajes, sin lograrlo nunca por completo, aunque Slim no dejó de acudir a los actos públicos a los que era convocado por el presidente ni éste a los que aquél lo invitaba. El magnate tampoco hizo críticas públicas en contra de quien en privado solía hablar con molestia. Los allegados de Calderón dicen que la relación con Slim, paradójicamente, mejoró después de que el michoacano dejó la presidencia.

Según Purificación Carpinteyro, Calderón estuvo a la ofensiva contra Slim durante su administración:

Felipe Calderón lo marcó en su lista de adversarios, adoptando como cruzada la lucha directa en contra de Telmex y Telcel. Desde principios de su gobierno integró un grupo informal para debatir lo que debía exigirse a Telmex para que pudiese competir en televisión de paga. Las negociaciones iniciales por el grupo de asesores del presidente, incluyendo al ya secretario de Comunicaciones y Transportes, Luis Téllez Kuenzler, quien había designado como subsecretario a Rafael del Villar, adoptaron como propia la lista de condicionantes que la Cámara de la Industria de Telecomunicaciones por Cable (Canitec) aportó a las autoridades como prerrequisitos a ser cumplidos por la telefónica, antes de siquiera considerar la posibilidad de eliminar la prohibición de su título de concesión para ofrecer servicios de televisión de paga.

Slim no perdió las elecciones presidenciales de 2006, como dicen algunos de sus críticos. Al año siguiente, en 2007, la revista *Forbes* lo consideró por primera vez el hombre más rico del mundo.

Cuando le pregunto sobre el supuesto golpe que intentó dar en las elecciones de 2006, el magnate me dice:

—La competencia fue la más abierta de todas. Todos los candidatos hicieron publicidad en televisión, todos participaron. Ahora, sí es cierto que había grupos que querían que se cancelaran las elecciones, pero eran las gentes cercanas a López Obrador. Yo no: eso [del golpe] es una tontería.

31

México

Minutos después de descartar su participación en un supuesto golpe preparado en 2006 contra el ahora ex presidente Felipe Calderón, Carlos Slim invoca la historia del país para explicar que, cuando los mexicanos nos hemos dividido, se ha perdido territorio nacional y tiempo para el desarrollo, en referencia a "México en un piñón", una conferencia impartida el 27 de agosto de 1988 por el historiador José Iturriaga, en la que éste se enfocó en las sucesiones presidenciales que ha tenido el país a lo largo de su historia.

El magnate me lee un fragmento relacionado con el México del siglo XIX posterior a la Independencia:

—"Hay amnésicos o desinformados que no recuerdan o no saben que en dos etapas cruentas que suman 55 años [de 1821 a 1876] estuvimos en guerra civil los mexicanos, al abrigo de los cuales cuatro veces fue mutilado nuestro territorio nacional, siete veces potencias extranjeras nos agredieron, registramos 95 cambios en el titular del Poder Ejecutivo y tuvimos 10 constituciones o leyes fundamentales"... ¿Tú crees que a mí me va a interesar que el país esté en dinámicas así?

Al final de esa entrevista Slim me regaló una copia de la interesante conferencia de Iturriaga. Después noté que a lo largo de las 22 páginas estaban copiados también una serie de anotaciones y subrayados con tinta negra. Algunas de las cosas que Slim marcó durante su lectura de este ensayo histórico, en el que se repasa la historia de México de 1821 a 1988, son los siguientes fragmentos en los que se respetan subrayados:

Al consumar nuestra independencia con instituciones monárquicas en 1821, desentrenados como estábamos para el ejercicio del autogobierno supuesto que España no fue una maestra excelente en el campo de la ciencia política y en el arte de la gobernación, no percibíamos con *diafanidad* el *modelo de país que queríamos constituir,* como ahora se dice. Y por eso *saltábamos de una constitución a otra en busca lúcida o cegatona de la libertad y la justicia, de la soberanía nacional y la paz interior.* Una minoría *egregia* —por supuesto— sí veía con claridad ese modelo. No voy a detenerme para describir los ires y venires de las nueve constituciones o leyes fundamentales aludidas que aparecieron en la primera etapa cuenta que estoy examinando.

La cuarta guerra que tuvimos con una potencia extranjera, la *empezaron en mayo de 1846* los Estados Unidos, gobernados entonces por el *demócrata James Polk.* Éste alegaba que el ejército mexicano había invadido Texas, supuesto territorio norteamericano, porque *en diciembre de 1845 había sido aprobada su anexión* a Estados Unidos por el Senado de este país. Más ello, sin que nuestro Congreso hubiese confirmado ni aprobado la entrega de Texas, signada cobardemente por Santa Anna nueve años antes.

Débiles y anémicos como estábamos merced a la inacabable guerra entre hermanos, no pudimos resistir el embate de un ejército tan fogueado como el de Norteamérica. *Fuimos vencidos por Estados Unidos y les cedimos en febrero de 1848 más de la mitad de nuestro territorio,* pues había la amenaza de que si no entregábamos tan gigantesca extensión *era posible la pérdida de México entero. ¡?*

Un patriotismo prudente aconsejó al presidente Peña y Peña y, sobre todo a nuestro Congreso —en medio de explosiva oposición—, conservar la soberanía nacional aunque fuese en la mitad de nuestro mar.

Cinco años duró la invasión francesa: de principios de 1862 a mediados de 1867. Encuentros sangrientos y crueles y guerras de guerrillas francomexicanas tuvieron lugar en nuestro suelo, hasta que el valor de las *tropas liberales, junto con la ayuda diplomática prestada por los presidentes Lincoln y Andrew Johnson a Juárez, nos permitieron alcanzar la segunda independencia nacional.* Y si bien el suelo patrio no perdió entonces una sola pulgada, con ese triunfo el Patricio *se apuntó a restablecer las instituciones republicanas en julio de 1867.*

Cuando uno se asoma a esa tormentosa etapa de nuestro siglo XIX se advierte con azoro hasta qué punto la supervivencia de México parece milagrosa. Por eso constituye un deber moral y político conservar la unidad de los mexicanos; sólo así protegeremos y preservaremos la soberanía de la patria heredada por nuestros mayores.

Porfirio Díaz abrió las puertas a la inversión extranjera para hacer frente a la costosa construcción de ferrocarriles que surcaran nuestro territorio, tan incomunicado por lo quebrado de su orografía. *Las líneas férreas fueron trazadas* con base a los intereses ingleses y norteamericanos *ligados al arrastre de la riqueza minera*, explotada por ambos capitales.

Si no hubiera habido una revolución triunfante, *la vitalidad de Porfirio Díaz* —no obstante sus achaques— le habría permitido terminar no sólo su *décima presidencia en 1916*, sino, acaso, habría *concluido otra en 1922*, supuesto que todavía fue capaz de *vivir en el exilio cuatro años más*. Ello, sin el dominio del francés y, sobre todo, en medio de la nostalgia del poder omnímodo *ejercido 30 años*. Sí: no cabe duda que Porfirio Díaz habría terminado por lo menos un mandato sexenal más acostumbrado a gobernar como estaba: *casi sin hablar*, o con *fiereza silenciosa*, o con *tos fingida*, o con un *parpadeo de ojos*. Rodeado durante tres decenios del acatamiento geniflexo de sus colaboradores, debió tener grandes reservas vitales para sobrevivir después de su derrocamiento cuatro años más, no en su patria, sino *en una nación extranjera*, hasta morir el 9 de julio de 1915 en París.

Por primera vez desde que somos una nación independiente, o sea desde 1821, tres jefes de Estado entregaron en paz el poder a su respectivo sucesor. Portes Gil a Ortiz Rubio y éste a Abelardo Rodríguez —los tres juntos gobernaron solo seis años—, al paso que once jefes de Estado terminaron su respectivo mandato sexenal: Cárdenas y Ávila Camacho, Alemán y Ruiz Cortines, López Mateos y Díaz Ordaz, Echeverría y López Portillo, De la Madrid y Salinas de Gortari [y agregado por Slim con pluma: "Zedillo y Fox"].

Y a Fox lo siguió Calderón, tras los ajustados comicios en que apenas ganó por medio punto porcentual.

32

Virreyes

El símbolo inicial de la relación entre el mexicano más rico del mundo y el líder de la izquierda electoral fue el centro histórico de la ciudad de México, en el cual Carlos Slim puso los ojos a partir del año 2000, con la finalidad de invertir y reanimarlo económicamente. Andrés Manuel López Obrador fue elegido jefe de gobierno ese año y, junto con el entonces presidente Vicente Fox, nombró una comisión de notables en la que, además de participar Slim, lo hacían el fallecido periodista oficialista Jacobo Zabludovsky y el escritor Carlos Monsiváis. En ese momento el principal enemigo de López Obrador era el ex presidente Carlos Salinas de Gortari, quien operaba desde varios frentes contra su administración, alegando que el político originario del sureño estado de Tabasco no era confiable para las instituciones nacionales. La relación con Slim, aunada a su política de austeridad, provocó que periódicos como *El País* de España o *The Washington Post* hablaran de López Obrador como el representante de una izquierda moderna.

Sin embargo, esta cercanía de un líder de izquierda como López Obrador con el multimillonario Slim también generó preguntas de algunos reporteros críticos.

—Usted avaló la denuncia para investigar la privatización de Telmex y durante años Salinas y Slim eran casi sinónimos. ¿Cómo superó eso? —preguntó el fallecido periodista lagunero Antonio Jáquez a López Obrador, en el momento de mayor popularidad de este último.

—La explicación tiene que ver con mi responsabilidad actual. No es lo mismo ser dirigente de un partido político que ser jefe de gobierno. A mí me importaba mucho el rescate del centro histórico, y para lograr ese propósito tenía que convocar a gente que ayudara. Esto no implica alguna ilegalidad, no tener problemas de conciencia.

Lo que se conoce como el rescate del centro histórico del Distrito Federal podría llamarse también la compra masiva de propiedades por parte de Slim, con el compromiso de un gobierno de izquierda para invertir mayores recursos públicos en la infraestructura de la zona, así como para desalojar a los grupos de vagabundos, indígenas, carretilleros, vagoneros, microbuseros y trabajadoras sexuales que llevaban décadas asentados en sus calles. La maniobra en sí misma daría una mayor plusvalía a la zona, a tal grado que 10 años después las propiedades conseguidas por Slim a bajos precios aumentaron de valor de manera considerable.

Slim conocía muy bien el centro histórico. Su familia tuvo comercios ahí y en su juventud el magnate hizo sus pininos financieros en la zona, cuando la bolsa de valores se ubicaba en el edificio número 68 de la calle Uruguay —ahora ocupado como oficinas de Carso—. El periodista financiero Jesús Rangel recuerda haber visto a Slim trabajando durante años como "casabolsero" y también, varias veces, jugando dominó en la cantina Pico de Gallo, que estaba entre las calles de Venustiano Carranza y Bolívar. Entre sus oponentes comunes en el dominó estaban el banquero Roberto Hernández y su primo Alfredo Harp Helú, con quienes hizo negocios durante años, para luego distanciarse y, en el caso de Hernández, convertirse incluso en enemigos. Según Rangel, tras el acuerdo con López Obrador, Slim fue en persona a sondear la compra de sus propiedades en el centro histórico.

Entre el centenar de casas y edificios que adquirió está el Virreyes, un hotel que en la década de 1960 era referencia obligada para los mejores boxeadores del país y algunos visitantes famosos. Por sus habitaciones pasaron desde el campeón del mundo José Ángel Nápoles, *Mantequilla,* hasta el actor hollywoodense Rock Hudson. Sin embargo, conforme la vida social fue decayendo en el centro histórico y ésta se desplazó primero a otras áreas como la Zona Rosa y después a la colonia Condesa, el hotel Virreyes se fue transformando en un sitio de paso para parejas furtivas o de asiduos a cabarets y bares ubicados a la redonda. Pero Slim compró el Virreyes en 2003 y, tras una mínima remodelación, decidió convertirlo en un hostal para estudiantes o jóvenes recién llegados a la ciudad.

Me tocó ser uno de los primeros inquilinos de Slim en la nueva etapa del inmueble referido. En 2003, luego de estar casi un año fuera de México, regresé a Monterrey y fui enviado a trabajar a la ciudad de México a la redacción del periódico *Milenio.* Llegué a esta urbe a los 22 años de edad, con la idea de permanecer sólo unos meses. Por entonces mi proyecto principal era viajar a Cuba para radicar ahí unos tres o cuatro años y escribir sobre la manera en que se viviría, según creía yo, la *perestroika* caribeña. Algo inspirado en lo que hizo Ryszard Kapuściński para escribir *El imperio*, ese gran reportaje sobre la transformación soviética de finales del siglo pasado.

Sin embargo, a los pocos días de haber llegado al Distrito Federal me di cuenta de que no podría irme tan fácil de la ciudad. Mi hogar durante más de un año fue la habitación 401 del hotel de Slim, ubicado en Izazaga y Eje Central, dos de las avenidas más ruidosas de la ciudad de México. Para alguien que anda en la búsqueda de algo que ni por asomo sabe qué es, caminar esas calles y, sobre todo, deambular por el centro histórico de la capital de su país era algo esperanzador y vital. La Historia —con mayúscula— y las historias —con minúscula— aparecían por todos lados. Los cinco sentidos en labor constante ante la riqueza de situaciones suscitadas alrededor. Lo mejor, sin embargo, vino después, cuando desde una urbe como el Distrito Federal comencé a mirar el resto del país. La perspectiva deslumbraba. En buena medida, el DF concentra en sus calles eso que llamamos México. Y eso que se dice que es México no se ve igual desde el DF que desde el norteño municipio de San Nicolás de los Garza o desde el sureño San Cristóbal de las Casas. No puede ser visto de igual forma que desde el Zócalo capitalino. Así, en cierta forma, al invertir en el centro histórico de la ciudad de México, Slim se quedó con un poco del alma del país.

No obstante, su negocio ha sido considerado por diversos actores como filantropía. La rectora de una de las principales instituciones del primer cuadro de la ciudad, la Universidad del Claustro de Sor Juana, Carmen Beatriz López Portillo —hija del ex presidente—, le otorgó a Slim la medalla Sor Juana Inés de la Cruz por haber salvado el centro histórico.

El 13 de septiembre de 2013 cientos de maestros de Oaxaca cumplían una veintena de días instalados en el Zócalo, protestando en contra de una reforma educativa aprobada por el Congreso, la cual disminuía sus derechos laborales y abría la puerta a una posible privatización en el futuro inmediato de la educación pública y gratuita que se otorga en México. Sin mencionar jamás a Slim, el principal inversionista de la zona, funcionarios y medios de comunicación destacaban de manera constante que el acto de protesta afectaba a los comerciantes del centro y que por eso el plantón debía ser reprimido.

Por la mañana de ese día otros centenares de policías federales arribaron al lugar para realizar un operativo de desalojo contra los profesores de la sección 22 del Sindicato Nacional de Trabajadores de la Educación (SNTE), en el que no hubo ninguna persona herida de gravedad. Para las seis de la tarde las autoridades habían destruido las carpas y las tiendas del Zócalo y controlaban de nuevo su plancha principal. Coincidencia o no, ese mismo día Slim anunciaba su colaboración con la Khan Academy, una instancia vanguardista que promueve la educación de niños mediante tutoriales de internet, sin contar necesariamente con clases y maestros presenciales. En una entrevista brindada a Larry King aseguraba que este proyecto representa el futuro:

La Khan Academy tiene 40 empleados y hay millones de personas aprendiendo en cursos cortos de 10 a 15 minutos, y entiendo que el número de ejercicios que hace por medio de la Khan Academy es alrededor de 1 000 millones y son tan sólo 40 personas trabajando en ella. La plataforma está creciendo y creo que es un gran medio de aspirar a la educación masiva. ¿Y cuáles son los números y los conceptos? Primero, el internet del que hablas en estos momentos se está haciendo tan rápido con la banda ancha que puedes tener datos y video casi instantáneamente. Eso es importante. Primero se debe dar conectividad; ésa es una parte de la ecuación, dar conectividad, y la otra parte de la ecuación que es tan o más importante que la conectividad es dar el contenido y las aplicaciones, así como tener los cursos o la capacitación para que la gente la tome por internet y se cultive sin ningún costo, es educación gratis. La Khan Academy es educación gratis para todos, cuando y donde sea. Es el futuro, el pasado es hoy.

Bajo esa idea se entendería que maestros como los de Oaxaca representaban el pasado.

★ ★ ★

Slim se relacionó con López Obrador por razones económicas que tenían que ver con el centro histórico, cuenta Fructuoso Pérez.

—Perdón, pero de eso no quiero hablar mucho, pues yo no sé si se cayeron bien o no se cayeron bien. Han de haber tenido relaciones comerciales en el sentido de que Carlos se preocupó mucho por la restructuración y el rescate del centro histórico del Distrito Federal. Entonces, estando López Obrador en el gobierno, pues tuvo que tratar con él todo ese tipo de cosas y se puede interpretar de diferentes formas. Alguien puede decir que era muy amigo y alguien que puede ser que no lo era. Dice que lo apoyaba; otros dicen que no. Pero lo que sí es cierto es que Carlos se metió mucho a la recuperación del centro histórico. Si no ha sido por él, bueno, él y quizá otras personas y otro grupo, un grupo que él formó, no se hubiera recuperado.

—¿Por qué será tan importante para Slim el centro histórico?

—Ah, bueno, pues porque él vivió ahí. Estudió ahí la preparatoria. Él vivía… Los negocios de sus papás y todo. Entonces es una gente que quiere al centro histórico.

—¿Slim es muy nacionalista?

—Totalmente. Él es muy nacionalista. No dudo que en algún momento, dada la situación de las empresas que tiene, pues tenga relaciones internacionales, pero hasta donde yo sé, la mayoría de sus inversiones están aquí, en México. Entonces eso habla de él, de lo que quiere de México y lo que él piensa para México. Cómo debería de ser y a dónde debe llegar y todo.

—¿Y por qué será tan nacionalista?

—Su padre, a pesar de que venía de otro país, libanés, era una gente que quería mucho a México, donde fue cobijado y donde fue bienvenido. Y obviamente pues yo creo que los inculcó en ese querer. La otra vez nos platicaba algo de su padre, de una intervención que tuvo en la Cámara de Diputados como presidente de comerciantes o algo así, donde era una gente que se preocupaba mucho por México. Entonces se los inculcó y él lo aprendió.

En su apuesta por el futuro, Slim aprovechó el abandono y el deterioro de otra zona de la ciudad de México, cercana a Polanco: un barrio residencial y comercial. Cerca de ahí, en un área degradada donde antes había una enorme harinera y una llantera, construyó un complejo enorme que incluye torres departamentales de lujo, el centro comercial Carso —que lleva las iniciales de su nombre y el de su esposa—, así como un acuario, para dar forma completa a lo que se conoce de manera coloquial como "Ciudad Slim". En sus propias palabras, el modelo del centro histórico del Distrito Federal fue adoptado por el magnate para este proyecto.

Como ícono de este nuevo desarrollo se encuentra el Museo Soumaya, diseñado por su yerno, el arquitecto Fernando Romero, el mismo que se encargará de diseñar un nuevo aeropuerto para la ciudad de México. En el interior del lugar se exhibe la colección privada de Slim, que asciende a alrededor de 66 000 obras de arte, entre las que destacan las del escultor francés Auguste Rodin e incluye asimismo las de Salvador Dalí y Tintoretto. Antes de 2011, cuando se inauguró el Centro Comercial Carso, una parte de esta colección era exhibida en el museo del mismo nombre en Plaza Loreto, en la otra punta del Distrito Federal, en una zona donde se estableció el conquistador Hernán Cortés.

Sin embargo, la mayoría de los principales críticos de arte del país no recibió con loas la apertura del museo estandarte de Ciudad Slim. El consenso entre buena parte de los expertos consultados gira en torno de que el dueño de Telmex hizo una selección compulsiva de la obra con base en criterios más económicos que estéticos. Avelina Lesper, una de las especialistas más respetadas, publicó un artículo titulado "¿Para qué sirve el dinero, ingeniero Slim?" en *Laberinto*, el suplemento cultural de *Milenio*.

> Es un edificio pretencioso que promete algo que por dentro no cumple; nos meten en un cilindro de concreto con rampas mal diseñadas, sin acabados, una entrada mínima y salas sin organización y sin flujo. No existe una museografía, es una reunión de cosas como si estuviéramos en la casa de alguien —con sus particulares aficiones decorativas— que se deja aconsejar mal por esos anticuarios que rellenaron la Galería de Palacio Nacional. Un cartón del Sodoma, un José de Rivera, el mural de Siqueiros, un dibujo de O'Gorman y los bronces de Rodin, es todo lo que el museo ofrece; lo demás es decoración y obras de muy, muy dudosa originalidad y objetos disímbolos sin valor histórico. Lo que más duele al ver esto es que no hay colección, ni amor al arte.

Durante la inauguración del Museo Soumaya, hecha por el propio Slim junto con el periodista Larry King y el escritor Gabriel García Márquez, el presidente Felipe Calderón dio un discurso en el que resaltó que había pocas colecciones que agruparan tantas escuelas del arte universal y "pocos recintos que nos permitan conocer los trazos de los grandes maestros de México y de todo el mundo. Invito a todos los mexicanos a que vengan a deleitarse con esta colección sin precedentes". Por su parte, King destacó la "brillante pieza de arquitectura" que representaba el espacio cultural.

271

A finales de 2013, en los días previos a recibir un homenaje, la fallecida Raquel Tibol, la crítica de arte más respetada en México, comentó que el magnate la había mandado llamar después de una conversación que sostuvo en el programa de radio de Carmen Aristegui. El mexicano más rico del mundo envió a un chofer en un Tsuru abollado y viejo a que recogiera a la especialista de 90 años de edad para llevarla a la sede de Inbursa, donde, según contó Tibol, además de Slim estaba Alfonso Miranda, director del Museo Soumaya, quien no habló durante la cita.

Tibol dijo que la charla fue cordial y se contaron anécdotas del mundo artístico, además de las críticas que ella reiteró al espacio. Cuando Aristegui le preguntó si Slim había hecho caso a sus señalamientos, la crítica de arte respondió: "No he vuelto a visitar [el Museo Soumaya], pero yo creo que en ese aspecto [Slim] es un hombre terco. Cree que si llega a una concepción equis, él tiene la razón y sigue adelante. Ni siquiera creo que oye a la gente que lo rodea".

Para Slim, tanto el proyecto del centro histórico como el de Nuevo Polanco representan un interés personal que tiene en la reconversión urbana de la ciudad de México.

—Yo creo que la mejor muestra es el modelo del centro histórico —me dice—. Son proyectos para que las zonas degradadas se vuelvan áreas de actividad económica intensa, donde la gente viva cerca, trabaje cerca, se divierta cerca, se eduque cerca, tenga hospitales cerca, etcétera. Y que cuando salga de esa área es porque va de paseo a otro lugar. Entonces, hay varias zonas degradadas de la ciudad en las que las personas podrían vivir en lugar de irse a tres horas o a una hora y media y una hora y media de regreso. Porque es costoso, va contra la calidad de vida y además genera problemas de transporte.

—Entiendo que esto es una tendencia internacional. En Nueva York está el barrio de Canal, que antes era el lugar de los rastros y ahora es un barrio *hipster*.

—¡Claro! Es el cambio de la sociedad industrial a la de servicios. Reconvertir un área también genera mucho empleo. Por ejemplo, ahí, en Plaza Carso —en Nuevo Polanco— creo que trabajan más de 15 000 personas, y antes trabajaban 400. Quince mil personas hasta ahora. Luego van a trabajar más, conforme se siga desarrollando, pero no es sólo Plaza Carso: hay muchos desarrollos por todos lados. O, en el centro histórico, debería reconvertirse la colonia de los Doctores. Ahí están los hospitales, están los tribunales y está la procuraduría del Distrito Federal.

Bueno, si esa zona degradada se reconvirtiera, se fuera para arriba, se hiciera más vertical y menos horizontal, las enfermeras no tendrían que vivir a una hora, ni los doctores ni los internistas ni las secretarias ni los jueces ni los abogados. Entonces el chiste es que sean como ciudades o barrios, como lo quieras llamar, pero barrios en que se dé vivienda para todas las clases sociales, no sólo para una.

—Bueno, la tragedia de este modelo es la gente que está siendo desplazada.

—No, al revés. En el centro histórico no. Al revés. En el centro histórico ha quedado pendiente un área que el gobierno del Distrito Federal expropió, que eso ojalá se desarrolle como vivienda social. En el centro histórico, antiguamente, hace 100 años, ahí había los palacios y había gente de muy bajo ingreso viviendo ahí. Había zonas muy populares y zonas de alto nivel económico, de nivel medio. Aquí lo que falta en Plaza Carso es que haya más vivienda media para que todo el personal que trabaje ahí pueda vivir ahí.

—¿Cómo le va a hacer con eso en Nuevo Polanco? Porque ahora ya es muy caro vivir ahí.

—Originalmente, en el programa era la colonia Pensil para vivienda media. A la Pensil se pueden ir caminando y la Pensil es una zona degradada, una zona en la que debería planearse. Claro, ahí se necesita que la autoridad haga los programas de vivienda y las alturas.

—Bueno, supongo que usted debe usar su influencia política para poder cumplir estos proyectos, porque si no los planes pueden quedarse truncos.

—No, no es influencia política, porque yo no lo voy a hacer todo.

—Pero si los políticos no hacen su parte, ¿entonces?

—Ahí, primero, no son los políticos: son los gobiernos. Ahí el gobierno debe hacer un plan de actividad económica, de renovación de la ciudad, del aparato urbano, del equipamiento urbano, y que pueda desarrollar un programa para esas áreas, pero no sólo un programa, sino una regulación, para que se estimule y se desarrolle y se haga con dinero privado. Eso es lo bueno: que todo esto se puede hacer con dinero privado. Y estamos hablando de la colonia Doctores, de la zona de Irrigación que mencionas, pero también Tlalnepantla, Naucalpan, Vallejo, Azcapotzalco, en el sur más áreas. Es lo que hay que hacer. Y eso es lo que hace que en esta nueva sociedad haya mucha más actividad económica. ¿Cuando hay esa inversión qué pasa? Que la gente tiene más empleo. Y luego, conforme se desarrollan actividades, ya sea de entretenimiento o de cultura, o de educación o de salud, hay más actividad económica y, por supuesto, de construcción, la temporal y la permanente. Ése es un camino. Estamos hablando de lo inmobiliario. El otro es la infraestructura. Nuestro país tiene necesidad de mucha infraestructura, pues hay que hacerla, pero no se puede hacer con dinero público, porque no alcanza o está usado principalmente para cuestiones de salud o de educación. Entonces hay que hacer dinero privado. Usar la inversión privada, con asociaciones público-privadas.

—¿Privatizar carreteras, aeropuertos…?

—Mira, una de las primeras asociaciones público-privadas las hicimos ahí, en el centro histórico. Fue la Secretaría de Relaciones Exteriores. Hicimos la construcción, la asociación y luego se subastó y la ganó BBV y la Secretaría de Relaciones Exteriores le paga a BBV una mensualidad y al cabo de tantos años deja de pagar la mensualidad. Hay que aprovechar en todo esto que hoy el dinero está muy barato a costo negativo en función de la inflación y a largo plazo. Hay que aprovechar esa situación. Eso puede acelerar mucho el proceso. Y, además, la inversión privada puede ser. No hablo de empresarios, de empresas o de inversionistas grandes. Puede ser de los trabajadores a través de sus afores, que en lugar de tener rendimientos de 3% puedan tener rendimientos de 10 o 12%, que les va a permitir tener un mejor patrimonio para cuando decidan retirarse.

—Me gustaría entender su lógica para invertir con un caso concreto: ¿por qué compró el hotel Virreyes?

—Cuando entramos al centro histórico, entramos para que se mejorara el centro histórico, pero había mucho escepticismo. Gente muy notable decía: "No va a salir esto". Inclusive la primera conferencia de prensa, cuando se presentó el consejo consultivo, una gente muy apreciable me acompañó y me dijo: "Quiero ver qué vas a decir". El planteamiento era muy claro de revitalizarlo. Entonces nos metimos con el programa para levantar el nivel socioeconómico de la zona, las redes en las escuelas. Todos los programas de la fundación los hicimos exhaustivos, la cirugía extramuros, leer para aprender… *pas, pas:* todo eso lo hicimos. Y los inmuebles había que inmovilizarlos. Había el proyecto de hacer aquí esto y aquí lo otro, y en esa zona, que era el famoso corredor cultural, que lo íbamos a llevar hasta la Universidad del Claustro de Sor Juana, hicimos una sociedad inmobiliaria para que comprara inmuebles que estaban inmovilizados y les diera uso. Entonces le dimos una gran movilidad inmobiliaria, y decían que me iba a quedar con todo el centro. Sí es cierto que compramos muchos y luego se vendieron para este fin y para el otro. Entonces el grupo tiene 8 000 personas o más trabajando en el centro histórico. Unos ya estaban, Central San Juan y demás, pero nos llevamos a muchos *call centers,* a lo que es Bancomer, a lo que es la bolsa de valores. Y estos hoteles los estaban vendiendo y los compramos para hacer el programa de hostales. Creo que costaba 120 pesos la noche con desayuno. Ése era el objetivo. Lo conocí hace muchos años. Lo compramos junto con el hotel Señorial. A esos hoteles, en mi época, iban los jóvenes, y para darle vida a un centro histórico necesitas que haya jóvenes. Ya no se pudo avanzar con el teatro Vizcaínas. Hay un teatro ahí del Distrito Federal. Entonces queríamos que tuviera más actividad. En el de Vizcaínas hay una parte que estaba demolida y queríamos que pusieran centros comerciales y que fuera para cuestiones culturales las actividades comerciales, pero no pudimos avanzar.

—¿Todo ese proyecto es una idea suya o es una idea a la que usted se sumó?

—Ésta es una idea vieja que la habíamos planteado hace muchos años con Guillermo Tovar y de Teresa y también con don Pepe Iturriaga. La concepción inicial de la protección y la conservación del centro histórico fue idea de Pepe Iturriaga, don Pepe, y luego Guillermo fue uno de los grandes defensores con su libro *La ciudad de los palacios.* Un amigo escritor vino con López Obrador cuando fue electo jefe de gobierno y me invitaba a invertir en avenida Reforma. Yo le dije: "En Reforma no; si quieres que invierta, le entro en el centro histórico, y si el presidente Fox está de acuerdo". Entonces, cuando el presidente estuvo de acuerdo y hablaron y se sentaron, que fue en agosto de 2001, echamos a andar el proyecto. Fue un proyecto que tuvo el apoyo de todo mundo y se hizo un consejo consultivo y un consejo general. El consejo consultivo tenía tres funcionarios del gobierno local y tres del gobierno federal, y cuatro de la sociedad civil, que éramos Guillermo Tovar, Jacobo Zabludovsky, el cardenal y yo, pero el programa lo hice yo.

—¿Ahí conoció a López Obrador?

—No sé si ahí fue la primera vez que lo vi.

—¿Y fueron amigos o no?

—Bueno, pues tuvimos algún problema en el proyecto. En la primera junta (él no iba a las juntas, el proyecto lo planteó y lo apoyó y fue un proyecto importante de su gobierno; también del gobierno federal) plantearon que hiciéramos consulta popular de los proyectos, y no sé, yo les dije: "Bueno, ¿saben qué?, hagan eso ustedes y yo lo hago por mi lado". Y también una vez el jefe de gobierno planteó una cosa y yo le dije: "Oye, tú hazlo por tu lado y yo por el mío, pero el centro histórico va a salir".

—Pero ¿sí fueron amigos?

—¿Amigos en qué sentido?

IX

33

Ultrarriqueza

Para el ensayista alemán John Lanchester, bajo el actual sistema de libre mercado, los ricos siempre acumularán capital e ingresos más rápido que los pobres. "Eso es una ley tan básica como la de la gravedad." De acuerdo con el neoliberalismo, esto no importa ya que el crecimiento económico de una persona supuestamente debe contribuir al de las demás. "Como suele decirse, la marea alta levanta a todos los barcos; lo cierto es que levanta antes a los barcos de los ricos, pero en el marco neoliberal, ése no es un problema. La desigualdad no es sólo el precio que se paga por fomentar la prosperidad; la desigualdad es lo que hace posible que la prosperidad aumente. En consecuencia, el aumento de la desigualdad no es sólo un efecto colateral desagradable y accidental del neoliberalismo; es el motor de todo el proceso económico."

Según Jacques Rogozinski, una de las claves poco analizadas por las cuales Carlos Slim pasó de ser multimillonario a ultrarrico tiene que ver con un juicio estadounidense. Con su estilo frontal, el funcionario y economista traza una ruta del crecimiento de la fortuna del magnate mexicano que en 1991, según *Forbes,* poseía 1 700 millones de dólares.

—Vamos a suponer que este 1.7 billones es Telmex y Slim no tiene Sanborns, no tiene las mineras, no tiene las papeleras, no tiene nada. Bueno, ahora hagamos el siguiente análisis: desde '91 hasta 2003 Slim subió su fortuna de 1.7 a 7.4 billones y sólo tiene Telmex, entonces le dije a mis gentes en Washington: "Sáquenme la tasa de retorno, 11 años de 1.7 a 7.4 y ésta da 13, o sea, 13% va aumentando su fortuna cada año". Pero luego agarré y dije: "Bueno, por curiosidad, vamos a suponer que él tiene 1.7 millones de dólares y decide irse a Australia y agarra su 1.7 y lo mete en el índice de Standard & Poor's". Entonces le dije a mis gentes: "Búsquense en cuánto estaba en marzo de '91 Standard & Poor's en Estados Unidos y díganme también en cuánto estaba en marzo de 2003 y háganme el mismo análisis. ¿Cuánto hubiera tenido en 2003?"

Bueno, en lugar de 7.4 billones hubiera tenido 6.7 billones, pues así que digas qué gran diferencia, no, ¿verdad? Este otro se fue a dormir, se fue a Australia a nadar, y su fortuna solita se multiplicó en Standard & Pooor's. ¿Qué fue lo que pasó entonces entre 1990 y 2003? Telmex no fue lo que hizo que Slim tuviera estos niveles de ganancia: en 2003, dos jueces de quiebras estadounidenses le asignan a Slim todos los activos de dos compañías gringas que habían quebrado en América Latina. Una era AT&T y la otra se llamaba MCI. Entonces Slim se queda con todos los activos. ¡El gran monopolista mexicano se queda con todos los activos porque dicen que no sabe competir! Pues bueno, me queda la gran duda de que cómo es posible: AT&T quebró en México la primera vez, pero entonces a mí no me salgan con que era Slim el monopolio que no lo dejaba crecer, porque si eso fuera cierto, ¿cómo es que AT&T quebró en el resto de América Latina? O sea, ya me convenciste tú de que no pudieron crecer AT&T ni MCI ni ningún otro por culpa de Slim, pero ¿por qué quebraron en otros lugares donde existe competencia? Pues porque eran unos tipos que no sabían manejar en América Latina sus inversiones. Estas dos compañías gringas que vinieron a México tampoco pudieron en Brasil, Chile, Argentina, Colombia, y Slim le entra a un concurso y se queda con todos los activos de esas dos empresas y así es como le da un empujón a América Móvil en Latinoamérica y su fortuna crece tanto.

—Se resalta mucho que usted no tiene casas en el extranjero, ¿por qué? —pregunto a Slim en entrevista.

—Yo no tengo casa en el extranjero, no por austeridad... Bueno, tenemos inversiones inmobiliarias en el extranjero.

—Conozco la mansión que tiene frente al Met de Nueva York.

—Bueno, esa que dicen que es mi casa y no sé qué, pero ésa la compramos para venderla. ¡Ya voy a vivir yo en una casa de siete pisos!

—¿Y por qué no?

—No es prurito no tener casa. Es más, ya deberíamos tener, pero cuando viajo me quedo en un hotel: ahí sí es pragmatismo.

—¿En qué hotel de Nueva York se queda? ¿En el Plaza?

—He ido a varios. A la mejor al que más he ido es al New York Palace, porque cuando voy a unas oficinas es el que me queda caminando. He ido a varios. No tengo uno al que a fuerza llegue siempre.

—¿Por qué está abandonada esa casa ubicada frente al Met?

—La estamos vendiendo. Siempre ha sido para venderla. El punto está bonito.

—¿Podría contarme en qué gasta el dinero que tenga que ver directamente con usted? Dígame una excentricidad que tiene con el dinero. Parece increíble que uno de los hombres más ricos del mundo no tenga una excentricidad con su dinero...

—¿Una excentricidad? ¿Qué es excentricidad?

—No sé, un gasto superfluo, algo que quizá se arrepienta de comprar por excesivo.

—Ah, ¿algo que compré y me arrepienta? Un lujo, pues un coche. Mi coche. Luego, de repente me duran 10 años.

—Pero son coches viejos...

—Pero algún día los cambio. No sé. ¿Que me arrepienta?

—Sí, algo superfluo.

—No, nada.

—¿Un yate? ¿Un avión muy grande?

—Ah, pues ésos los compré. Ésos los tenemos y ya.

34

1 por ciento

En 2011 viví en Nueva York. Durante mi estancia me visitó un amigo del Distrito Federal y antes de ir a la Estatua de la Libertad o cruzar a pie el puente de Brooklyn, con una serie de referencias que me proporcionó el escritor Hernán Iglesias y otras que yo conocía, lo llevé a conocer lugares de Manhattan que tienen la marca de Carlos Slim. Caminamos por Park Avenue hasta la calle 38, donde dimos vuelta dejando atrás en esa esquina un olor a mariguana que, hay que decirlo, es uno de los aromas típicos de las calles de Manhattan. De ahí nos fuimos hasta la Quinta Avenida. Justo en el cruce con la calle 38 iniciamos el *Slimtour* con un edificio de 11 pisos, en cuya entrada principal hay dos banderas deslavadas de Estados Unidos. La construcción no es demasiado especial. Resulta anticlimático para cualquier admirador del derroche que la primera compra de Slim en la Gran Manzana sea la de un edificio tan aburrido. En cambio, el portero es de lo más ameno que hay en toda la isla: un hombre risueño que nos platicó de las visitas habituales del empresario al lugar.

Slim compró el edificio en poco más de 200 millones de dólares y, aunque lo único que ha hecho desde entonces es cobrar ahora él a los inquilinos las rentas que cobraba el anterior dueño, existe el rumor fantasioso de que los dos locales de la parte principal, desocupados cuando fui, se convertirán en un Sanborns. Vimos de cerca la fachada grisácea-rosada de los vacíos espacios comerciales y mi amigo aseguró, tajante, que sí: ahí pondrían un Sanborns. A mí se me antojaron unas enchiladas verdes.

El siguiente punto del *tour* fue el edificio 141 que está sobre Broadway y la calle 39. Según fuentes de Venture Capital, la empresa de bienes raíces que asesora a Slim en sus compras inmobiliarias en la ciudad, este lugar le interesa al empresario mexicano. A diferencia del anterior, se encuentra en una zona con mucha onda, por donde pasan todo el tiempo y a toda velocidad hombres de traje y corbata —o de plano con ropa deportiva como para gimnasio— que en cualquier caso llevan audífonos, imprescindibles más que cualquier otra cosa en el *look* neo-yorquino.

De ahí fuimos a la octava avenida, entre las calles 40 y 41, a ver un rascacielos reluciente: las nuevas instalaciones de *The New York Times*, periódico en el que Slim posee un porcentaje accionario. Frente al edificio está la terminal de autobuses, así que hay una atmósfera peculiar, con olor a comida árabe y gente pasando a toda prisa llevando *hot dogs* en la mano.

Luego regresamos a la Quinta Avenida, pero a la altura de la calle 54, para ver otro de los espacios que se especula que Slim podría comprar en cualquier momento. Está en el número 693 y por ahora es una tienda Forever 21. Aunque no es despampanante, se trata de la construcción más original de la zona. Quizá algo extravagante para alguien tan sobrio como el multimillonario.

Unos metros más adelante está el famoso hotel Plaza, que es el quinto punto del *Slimtour*, ya que en el Gran Salón de ahí, la noche del 9 de junio de 2004, el mexicano más rico del mundo agasajó en público a Marcial Maciel, fundador de los legionarios de Cristo. El *tour* acabó en la Quinta Avenida y la calle 82, frente al Museo Metropolitano de Nueva York, donde está la propiedad neoyorquina más famosa de Slim. No se encuentra habitada, pero un letrero informa que si hay alguna emergencia puede llamarse a Andrew Schuman al 212 529 7412, o bien enviarle un *email*. Si se tiene suerte, como la tuvimos nosotros, frente a la casa del magnate en Manhattan uno puede encontrar un camioncito de motor ruidoso donde se vende yogur dietético a buen precio.

A Saks de plano ya no fuimos, porque no teníamos dinero ni para comprar una bufanda.

Ahí, en la Quinta Avenida, donde está la emblemática tienda de Nueva York, los mexicanos que sí fueron, pero a protestar, en agosto de 2012, fueron los miembros de una organización llamada Dos Países, Una Nación, quienes reclamaron a Slim sus prácticas monopólicas y su falta de apoyo filantrópico a la comunidad latina radicada en Estados Unidos. La jornada de protestas de este grupo fue creciendo y el 9 de mayo del año siguiente, mientras Slim daba una conferencia en la Biblioteca Pública de Nueva York junto a Salma Khan, creador del modelo masivo de educación por internet, los manifestantes lograron sabotear el acto al hacer que una veintena de sus miembros interrumpiera con sus risas el discurso del orador, hasta el punto en que el propio Slim también tuvo que reírse junto con Khan y el moderador de la mesa. En ese instante, según se puede ver en un video subido a YouTube, uno de los activistas interviene diciendo: "Les voy a decir por qué nos reímos: la caridad de Carlos Slim es cómica". Al salir, los inconformes proyectaron en las paredes esta frase: "Los monopolios no son cosa de risa". Otras protestas ocurrieron también en California y Slim interpuso quejas formales por medio de sus subsidiarias. Operadores del magnate esparcieron la versión de que detrás de esos actos estaba el empresario Ricardo Salinas Pliego, su rival en México. Sin embargo, la oficina del dueño de Tv Azteca lo desmintió en un comunicado.

Slim no sólo ha encarado protestas en Nueva York. En la tierra de sus ancestros también fue interrumpido mientras daba una conferencia sobre la nueva sociedad de la comunicación y la tecnología en el auditorio principal de la Universidad Americana de Beirut, donde un grupo de libaneses simpatizantes del EZLN acudió con pancartas que decían: "Para todos todo, para nosotros nada", al mismo tiempo que gritaban reclamos en contra del "terrorismo capitalista".

La crítica principal que se le suele externar a Slim es que ha hecho de su filantropía un pasatiempo. En cambio, otro de los hombres más ricos del mundo lo ve como una misión: Warren Buffett quiere que los personajes más adinerados del planeta donen la mitad de sus fortunas. Ha convencido a otros 69 magnates de todas las calañas, entre ellos Bill Gates, Ted Turner, David Rockefeller, George Soros, Michael Bloomberg, Mark Zuckerberg y Oprah Winfrey.

El bueno de Buffett piensa que los ultrarricos del mundo pueden salvar a la civilización occidental de su suicidio como especie. Quiere que los miembros de la nueva generación que gana más de 1 000 millones de dólares sean filántropos radicales y compartan en vida sus ganancias. "No conozco a nadie que no pueda vivir con tan sólo 500 millones de dólares", suele ironizar Buffett, quien ha guiñado el ojo a los manifestantes que tomaron una plaza en Wall Street como portavoces de los reclamos de 99% de la población de Estados Unidos que no es archimillonaria. En Nueva Delhi, durante la presentación de su campaña ante millonarios indios, Warren Buffett, al lado de Bill Gates, quien lo acompaña en la cruzada, dijo muy convencido: "Se pueden crear puestos de trabajo y al mismo tiempo hacerla de Santa Claus". Slim sigue regateando su incorporación a las filas de la revolución filantrópica mundial.

Cien años antes, Santa Claus no tenía tanto dinero: a finales del siglo XIX el hombre más rico del mundo acumulaba 30 millones de dólares, un bocadillo de un banquete si lo comparamos con lo que hoy posee Slim. Andrew Carnegie fue un inmigrante escocés que levantó un imperio del acero en Estados Unidos. En 1889 publicó *Wealth,* un ensayo sobre la riqueza: el documento que fundó la filantropía moderna. Carnegie defendía la existencia de una nueva especie de ricos: los primeros multimillonarios del mundo industrializado. Decía que lo esencial para el progreso de la especie es que las casas de algunos hombres fueran también los hogares de lo más elevado en la literatura y en las artes y en todos los refinamientos de la civilización. "Mucho mejor es esta gran irregularidad que una miseria universal", escribió Carnegie. "Sin riqueza no puede haber mecenas." En la visión del padre de la filantropía, los pobres del siglo XIX gozaban de lo que antes no podían permitirse ni los ricos. Los que antes eran lujos, según él, se habían convertido en artículos de primera necesidad: "Hoy el labrador tiene más comodidades que el granjero de hace unas cuantas generaciones. El granjero tiene más lujos que los que tenía el terrateniente, y está mejor vestido y alojado. El terrateniente tiene libros y cuadros más raros, y gustos más artísticos de los que entonces podría tener el rey".

Hoy el apellido Carnegie es sinónimo de arte y conocimiento. En el Carnegie Hall se presentan los mejores músicos del mundo. En el Carnegie Museum of Art han hecho residencias artistas como Andy Warhol. Andrew Carnegie, un hombre que empezó como telegrafista, fue asiduo a las obras de Shakespeare.

Por su parte, el pago de fianzas a presos pobres mexicanos es uno de los actos de caridad más aplaudidos de Slim: hasta 2010, en el lapso de una década y media, el millonario patrocinó la liberación de más de 100 000 acusados de delitos que no son graves. También ha donado 416 000 bicicletas a trabajadores de pueblos remotos, 87 833 sillas de ruedas a convalecientes, 127 000 lentes, 15 millones de bolsas de dulces nutritivos y un millón de mujeres embarazadas han sido atendidas a través de sus redes especiales de salud. Entre los actos más difundidos de la fundación que lleva su nombre está la Aldea Digital, evento que posee el récord mundial Guinness de su tipo al convocar en 2014 a 258 896 participantes. Slim regaló también una pensión vitalicia de 500 dólares mensuales a 22 campeones mundiales de box ya retirados. Otras donaciones que los relacionistas públicos de Slim publicitan son las que ha concedido a las fundaciones de Bill Clinton y Shakira, que invierten en salud y educación. Shakira suele invitar a Slim a los conciertos que ella ofrece en Latinoamérica. En uno de los que se ha dejado ver y fotografiar junto a la cantante fue el que se llevó a cabo en el Zócalo de la ciudad de México. En suma, de acuerdo con sus propios informes, la filantropía del mexicano más rico del mundo había beneficiado a más de 36.2 millones de personas de todo el mundo.

La iniciativa pública más interesante que se le conoce a Slim desde que es el hombre más rico del mundo, aunque no tenga que ver con filantropía, sino con el trabajo, ha sido bien recibida en algunos círculos sociales. Slim ha hablado en diversos foros internacionales sobre la necesidad de reducir la jornada laboral actual, que es de entre cinco y seis días, a sólo tres o cuatro por semana. Con base en su óptica, estamos ante una nueva civilización que requiere cambiar ciertos paradigmas. Uno de estos paradigmas mencionados por el magnate es el de la edad de jubilación. Sin embargo, para llegar a la propuesta de la reducción de la jornada laboral, Slim explica que a mediados del siglo XX la edad de jubilación era de 65 años, mientras que la esperanza de vida estaba entre 55 y 60 años. Ahora que la esperanza de vida es de entre 85 y 90 años, pese a que las pensiones han sido reducidas, existe una gran deuda. En entrevista con Larry King afirmó:

> Creo que es una mala solución a los problemas; están empleando únicamente medidas fiscales y políticas que se utilizaban en [las décadas de los] veinte y treinta que ya no funcionan. En el pasado, en los países en vías de desarrollo emplearon una política fiscal muy fuerte. Lo que implica que los consumidores solventaron la crisis, reduciendo el consumo. Mientras que en los países desarrollados la crisis la pagaron los ahorradores, reduciendo las tasas de interés, ahora están afectando a ambos con intereses negativos y restricciones en las políticas económicas, principalmente en Europa. Creo que están cometiendo muchos errores.

Ante ese diagnóstico, Slim apuesta, antes que por la reducción de la jornada laboral, por una mayor privatización de los recursos públicos. Para el magnate, los gobiernos deberían vender activos como carreteras y aeropuertos para que sean administrados por la iniciativa privada.

—¿El gobierno debería vender sus activos a la iniciativa privada? —preguntó King.

—Sí, eso por un lado. Por el otro, la inversión pública que no realizan por el gran déficit que tienen, deberían procurar que la hiciera la iniciativa privada por medio de una sociedad público-privada u otro tipo de concesión. Hay muchos tipos de concesiones como las carreteras que tienen hasta de 20 años. Es inversión privada y se tienen durante 20 años generando ingresos al Estado y después de 20 años vuelve a ser propiedad del gobierno. Creo que es la mejor fórmula. Lo que no es aceptable es tener tanto desempleo.

Además de una privatización más radical en los países, Slim plantea que la edad de jubilación debería ser a los 75 años y las jornadas laborales normales de tres días con 11 horas por día, a modo de abrir la posibilidad de que otras personas trabajen los tres días restantes.

"Es necesario que las máquinas trabajen 24 horas y la gente trabaje menos horas": el mexicano más rico del mundo explica que en el pasado era indispensable tener esclavos y a más gente en largas jornadas para lograr la eficiencia, pero ahora es necesario que la gente tenga dinero y tiempo para gastarlo, "para que sea parte de la economía que ayude a realimentar el desarrollo y crecimiento de los países".

★ ★ ★

—En Nueva York surgió el movimiento Occupy contra el 1 por ciento de las personas que concentran la riqueza del mundo, porcentaje en el cual usted está incluido. ¿Qué piensa de esta iniciativa y de otras parecidas como el YoSoy132 de México, los Indignados de España y esas otras expresiones juveniles globales de inconformidad? —pregunto a Slim.

—Bueno, yo creo que uno de los problemas que estamos viviendo es que no se está sabiendo conducir el cambio. Hay dos grandes problemas: uno es la conducción del cambio y otro es que hay países, vamos a llamarles "sociedades", en un estado todavía de, ¿cómo te diré?, de atraso, de mentalidad agrícola, en el que algunos el Estado sigue estando muy cerca de la parte religiosa o la parte religiosa con gran influencia sobre el Estado. Entonces tienen más problemas para ello, y uno de los graves problemas que se están creando en esta nueva sociedad es que la tecnología ha ido tan rápido y ha sido tan avanzada la productividad que está dejando a mucha gente sin empleo. Entonces hay un rechazo de las crisis económicas y de la falta de empleo. Por eso yo he propuesto que trabajen 12 horas y tres días. Entonces tienes que buscar formas nuevas de resolver las cosas. Por ejemplo, el caso de lo que ha dicho López Obrador, que va a volver a la Constitución del '17... Bueno, yo no creo que haya que volver 100 años atrás para un mundo que en 100 años se ha transformado brutalmente. No sé si me explico. Yo creo que es importante que todos los políticos que quieren ser gobierno, a diferencia de los políticos que quieren estar en el debate entretenidos —ésos *okay*—: los políticos que quieren ser gobierno tienen que entender el futuro, tienen que ver lo que viene, no sólo lo que ya está pasando, sino lo que viene. Toeffler escribió eso hace 40 años y los chinos lo están haciendo muy bien. Entonces, lo que yo diría es que todos los que quieran ser gobierno tienen que ponerse al corriente de lo que está pasando y entender lo que es la nueva civilización, cuáles son sus nuevos paradigmas. Y, mira, de los nuevos paradigmas está la democracia participativa, no sólo electoral. La sociedad civil tiene que ser más participativa. La libertad, la diversidad, la pluralidad: la libertad se vuelve muy importante. La competencia, la autonomía, los derechos humanos, la ecología, el cuidado del medio ambiente, son paradigmas a 180 grados de las sociedades de antes. Antes tenían esclavos; había inmovilidad social. Por eso llegaban los edictos a leer, porque no había muchos que supieran leer. La imprenta no funcionó, efectivamente, porque la gente no sabía leer hasta el siglo XIX.

En su apuesta por el futuro, Carlos Slim aprovechó el abandono y deterioro
de un área de la Ciudad de México para levantar un complejo que incluye torres
departamentales de lujo, el centro comercial Carso que lleva las iniciales de su nombre
y el de su esposa, así como también un acuario, para dar forma completa
a lo que se conoce de manera coloquial como "Ciudad Slim".

El Museo Soumaya, erigido en honor de la fallecida esposa de Slim, fue diseñado por el arquitecto Fernando Romero, yerno del magnate. En el interior del lugar se exhibe una colección privada que asciende a alrededor de 66 mil obras de arte, entre las que destacan las del escultor francés Auguste Rodin, e incluye también las de Salvador Dalí y Tintoretto.

Slim defiende el proyecto en la zona y lo enmarca en un fenómeno mundial: "Es el cambio de la sociedad industrial a la de servicios. Reconvertir un área también genera mucho empleo. Por ejemplo, ahí en Plaza Carso (Nuevo Polanco) creo que trabajan más de 15 mil personas, y antes trabajaban 400".

El fallecido periodista Miguel Ángel Granados Chapa me contó que él y otros influyentes periodistas habían sido invitados por Slim para debatir en privado temas políticos en esta casa de la colonia Polanco del Distrito Federal.

Slim es el mayor vendedor de libros en México. Sanborns, su cadena de cerca de 200 restaurantes y tiendas de conveniencia, incluye la mayor red de librerías existente en el país.

Entre el centenar de casas y edificios que Slim adquirió del Centro Histórico de la Ciudad de México está el Hotel Virreyes, que en los sesenta fue referencia de boxeadores del país y algunos visitantes famosos como el campeón del mundo José Ángel *Mantequilla* Nápoles y el actor de Hollywood Rock Hudson.

La primera parte de la infancia de Slim transcurrió en la colonia Condesa de la Ciudad de México. Hizo el kínder y parte de los estudios de primaria en la escuela G. B. de Annes, a tan sólo dos calles de su casa. Cuando tenía siete años, su familia se mudó a Polanco.

La fama de Slim en México comenzó en 1990 con la polémica licitación de Telmex, en donde él obtuvo el control de la compañía junto con otro grupo de inversionistas y socios.

En agosto de 2012, miembros de una organización llamada Dos Países, una Nación protestaron afuera de la tienda Saks de la Quinta Avenida de Nueva York y reclamaron a Slim sus prácticas monopólicas y su falta de apoyo filantrópico a la comunidad latina radicada en Estados Unidos.

Luego de haber declarado en los noventa que no
le interesaban los medios de comunicación, en la década
siguiente, además de tener acciones en *The New York Times*
y Grupo Prisa, Slim ha adquirido docenas de cadenas
de radio, revistas y televisoras en Latinoamérica,
a la par de crear en México UNO TV, un canal
de televisión que dirige su yerno
Arturo Elías Ayub.

En el Gran Salón del Hotel
Plaza de Nueva York, la noche
del 9 de junio de 2004, Slim agasajó
en público a Marcial Maciel, fundador
de los Legionarios de Cristo, quien años
después sería retirado y desconocido
por el Vaticano, debido a actos
de corrupción y abuso sexual.

FOTO: PATRICIA MADRIGAL

FOTO: PATRICIA MADRIGAL

En la Quinta Avenida y la calle 82 está una mansión comprada por Slim.
Dice que no la usa cuando visita la Gran Manzana porque prefiere irse a un hotel.
Afuera de la residencia ubicada frente al Museo Metropolitano de Nueva York,
un letrero informa que si hay alguna emergencia puede llamar a Andrew Schuman
al 212 529 7412, o bien enviarle un *mail*.

En el Panteón Francés de la Ciudad de México está la cripta de la familia Slim. Sobresale un busto con la representación del patriarca Julián Slim Helú, quien llegó de Líbano a México y cuyo hijo se convertiría tiempo después en uno de los hombres más rico del mundo del siglo XXI.

35

Libre empresa

La idea de que es necesaria una ultraprivatización de las empresas públicas no es nueva en el mundo ni mucho menos en la visión de Carlos Slim. En 1984, unos 30 años antes de lanzar su propuesta de privatizar aeropuertos y carreteras, así como de reducir la jornada laboral, Slim formó parte de un proyecto que a la distancia puede sonar a una invención, resultado de una teoría de la conspiración de la Guerra Fría que aún se vivía en el mundo en la década de 1980. Pero no. Ésta es la historia de cómo un grupo de millonarios mexicanos decidió reunirse para quedarse con todas las empresas paraestatales en poder del gobierno de México. Para esto incluso crearon una compañía con el nombre de Libre Empresa, S. A. (LESA).

Existe un documento oficial en el cual se relata una reunión, sostenida el 5 de abril de 1984, entre un grupo de empresarios mexicanos. En el calce de este escrito aparece la leyenda: "Documento I, que fue enviado y lo conoce el señor presidente Miguel de la Madrid". De acuerdo con el texto, entre los participantes estuvieron Carlos Slim Helú, Emilio Azcárraga Milmo —padre del actual propietario de Televisa—, así como los empresarios Antonio del Valle, Adolfo del Valle, Juan Mata, Carlos González Zabalegui, Guillermo González Nava, Antonio Madero, Carlos Autrey, Abel Vázquez Raña, José Luis Ballesteros, Juan Diego Gutiérrez Cortina, José Serrano, Juan Gallardo, Jaime Alverde, Roberto Servitje y Antonio Cosío.

De acuerdo con el registro escrito y el testimonio de dos participantes de aquella reunión, Azcárraga explicó a los demás empresarios que el gobierno federal necesitaba su apoyo para consolidar una nueva estrategia que permitiera dar viabilidad al proyecto del PRI en el poder. Para eso, al final de la intervención de Azcárraga acordaron crear una sociedad anónima donde cada uno aportaría, de entrada, 25 millones de pesos, los cuales serían recibidos por Alejandro Sada, directivo de Televisa. También acordaron que la siguiente reunión sería el 10 de abril en las instalaciones de Televisa San Ángel y que cada uno debería procurar llevar a otros tres empresarios.

Slim no acudió a la nueva cita, pero mandó a un representante y su apoyo a la iniciativa, de acuerdo con el documento entregado a De la Madrid. Azcárraga Milmo encabezó la reunión y aseguró que unas horas antes había hablado con el presidente, quien le dijo que veía con simpatía "que un grupo de la libre empresa colaborara para coadyuvar al Estado en la reestructuración económica y tratar de llegar a la estabilización de las finanzas a la mayor brevedad posible". Azcárraga Milmo anunció que, una vez conseguido el acuerdo entre los participantes de la sociedad, el presidente De la Madrid los recibiría en la residencia oficial de Los Pinos, junto con los secretarios de Estado indicados para estudiar el traspaso de las empresas estatales a la iniciativa privada. Durante las discusiones, los participantes negociaron que, además de dar 25 millones de pesos como capital inicial a LESA, entregarían 1% de sus ventas anuales brutas, "ya que se trata de una demostración de los empresarios mexicanos, que desean coadyuvar al Ejecutivo para que se establezca un sistema real de economía mixta".

No había eufemismo alguno para nombrar lo que quería hacer este grupo de empresarios ligados al régimen del PRI en aquel año. Sus intenciones estaban claras en el documento oficial:

a) El objetivo de la sociedad será adquirir del Estado todas las empresas que éste opera, con excepción de las que son propiedad de la banca nacionalizada y así auxiliarlo en la responsabilidad que tiene, tanto en el aspecto económico como en el social.

b) Las empresas reunidas por la sociedad anónima serán transferidas en el menor tiempo posible a otras sociedades que tengan interés en ellas.

c) Las empresas o sociedades que se considera que no pueden lograr sus metas podrán cambiar de giro o desaparecer, intentándose en este caso que la fuerza productiva sea sustituida por una igual, de nueva creación.

Para que LESA empezara a operar, Azcárraga pidió a los empresarios entregar el dinero lo más pronto posible, ya que una vez obtenido se reuniría con el presidente De la Madrid para informarle de los avances.

Otros acuerdos resaltados en la minuta son: "Hacer público nuestro entusiasmo, fe y confianza en el país y sus instituciones", así como las decisiones de que LESA fuera una sociedad anónima de capital variable, cuyo consejo de administración estaría presidido por un socio, en forma rotatoria, mensual y por orden alfabético de apellido paterno.

Este grupo de empresarios cercanos al régimen priista elaboró otro documento que envió al entonces titular de Hacienda, Jesús Silva-Herzog.

Ante la confianza que nos inspira el gobierno y nuestra firme creencia en el régimen de economía mixta, un grupo de empresarios mexicanos decidió formar una empresa cuyo fin será negociar la adquisición de todas las empresas que opera el Estado, exceptuando las de la banca nacionalizada. Con objeto de facilitar al Estado la venta de dichas empresas, y a los empresarios la adquisición de ellas, bajo las bases más justas posibles.

Esta empresa ya está legalmente constituida y se denomina Libre Empresa, S. A. de C. V. (LESA de C. V.).

Este grupo de empresarios intenta multiplicarse invitando a todos los que deseen participar, a revitalizar la forma mexicana de economía mixta, con objeto de fortalecer a Libre Empresa, S. A. de C. V. "LESA", con un capital y un ingreso basado en un porcentaje sobre las ventas de cada una de las empresas participantes.

Esto ayudará a llevar a cabo el objetivo anterior, que, además de fortalecer el principio del sistema de la economía mixta, hace que el Estado pueda derivar los recursos comprometidos actualmente en las operaciones de estas empresas, a otras prioridades nacionales.

Libre Empresa, S. A. de C. V. "LESA", será una sociedad anónima de capital variable, que actuará solamente como intermediaria, y por lo tanto deberá ser liquidada en el momento que haya cumplido su misión, que es, por un lado, tratar de adquirir del Estado todas las empresas que el Estado opera. Y, por otro, la venta de estas empresas a empresas mexicanas interesadas en las mismas.

Se propone la creación de un grupo de trabajo mixto, de tiempo necesario, dividido en tantas ramas de actividad como sea indispensable, para llevar a cabo las operaciones en el menor tiempo posible.

El Estado podrá participar con el porcentaje de acciones conveniente, que haga posible la realización de este objetivo.

No obstante quien pueda opinar que el peso específico de nuestro sector no se incrementará notablemente por el hecho de adquirir empresas que ya están trabajando y, más aún, cuando algunas de ellas tienen resultados negativos, la decisión favorable del Estado aportaría una perspectiva totalmente diferente a nuestro sector, lo que indudablemente repercutiría en forma trascendente en la confianza y la decisión de los empresarios para reactivar nuestras inversiones a la mayor brevedad posible.

Sin embargo, LESA fracasó como modelo ante las presiones de diversos sectores del propio régimen priista. No sería hasta el siguiente sexenio cuando Carlos Salinas de Gortari llevara a cabo el proceso de venta de las empresas paraestatales. Sin LESA de por medio, muchos empresarios participantes en aquel proyecto delirante, como el propio Slim, finalmente se quedarían con el control de las principales compañías nacionales.

El proceso estaría tan calculado que —como plantea Andrés Manuel López Obrador en su libro *La mafia que se adueñó de México*—, para darle un cierto aire de legalidad y transparencia, los empresarios que participaban en licitaciones o subastas de banco, tras perder, ganaban inmediatamente las siguientes. En la lucha por Telmex participaron Slim y el banquero Roberto Hernández, quien, tras su derrota, siete meses después se quedó con Banamex, el principal banco del país. Durante la puja por esta última institución bancaria, el segundo lugar fue para Carlos Gómez y Gómez, quien posteriormente recibió el Banco Mexicano Somex. Bancomer fue cedido a Eugenio Garza Lagüera, Ricardo Guajardo Touché y Mario Laborín, y se quedaron en segundo lugar Adrián Sada González, Guillermo Ballesteros y Gastón Luken Aguilar, a quienes les otorgaron, tres meses después, Banca Serfín. El Banco Internacional fue dado a José Antonio del Valle Ruiz, Eduardo Berrondo Ávalos y Agustín Villarreal, y quienes ocuparon el segundo lugar en esta subasta, Hugo S. Villa Manzo y Luis Felipe Cervantes, recibieron una semana después el Banco del Centro. Cuando Multibanco Mercantil de México fue otorgado a los empresarios José Madariaga Lomelín y Eugenio Clariond Reyes, el segundo lugar fue de Ángel Rodríguez Sáez, a quien le dieron después Aseguradora Mexicana (Asemex). Banpaís, otro de los principales bancos nacionales, fue cedido a los empresarios Julio C. Villarreal Guajardo, Policarpo Elizondo Gutiérrez y Fernando P. del Real Ibáñez, mientras que el segundo lugar de la puja fue para Jorge Lankenau Rocha y Enrique García Gámez, a los que después les enajenaron Banca Confía. Y la lista siguió.

México abría paso así a la creación de una nueva casta económica que en la década de 1990 accedió a las listas de *Forbes* como nunca antes.

Y, en 2007, Slim, uno de los participantes de aquel proyecto llamado LESA, se convertiría en el hombre más rico del mundo.

—Lo que pasa con LESA —ataja Slim en entrevista— es que en aquel entonces el gobierno decía que no había compradores para privatizar. Entonces lo que se hizo fue un grupo de inversionistas para decirle al gobierno: "Sí hay compradores". Nada más. Fuimos a hablar con Silva-Herzog y De la Madrid.

—¿No era un esquema muy primitivo de privatización de empresas públicas?

—No, era una forma de decir: hubo una crisis grave con López Portillo, porque nacionalizó todos los bancos; se los llevó la chingada. Los extranjeros se fueron a otro lado, pero sí hay compradores y le entramos a esta madre. Fue básicamente decirle eso al gobierno. Lo que fuimos a plantearle al gobierno fue: sí hay inversionistas, porque después del '81 el único comprador en México fui yo. Mexicanizamos cinco o seis empresas. Ahí vamos a decirle: "Si quieres vender empresas del Estado, sí hay compradores". Y empezaron a vender. Entonces don Fidel Velázquez [líder de los trabajadores] dijo que los trabajadores compraran fábricas como Bicicletas Cóndor y les fue de la chingada. ¿Sí sabías eso? Entonces el gobierno de Miguel de la Madrid empezó a privatizar empresas. No era para comprar todas las empresas del Estado.

—Usted tiene una frase sobre el dinero y los políticos que le he oído decir en muchos eventos públicos: "Un hombre de negocios puede hacer con un dólar lo que un político no puede hacer con dos o más…"

—Es una definición que se usa en ingeniería: ingeniero es alguien que hace con un peso una cosa que alguien que no es ingeniero hace con dos.

—Se la he escuchado decir a usted para hablar específicamente de los políticos…

—La extenderíamos al empresario y al que no es empresario porque es como tu caso, el de un periodista o escritor: oye, pues tú haces una hoja en cinco minutos, y yo me tardo una hora en hacerla y la hago peor que tú. Hay talentos, hay experiencias y hay vocaciones y facilidad para hacer unas cosas o para hacer otras. Obviamente que para invertir y para la eficiencia en la inversión lo hace mejor el que se dedica a eso que el que no se dedica.

36

Jubilación

En medio de la visión filantrópica que tiene Carlos Slim aparecen casos especiales como el de José López Portillo, un abogado mexicano fascinado con Quetzalcóatl, el dios azteca representado por la serpiente emplumada, del cual se propuso escribir una saga literaria que se estancó en el primer volumen. A mediados de la década de 1970 el abogado López Portillo debió abandonar los proyectos de literatura mexica y gobernar México durante el régimen del PRI en el que el presidente en turno nombraba a su sucesor y organizaba elecciones ficticias en las que hasta los muertos votaban por el partido oficial. En la década de 1990, cuando ya no era presidente y vagaba como alma en pena en el exilio al que los emperadores caídos del régimen del PRI eran condenados, López Portillo buscó a Slim para pedirle ayuda: quería escribir un libro. Se había divorciado de Carmen Romano, su esposa de toda la vida, para casarse con Sasha Montenegro, una *vedette* de ascendencia yugoslava que lo dejó en graves líos económicos después de un tormentoso divorcio. El filántropo Slim, junto con su socio Juan Antonio Pérez Simón, le dio dinero cada mes para que se dedicara a escribir. Sintiéndose en deuda, el ex presidente, que solía viajar al extranjero con el piano de cola de su mujer, que era concertista, escribió a mano cartas de agradecimiento dirigidas a Slim o a Pérez Simón, como ésta que le envió en la década de 1990:

Una vez más y ahora de forma anticipada he recibido 50 000 nuevos pesos que acordaron Uds. (con don Carlos Slim y a proposición de Ud.) darme mensualmente, lo que han hecho puntualísimamente. Nada en cambio he hecho o dicho yo. He esperado la convocatoria dispuesto a dar mis esfuerzos y nada. Y aunque esa suma me ha dado tranquilidad para escribir mi "Dinámica política de México", me siento en deuda con Uds. Le recuerdo que soy abogado y no fui malo, con capacidad para opinar en cualquier asunto, menos fiscal, por la deformación que en mi preparación dejó la Secretaría de Hacienda, cuando fui su titular. Las pláticas, que no me atrevo a llamarlas conferencias, puedo darlas sobre múltiples temas, en función de la audiencia que Uds. escojan y con la periodicidad que sea útil. [Dos palabras ilegibles] me siento (¡a mis años y condición!) como una especie de becado. Con un abrazo para Ud. y don Carlos y mis respetos para sus familias, que reitera su agradecido amigo.

En otra de sus cartas López Portillo dice estar avergonzado de contaminar la amistad pidiendo dinero para pasar sus últimos días. No hay leyendas de que Slim sacara la calculadora cada vez que este ex presidente enfermo y anciano necesitó ayuda para pagar su tratamiento en hospitales de Cuba. El mexicano más rico del mundo no regateó con el proyecto de libro de López Portillo, tal vez más descabellado que el de aquel empresario que en medio de un evento de caridad supuestamente le propuso hacer uno para regalar en Navidad y que obligó a Slim a sacar papel y lápiz para hacer cuentas y regatear hasta el último centavo. No parecía importarle que ese libro que el ex presidente de México escribió con su mecenazgo fuera una pésima inversión para él. Sólo Slim sabe por qué le entregaba cada mes ese dinero a cambio de un proyecto tan incierto con el que el ex presidente justificó la ayuda del magnate después de su jubilación. Una tarde lo encontré por casualidad en una tienda de revistas del aeropuerto junto a otros libros de saldo. Me costó un dólar. Al mexicano más rico del mundo bastante más. O tal vez no.

Le pregunté a Slim sobre cuál era su principal objetivo, como empresario, a sus 75 años de edad cumplidos en enero de 2015.

—Mi principal objetivo es la formación de capital humano en la fundación Carlos Slim, con salud, educación, cultura, nutrición. El programa, empezarlo con la atención de la madre para adelante… Y buscar poner nuestro granito de arena para salir del subdesarrollo. México y América Latina ya tienen un ingreso de alrededor de 10 000 dólares per cápita. Lo que necesitan es más crecimiento consistente y mejor disposición del ingreso. La única forma de combatir la pobreza es formar más capital humano. O sea que las personas tengan mayor educación y capacitación, no académica, sino en general una mayor capacitación para ser mejor oferta de empleo. O sea que no solamente tengas capacitación para trabajo físico, sino que tengas capacitación para dos o tres o cinco distintas actividades. Y, entre mejor capacitación, más fácil encuentras trabajo y mejor remunerado. Yo creo que para eso es muy importante que haya mucha inversión, que generes actividad económica y que esa actividad económica genere empleo, y que eso permita salir del subdesarrollo. Ahora, toda la parte de pobreza de nuestros países no es solamente un problema social, ético, moral, sino también es un problema económico. El hecho de que la gente esté en la pobreza sin educación, con mala salud, con mala educación y sin empleo, es malo para la economía. Entonces, en función de que se pueda educar a todo mundo, formar a todo mundo, estar mejor y generar las fuentes de empleo... La única forma de salir de la pobreza es con empleo. Más allá de heredar o lo que sea. La única es con empleo. Entonces, al final, estamos buscando la actividad económica.

—Pero esto que usted dice lo puede impulsar desde sus fundaciones y empresas, aunque también necesita aliados políticos.

—A ver, mira: son dos cosas diferentes. Por un lado es la función de las fundaciones: las fundaciones no van a dar empleo. Las fundaciones pueden ayudar a mejorar la salud, a mejorar la nutrición; a mejorar la calidad de vida, a mejorar la educación, a que se haga más deporte; a todas las actividades que realizamos; a las cosas de justicia social, a las becas de las que hablamos. Todo eso es muy importante, pero eso es una de las condiciones necesarias y convenientes, aunque no suficientes, para que podamos acceder al desarrollo. Entonces, en las fundaciones tenemos esa actividad y obviamente que no la hacemos en el vacío. Becamos a muchachos de todas las universidades, y de los institutos de salud, pero la parte masiva es el uso de la tecnología para la educación y para la capacitación para el trabajo, y en ésa hemos hecho acuerdos con la Khan Academy, con Coursera. La Khan Academy es para educación básica, Coursera es para educación superior, y nosotros hemos hecho programas para capacitar para el trabajo.

—¿Capacitación técnica como plomería?

—Sí, o tecnología de la información. Son cursos de 20 minutos, y bueno, en esta aldea digital, que yo creo que la próxima la vamos a hacer en julio, pues en ésta fueron 258 000 personas (récord Guiness). En realidad fueron un poco más. Y ahí no solamente van a ver o a navegar o a aprender a usar la computadora, sino que hay diversas aulas o áreas, o espacios donde se las enseña a usar la Khan Academy o Coursera, o a cuestiones de actividad empresarial, o ahí fue donde lanzamos cursos para el trabajo. Tenemos la plataforma y desarrollamos las plataformas. Ésta es la parte de formación de capital humano. La otra es generar empleos. Entonces, yo en los consejos y en las nuevas empresas en las que estamos, en las que estoy yo personalmente, trabajando directamente. ("¿No me pasas un acuerdo de Chapultepec", le dice a un asistente.) ¿Lo conoces? Entonces, nos hemos metido a algunas actividades que cuando entramos no se habían desarrollado lo suficiente para generar empleo.

En un texto elaborado por Slim y publicado en la revista *Contenido*, el magnate, además de resaltar el esquema de trabajo de su compañía minera Frisco, define otra de sus prioridades a sus 75 años de vida: "En el caso de las telecomunicaciones seguimos invirtiendo porque sabemos que es el sistema nervioso de la nueva civilización y que si Telmex no tiene esas inversiones, nadie las va a hacer, ni los extranjeros ni los nacionales, México sin esa infraestructura está amolado, está peor que sin carreteras".

Cuando le comenté a Fructuoso Pérez García, el amigo de Slim, si creía que Telmex era la empresa de su propiedad con la que se sentía más encariñado, el también ingeniero me respondió que no y me dijo que creía que en realidad lo eran las varias compañías creadas por el magnate para participar en la privatización de la industria petrolera mexicana aún en marcha.

—La constructora Ideal es de reciente creación. Swecomex es una empresa que él adquirió y la quieren para obras de Pemex ahorita esencialmente, ¿no?

—¿Cómo ve en el futuro a Slim? ¿Se mete más a los negocios o cree que se la lleve ya más tranquilo? —comento a Fructuoso.

—Pues no es que se meta más, es que ya está. Entonces tiene él una mentalidad de creatividad constante y está viendo por todos lados. Imagínate cuánta gente que le ha de presentar tantos negocios y tantas cosas que en un momento dado le pueden ser interesantes a él. Por lo que tiene y por lo que pudiera hacer, por un lado. Y por otro lado, bueno, pues están sus hijos que están preparados y que están en un buen momento. El día que Carlos quiera retirarse, tiene totalmente una organización familiar muy importante.

—¿Más allá de sus hijos y sus yernos también colaboran otros miembros de la familia?

—Me platica Carlos que una de sus hermanas era sumamente inteligente y que su sobrino, Alfonso Salem Slim, es una de las personas que colaboran mucho con Carlos, en el área de la construcción; es ingeniero civil. Y bueno, Héctor Slim es el director de Telmex. Ahora Telmex fue dividido en Telmex internacional y Telmex nacional, y Héctor es el director de Telmex nacional. Héctor es el hijo de Julián. Y hay otro hijo de Julián, Beto Slim, que maneja otras cosas, entre ellos los hoteles Calinda.

—Pero esos son en sociedad con Ignacio Cobo, ¿no?

—Nacho también está metido ahí, y creo que es el presidente del grupo, o algo así de Calinda, pero también está manejando Beto ahí con Nacho. En fin, la familia ha sido parte importante en los negocios.

—¿Es el modo libanés más o menos?

—Pues eso sí no lo sé, pero yo me imagino que sí, porque yo, los libaneses que conozco, así son, en una forma familiar. Yo me acuerdo que cuando estábamos en la escuela a veces, en una ocasión, Carlos dijo en vacaciones: "¿Alguien quiere trabajar?, nos vamos allá a trabajar con mi papá a la Merced". Y se iba a trabajar con su papá, a lo que fuera, a cargar cajas o a lo que sea. O sea tienen una mentalidad de mucha unión familiar, alrededor de los negocios y todo. Yo conozco otras familias libanesas y es lo mismo. Nunca dejan de trabajar. No veo a Carlos jubilándose.

37

Sophia

A sus 75 años de edad, Carlos Slim registró un retroceso en su incesante acumulación de capital. Catorce mil 900 millones de dólares, la cantidad que perdió en el verano de 2015, equivale a lo que costarían siete edificios como el Empire State de Nueva York. De acuerdo con la agencia financiera Bloomberg, lo anterior se debió en parte a que América Móvil, la principal empresa de telecomunicaciones de Slim, tuvo que cambiar sus precios y sus productos ante la nueva entrada de AT&T al mercado mexicano, ocurrida en el marco de la reforma de telecomunicaciones. El otro factor que provocó la disminución de la fortuna del dueño de Grupo Carso fue que su minera Frisco se devaluó 55.7% debido a la caída del precio del oro a nivel internacional.

Pero el ánimo en el seno del consorcio de Slim no parecía menguar y se hacía énfasis en la diversificación de negocios en los que participa. De acuerdo con un documento interno en el que se mencionan las obras de construcción, innovación e inversión, se resaltaba que el Grupo Carso ha construido en los últimos años más de seis millones de metros cuadrados en proyectos comerciales e inmobiliarios en diversos lugares de México. También se aborda la construcción de la Línea 12 del Metro del Distrito Federal; la administración, vía concesión, de 1 267 000 kilómetros de carreteras, y el saneamiento de 60% de las aguas negras del Valle de México a través de una planta tratadora ubicada en Hidalgo.

Una de las obras más significativas que se presumen en el reporte es la construcción de un cable submarino de 17 400 kilómetros de longitud que recorre el continente americano a través de 11 puntos de contacto ubicados en Jacksonville y Miami, Estados Unidos; Cancún, México; Puerto Barrios, Guatemala; Puerto Plata, República Dominicana; San Juan, Puerto Rico; Barranquilla y Cartagena, Colombia; Fortaleza, El Salvador, y Río de Janeiro, Brasil. La otra es

Independencia I, la primera plataforma petrolera autoelevable construida en México, con la cual están siendo perforados varios pozos de más de nueve kilómetros de profundidad en las aguas del Golfo de México.

Otro proyecto destacado es el del Bordo de Xochiaca, que durante 30 años fue el basurero de las cerca de 20 millones de personas que habitan el Valle de México. Dicho vertedero fue clausurado en 2006 y Grupo Carso invirtió durante los dos años siguientes en la construcción de un desarrollo comunitario de 1 200 000 metros cuadrados que incluye un hospital, un centro comercial, un estadio olímpico, una ciclopista, dos gimnasios y 57 canchas para practicar diversos deportes. Alrededor de 350 000 metros cuadrados de pasto fueron sembrados en la zona. Así, Slim convirtió un basurero en un desarrollo llamado ahora Ciudad Jardín.

En cuanto a los proyectos de revitalización, otro que resalta es el de un estado al sur de México. "Al interior de Guerrero —se explica— el gobernador en turno invitó al ingeniero Carlos Slim Helú a participar en un plan de rescate de Acapulco, como consecuencia de los resultados obtenidos con el proyecto del Centro Histórico de la Ciudad de México, adaptando este modelo para su aplicación en este importante y emblemático destino turístico."

"Proyecto de rescate del Acapulco tradicional" es el nombre oficial de esta iniciativa lanzada por el ex gobernador Ángel Aguirre, en el marco de la cual Slim conoció a Sophia Loren, una de las actrices de cine más importantes del siglo XX, con quien el magnate entabló una relación especial y pública, en medio de las turbulencias económicas que ha sufrido su emporio en los años recientes.

Aguirre, un político del PRI que se cambió al centroizquierdista PRD y ganó la gubernatura de Guerrero, decidió impulsar la reactivación del famoso puerto de Acapulco luego de varios años de deterioro por causa de la violencia relacionada con el tráfico de drogas. La realización de un Festival Internacional de Cine que contara con la presencia de actores y directores afamados a nivel internacional se convirtió en uno de sus primeros objetivos. El nombre de Sophia Loren surgió de inmediato y un equipo especial del gobernador entabló largas negociaciones con los representantes de la legendaria actriz italiana, quien vive en Ginebra, Suiza. Además de un millonario monto no especificado oficialmente aún, el equipo del mandatario debió conseguir un vuelo especial para que Loren no hiciera escala en la Ciudad de México y llegara directamente de Europa a Acapulco.

"Aunque tiene el estatus de una diva, Sophia Loren se portó como toda una profesional durante su estancia en Acapulco. Llegaba puntual a todos los eventos y cumplía con todos sus acuerdos", cuenta una de las personas que operaron la visita de la actriz a Guerrero. De acuerdo con esta fuente, el único momento incómodo se registró durante una entrevista con Adela Micha, una de las periodistas televisivas más importantes del país, quien le hizo a Loren preguntas que no le agradaron:

—Usted fue tan admirada, tan deseada por todo tipo de hombres, ¿no sintió tentaciones? —preguntó Micha en algún momento.

—Me hace sonrojar —contestó Loren.

—¿En serio? ¡No lo creo! ¿Es usted tímida, Sofía?

—Soy tan tímida que jamás podría decirte todo lo tímida que soy. Esta entrevista me está avergonzando.

—Por favor, no me diga eso. ¿Por qué?

—Porque se mete en mis sentimientos, dentro de mí, y a veces es difícil responder con naturalidad lo que se tiene dentro desde hace mucho tiempo.

—¿Cómo ha hecho para mantener su condición de gran diva? ¿Eso siempre ha sido importante para usted?

—Ni siquiera sé si soy una gran diva. No lo sé.

—Sabe que sí lo es.

—No, no lo sé, yo no juego con ese tipo de cosas, de ninguna manera.

La entrevista acabó en un tono más cordial. Loren bromeó sobre los tacones de los zapatos que traía la periodista. "Cuidado, no te vayas a caer. Tus tacones son como rascacielos", le dijo.

Fue la noche del viernes 18 de noviembre de 2011, durante la cena de inauguración del Festival Internacional de Cine de Acapulco, cuando Slim conoció finalmente a Loren, la actriz que desde su juventud había admirado. El gobernador Aguirre estaba en el centro de la mesa principal, flanqueado de un lado por su esposa y del otro por Loren. Por órdenes del gobernador, junto a la actriz fue acomodado Slim, quien enfocó su atención en ella, interactuando poco con los demás comensales: el actor francés Alain Delon, la actriz mexicana Cecilia Suárez y su amigo el empresario Miguel Alemán Velasco.

> Hubo un momento muy interesante en esa cena —cuenta la persona que participó en la organización del evento—. En plena cena en la playa, contra todo pronóstico, empezó a llover y nadie sabía qué hacer, pero ella [Sophia Loren], sin voltear la mirada del plato se puso la servilleta en la cabeza y siguió comiendo el menú de esa noche que era tamal con salsa verde, sopa fría de pepino y jícama, y camarones en salsa de tamarindo y mango. Me parece que Slim se quedó muy impresionado con este gesto.

Al término de la cena, el empresario pidió que le tomaran una foto junto a Loren, antes de que ambos empezaran a caminar por la playa y hablaran sobre *El Cid,* una película dirigida por Anthony Mann, en la que Loren comparte el papel protagónico con Charlton Heston y John Fraser. De acuerdo con lo que Loren declaró después, Slim le dijo que la película basada en la vida del guerrero español, Rodrigo Díaz de Vivar, era una de sus preferidas. *El Cid* se estrenó en México, en el cine Diana, en octubre de 1963, justamente el año en que el magnate presentó su tesis universitaria. Cuando Slim apenas estaba graduándose como ingeniero civil Loren ya era una actriz aclamada internacionalmente.

Slim pareció disfrutar ese Festival Internacional de Cine de Acapulco como pocos. Durante los días siguientes se le vio al lado del actor Sylvester Stallone, con quien se tomó fotos simulando un combate de boxeo.

Sin embargo, su encuentro más significativo fue el que tuvo con Loren. De acuerdo con la versión del equipo del gobernador, la actriz italiana les pidió el teléfono de Slim, pero no se comunicó con él durante varias semanas, hasta que el empresario pidió el número de ella para buscarla. Lo que siguió fue que, un año después, Slim viajó a Ginebra para verla. Su encuentro se hizo público, ya que ambos asistieron juntos a una cena en honor del fallecido esposo de Loren, el productor de cine Carlo Ponti. Posteriormente, Slim haría un nuevo viaje a Ginebra acompañado por algunos de sus hijos, con el fin de presentarle a su familia a Loren e invitarla formalmente a celebrar su cumpleaños número 80 en México.

Nuestro país ocupa un lugar muy anecdótico en la vida de Loren: Carlo Ponti, la pareja que tuvo desde sus 19 años de edad, estaba casado y dadas las leyes de ese momento en Italia no podía divorciarse, aunque contara con el consentimiento de la que entonces era su esposa, Giuliana

Fiastri. Ponti debió aprovechar los huecos legales mexicanos para realizar un divorcio *express* y casarse de inmediato en 1957.

De acuerdo con la biografía *Sofía. Vivir y amar*, de Aaron Edward Hotchner:

> Dos abogados mexicanos se habían presentado ante el juzgado de Ciudad Juárez, y en 10 minutos habían obtenido un par de milagros legales: en primer lugar habían conseguido un decreto que, oficialmente, divorciaba a Carlo de su mujer, e inmediatamente después, con un abogado en representación de Loren, el otro en la de Carlo, habían intercambiado los juramentos de matrimonio, en una ceremonia por delegación, cumplida ante el juez. Se había emitido un certificado. Ahora Sofía Scicolone (nombre oficial de Loren), procedente de Pozzuoli, estaba oficial y finalmente casada con el licenciado Carlo Ponti, procedente de Milán. No era la boda con la que había soñado Sophia Loren: "Dos abogados, a más de mil kilómetros de distancia, fingiendo que eran Carlo y yo". Pero era legal. Eso era lo que importaba.

La actriz italiana aceptó la invitación de Slim para celebrar su cumpleaños número 80. Loren llegó a México el 18 de septiembre de 2014 para participar en una serie de eventos coordinados discretamente por Roberto Slim Seade, sobrino del empresario. Ese día dio una conferencia de prensa e inauguró una muestra dedicada a ella en el Museo Soumaya. Aunque se especulaba la presencia del presidente Enrique Peña Nieto, en su representación acudió el presidente del Consejo Nacional para la Cultura y las Artes, Rafael Tovar y de Teresa, quien cortó el listón inaugural junto con Slim, Loren y los hijos de ésta, Carlo y Edoardo.

La periodista Laura Manzo, quien además de conocer y seguir muy de cerca a la familia Slim durante varios años, entrevistó a Loren por esos días y describió así la relación entre ambos en la revista *Quién:*

> Carlos Slim estiró la mano e hizo un cariño en la pierna de Sophia, cuando ella derramó una lágrima durante la conferencia de prensa, el primer día de su visita a México. Slim la llevó del brazo todo el tiempo, y la atendió como un caballero. La complicidad y cercanía entre ellos es evidente, en todo momento. Miradas, sonrisas, caricias, gestos y códigos que sólo ellos podrían conocer y descifrar. Sophia Loren, la mujer de la

belleza sorprendente, y Carlos Slim, el hombre más rico del mundo tienen un lazo especial. Y tiene sentido.

Al día siguiente, Loren inauguró una muestra de cine en su honor en la Cineteca Nacional, donde además recibió el Ariel de Oro, el galardón más importante que otorga la Academia Mexicana de Artes y Ciencias Cinematográficas. "Lo llevaré conmigo a Suiza —dijo en su discurso— y lo pondré en mi biblioteca entre mis dos Oscar porque lo considero un premio muy importante, por el amor que ustedes me demuestran. Así, cada mañana, cuando me despierte y pase por el pasillo frente a la biblioteca, pensaré en ustedes."

El 20 de septiembre, día del 80 aniversario de Loren, Slim organizó un evento de gala en el Museo Soumaya, donde hubo alfombra roja y acudieron actores como Andy García, Larry King, Forest Whitaker y Jon Voight. Edoardo Ponti, uno de los hijos de la actriz, habló durante el acto. Inició su discurso así: "Me gustaría aprovechar esta oportunidad para agradecer, a nombre de mi hermano y mío, al señor Carlos Slim y a su familia. Es por tu gran entusiasmo, tu incansable energía y tu cercana amistad con mi madre que nos encontramos aquí esta noche".

La actriz también daría un breve discurso esa noche:

Cuando tienes 20 años nunca te imaginas que un día cumplirás 80. Pero cuando los cumples, aún no puedes creerlo. Este año en particular mucha gente me ha recordado la historia que dejé en el mundo del cine; pero la verdad es que mi marca no se compara con las huellas y memorias indelebles que dejaron en mi corazón todos aquellos que me acompañaron en ese viaje.

Una de las pocas ventajas de envejecer es que te das cuenta de lo que realmente es importante en la vida: que la delicada sencillez de un acto de ternura, la fortaleza que brindan los amigos en momentos de necesidad y el valor del amor son los únicos elementos que regalan la serenidad y un verdadero sentido de triunfo.

La fama y el éxito, como los fuegos artificiales, pueden abrumar la mirada temporalmente pero esa satisfacción sólo dura un momento. Son las cosas pequeñas y silenciosas las que se quedan contigo el resto de tu vida y definen quién eres.

La callada certeza de haber construido una familia sólida que se ama a pesar de todo.

La callada certeza de saber que conduje mi vida con honestidad e integridad.

La callada certeza de que aún ahora la vida nos da sorpresas y que cada mañana me levanto con el deseo de explorar más, de aprender, de compartir...

Aquí estoy ante ustedes, mi familia y mis amigos, honrada y conmovida profundamente de poder compartir este momento inolvidable con todos ustedes.

Un momento que no se habría materializado sin la incansable pasión de un hombre con una dedicación a las artes y un compromiso con la vida inigualables, mi más querido amigo, Carlos Slim. Gracias, Carlos.

Al día siguiente, el jefe de Gobierno de la Ciudad de México, Miguel Mancera, nombró a Loren "Huésped Distinguida" de la capital del país y le entregó un reconocimiento llamado "Alas de la Ciudad". Finalmente, los festejos de la actriz concluyeron con un concierto en su honor, dirigido por su hijo, el director Carlo Ponti, quien encabezó la Orquesta Sinfónica de Minería.

—¿Qué es lo que más valoras de tu relación con Slim? —preguntó en esos días la periodista Laura Manzo a Loren.

—Es un gran hombre, muy sensible. Es un gran amigo y tiene muy buenos modales. Él no se parece a nadie, es único.

La última vez que vi a Slim, cuando me despedía, el empresario sacó de su biblioteca un ejemplar de *Sophia. Ayer, hoy y mañana*, las memorias de Loren publicadas en una edición especial promovida por Grupo Carso donde aparece rotulada la firma de la actriz. A diferencia de las explicaciones que acompañaron los otros libros que me regaló, en esta ocasión, tras darme la autobiografía de su amiga, el magnate sólo sonrió felizmente.

38

Fracaso

Al inicio de su gobierno, el 1° de diciembre de 2012, el presidente Enrique Peña Nieto prometió encabezar un proceso "modernizador" bajo el lema "Mover a México", el cual se tradujo publicitariamente en el ámbito internacional como el *mexican moment*. Para muchos analistas y ciudadanos, el estilo de actuar y comunicar volvió inevitable recordar al gobierno de Carlos Salinas de Gortari. Al igual que en aquel sexenio, donde se llevaron a cabo reformas legislativas bastante polémicas y ambiciosos proyectos de infraestructura, la administración de Peña Nieto consiguió que, en su arranque, el Congreso hiciera 54 cambios a la Constitución en el lapso récord de un año. Se aprobaron reformas educativas, fiscales y principalmente una en materia energética que abrió la inversión extranjera a la exploración, producción y comercialización de gas y petróleo. En correlación con este proceso se establecieron licitaciones millonarias para obras de infraestructura como el gasoducto Los Ramones, el nuevo Aeropuerto Internacional de la Ciudad de México y el tren rápido a la capital del país.

Sin embargo, esta última licitación por más de 40 000 millones fue cancelada a finales de 2014 en medio de un escándalo en que se evidenció el tráfico de influencias y la corrupción en torno de la asignación del millonario contrato. Juan Armando Hinojosa, un desconocido empresario tamaulipeco pero bastante favorecido por los gobiernos en los que ha participado el presidente Peña Nieto, se convirtió, junto con un cuñado del ex presidente Salinas de Gortari y una empresa china, en el beneficiario por adjudicación directa de la obra que comunicaría el Distrito Federal con la colindante y crecientemente industriosa ciudad de Querétaro.

Una investigación realizada por el equipo de la periodista Carmen Aristegui demostró que Grupo Higa —el nombre de la empresa favorecida por Hinojosa Cantú— había dado a Angélica Rivera, esposa de Peña Nieto, una mansión bajo un régimen crediticio excepcional. La revelación provocó que la primera dama emitiera un mensaje televisivo en el cual aseguraba que durante su carrera como actriz de telenovelas de Televisa había acumulado un patrimonio superior a los 100 millones de pesos, aunque también anunciaba que para evitar mayores críticas traspasaría el inmueble otorgado por Grupo Higa. Su argumentación provocó que varios actores de Hollywood como Rob Schneider ironizaran diciendo que vendrían a México a hacer teledramas, ya que aquí se pagaba mucho mejor. También derivó en el despido de la estación MVS Radio, de la periodista, así como de su equipo de investigación integrado por Daniel Lizárraga, Irving Huerta, Rafael Cabrera y Sebastián Barragán, autores del reportaje.

Esta revelación del tráfico de influencias, en medio del proceso "modernizador" del país, ocurrió justo cuando la administración de Peña Nieto enfrentaba, también de manera errática, la desaparición de 43 estudiantes de la Escuela Normal Rural de Ayotzinapa, quienes fueron atacados y detenidos por policías en Guerrero cuando preparaban una acción de protesta. Los jóvenes, originarios de una de las regiones más pobres de México y alumnos de una institución educativa con una larga tradición de izquierda, no fueron buscados de manera especial por las autoridades federales hasta 12 días después de ocurrido su secuestro por parte de agentes del estado. Un año después continuaban sin ser encontrados, pero su desaparición forzada hizo visible a escala internacional la crisis de derechos humanos que padece México desde 2006, cuando quedó demostrado en diversos lugares del país que la alternancia política conseguida en 2000 —año en que por primera vez llegó un presidente ajeno al PRI— no implicaba de manera necesaria la consolidación de una transición democrática. El autoritarismo, la corrupción y la relación mafiosa en la política, para prevalecer bajo las nuevas reglas de alternancia, provocaron una realidad en la que entre 2006 y 2014 ocurrieron más de 100 000 asesinatos cometidos con violencia extrema, alrededor de 40 000 desapariciones forzadas, miles de casos de torturas y detenciones ilegales, así como otras violaciones a los derechos humanos.

Los propios estudiantes de Ayotzinapa, un par de años antes de la desaparición de sus 43 compañeros, ya habían sido víctimas de esta represión sistemática. En diciembre de 2011 el gobernador del estado de Guerrero, Ángel Aguirre —encumbrado con el apoyo del PRD,

Convergencia, el PT, el PAN y el líder de la izquierda electoral, Andrés Manuel López Obrador—, ordenó un operativo policiaco para reprimir una protesta de los estudiantes. Dos alumnos de Ayotzinapa murieron asesinados a balazos. Otros opositores a su gobierno fueron amenazados, encarcelados y también asesinados. En ese periodo el gobernante destituyó a un par de funcionarios policiacos, a los cuales más tarde reinstaló.

Sin embargo, en marzo de 2012 el cuestionado Aguirre recibió el respaldo público de Carlos Slim. El mexicano más rico del mundo se retrató, sonriente, al lado del mandatario.

Así como López Obrador, durante su periodo como jefe de gobierno del Distrito Federal, acordó con Slim la inversión económica en el centro histórico de la ciudad de México, Aguirre hizo lo mismo con el centro histórico del puerto de Acapulco. Slim respaldó así a una administración que mantuvo la línea represiva y permisiva de la operación de grupos mafiosos incrustados en la política, lo cual derivó en la desaparición de los 43 normalistas el 26 de septiembre de 2014, sobre los cuales el mexicano más rico del mundo nunca se ha pronunciado ni ha condenado de manera pública la tragedia ocurrida. Esta situación política y social de México prevalecía y se acrecentaba en enero de 2015, mes en el que Slim cumplió 75 años de vida.

¿Cuántos nuevos ultrarricos mexicanos surgirán de las reformas energéticas aprobadas que han puesto a la venta invaluables recursos naturales? ¿Por qué un pequeño grupo de empresarios bien relacionados con el poder en turno serían una vez más los principales favorecidos con el *Mexican moment,* que además no era tal, mirado a partir de los sucesos de los estudiantes de Ayotzinapa?, y ¿cuál es la responsabilidad moral ante un país herido de corrupción y muerte de quien ha amasado exitosamente una enorme fortuna? Estas preguntas rondaban en la mente quizá no de pocos durante el cumpleaños del mexicano más rico del mundo. El éxito de unos cuantos no debería ser a costa del fracaso de todo un país.

—En agosto de 2014 desaparecieron 43 estudiantes de Ayotzinapa. Mi pregunta no sólo es qué opina sobre este acontecimiento, sino por qué usted no ha hecho ningún pronunciamiento público sobre un asunto tan dramático para el país —comento a Slim.

—Sí, es muy dramático lo de los 43 estudiantes, pero es más dramático lo de los miles que también está pasando. Ésos porque tienen un nombre, pero los otros también merecen visibilidad. Son personas con nombre y apellido.

—La intención de esta pregunta es entender por qué un empresario tan importante como usted no hace pronunciamientos sobre este tipo de asuntos graves.

—Bueno, yo no puedo estarme pronunciando…

—Empresarios de otros países lo hacen cuando ocurren conmociones sociales como ésta.

—Lo fuerte no es eso. Lo fuerte es lo que está pasando en el sentido de que son miles de personas las que están muriendo, no sólo 43, desgraciadamente. Entonces lo que hay que buscar es que estas cosas se resuelvan con más inteligencia y política y menos violencia.

—En Guerrero mataron, en 2011, a dos estudiantes de Ayotzinapa en una manifestación y el gobernador Ángel Aguirre estuvo a punto de caer en esa ocasión. No renunció pero cayó el procurador y había una crisis política, cuando de repente el gobernador sale con usted en un acto y se hacen fotografías que reparte a la prensa.

—No, yo creo que fue cuando inauguramos un aula digital, ¿no?

—Sí, pero fue justo en un momento en que él tenía una crisis tremenda, y aparecer junto al hombre más rico del mundo ayuda…

—Nosotros tenemos que hacer lo que tenemos que hacer, independientemente de lo que pase alrededor. Y no sé si te platiqué la otra vez, y tiene que ver con Ayotzinapa y con todo lo que está pasando: en México, cuando está desunido y cuando está confrontado, es cuando más malos hay. Entonces lo que tenemos que hacer, y ojalá esto sirviera para ello, es ya dejar de estar en esta desunión y confrontación violenta, que no nos va a llevar a nada bueno al país. Platicamos de la época de 1821 del libro de José Iturriaga. Entonces lo que tenemos que hacer es no estar confrontados entre nosotros ni política ni socialmente. Menos con violencia.

ANEXOS

¿Puede el mexicano más rico del mundo ser una buena persona?

UNA RESPUESTA
DE JOSÉ MARTÍNEZ

Diego Enrique Osorno pertenece a una selecta generación de periodistas mexicanos. Aunque es muy joven, inició muy pronto una descollante carrera como reportero y escritor. No es fortuito que su trabajo haya trascendido las fronteras del país. Su trayectoria profesional es muy completa. Es además guionista y director de documentales. Por su trabajo ha obtenido importantes premios y reconocimientos tanto nacionales como extranjeros.

Sé de su ética y reputación. Conozco y tengo admiración por su trabajo, y más allá de posibles posturas políticas o ideológicas, su compromiso como escritor y reportero de investigación es con su obra, con sus lectores. Trabaja desde su trinchera en Nuevo León. Va más allá de los personajes que él aborda. Su compromiso es con el país, con México.

Ha puesto bajo su escrutinio al hombre más rico de la Tierra y quien es considerado, además, como uno de los 10 hombres más poderosos del mundo: Carlos Slim Helú.

Aunque como denominador común aborda ahora el tema de Slim, lo que nos identifica en realidad es el quehacer periodístico, que va más allá de tal o cual personaje.

Como profesional, Diego Enrique Osorno es obsesivo. Está bien plantado. Nació para ser periodista. Tiene intuición, agudeza, cultura e inteligencia, le gusta hurgar y armar un rompecabezas, tiene por principio dejar de lado las filtraciones, confirma los datos con el mayor rigor, deja de lado los rumores, se apoya en documentos, sabe desclasificar expedientes y cuenta con un buen archivo y contactos en todos los ámbitos.

Así construyó esta historia sobre Slim, que no es para limpiar ni para ensuciar. Sigue los pasos de los grandes periodistas.

Cuando me solicitó unas líneas sobre este libro, me pidió responder a la pregunta de si el hombre más rico del mundo puede ser una buena persona.

Mi respuesta es que sí. Considero que Slim es muy importante para México. Muchos países quisieran tenerlo. Maneja fuertes cantidades de dinero en sus fundaciones y en generación de riqueza, aunque se esté o no de acuerdo con sus prácticas empresariales.

Aunque tengo tres lustros de conocer y de haber escrito un par de libros sobre el ingeniero Slim, recuerdo ahora cuando, desde principios de la década de 1980, comencé a escuchar del magnate. En los círculos del poder y el dinero muchos se preguntaban: ¿quién es ese mexicano que todo quiere comprar?

En mis archivos periodísticos comencé a abrir una carpeta sobre Slim. Entonces no existía el fax ni el internet, mucho menos los celulares y las redes sociales. Poco a poco fui documentando sus operaciones financieras y con el cruce de información fui averiguando algunos datos sobre su origen. Al mismo tiempo estaba ocupado en otras investigaciones en tanto desempeñaba mi trabajo periodístico en algunos medios para subsistir con un salario modesto de reportero.

Las cosas han cambiado. Diego Enrique Osorno pertenece a una nueva generación de periodistas que disponen de nuevas herramientas para su labor. Ejerce su derecho a saber. Antes —durante el antiguo régimen priista— las autoridades gubernamentales recurrían a innumerables pretextos para clasificar la información como "secretos de Estado", como si se tratara de los documentos del Mar Muerto. Como buen periodista de investigación, ha logrado desclasificar documentos que son de interés público y su trabajo es reconocido por los detalles que definen los grandes reportajes: cuentan lo que nadie quiere que se sepa, utiliza gran cantidad de datos y fuentes para confirmarlo y explicarlo, y el resultado es una gran historia.

Ahora nos entrega una nueva visión sobre Slim, sobre quien suelen llover lo mismo críticas que alabanzas.

Aunque Slim siempre ha tratado de manejarse con un bajo perfil, discreto como es, alérgico a la publicidad, ha estado bajo el escrutinio público. Antes de él había un mítico personaje del que todos hablaban: Carlos Trouyet, quien fue el símbolo de toda una época. Un millonario descendiente de franceses que comenzó a amasar fortuna durante el régimen del presidente Miguel Alemán. Slim admiraba a Trouyet y se hizo amigo de él pese a que entre ambos había una importante brecha generacional.

Si Trouyet viviera, se sonrojaría de ver a Slim como el hombre más rico de la Tierra.

Una mayoría de los mexicanos comenzó a escuchar sobre Slim después de la expropiación bancaria decretada a finales del mandato del presidente José López Portillo, cuando Slim, un par de años después, había comprado en una sola operación las empresas que poseía Manuel Espinosa Yglesias, entre ellas 100% de los Seguros de México por un monto de 55 millones de dólares. Y quien también hizo el donativo más importante para el rescate de la ciudad de México tras el terremoto de 1985.

Después, cuando Slim tenía 51 años, en 1991, apareció por primera vez en la lista de los más ricos del mundo con una fortuna de 2 100 millones de dólares. Los periodistas del ámbito financiero lo comenzaron a llamar el Rey Midas. Aunque no figuraba en el *top ten* de los megarricos, a partir de ese año comenzó a escalar a zancadas la famosa nómina hasta llegar a la cima en 2007 y retener el título por tres años consecutivos. Después comenzó a alternar la corona con Bill Gates.

Desde entonces Slim comenzó a estar bajo los reflectores de los medios, hasta convertirse en uno de los personajes más mediáticos en México y en muchas partes del mundo, pero también ha sido puesto bajo el escrutinio público por el escándalo que rodeó la política de privatizaciones de las empresas del gobierno durante el sexenio del ex presidente Carlos Salinas de Gortari.

Diego Enrique Osorno asume ahora el compromiso de profundizar en el tema sobre la personalidad y la vida de Carlos Slim, quien aparece en la cima de los hombres más ricos del planeta.

No es un libro para glorificar, sino para exhibir el poder.

Algunas compañías propiedad
de la familia Slim Domit

ACTIVIDADES SECUNDARIAS

Minera Frisco

ACTIVIDADES TERCIARIAS

Subsidiaria

AM Telecom Américas, S. A. de C.V.

AM Wireless Uruguay, S. A.

América Central Tel, S. A. de C.V.

América Móvil Perú, S. A. C.

Americel, S. A.

AMOV Canadá, S. A.

AMX Argentina, S. A.

AMX El Salvador, S. A. de C.V.

AMX Paraguay, S. A.

AMX Tenedora, S. A. de C.V.

AMX USA Holding, S. A. de C.V.

AMX Wellington Gardens, S. A. de C.V.

Arcomex, S. A. de C.V.

Arneses Eléctricos Automotrices, S. A. de C.V.

Asesoría Especializada Inburnet, S. A. de C.V.

AT&T International, Inc.

Banco Inbursa, S. A. de C.V.

Bronco Drilling MX, S. A. de C.V.

Cablena do Brasil, Limitada

Cablena, S. A.

Cablenet, S. A.

Cablenet, S. A. ("Cablenet") (b) Guatemala

Carso Construcción de Costa Rica, S. A.

Carso Construcción de Dominicana, S. de R. L.

Carso Construcción de Puerto Rico, L. L. C.

Carso Global Telecom, S. A. B. de C.V.

Carso Telecom B.V.

Centros Edumac

Cicsa Colombia, S. A.

Cicsa Ingeniería y Construcción Chile Ldta., S. de R. L.

Cicsa Jamaica Limited

Cicsa Perú, S. A. C.

Claro 110, S. A.

Claro 155, S. A.

Claro Chile, S. A.

Claro Panamá, S. A.

Claro S. A.

Claro Telecom Participacoes, S. A.

Cobre de México, S. A. de C.V.

Comercializadora Dax S. A. de C.V.

Cometel de Centroamérica, S. A.

Cometel de Colombia, S. A. S.

Cometel de Honduras, S. A.

Cometel de Nicaragua, S. A.

Compañía de Telecomunicaciones
de El Salvador

Compañía Dominicana de Teléfonos, S. A.

Comunicación Celular, S. A.

Condumex Inc.

Condutel Austral Comercial e Industrial,
Limitada

Conjunto Cervantes

Consorcio Ecuatoriano de
Telecomunicaciones, S. A.

Control Empresarial de Capitales, S. A.
de C.V.

Controladora de Servicios de
Telecomunicaciones,
S. A. de C.V.

Cordaflex, S. A. de C.V.

Corporación de Tiendas Internacionales,
S. A. de C.V.
(El Salvador)

CTE Telecom Personal, S. A. de C.V.

Cupro do Brasil, Limitada

Dax

Discolandia

Dorian's

Ecuador Telecom, S. A.

Editorial Contenido, S. A. de C.V.

Empresa Brasileira de Telecomunicacoes,
S. A. ("Embratel")

Empresa Nicaragüense
de Telecomunicaciones, S. A.

Empresas y Controles
en Comunicaciones, S. A. de C.V.

Ertach, S. A.

Estaciones Terrenas de Satélite, S. A.

Estesa Holding Corp.

Feria del Disco

Fianzas Guardiana Inbursa, S. A.

Grupo Sanborns Internacional, S. A.
(Panamá)

Grupo Sanborns S. A. de C.V.

Grupo Telvista, S. A. de C.V.

Hotel Geneve

Hoteles Calinda

Ibuplus, S. A. de C.V.

Inmobiliaria Aluminio

Inmobiliaria Carso

Inmobiliaria Insurgentes Acapulco

Inmuebles Borgru

Inmuebles General

Inmuebles SROM

Inversora Bursátil, S. A. de C.V.,
Casa de Bolsa

Megacanales, S. A.

Mix Up

Nacel de Centroamérica, S. A.

Nacel de El Salvador, S. A.

Nacel de Honduras, S. A.

Nacel de Nicaragua, S. A.

Net Servicios de Comunicacao, S. A.

New York Times

No Problem

Operadora de Tiendas Internacionales,
S. A. de C.V.

Operadora Inbursa de Sociedades
de Inversión, S. A. de C.V.

Out Sourcing Inburnet, S. A. de C.V.

Páginas Telmex Colombia, S. A.

Pensiones Inbursa S. A.

Plaza Tlanepantla

Plaza VIP COM, S. A. P. I. de C.V.

Procisa do Brasil Projetos, Construcoes
e Instalacoes, Ltd.

Procisa Ecuador, S. A.

Procisa, S. A. S.

Procosertel Uruguay, S. A.

Procosertel, S. A.

Promotora Musical, S. A. de C.V.

Publicidad y Contenido Editorial,
S. A. de C.V.

Puerto Rico Telephone Company, Inc.

Radiomóvil Dipsa, S. A. de C.V.

Saavedra, S. A. P. I. de C.V.

Saks Fifth Avenue

Sanborn Hermanos, S. A.

Sanborns

Sears Operadora México S. A. de C.V.

Sears Roebuck

Sección Amarilla USA, L. L. C.

Seguros Inbursa, S. A.

Sercotel, S. A. de C.V.

Servicios de Comunicaciones de
Honduras, S. A. de C.V.

Servicios Integrales GSM, S. de R. L.
de C.V.

Sociedad Financiera Inbursa, S. A. de C.V.

Tabasco Oil Company, L. L. C.

Telecom Publicar Directorios, S. A.
de C.V.

Telecomoda, S. A. de C.V.

Telecomunicaciones de Guatemala, S. A.

Telecomunicaciones de Puerto Rico,
Inc.

Teléfonos de México, S. A. B. de C.V.

Telmex Argentina, S. A.

Telmex Colombia, S. A.

Telmex Internacional, S. A. de C.V.

Telstar, S. A.

The Now Operation, S. A.

Tower Records

TracFone Wireless, Inc.

Widcombe, S. A. de C.V.

Asociadas

Argos Comunicación

Aspel Holding

Enesa

Gas Natural

Giant Motors

Grupo IDESA

Hildebrando, S. A. de C.V. , México

Hitts

Konin Klijke KPN B.V.

Landsteiner Pharma

Landsteiner Scientific

Movie Risk

Patia Blopharma

Progenika

Pure Leasing

Salud Holding

Sistemas de Administración

Soficam

Telecom Austria AG Austria

FUENTE: Bolsa Mexicana de Valores, Grupo Carso, América Móvil e Inmobiliaria Carso.

Lista de libros observados en la biblioteca de Carlos Slim Helú

ESTANTE 1 (29 DE 51)

FR-EE, por Fernando Romero/Fernando Romero EnterprisE (Mapas, 2013)

Rock and Gem. The Definitive Guide to Rocks, Minerals, Gems and Fossils, por Ronald Bonewitz &The Smithsonian Institution (Dorling Kindersley, 2005)

The Art of the Market. Two Centuries of American Business as Seen Through its Stock Certificates, por Bob Tamarkin & Les Krantz (Stewart, Tabori and Chang, 1999)

Mi vida en la Fórmula Uno, por Jo Ramírez (Aguilar, 2012)

Procesos inquisitorial y militar seguidos a Don Miguel Hidalgo y Costilla, por Antonio Pompa y Pompa & INAH (INAH, 1960)

It's Not Over 'Til It's Over: The Stories Behind the Most Magnificent, Heart-Stopping Sports Miracles of Our Time, por Al Silverman (Overlook Books, 2004)

Vida total en 30 minutos por semana, por Laurence E. Morehouse & Leonard Gross (Cosmos, 1976)

My Life in Baseball. The True Record, por Ty Cobb & Al Stump (Bison Books, 1993)

The Bubble of American Supremacy. The Cost of Bush's War in Iraq, por George Soros (PublicAffairs, 2004)

The Roaring '80s, por Adam Smith (Summit Books, 1988)

Diccionario enciclopédico conciso ilustrado, dirección de Carlos Bidon-Chanal & Caterina Berthelot (Ediciones Larousse, 2006)

Diccionario de directores del cine mexicanos, dirección de Perla Ciuk (Conaculta/Cineteca Nacional, 2000)

Dhammapada. 423 versos de Buddha, "versión libre" de Francisco Sánchez Campuzano (Editorial Hoy, 1998)

Kharma Dharma, por Francisco Javier Sánchez Campuzano (Editorial Hoy, 2001)

Poemas en la no poesía, por Francisco Javier Sánchez Campuzano (Editorial Hoy, 1983)

Reflexionamientos: reflexiones y pensamientos, por Francisco Javier Sánchez Campuzano (Editorial Hoy, 1997)

The Great Getty. Life and Loves of J. Paul Getty, Richest Man in the World, por Robert Lenzner (Crown Publishers, 1986)

Blood Relations. The Rise and Fall of the du Ponts of Delaware, por Leonard Mosley (Atheneum, 1980)

Black Holes and Baby Universes and Other Essays, por Stephen Hawking (Bantam, 1994)

Power Play, por Sharon Beder (The New Press, 2003)

Managing for Results, por Peter F. Drucker (Harper & Row, 1964)

The Paradox of Success, por John R. O'Neil (Tarcher, 1994)

The Crash of '79, por Paul E. Erdman (Simon & Schuster, 1976)

Paisaje y otros pasajes mexicanos del siglo XIX en la colección de Museo Soumaya, autores varios (Museo Soumaya/Asociación Carso, 1998) [2 copias, sin abrir]

Seis siglos de arte. Cien grandes maestros, por Soumaya Slim, Minerva Mogollan García, Eva Maria Ayala Canseco & Museo de Romero (Museo Soumaya/Fundación Carso, 2005) [2 copias, sin abrir]

Palacio Nacional. La sede del poder, por Eduardo Matos Moctezuma *et al* (Telmex/Secretaría de Hacienda y Crédito Público/Clío, 2005) [2 copias, sin abrir]

ESTANTE 2 (34 DE 43)

El boxeo en números. 150 años de historia, por Eduardo Lamazón (2003)

Greats of the Game. The Players, Games, Teams, and Managers That Made Baseball History, por Ray Robinson & Christopher Jennison (Harry N. Abrams, 2005)

Money. Whence it Came, Where it Went, por John Kenneth Galbraith (Houghton Mifflin, 1975)

The Money Machine. How KKR [Kohlberg Kravis Roberts] *Manufactured Power and Profits*, por Sarah Barlett (Warner Books, 1991)

Voices from Cooperstown, por Anthony J. Connor (Galahad Books, 1998)

Como dice el refrán: dichos, piropos, malos consejos, albures, etcétera, por Jack Nakash (Grijalbo, 2002)

Miraculous Air. Journey of a Thousand Miles Through Baja California, the Other Mexico, por C.M. Mayo (Milkweed Editions, 2007)

El legionario, por Alejandro Espinoza (Grijalbo, 2003)

The Days of the French Revolution, por Christopher Hibbert (William Morrow, 1999)

Homo videns. La sociedad teledirigida, por Giovani Sartori (Punto de Lectura, 2006)

Historia de la deuda exterior de México, por Jan Bazant (Colmex, 1968)

Geometría analítica y cálculo infinitesimal, por Woods & Bailey (UTEHA, 1979)

Hammer, por Armand Hammer & Neil Lyndon (Putnam, 1987)

Vesco, por Robert A. Hutchison (Praeger, 1974)

Paper Money, por Adam Smith (Dell, 1982)

Super-Money, por Adam Smith (Random House, 1972)

Asalto al poder, por Jesús Cacho (Ediciones Temas de Hoy, 1988)

The Richest Man in Babylon, por George S. Clason (Signet, 2002)

FORD. The Men and the Machine, por Robert Lacey (Little Brown & Co.,1986)

Forbes. Greatest Business Stories of All Time, por Daniel Gross (Wiley, 1997)

Nixon Off the Record. His Candid Commentary on People and Politics, por Monica Crowley (Random House, 1996)

The Remarkable Life of Dr. Armand Hammer, por Robert Bernard Considine (Harpercollins, 1975)

Comunicaciones. Pasado y futuro, por Kuhlmann Federico Antonio Alonso Concheiro & Alfredo Mateos (FCE, 1989)

Who Owns America?, por Edmund Blair Bolles (M. Evans, 1984)

The Money Lords. The Great Finance Capitalists 1925-1950, por Mathew Josephson (NY Weybright and Tally, 1972)

Common Wealth. Economics for a Crowded Planet, por Jeffrey D. Sachs (Penguin, 2009)

The Warren Buffett Way. Investment Strategies of the World's Greatest Investor, por Robert G. Hagstrom (Wiley, 1997)

Ling. The Rise, Fall and Return of a Texas Titan, por Stanley H. Brown (Atheneum, 1972)

Mr. Baruch, por Margaret L. Coit (Houghton Mifflin, 1957)

La Reina del Sur, Arturo Pérez-Reverte (Alfaguara, 2010)

Giving. How Each of Us Can Change the World, por Bill Clinton (Knopf, 2007)

Gibran. El profeta, sin autor (Museo Soumaya, 2010) [2 copias, sin abrir]

The age of Rodin. La era de Rodin, sin autor (Museo Soumaya, 2007) [2 copias, sin abrir]

Días de humo, sin autor (Museo Soumaya, 2009) [2 copias, sin abrir]

ESTANTE 3 (40 DE 67)

Patrimonio de la humanidad, dirección de la UNESCO (Blume, 2012)

Renoir, mi padre, por Jean Renoir (Alba, 2007)

Forty Chances. Finding Hope in a Hungry World, por Howard G. Buffett (Simon & Schuster, 2013) [Justo al lado hay un libro con el mismo título, pero la edición es mucho más alta y delgada. No pude averiguar qué tenía de especial.]

Inequality in Latin America and the Caribbean. Breaking with History?, por Francisco Ferreira, David de Ferranti & Guillermo E. Perry (World Bank Publications, 2004)

Ocho mil kilómetros en campaña, por Álvaro Obregón (Librería de la Vda. de Bouret, 1917)

Classics. An Investor's Anthology, edición de Charles Ellis & James Vertin (Business One Irwin, 1988)

"Sold American". The American Tobacco Company 190-1954, the First Fifty Years, dirección de American Tobacco Company (American Tobacco Company, 1954)

The Great Crash 1929, por James Kenneth Galbraith (Mariner Books, 2009)

Painfully Rich. The Outrageous Fortune and Misfortunes of the Heirs of J. Paul Getty, por John Pearson (St. Martins, 1995)

The Fords. An American Epic, por Peter Collier & David Horowitz (Summit Books, 1987)

México en el Congreso de Estados Unidos, por José E. Iturriaga (FCE/SEP, 1988)

A mi manera. Autobiografía, por J. Paul Getty (Grijalbo, 1977)

Así hice mi fortuna, por J. Paul Getty (Sayrols, 1987)

El nuevo posicionamiento, por Jack Trout & Rivkin Trout (McGraw Hill, 1996)

El poder de lo simple. Una guía empresarial para eliminar lo absurdo y ser más racional, por Jack Trout (McGraw Hill, 1999)

Revista de derecho privado, edición de Jorge Mario Magallón Ibarra (Instituto de Investigaciones Jurídicas/UNAM) [Parece que es una publicación académica; no alcancé a distinguir año, volumen, etc.]

Venciendo a través de la intimidación, por Robert J. Ringer (V Siglos, 1974)

Las fórmulas de Peter. Cómo hacer que las cosas vayan bien, por Laurence J. Peter (Plaza & Janes, 1991)

Arriba la organización. Cómo evitar que la organización ahogue a los empleados y se coma los beneficios, por Robert Townsend (Grijalbo, 1970)

Desde mi azul, por María Gómez Rivera (Den Editores, 1997)

El principio de Peter, por Laurence J. Peter & Raymond Hall (Plaza & Janes, 1971)

Los próximo 100 años, por George Friedman (Océano, 2011)

The Washington Consensus Reconsidered. Towards a New Global Governance, edición de Narcis Serra & Joseph E. Stiglitz (Oxford University Press, 2008)

Financier, the Biography of Andre Meyer. A Story of Money, Power, and the Reshaping of American Business, por Cary Reich (Quill, 1985)

Salinas. Los dilemas de la modernidad, por Tomas Borge (Siglo XXI, 1993)

Ocumicho. Arrebato del encuentro, por Louisa Reynoso (Fonart, 1981)

Ranchos de Sonora [No alcancé a distinguir autor ni nada. Lo puse porque el título llama la atención.]

Reinas, mujeres y diosas. Mágicos destinos, por María Rosa de Lera (Sanborns, 2005) [2 copias, sin abrir; apiladas sobre los demás libros]

Education in Korea. 2007-2008

The Commanding Heights: The Battle for the World Economy, por Daniel Yergin & Joseph Stanislaw (Free Press, 1998)

Citizen Hughes. The Power, the Money and the Madness, por Michael Drosnin (Bantam, 1986)

The Great Depression of 1990. Why it's got to happen, how to protect yourself, por Ravi Batra (Simon & Schuster, 1987)

Small is Beautiful. Economics as if People Mattered, por Ernst F. Schumacher (Harper Perennial, 1989)

Zero Coupon, por Paul Erdman (Forge, 1993)

Forty Ways to Look at JFK, por Gretchen Rubin (Ballantine Books, 2005)

History's Greaterst Wars. The Epic Conflicts that Shaped the Modern World, por Joseph Cummins (Fair Winds Press, 2011)

Power Forward: My Presidential Education, por Reggie Love (Simon & Schuster, 2015)

It Worked for Me: In Life and Leadership, por Colling Powell (Harper Perennial, 2014)

Puentes de Concordia, por Rodrigo Mendirichaga (2007)

Relationship Rescue. A Seven-Step Strategy for Reconnecting with Your Partner, por Peter C. McGraw (Hachette Books, 2001)

ESTANTE 4 (24 DE 90)

El verdadero rostro del cardenal Juan Sandoval Íñiguez, por Juan Manuel Reyes Brambila (Divulgación Editorial, 2009)

La deuda exterior de México [No alcancé a distinguir más información.]

Museo Nacional del Virreinato [No alcancé a distinguir más información.]

Member for Mexico, por Desmond Young (Cassell, 1996)

1996 Banquet of the Golden Plate. Sun Valley, Idaho ["El Golden Plate es un reconocimiento anual que entrega la Academia del Éxito a los mejores exponentes de las ciencias, la filosofía, las actividades políticas y sociales del mundo".]

Gabriel García Márquez. De la letra a la memoria, por Biblioteca Mexicana del Conocimiento (SEP, 2015)

Tamara de Lempicka [No alcancé a distinguir más información.]

Documentos de Miguel Hidalgo [No alcancé a distinguir más información.]

Series del Caribe. Narraciones y estadísticas (1949-2001), por Alfonso Araujo Bojorquez (Colegio de Bachilleres del Estado de Sinaloa, 2002)

The Fortune 500 (Fortune International)

El Greco. Su revalorización por el modernismo catalán, por J. Álvarez Lopera *et al* (MNAC/Enciclopèdia Catalana, 1996)

Rodin's Art. The Rodin Collection of Iris & B. Gerald Cantor Center of Visual Arts at Stanford University, por Albert E. Elsen & Rosalyn Frankel Jamison (Oxford University Press, 2003)

Rodin. Plasters & Bronzes, sin autor (Robert Gordon/Gruppo Mondiale, 1999)

Rodin. Le festin d'une vie, por Alexandre Bailhache (Du Chãne, 1998)

Frida & Diego. Passion, Politics & Paintin, edición de Dot Tuer & Elliott King (Art Gallery of Ontario/High Museum of Art Atlanta, 2013)

Juan Gris, por Juan Antonio G. Nuno (Poligrafía, 1991)

The Annenberg Collection. Masterpieces of Impressionism and Post-Impressionism, por Mr. Colin B. Bailey, Joseph J. Rishel & Mark Rosenthal (Philadelphia Musem of Art, 1989)

Para saber de vinos, por Asher Benatar (Benatar Comunicaciones, 2004)

Alfredo Zalce, por Beatriz Zalce *et al* (Gobierno del estado de Michoacán, 2005)

Rufino Tamayo. Catalogue Raisonne, Grafica Prints 1925-1991, sin autor (Turner, 2005)

Pintura y vida cotidiana en México (1650-1950), por Gustavo Curiel (Conaculta, 1999)

Tu hijo puede ser un crack, por Jaume Alguersuari (Planeta, 2012)

The Accidental President of Brazil. A Memoir, por Fernando Henrique Cardoso & Brian Winter (Public Affairs, 2007)

Harvard Art Museum Handbook, edición de Stephan Wolohojian (Harvard Art Museums, 2008)

ESTANTE 5 (5 DE 71)

Official NBA Register 2014-2015, edición de Rob Reheuser (NBA, 2014)

Official NBA Guide 2014-2015, edición de Mark Broussard (NBA, 2014)

The First Tycoon. The Epic Life of Cornelius Vanderbilt, por T.J. Stiles (Vintage, 2010)

[Dos pilas de revistas o libros de *Christie's*. En total son 39; 19 en la de la izquierda, 20 en la de la derecha. El único título que logré diferenciar en el lomo dice *19th Century European Art*, al parecer el otro dice *The House Sale*.]

The Innovators. How a Group of Hackers, Geniuses, and Geeks Created the Digital Revolution, por Walter Isaacson (Simon & Schuster)

This Republic of Suffering. Death and the American Civil War, por Drew Gilpin Faust (Vintage, 2009)

[Hay un libro gordo de pasta dura con la palabra "Album" en el lomo. Las hojas se ven gruesas y oscuras desde arribita, así que podría ser fotográfico, pero eso es pura especulación.]

[Vi una página o un libro (la perspectiva no me deja distinguir) con el grabado de un hombre barbón que lleva armadura. Creo que es Cortés.]

[16 ejemplares de revistas o libros de *Sotheby's*. Le siguen otros 4 con lomo parecido, pero no alcanzo a distinguir si son de la misma publicación. Lo dudo, por los colores y la tipografía].

Notaria Pública n.º 11.

á cargo de

Mariano Gavaldón Chavez

T E S T I M O N I O de la escritura de sociedad mercantil

en nombre colectivo constituida entre los señores Don José Slim

y Don Julián del propio apellido.

México, Mayo 15 de 1911.

3a. de Donceles. Núm. 60.   Medinas, 8.

Escritura mediante la cual el padre de Carlos Slim Helú
se asocia con su hermano en pleno periodo
revolucionario.

Julián Slim Haddad desembarcó en México por Veracruz, según declaró él mismo años más tarde en el Registro de Extranjeros del Servicio de Migración.

Su nombre real era Khalil, pero lo cambió para adaptarse mejor a su nuevo entorno.

-DOCUMENTO I. QUE FUE ENVIADO A Y LO CONOCE EL SEÑOR PRESIDENTE MIGUEL DE LA MADRID-

EL 5 DE ABRIL DEL PRESENTE AÑO, SE REUNIERON EN EL LUGAR DENOMINADO "LAS CAMPANAS", LOS SEÑORES EMILIO AZCARRAGA, ALEJANDRO SADA, OTHON VELEZ, VALENTIN MOLINA Y CARLOS LAVIADA, CON LOS SEÑORES: ANTONIO DEL VALLE, ADOLFO DEL VALLE, CARLOS SLIM, JUAN MATA, CARLOS GONZALEZ ZABALEGUI, GUILLERMO GONZALEZ NAVA, ANTONIO MADERO, CARLOS AUTREY, ABEL VAZQUEZ RAÑA, JOSE LUIS BALLESTEROS, JUAN DIEGO GUTIERREZ CORTINA, JOSE SERRANO, JUAN GALLARDO, JAIME ALVERDE, ROBERTO SERVITJE, Y ANTONIO COSIO.

EN ESTA REUNION, DESPUES DE LA PRESENTACION QUE HIZO EL SEÑOR EMILIO AZCARRAGA, LA CUAL FUE DISCUTIDA AMPLIAMENTE, SE LLEGARON A LAS SIGUIENTES CONCLUSIONES:

a). FUE APROBADA POR UNANIMIDAD LA SUGERENCIA PRESENTADA POR EL SEÑOR AZCARRAGA.

b). SE ACORDO CREAR UNA SOCIEDAD ANONIMA, CON CAPITAL INICIAL APORTADO POR CADA UNO DE LOS MIEMBROS, DE 25 MILLONES DE PESOS, Y LAS CUOTAS QUE SE APORTEN EN EL FUTURO, ESTARAN SUPEDITADAS A LOS FONDOS Y CAPACIDAD ECONOMICA DE CADA UNO.

c). INFORMAR A INDUSTRIALES CONOCIDOS SOBRE ESTA NUEVA SOCIEDAD E INVITARLOS A PARTICIPAR.

En 1984, Slim formó parte de un proyecto mediante el cual un grupo de millonarios mexicanos buscaba quedarse con todas las empresas paraestatales en poder del gobierno.

2.

d). ENVIAR LA CUOTA CORRESPONDIENTE AL SEÑOR ALEJANDRO SADA.

e). ASISTIR CON TRES INVITADOS A LA PROXIMA REUNION EL MARTES 10 DE ABRIL DE 1984, EN TELEVISA SAN ANGEL.

EL 10 DE ABRIL DE 1984 SE REUNIERON EN TELEVISA SAN ANGEL, LOS SEÑORES: EMILIO AZCARRAGA, OTHON VELEZ, ALEJANDRO SADA, MIGUEL ALEMAN, FERNANDO DIEZ BARROSO, VALENTIN MOLINA Y CARLOS LAVIADA, CON LOS SEÑORES: ADOLFO AUTREY, ABEL VAZQUEZ RAÑA, GUILLERMO BRIONES, ARMANDO RUIZ GALINDO Jr., JOSE LUIS BALLESTEROS, JUAN DIEGO GUTIERREZ CORTINA, JUAN LUIS PRIETO, OSCAR ORTIZ SARAGON, VICTOR ORTIZ, ANTONIO ARIZA, ADOLFO DEL VALLE RUIZ, JORGE ESTEVE CAMPOS, JUAN MATA GONZALEZ, RAMON LLANO, JUAN ANTONIO PEREZ SIMON, RUFINO VIGIL, FERNANDO SENDEROS, JAIME ALVERDE GOYA, EDUARDO RIHAN, JORGE SINDEL MUNDET, FELIX CANTU, ANTONIO OCEJO, NICOLAS CARRANCEDO, ANDRES OCEJO, OSCAR URIBE Y JOSE MIGUEL NADER.

AVISARON QUE NO ASISTIRIAN POR OTROS COMPROMISOS, PERO QUE ESTABAN CONFORMES, LOS SEÑORES: ROBERTO SERVITJE, CARLOS SLIM, ANTONIO DEL VALLE, GUILLERMO GONZALEZ NOVA, ANTONIO MADERO, CARLOS AUTREY Y ANTONIO COSIO.

Para esto incluso constituyeron una compañía de nombre de Libre Empresa, S.A. (LESA).

Aplicaciones de programación lineal a algunos problemas de ingeniería civil es un documento dedicado a la memoria de su padre, mediante el cual Slim se tituló en los sesenta como ingeniero civil en la Universidad Nacional Autónoma de México.

El Slim universitario empieza el último capítulo de su trabajo con una frase que hoy semeja un anticuado eslogan publicitario: "Con las calculadoras electrónicas es posible sumar, restar, multiplicar y dividir con una rapidez asombrosa".

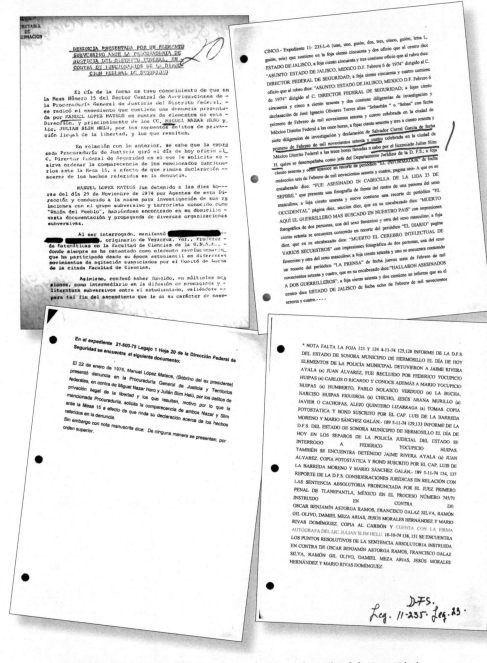

Estos documentos demuestran que la Dirección Federal de Seguridad,
el organismo en el que trabajó Julián Slim Helú, realizaba ejecuciones extrajudiciales
y actos de tortura en contra de quienes consideraba enemigos de la nación.

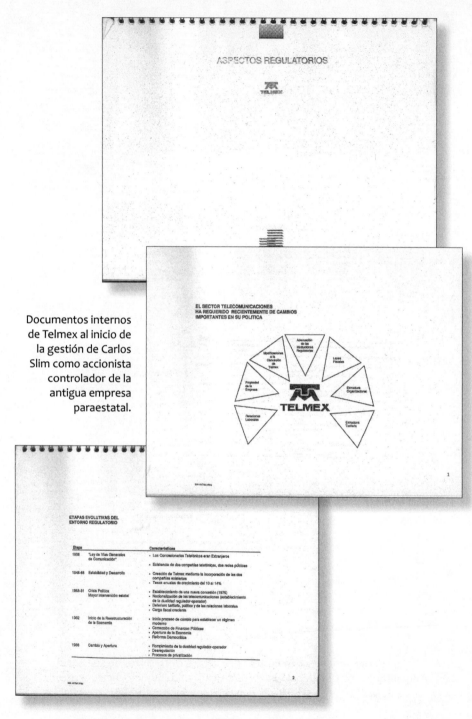

Documentos internos de Telmex al inicio de la gestión de Carlos Slim como accionista controlador de la antigua empresa paraestatal.

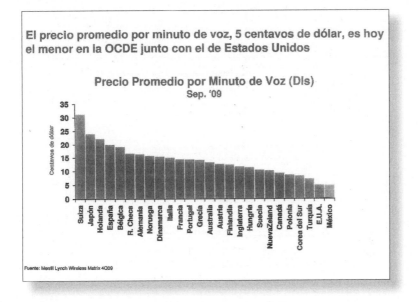

El precio promedio por minuto de voz, 5 centavos de dólar, es hoy el menor en la OCDE junto con el de Estados Unidos

Precio Promedio por Minuto de Voz (Dls)
Sep. '09

Fuente: Merrill Lynch Wireless Matrix 4Q09

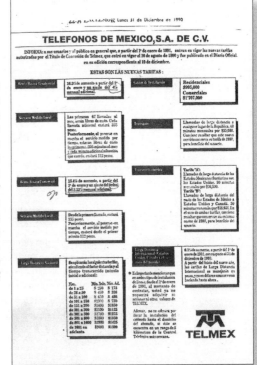

—¿Tú crees —me dice Slim en entrevista— que Telmex sea muy ineficiente si todas esas empresas [AT&T, Verizon...] no han podido? —luego toma un papel de su mesa. Es un estudio de la OCDE. Lo hojea hasta dar con una tabla—: Éste es el ingreso por minuto por país. México vende a dos centavos y sólo estos países venden a uno: Telefónica vende a nueve centavos en España. ¿Somos muy abusivos vendiendo nosotros a dos centavos?

Dependencia o entidad ante la que se presentó
la solicitud: Procuraduría General de la República
Recurrente: Diego Enrique Osorno González
Folio: 0001700084308
Expediente: 2669/08
Comisionada Ponente: María Marván Laborde

Instituto Federal de Acceso a
la Información Pública

Con fundamento en lo dispuesto por los artículos 6 de la Constitución Política de los Estados Unidos Mexicanos, 28 fracciones II, III, IV y 41 de la Ley Federal de Transparencia y Acceso a la Información Pública Gubernamental; 70 de su Reglamento y 43, fracción XIV del Reglamento de la Ley Orgánica de la Procuraduría General de la República; en relación con la solicitud de acceso a la información registrada bajo el número de folio de referencia, en donde solicita:

"QUISIERA OBTENER EL EXPEDIENTE LABORAL DE JULIÁN SLIP HELÚ, QUIEN FUE PRIMER COMANDANTE DE LA POLICÍA JUDICIAL FEDERAL ENTRE EL 16 DE JUNIO DE 1983 Y EL 7 DE JUNIO DE 1984, ASÍ MISMO, QUISIERA SABER LAS RAZONES POR LAS CUALES ABANDONÓ LA CORPORACIÓN." (Sic)

Al respecto, me permito informarle a Usted que se amplía el término de la contestación a su solicitud de información, en virtud de que la Unidad Administrativa responsable de la información, se encuentra realizando una búsqueda minuciosa y exhaustiva en su archivo de trámite y de concentración para estar en posibilidad de determinar la publicidad, reserva o inexistencia de la misma, lo anterior a fin de cumplir con la obligación de dar respuesta a su solicitud, garantizando en todo momento su derecho de acceso a la información.

En caso de tener alguna duda con la presente notificación, usted puede acudir a esta Unidad de Enlace de Acceso a la Información, ubicada en Avenida Paseo de la Reforma No. 72, Planta Baja, Colonia Guerrero, Delegación Cuauhtémoc, C. P. 06300, en México, Distrito Federal; o llamar a los teléfonos (55) 5346 0000, ext. 8302, 8303 y 8306; o bien, escríbanos a los correos leydetransparencia@pgr.gob.mx, en donde con gusto aclararemos sus dudas y/o comentarios.

III. El 03 de julio de 2008, la Unidad de Enlace de la Procuraduría General de la República respondió a la solicitud de información en los siguientes términos:

"Con fundamento en los artículos 44 y 45 de la Ley Federal de Transparencia y Acceso a la Información Pública Gubernamental, la información solicitada no puede ser proporcionada debido a que es

Confidencial

Motivo del daño por divulgar la información:
POR TRATARSE DE DATOS PERSONALES

Ley	Artículo y fracción
LEY FEDERAL DE TRANSPARENCIA Y ACCESO A LA INFORMACION PUBLICA GUBERNAMENTAL	ART. 3 FRACC. II, 4 FRACC. III 13, 18 Y 24
Archivo	0001700084308_075.pdf

El archivo adjunto contiene la siguiente información:

2

El 27 de mayo de 2008, por medio del Instituto Federal de Acceso
a la Información (IFAI), solicité a la PGR el expediente laboral de Julián Slim Helú,
en caso de que existiera. El 3 de julio, la Unidad de Enlace de la PGR me respondió:
sí existía un expediente de un policía con ese nombre, pero no podía entregarlo
debido a que era información confidencial. Apelé la decisión y un año después
logré ganar el recurso de revisión.

Nota periodística sobre una de las dos convalecencias graves a causa de problemas en el corazón que ha padecido Slim.

Marco Antonio es el hijo de Slim que ha heredado la mayor parte del perfil de su padre, Carlos Slim, aseguran algunos cercanos. Este artículo del presidente del banco Inbursa, me lo dio el empresario durante una de nuestras entrevistas.

335

Durante los años recientes, Slim ha puesto mayor empeño en difundir sus acciones filantrópicas.

Slim es un lector al que le gusta subrayar y escribir sobre los libros, tal y como lo hizo en este ensayo histórico sobre las crisis presidenciales a lo largo de la historia mexicana.

Este documento que me dio Slim durante una de nuestras entrevistas relata algunos aspectos de su historia empresarial, desde su propia perspectiva.

Junio, 1994.

HISTORIA DE GRUPO CARSO

Carlos Slim

INTRODUCCION

Después de comentarlo con mi familia y con varios amigos, recopilé y escribí algunas notas sobre la historia del Grupo Carso. El resultado me parece incipiente, a pesar de que llena algunos de los objetivos buscados, como establecer su desarrollo cronológico y dar a conocer ciertos antecedentes personales y familiares, pero más allá de la historia, quiero también dar a conocer, en términos generales cómo opera y cómo ha evolucionado financieramente, profundizando en la información por medio de algunos anexos pues creo que este ejercicio de memoria individual y colectiva, puede ser de interés para mis hijos, amigos, familiares, colaboradores, empresarios, periodistas, inversionistas y estudiantes.

Es mi intención continuar posteriormente estas notas para profundizar y ampliar la historia del Grupo combinando datos específicos con otros conceptos subjetivos, como pueden ser los principios y bases sobre los cuales opera y se desarrolla Carso.

LA ESTRELLA DE ORIENTE

Mis antepasados paternos y maternos llegaron a México hace cien años huyendo del yugo del imperio otomano. En aquel entonces los jóvenes eran forzados por medio de la leva a incorporarse al ejército, por lo cual las madres exiliaban a sus hijos antes de que cumplieran los quince años.

Así llegó a México a la edad de 14 años Julián Slim, mi padre. En el año de 1902.

1

STUDY OF THE PRIVATIZATION OF THE
MEXICAN TELECOMMUNICATIONS INDUSTRY

DREXEL BURNHAM LAMBERT
INCORPORATED

PACIFIC TELESIS GROUP

SAN FRANCISCO CONSULTING GROUP

FEBRUARY 1989

Jacques Rogozinski, operador oficial de las privatizaciones durante el gobierno de Carlos Salinas de Gortari, viajó por el mundo y analizó diversas reflexiones como ésta, antes de cumplir con su encomienda.

En la Residencia Slim

Grandioso y popular agasajo de los Kataebistas

Otro de los agasajos históricos de los que la Delegación y toda la Colonia guardará imborrable recuerdo fue la fiesta que se celebró en la hermosa residencia del prestigioso hombre de empresa don Julián Slim, tan apreciado en la colonia por su fervor patriótico, por su espíritu emprendedor, por su cordialidad, y por el entusiasmo con que a todo instante sabe hallarse presente y brindar su inapreciable colaboración y ayuda cuando se trata de cubrir nobles objetivos.

En realidad, don Julián Slim no quiso que fuese una fiesta privada, puesto que abrió las puertas de su mansión a toda la Colonia para que en un acto alejado de los formulismos y protocolos oficiales la Delegación de Al-Kataeb percibiese de cerca la adhesión, la simpatía y el cariño con que espontáneamente la Colonia acudía en su torno para expresar libremente la fé que pone en los destinos del Líbano y en la patriótica cruzada emprendida por las legiones juveniles de Al-Kataeb.

Aunque el mismo acostumbra a cuidar todos los detalles, don Julián Slim podía confiar en que su distinguida esposa, doña Linda Helu de Slim y sus dos encantadoras hijas Nour y Alma, educadas en las más selectas disciplinas sociales, harían honor a su proverbial prestigio de gran anfitrión. Así fue, en efecto. El servicio de aperitivo y de bufete no dejó nada que desear, y pudo calificarse como espléndido, suntuoso.

Vinos y licores de las mejores marcas, riquísimos platillos condimentados con arreglo al arte de las cocinas oriental, francesa y mexicana. Un ambiente acogedor, familiar, en el que todos se sentían holgadamente cómodos y a gusto o, como decía el propio don Julián Slim, "esta es la casa no de Julián Slim, sino de todos los libaneses y de todos los que son amigos del Líbano".

Así fue en realidad: nos encontramos como en nuestra propia casa, atendidos con un cariño, con una finura y con una hospitalidad tan sinceras, tan espontáneas y tan cordiales que podían reme-

En la grandiosa recepción en la residencia de don Julián Slim, nuestro fotógrafo captó este aspecto de un grupo de la selecta concurrencia. En el centro de la gráfica vemos al Lic. Jawad Boulus Macari teniendo a su derecha a don Chabalan Macári, la distinguida anfitriona doña Linda Helú de Slim y otras bellas y elegantes damas; y a la izquierda a don Julián Slim, a don Elías Rababi, etc.

1948

"EMIR"

Existen diversos artículos de revistas libanesas hechas en México, en los que se aprecia el apoyo del padre de Slim hacia Al Kataeb, una organización falangista de principios del siglo xx.

Las reseñas de la boda
entre Carlos Slim y Soumaya Domit,
se enfocaron en la figura de la recién
casada, quien pertenecía a una
de las familias de mayor
abolengo en Líbano.

En una de las fotos
se aprecia de espaldas al joven
sacerdote Marcial Maciel, quien
ofició el matrimonio.

En la gráfica aparecen la Sra. Elaina A. de Aboumrad, la Sra. Matuk, Sra. Carlota Sch. de Nader, Dr. Michel Nader, Srita. Matuk, Sra. Magali N. de Said, Sr. Hilario L. Sra. Magali N. de Said, Sr. Constantino Matuk y el Sr. Sra. Silvia M. de Chain, Sr. Constantino Matuk y el Sr. Guillermo Aboumrad.

Se destacó la presencia de la señora Magdalena S. de Slim, del Lic. Julián Slim, Sra. Pauline Abed de Raffoul y su esposa el Sr. Berty Raffoul, del Sr. Alfredo Harb y su señora madre doña Suad N. de Harb.

En la foto de en medio se aprecia a Julián Slim Helú con su esposa Magdalena Seade.

Las hermanas de Carlos Slim eran personajes habituales de las revistas socialité de la comunidad libanesa radicada en México.

Las lindísimas damitas de la colonia, formando para el fotógrafo de "Emir", un encantador grupo en la residencia Slim.

Las Damitas en la Residencia
S L I M

Todavía en el ambiente y el brillo del éxito singular que las damitas libanesas alcanzaron con su fiesta de "El Patio", empresa que había requerido dotes de organización y mucho tiempo empleando en los preparativos, cuando ya el Club Femenino Libanés, infatigable en su acción de caridad, preparó su reunión en la residencia de don Julián Slim.

La invitación para esta reunión periódica partió de las gentiles señoritas Nour y Alma Slim, entusiastas elementos del Club, que participan activamente en sus labores.

"EMIR"

El amplio "hall" de la residencia Slim ofreció un marco magnífico para la reunión de las damitas libanesas. Pero toda la amplitud del escenario fue necesaria para acoger al nutridísimo grupo de encantadoras muchachas que se reunió allí, para seguir poniendo granitos de arena en la obra de auxiliar a los desvalidos.

La residencia Slim es la casa de la Colonia, como en ocasión memorable declarase su jefe, don Julián Slim. Todas las invitadas de Nour y Alma se sienten allí como en propia casa.

PAGINA 29

Al C Presidente del H Ayuntamiento.
Presente

Carlos Slim, mayor de edad, casado yegún la relig-
gion Apostolica Romana, propietario de nacionalidad Libanesa
con domicilio en la Calle de Pomona 1050,ante Usted con todo
respeto me permito ocurrir en acatamiento de lo que dispone
el articulo 12 de la Ley de Extrangeria y Naturalizacion,-
para manifestar el designio que tengo de ser ciudadano Mex-
xicano, y de renunciar a mi nacionalidad , asi como a toda
sumision, obediencia y fidelidad a todo Gobierno extranjero
y especialmente al Libanes de quien soy subdito; a toda pro-
teccion extraña a las Leyes y autoridades de Mexico y a todo
derecho que los tratados o la Ley Internacacnal conceden a
los extranjeros , suplicando a Usted se sirva de conformidad
con lo dispuesto por el citado Ordenamiento , extenderme --
copia certificada de la presente declaracion , y, cumplimen-
tando lo prevenido por la Secretaria de Gobernacion en circular de 29 de junio de 1923, dar el aviso respectivo a la
Secretaria de Relaciones Exteriores.

Protesto lo necesario.

Mexico 15 de Abril de 1924

Documentos sobre
los antepasados de Slim.
El primero, la nacionalización
de Carlos Slim Haddad
(tío por el cual el empresario
lleva su nombre); mientras
que el segundo es una crónica
de la fastuosa boda de quienes
serían los suegros del mexicano
más rico del mundo.

Majestuosa Boda

En Beirut unieron sus destinos
Lily Gemayel y Antonio Domit

El enlace de la bella damita libanesa y del gran indus-
trial de México, constituyó un acontecimiento
social sin precedente

Hace ya un año, en el mes de abril de 1946, el gran Industrial y distinguido compatriota don Antonio Domit, una de las personas más estimadas de nuestra colonia, emprendió un viaje de recreo y de visita a la Madre Patria.

Le precedía en su viaje un prestigio de laboriosidad, de honestidad intachable, de entereza y arrojo para las empresas industriales, y, sobre todo de acendrado patriotismo, que sin menoscabo del amor que siente por México, su patria de adopción, había culminado en obras de solidaridad y de apoyo hacia la tierra natal.

Al llegar al Líbano fué recibido con muestras de admiración y cariño en una manifestación en la que estuvieron representadas las autoridades civiles y eclesiásticas y un gran núcleo de su terruño natal, Bechale, de donde es oriundo.

El señor Domit hizo un amplio recorrido por diversas regiones del país en las que dejó gratísima impresión y recuerdos por la generosidad y gentileza de sus acciones, y por la sencillez atractiva de su trato. A su población natal, Bechale, la dotó de una instalación moderna de luz y fuerza eléctrica, así como de una escuela y otra infinidad de obras benéficas. Esta visita que el señor Domit ha hecho al Líbano, mereció el bien de su patria de origen y de su patria de adopción, pues al como radicante en México el señor Domit supo aquí poner muy alto el nombre del Líbano, como hijo adoptivo y Mexicano de corazón supo también en Líbano muy alto el nombre de México, podemos afirmar desde estas columnas que actuó como factor decisivo en la creación de nexos diplomáticos entre ambos países y uno de los que con más entusiasmo labora porque

México y Líbano se vinculen con lazos de amistad fraterna.

Don Antonio Domit acaba de contraer matrimonio en Beirut con la descendiente de una de las más distinguidas familias libanesas: la noble familia de Gemayel de Biklaya, cuya ejecutoria consiste en haber tomado parte de-

La bellísima y distinguida Lily Gemayel, hija de una de las más nobles familias del Líbano, luciendo el primoroso traje de novia que realza su gentileza, en el día de su boda con el destacado Industrial libanés de México, don Antonio Domit.

341

RESPUESTA DEL LICENCIADO
VASCONCELOS.

BIBLIOTECA NACIONAL
DIRECCION

México, D.F., a 19 de mayo de 1943.
Señor Aziz Hatem,
Honduras 19-B.
CIUDAD.

Muy estimado señor:

Rogándole me excuse la demora debida a exceso de trabajo, doy respuesta a su carta del 4 de mayo, usando para ello de la franqueza que el caso requiere.

No puedo ni debo retractarme de la afirmación que hice de ser raza superior y más deseable, como emigrante la española.

Esto no impide que se pueda tener estimación y cariño por personas o emigrantes de otras razas. Así por ejemplo como usted me indica, tengo amigos que estimo y respeto en la colonia Sirio-libanesa; pero eso no quita que hasta la fecha la raza sirio-libanesa pueda demostrar un poder de creación cultural un desarrollo espiritual comparable al español. De mi propia gente mexicana, sería absurdo decir que su nivel histórico y sus cualidades podrían compararse a la española.

En consecuencia creo que andar buscando resentimiento a propósito de hechos evidentes, en nada contribuye a la cordialidad de las distintas razas que deben convivir pacíficamente en las democracias.

Soy de Usted muy atento, afectísimo y seguro servidor.

José Vasconcelos.

Aspectos

LA EMIGRACION LIBANESA EN MEXICO

Ayer y hoy.—Palabras en la arena
Por Neil J. Chemaly

La fusión de los emigrados con el cuerpo social del país en donde han decidido radicar, se encierran problemas de índole antropológico-social, en que los hábitos y costumbres constituyen el interés más considerable. Si nos referimos a los últimos métodos de investigación antropológica, es indudable la importancia de considerar los actos, las ceremonias y las costumbres de cada pueblo, bajo

16 E M I R.

la influencia de los hábitos hondamente arraigados; costumbres e inclinaciones que determinaron, en el curso de la historia, su evolución social a su impulso civilizador. Juzgar las costumbres de un pueblo extraño utilizando, como punto de referencia y mira, los valores del nuestro, no puede llevarnos a conclusiones razonables. El paralelo es improcedente, como lo en suma peras con manzanas o calcular el sentimiento por la regla de tres.

Hace pocos años, el Lic. Vasconcelos, por motivos que ignoro, pero que no vienen al caso, declaró que el sirio-libanés (sic) degenera la raza mexicana. Si se refería a un problema de eugenesia, lógico era que apoyase su afirmación en datos específicos y convincentes, tanto por honor de la verdad como por corresponder a la posición y prestigio de que disfruta en las letras españolas. Afortunadamente, es raro toparse con declaraciones tan peregrinas. La intelectualidad mexicana se ha curado de incurrir en tan imprudente desliz. Eminentes pensadores, por contraste, han dedicado a los libaneses palabras de aliento y de encomio.

El político e intelectual mexicano, José Vasconcelos, escribió un artículo racista en contra de los emigrantes libaneses en México, lo cual provocó una enardecida respuesta por parte de la comunidad de la época.

INAUGURACION DEL CENTRO SOCIAL LIBANES

Página 7

342

Brillante y Elegante Enlace

Los dos elegantes novios: Antonieta Beue y Miguelito Nassar, en una pose amorosa.

PAGINA 16

"EMIR"

Pierre Gemayel, tío de la esposa
de Slim, era uno de los hombres
más importantes de Líbano
a principios del siglo XX.
Hasta el día de hoy, su familia
tiene una influencia muy grande
en la complicada vida política
del país de Medio Oriente.

Pierre Gemayel

Durante la visita que Pierre Gemayel hizo a Estados Unidos y a México, tuvo la oportunidad de mejor comprender a los libaneses de este hemisferio y el intenso cariño que profesan a su madre patria. A su turno los emigrantes recibieron la impresión de la recia personalidad del jefe superior de Al-Katach y de su intachable patriotismo. Gemayel: "Hemos querido al Líbano libre e independiente, desligado de toda servidumbre de donde quiera que venga. Por esto combatimos al imperialismo occidental Por esta misma razón lucharemos contra cualquier ingerencia que venga del Oriente".

343

- 3 -

GLOMERADO SOCIAL QUE LO FAVORECE EN LOS ACTOS DE COMERCIO QUE - CELEBRA INCESANTEMENTE.

EL COMERCIO LIBANES HA IMPLANTADO EN LA REPÚBLICA UN SISTE MA PROVECHOSO; SUS ACTIVIDADES Y SU FINALIDAD DESCANSAN EN UNA PEQUEÑA GANANCIA EN LAS VENTAS, PROPORCIONA AL CONSUMIDOR, CON EL QUE TRATA DIRECTAMENTE ARTICULOS FINOS Y BARATOS, LES DA FACI LIDADES EN EL PAGO, AJUSTA SUS ACTOS A LA MAS EXTRICTA MORALIDAD Y HONRADEZ, NO ADULTERA SUS ARTICULOS NI LOS RECARGA CON PRECIOS EXGERADOS Y POR LO MISMO CONSTITUYE UNA BARRERA DE ACERO CONTRA EL CAPITAL EGOISTA QUE EXPLOTA AL PUEBLO. EN ALGUNOS LUGARES - DE LA REPUBLICA, EL CAPITAL LIBANES ES EL MAS FUERTE Y SU COMER CIO EL MAS DESARROLLADO, Y EN ALGUNOS CENTROS ES EL UNICO FAC-- TOR DEL RENACIMIENTO Y RESURRECCION MERCANTIL ESPECIALMENTE EN LUGARES MAL SANOS, PELIGROSOS Y MUY RETIRADOS DE LOS CENTROS - POBLADOS, COMO EN QUINTANA ROO Y EN PARTE DEL ESTADO DE YUCATAN; ACONTECE LO PROPIO EN EL ITSMO DE TEHUANTEPEC, EN GRAN PARTE DEL ESTADO DE VERACRUZ, EN EL ESTADO DE MORELOS Y EN OTROS SITIOS - QUE SERIA PROLIGO ENUMERAR. EN ESOS CENTROS EL LIBANES POR SU AMOR AL TRABAJO, POR SU ACTIVIDAD Y POR SU ENERGIA HA PODIDO ES TABLECER SU COMERCIO LLEVANDO SUS METODOS COMERCIALES QUE DES-- CANSAN EN ESTE AFORISMO QUE ES REGLA INVARIABLE DE CONDUCTA: -- VENDER MUCHO A BASE DE HONRADEZ Y DE LEGALIDAD, CON MUY CORTA - UTILIDAD FACILITANDO LOS MEDIOS DE PAGO PARA ACREDITAR Y ESTA-- BLECER CON FIRMEZA EL COMERCIO LIBANES.

COMPRENDEMOS QUE NUESTRO COMERCIO NO PUEDE SER SIMPATICO - PARA OTROS COMERCIOS EN GRANDE, COMO EL NUESTRO, Y NO PUEDE SER LO PORQUE, DESDE EL MOMENTO QUE PARA NOSOTROS ES REGLA INVARIA- BLE VENDER BARATO Y CON POCA UTILIDAD, DANDO FACILIDADES PARA - EL PAGO Y PROCEDIENDO CON ABSOLUTA PROVIDAD, NO ES POSIBLE QUE AQUEL OTRO COMERCIO QUE PRETENDE LOGRAR PINGUES UTILIDADES ACEP TE UN COMPETIDOR QUE LO OBLIGA NECESARIAMENTE A REDUCIR SUS --- GRANDES APROVECHAMIENTOS Y UTILIDADES EXAGERADAS. POR ESTO SE- ÑOR MINISTRO PUDIERA LLEGAR A LA CONSIDERACION DE USTED LA IN-- FLUENCIA INTERESADA DE AQUELLOS COMERCIANTES QUE NO PUDIENDO -- ACEPTAR MODICOS PROVECHOS LEVANTE EN CONTRA NUESTRA LA ATMOSFE RA PERJUDICIAL, QUE NECESARIAMENTE TIENE QUE INFLUIR EN UN CON- CEPTO DESFAVORABLE PARA NOSOTROS, AFORTUNADAMENTE FACIL DE DES- TRUIR POR MEDIO DE LAS PRUEBAS QUE ABUNDANTEMENTE PONDREMOS AN TE LA EQUITATIVA CONSIDERACION DE USTED PARA MODIFICAR EN LO -- QUE A NOSOTROS SE REFIERE EL ACUERDO MINISTERIAL DE QUE NOS OCU PAMOS.

EN EL CONSIDERANDO CUARTO, SE ACE   : "QUE LA SELECCION - BASADA EN LAS PROFESIONES DE ESTOS IN"   :ЕL NO PRODUCIRIA RE

El padre de Slim defendió la emigración libanesa en México y en este discurso también explicó su manera de hacer negocios.

VELADA FUNEBRE

Foto del extinto Sr. Slim

Como uno de los postreros homenajes al desaparecido millonario, señor Julián Slim, que falleció el primero de marzo anterior en esta capital, donde vivió por largos años, una numerosa comisión de conterráneos nuestros, entre los que se cuentan a los más prominentes de los que fueron sus amigos, acordó celebrar una velada fúnebre para honrar dignamente su memoria, velada que se llevó a cabo el 31 de junio, a las nueve y media de la noche, en el Palacio de las Bellas Artes.

A la hora indicada una nutrida concurrencia llenó de bote en bote el recinto que fué convenientemente investido de la adustez y severidad requeridas para ocasión tan solemne; notamos entre los asistentes a esta velada a muchos compatriotas nuestros, a no pocos mexicanos así como a algunas personas de otras nacionalidades, que durante la vida del señor Slim cultivaron su amistad, ya dentro del terreno comercial o bien, sobre las bases de una mutua comprensión y sin mediar intereses y transacciones de ninguna especie.

Presidió esta velada el señor licenciado Joseph Nállab, en representación de su Excelencia, el señor Ministro Khalil Takieddine y nuestro colega, el señor Juan Aun, propietario del periódico AL-Kustás, y el señor Assad Bujalil, y desempeñó el papel de Maestro de Ceremonias de este acontecimiento social, el culto orador, licenciado Halim Yunes, quien, después de hacer un brillante panegírico del señor Julián Slim, presentó al Director del conjunto musical conocido con el nombre de "Los Madrigalistas", señor Prof. Luis Sandi, a cuyo cargo estuvo la parte musical de este acto.

El señor Sandi en compañía de los veinte músicos que integran su Orquesta tocó en seguida una pieza conocida que conmovió hondamente a los concurrentes.

Tocó en turno luego al Shiek Nacif Fadl, culto orador, de quien en breve palabra hizo una merecida presentación, el señor licenciado Yúnes. El Shiek se expresó en la lengua de sus mayores y predijo una corta estadía en la que habla de la irreparable pérdida del señor Slim, a de la que siguiente.

nifica su desaparición para nuestra colonia, el mundo de las finanzas, organismos que tuvieron en él un apoyo, un guía, un faro a veces, pero muchas veces, un descanso de que pudieron recuperarse del diario e incesante taller y de los cotidianos trajines.

La lucubración del Sheik Nacif Fadl la general aprobación de nuestros paisanos; discreta cortesía le manifestaron posterior gratitud porque supo interpretar con verdad, no los sentimientos de todos y cada uno, baneses que residen entre nosotros, es decir de la República Mexicana.

Seguidamente "Los Madrigalistas" tocaron "Aleluya" con la maestría que les es peculiar, terminar ocupó la tribuna el inspirado poeta lano orador, señor Nazri Ganem, quién nos recitó una sentida elegía en bien cortados versos que vivió al público; el poeta Ganem, en el más puro idioma español y con el dominio que tiene sobre la métrica y los conocimientos que posee, llevó a cabo del desaparecido uno de los tributos que más pudieron haberle solazado en su mansión de eterna verdad, estuvo digna su ofrenda lírica de la memoria del desaparecido.

Transcurridos unos momentos la Orquesta interpretó la pieza "Velada trágica" y poco después la composición que lleva el nombre de "Tan dulce todo". Ambos trozos musicales merecieron la aprobación del público.

Y para cerrar con broche de oro este luctuoso homenaje al señor Slim, el licenciado Yúnes presentó al señor licenciado Roberto Cosío, de quien el desaparecido señor Slim fué entrañable amigo durante varios años; el señor licenciado Cosío es una prominente figura del foro mexicano y un intelecto exquisito, cuyas producciones son verdaderos ejemplos del arte del bien hablar; al abordar la tribuna, rigurosamente ataviado de negro, pálido y un tanto conmovido, empezó diciendo con un tono de voz en que había algo que salía del corazón, las siguientes palabras:

"No vengo a dar mis condolencias a la viuda, señora Linda Heli, ni a sus hijas ni a sus hijos y demás familiares; tampoco vengo a darle mis condolencias a los libaneses porque yo me siento uno de ellos, y también necesito quien me dé sus condolencias por esta irreparable pérdida que nos llena de dolor a todos; vengo, pues, con mi tributo de lágrimas, a rendirle un merecido homenaje al hombre, al amigo y al libanés que acaba de partir hacia las mutuas playas de la eternidad.

Ese don Julián Slim el vivo ejemplar del inmigrante que tanto necesita esta América nuestra; amaba al Líbano y a la tierra en la que pasó la mayor parte de su vida, y a esta última tanto la amaba, que lo ha pedido como postrer y perenne favor que sus huesos, el tibio refugio del valle mexicano; y aquí, en esta tierra nuestra que yo es suya por un amor, reposará para siempre; pero también en nuestros corazones y para siempre también, estará vivo su recuerdo, porque su recuerdo irá con nosotros en el sendero que recorremos, ayudándonos en nuestro desfallecimiento, alentándonos en nues-

tras flaquezas, robusteciéndonos en nuestros grandes aniquilamientos, y siempre sirviéndonos de ejemplo.

Porque don Julián Slim era como son todos los libaneses de su nativo solar, y jamás se apagaron: trata en la altura de sus sueños todos ante sus ojos las luminosas PERSPECTIVAS de su Monte Libano, y como los libaneses todos, fué siempre un fiel amigo de los mexicanos, de nobles sentimientos y de una energía creadora sólo comparable con su incansable resistencia en el trabajo.

Pero ahora; ahora ha bajado a la tumba y nos ha dejado un puñado de sombras en los ojos y en el corazón; pongamos nuestras lágrimas más sinceras en el altar del recuerdo, y busquemos todos, porque todos somos los afligidos; irremediablemente por esta pérdida, busquemos todos, dije, un poco de resignación pensando en que él esta con nosotros y nos ayuda a cargar la cruz que llevamos a cuestas.

Con ese pensamiento, en esa creencia, digámosle hasta luego y pidámos a Dios el camino de luz para sus pasos. ¡Así sea!"

Las palabras del señor licenciado Cosío hicieron verter lágrimas a no pocas personas, principalmente del elemento femenino, y cuando desalojó la tribuna, la Orquesta tocó una pieza de nombre "Gloria", que fué la última de esta noche.

Con esta postrera ejecución de "Los Madrigalistas" y después de haber pedido todos los concurrentes al Altísimo eterno descanso para el alma de don Julián Slim, terminó esta velada luctuosa, cuando ya los astros de la noche estaban a más de la mitad de su carrera.

★

Notas sobre el funeral de Julián Slim Haddad, celebrado en el Palacio de Bellas Artes.

345

Bibliografía

Nota bibliográfica: Aunque la mayoría de las fuentes de esta investigación son abiertas, hay algunas que optaron por el anonimato. Tanto las entrevistas registradas en mis libretas de apuntes como todo el voluminoso archivo de trabajo de este libro serán entregados para consulta futura al Centro de Documentación y Archivo Histórico de la Universidad Autónoma de Nuevo León, mi alma máter.

ARCHIVOS

Absolución de Mario Hassad Slim del cargo de daño en propiedad ajena, 31 de enero de 1944; Sexta Corte Penal de México, D. F.; Partida 629/42; Alcaldía 3274/42.

Acuerdo de adhesión al acuerdo preliminar del 20 de noviembre de 2009, celebrado por el Archivo General de la Nación (AGN) y el Instituto Tecnológico de Teléfonos de México, en representación del consorcio conformado por El Colegio de México, el Centro de Investigación y Docencia Económicas, el Fondo de Cultura Económica y la Fundación Carlos Slim, México, D. F., 13 de octubre de 2010.

Adopción de Pedro Alberto y Munir Slim; Forma CG-13; Serie 16138-C; 439; Dirección del Registro Civil, México, D. F.

Apelación del abogado Felix Palavicini, en representación de la Compañía Civil de Inversiones Urbanas, S. A., a los magistrados de la Segunda Sala del Tribunal Superior de Justicia del Distrito Federal con motivo de la demanda efectuada por José Slim en 1930.

Apelación de José Slim a los magistrados de la Segunda Sala del Tribunal Superior de Justicia del Distrito Federal con motivo de la demanda efectuada en contra de la Compañía Civil de Inversiones Urbanas, S. A., en 1930.

Atterbury, John/Southwestern Bell International Holdings Corporation. John Atterbury a Juan Antonio Pérez Simón, 4 de junio de 1992.

Apelación de Arnulfo G. al Jefe del Departamento de Obras Públicas, 3 de septiembre de 1918; Agencia 449.

Aviso del Juzgado Cuarto de Paz a Jorge Martínez respecto a la demanda formulada en su contra por Julián Slim; Juzgado Cuarto de Paz; Exp. 1062; Cita Núm. 556.

Boleta de detención de Felipe Slim Said, 24 de septiembre de 1936; Tercera Corte Penal; Alcaldía 465/31.

Boleta de detención de Mario Haddad Slim y Elías Martínez Ramírez, 22 de abril de 1942; Procuraduría General de Justicia del Distrito y Territorios Federales; Departamento de Investigaciones; Oficio 373; Exp. 25727/42.

Boleta de detención de Nadin Slim Mushim, 14 de agosto de 1947; Sexta Corte Penal; Juzgado Decimoctavo; Partida 1296; Alcaldía 9030/47.

Boleta de detención de Nadin Slim Mushim, 23 de diciembre de 1947; Sexta Corte Penal; Juzgado Decimoctavo; Alcaldía 9030/47.

Carta a Epigmenio Ibarra y E. C. Cuilty, 22 de noviembre de 1927; Fondo Presidente Plutarco Elías Calles; Exp. 805-S-137; Folio 7052.

Carta de Cecilio Flores al General Venustiano Carranza, 14 deabril de 1916.

Carta de Enrique Quintana a Juan Antonio Pérez Simón, México, D. F., 27 de junio de 1995.

Carta de José López Portillo a Juan Antonio Pérez Simón, 30 de marzo de 1993.

Carta de José López Portillo a Juan Antonio Pérez Simón, 6 de septiembre de 1998.

Carta de Linda H. de Slim al Juez Quinto de lo Civil, 14 de agosto de 1937.

Certificación expedida por Rafael Cario, Notario núm. 37, sobre la constitución del Club Sirio Libanés, Sociedad Cooperativa Limitada, 31 de mayo de 1920; Ayuntamiento Constitucional de México; Sección de Licencias; año 1920.

Certificación del Lic. Arcadio García respecto al contenido del Registro de Reos Núm. 9, año 1929, en el que aparece registrada la Partida Núm. 6884/29, de Felipe Slim Said; Poder Ejecutivo Federal de México; Cárcel General del D. F.; Oficio 465/31.

Certificación del Lic. Eduardo G. Batiz, Secretario de la Penitenciaria del D. F., respecto al contenido de los libros de la Cárcel Preventiva, en los que aparecen las partidas del Felipe Slim Said; Poder Ejecutivo Federal; Penitenciaria del D. F.; Secretarías 3ª y 4ª; Exps. 6884/29 y 465/21.

Certificación del Lic. Raúl Raigadas, Secretario de la Penitenciaria del Distrito Federal, de la buena conducta del reo Felipe Slim Said; Poder Ejecutivo Federal; Penitenciaria del D. F.; Sección 1ª; Mesa de Correspondencia; Oficio 737; Exp. 465/31 Sent.

Certificado de recepción de la petición hecha por Carlos Slim al Presidente del H. Ayuntamiento el 15 de abril de 1924, expedido a José López Cortez.

Circular del Juez Segundo Supernumerario de Distrito del Distrito Federal al Presidente Municipal, 28 de octubre de1924.

Comunicado del Encargado de la Secretaría General al Tesorero Municipal respecto a las cuotas a cobrar al Casino Libanés, 15 de julio de 1920; Ayuntamiento Constitucional de México; Departamento de Hacienda; año 1920; Exp. 362.

Comunicado del Encargado de la Secretaría General a Mauricio Zajía respecto a las cuotas a pagar por el Casino Libanés, 15 de julio de1920; Ayuntamiento Constitucional de México; Departamento de Hacienda; año 1920; Exp. 362.

Comunicado del Oficial Mayor al Gobernador del Estado de Michoacán respecto a la venta de armas a los rebeldes por parte de Salim Yoseff y Julián Garge, 7 de junio de 1927; Secretaría de Gobernación; año 1927; Exp. 001747.

Confirmación de Jorge Salim Alle respecto a su invitación a la comida de Porfirio Muñoz Ledo en el Club de los Banqueros, 21 de julio de 1998.

Constancia de que la Secretaría 3ª queda enterada del permiso concedido a José S. Helú para el establecimiento del Círculo Libanés en el Núm. 57 de la Avenida 16 de Septiembre, 21 de noviembre de 1913; Secretaría del Gobierno del Distrito Federal; Sección 3ª; Exp. 5172.

Contrato de arrendamiento de Alfredo Lamadrid por el edificio Núm. 14 de la avenida República de Nicaragua, ciudad de México.

Contrato de arrendamiento entre la Compañía Industrial Manufacturera, S. A., y Linda H. de Slim como arrendataria.

Documento I, enviado al Presidente Miguel de la Madrid, en el que se informa sobre la reunión celebrada entre Emilio Azcárraga, Alejandro Sada, Othon Vélez, Valentín Molina, Carlos Laviada, Antonio del Valle, Adolfo del Valle, Carlos Slim, Juan Mata, Carlos González Zabalegui, Guillermo González Nava, Antonio Madero, Carlos Autrey, Abel Vázquez Raña, José Luis Ballesteros, Juan Diego Gutiérrez Cortina, José Serrano, Juan Gallardo, Jaime Alverde, Roberto Servitje y Antonio Cosio en Las Campanas.

Documento II, a presentar ante Jesús Silva Herzog, en el que se reportan las intenciones de un grupo de empresarios de formar la empresa Libre Empresa, S. A. de C.V.

Donativos recibidos para auxiliar a los damnificados de Acambaro, Gto., del 10 de noviembre al 23 del mismo mes, 23 de noviembre de 1927.

349

Ficha migratoria de Elías Slim; Servicio Migratorio; Registro de Extranjeros; Núm. 13458.

Ficha migratoria de Julián Slim; Servicio Migratorio; Registro de Extranjeros; Núm. 18668.

Ficha migratoria de Kathan Slim Said; Servicio Migratorio; Registro de Extranjeros; Núm. 71494

Ficha migratoria de Zehdé Helú, viuda de Slim; Servicio Migratorio; Registro de Extranjeros.

Informe al Oficial Mayor sobre la existencia de antecedentes del Círculo Otomano y el Casino Turco en los archivos de la Sección 3ª, 15 de noviembre de 1913; Secretaría del Gobierno del Distrito Federal; Sección 3ª.

Informe de Armando M. al Gobernador del Distrito Federal respecto al escrito recibido el 16 de octubre de 1913, en el que José S. Helú pide permiso para el establecimiento del Círculo Libanés en el Núm. 57 de la Av. 16 de Septiembre y para la práctica de juegos permitidos en éste, 21 de octubre de 1913; Secretaría del Gobierno del Distrito Federal; Sección 3ª; Oficio 5001.

Informe del Inspector Administrativo al Secretario del H. Ayuntamiento respecto al recogimiento de la licencia del Casino Sirio Libanés, 26 de mayo de 1920.

Informe del Inspector de Reglamentos respecto a la solicitud hecha por Mauricio Zajía para el establecimiento del Club Sirio Libanés, 25 de marzo de 1920; Ayuntamiento Constitucional de México; Sección de Licencias; año 1920; Exp. 1348.

Informe del Lic. Alfredo Escalante al Director de la Penitenciaria del Distrito Federal, 11 de noviembre de 1937; Juzgado 3º Mixto de Paz; Oficio 143/37; Exp. 143/37.

Informe del Lic. Eduardo Gregor y Romero, juez 15º de la 6ª Corte Penal, al Director de la Penitenciaria del Distrito Federal, 14 de agosto de 1947; Sexta Corte Penal de México, D. F.; Oficio 1296/47.

Informe del Lic. Francisco A. Amezcua al Director de la Penitenciaria del D. F., 8 de noviembre de 1937; Procuraduría General de Justicia del Distrito y Territorios Federales; Departamento de Investigaciones; Delegación 5ª; Turno 1º; Acta 1505/37; Oficio 669.

Informe del Lic. José L. Cossío, Juez 4º Supernumerario en función del Juez 7º de la 3ª Corte Penal, al Director de la Penitenciaria del D. F., 6 de diciembre de 1932; Tercera Corte Penal de México, D. F.; Oficio 949.

Informe del Lic. José Farah al Juez 17º de la 6ª Corte Penal, 19 de mayo de 1942; Secretaría Penitenciaria del Distrito Federal.

Informe del Lic. Rodolfo R. Flores al Juez 5° Mixto de Paz, 15 de noviembre de 1937; Gf. 10385.

Informe de Mauricio Zajía respecto a la devolución de la licencia del Casino Sirio Libanés, 1° de junio de 1920.

Informe de Mathilde Rodríguez Cabo al Director de la Penitenciaría del D. F., 11 de septiembre de 1936; Poder Ejecutivo Federal; Departamento de Prevención Social; Sección 1a.; Mesa de Correspondencia; Oficio 8689.

Informe del Secretario General a Mauricio Zajía respecto a las condiciones del local ubicado en la Av. Francisco I. Madero Núm. 32, donde planea ubicar el Casino Libanés, 20 de marzo de 1920; Ayuntamiento Constitucional de México; Sección de Ingeniería Sanitaria; Mesa 8ª; Exp. 5835.

Informe del Secretario General al Tesorero Municipal respecto a la solicitud hecha por Mauricio Zajía para el establecimiento del restaurante Centro Sirio Libanés, 23 de marzo de 1920; Ayuntamiento Constitucional de México; Sección de Licencias; año 1920; Exp. 2608.

Instituto Federal de Acceso a la Información Pública; Folio 00001700084308; Exp. 2669/08.

Inversora Bursatil, S. A. de C.V., Casa de Bolsa, Grupo Financiero Inbursa. Consejo de Administración, 22 de enero de 2007, 15:40 horas. [Firmas: Marco Antonio Slim Domit, Héctor Slim Seade, Eduardo Valdés Arca, Javier Cervantes Sánchez N., Javier Foncerrada Izquierdo, Carlos Hajj Aboumrad, José Juri Harfush, Antonio Cosío Pando, Juan Antonio Pérez Simón, Fernando G. Chico Pardo, Víctor Alberto Tiburcio Celorio, Esteban Ailloud Peón del Valle, Raúl Zepeda Ruíz y Pablo Sáenz Padilla].

Lista de socios del Círculo Libanés, S. A.

Manifestación de Jorge Slim en la que hace constar su nacionalidad, empleo y domicilio, 29 de octubre de 1924.

Manifestación de nacionalidad, estado civil, domicilio y empleo efectuada por Jorge Slim.

Mejora del recurso de apelación elaborada por Felix Palavicini, en representación de la Compañía Civil de Inversiones Urbanas, S. A., al presidente del Tribunal Superior de Justicia del Distrito Federal con motivo de la demanda efectuada por José Slim en 1930.

Memorándum referente a los informes pedidos al Comisario de la 4ª Demarcación y el Consejo Superior de Salubridad relativos a las condiciones del local Círculo Libanés, S. A., 29 de octubre de 1913.

Petición de Bachur J. Essey y Afifé J. de Essey al Presidente del H. Ayuntamiento para adquirir nacionalidad mexicana y en la que expresa su deseo de renunciar a su nacionalidad libanesa, 15 de abril de 1924; Ayuntamiento Constitucional de México; año de 1924, Núm. 37.

Petición de Carlos Slim Haddad al Presidente del H. Ayuntamiento para adquirir nacionalidad mexicana, 15 de abril de 1924.

Petición de José S. Helú al Gobernador del Distrito Federal para la inclusión del Bacarat entre los juegos permitidos a llevar a cabo en el Círculo Libanés, 5 de noviembre de 1913.

Petición de José S. Helú, Presidente del Consejo de Administración del Círculo Libanés, S. A., al Gobernador del Distrito Federal para el establecimiento del Círculo Libanés en el Núm. 57 de la Av. 16 de Septiembre y para la práctica de juegos permitidos en éste, 16 de octubre de 1913; Secretaría del Gobierno del Distrito Federal; año fiscal 1913-1914; Sección 3ª; Exp. 196.

Petición de Mauricio Zajía, gerente del Casino Libanés, a la Comisión de Hacienda para la disminución de la cuota asignada a su establecimiento, 5 de julio de 1920; Ayuntamiento Constitucional de México; Departamento de Hacienda; año 1920; Exp. 362.

Petición de Mauricio Zajía para el establecimiento del Casino Libanés, 9 de marzo de 1920; Ayuntamiento Constitucional de México; Sección de Licencias; año 1920; Exp. 1348.

Petición de Nagib Bistani al Presidente del H. Ayuntamiento para adquirir nacionalidad mexicana y en la que expresa su deseo de renunciar a su nacionalidad libanesa, 30 de abril de 1924; Ayuntamiento Constitucional de México; año de 1924, Núm. 39.

Petición de Rafael García León, juez 17° de la 6ª Corte Penal, al Director de la Cárcel General, 25 de abril de 1942; Sexta Corte Penal de México, D. F.; Juez 17°; Oficio 524; Secretaría 3ª; Partida 629/42.

Petición de Reduan Joseph Helú al Presidente del H. Ayuntamiento para adquirir nacionalidad mexicana y en la que expresa su deseo de renunciar a su nacionalidad libanesa 30 de abril de 1924; Ayuntamiento Constitucional de México; año de 1924, Núm. 38.

Petición hecha por Carlos Slim Hassad de una copia de su escrito para nacionalizarse mexicano; Ayuntamiento Constitucional de México; año de 1924; Exp. 36.

Primeras líneas de reflexión y propuesta sobre el plan estratégico para la recuperación y desarrollo integral del centro histórico de la ciudad de México.

Registro Nacional de Extranjeros: Sirios y Libaneses, 1942-1947; Archivo General de la Nación; Departamento de Migración.

Reglamento de Casinos, Artículos 7° y 8°.

Respuesta a la petición de Elías Slim y José Ayub al Gobernador del Distrito Federal para la recaudación de impuestos de vendedores ambulantes, 24 de marzo de 1908; Núm. 4408.

Respuesta de la Comisión de Hacienda a la petición de Mauricio Zajía, gerente del Casino Libanés, para la disminución de la cuota impuesta por juegos permitidos, 13 de julio de 1920; Ayuntamiento Constitucional de México; Departamento de Hacienda; año 1920; Exp. 362.

Respuesta del Secretario General a Armando M. con motivo de su informe de la petición hecha por José S. Helú para el establecimiento del Círculo Libanés en el Núm. 57 de la Av. 16 de Septiembre y para la práctica de juegos permitidos en éste, 27 de octubre de 1913; Secretaría del Gobierno del Distrito Federal; Sección 3ª; Exp. 29/913.

Respuesta del Secretario del H. Ayuntamiento a Mauricio Zajía respecto a su solicitud para que se permitan los juegos de póker abierto y cerrado, Tric-Trac y Bezique en el Centro Sirio Libanés, 25 de mayo de 1920.

Señalamiento de Agustín Arroyo al Director de la Penitenciaria del D. F. para la extinción de la sanción impuesta al reo Felipe Slim Said, 29 de julio de 1936; Poder Ejecutivo Federal; Departamento de Prevención Social; Secretaría 1ª; Mesa de Correspondencias; Exps. 23/423 y 42/383.

Slim Julián *vs.* Dedran Hermanos; Tribunal Superior de Justicia del Distrito Federal, Cuarta Sala; Registro Núm. AH7.

Slim Julián *vs.* Eduardo Limon; Ayuntamiento Constitucional de México, 1926; Núm. 73.

Solicitud del Arquitecto Eduardo Macedo y Arebú al Director de Obras Públicas para adquirir una licencia de 100 días de trabajo sobre los almacenes del Palacio de Hierro, 15 de abril de 1921.

Solicitud del Arquitecto Federico E. Mariscal al Director de Obras Públicas para licencia de obra exterior por seis días.

Solicitud de Elías Slim y José Ayub al Gobernador del Distrito Federal para la recaudación de impuestos de vendedores ambulantes, 14 de marzo de 1908.

Solicitud del Ingeniero Civil N. L. Stampa para ampliar la licencia exterior Núm. 1425 por 60 días de trabajo sobre la casa Núm. 45 de la 3ª calle del Correo Mayor, 11 de marzo de 1921.

Solicitud del Ingeniero Civil N. L. Stampa para adquirir una licencia exterior por 60 días de trabajo sobre la casa Núm. 45 de la 3ª calle del Correo Mayor, 14 de abril de 1921.

Solicitud de Mauricio Zajía al Presidente del H. Ayuntamiento de la capital para que se permitan los juegos de póker abierto y cerrado, Tric-Trac y Bezique en el Centro Sirio Libanés, 5 de abril de 1920; Secretaría del Gobierno del Distrito Federal; Sección 3ª; Exp. 1195.

Solicitud de Michael Daoud Khoury Haddad al Secretario de Gobernación para contraer matrimonio con Linda Slim Helú, 10 de marzo de 1962; Archivo General de la Nación; Grupo ips; Vol. 2863-A; Exp. 1/662.

Testimonio de la escritura Núm. 2664, otorgada el 19 de agosto de 1927, que contiene: préstamo de $40,000.00, de los menores Munir y Pedro Alberto Slim a Elizabeth Haskell [27 de septiembre de 1927]; Notaria Pública Núm. 1, a cargo del Lic. Rafael Flores.

Testimonio efectuado por Mariano Chávez, Notario Núm. 11, respecto a la escritura de Slim Hermanos, constituida por José y Pedro Slim, 8 de marzo de 1904.

OTROS

Granados, Pavel, *Guía de murales del Centro Histórico*, Conaculta/inba/Telmex, México.

H&P International Consultants, S. A. de C. V., Eric Lamar Haney [perfil].

————, James C. Colt [perfil].

impulsa & Grupo Editorial Expansión. Invitación a la décima tercera ceremonia anual de gala del Salón del Empresario en México, llevada a cabo el martes 21 de junio de 2005 a las 19:30 horas en el Salón Camino Real del Hotel Camino Real, en la ciudad de México.

Plan Inttelmex.

Segumex, S. A., *Consejo de administración del Grupo Financiero Inbursa 1995*, Segumex, 05/26/95.

Slim Helú, Carlos, "Aplicaciones de programación lineal a algunos problemas de ingeniería civil", tesis de licenciatura, unam, México, 1963.

————, *Historia del Grupo Carso*.

Teléfonos de México, S. A. de C.V., "Aspectos regulatorios", en *Proceso de desincorporación de Telmex*.

————, Dirección Corporativa de Recursos Humanos, *Estructuras Inttelmex*, mayo de 1991.

————, "Entorno regulador de Telmex", en *Proceso de desincorporación de Telmex*.

————, "Oportunidades de negocio de Telmex", en *Proceso de desincorporación de Telmex*.

————, *Resoluciones del Comité Ejecutivo de Teléfonos de México, S. A. de C. V., adoptadas en junta celebrada el día 12 de febrero de 2002, a las 17:00 horas, en el inmueble ubicado en Paseo de las Palmas Núm. 736, Col. Lomas de Chapultepec, México, D. F.*

——————, *Sumario ejecutivo: desarrollo del programa de protección ejecutiva,* Telmex, México, 1994.

Telmex Investor's Meeting Speakers.

LIBROS

Alonso, Angelina, *Las aventuras del paisano Yusef,* Instituto Mora, México, 2010.

——————, *Los libaneses y la industria textil en Puebla,* Secretaría de Educación Pública, México, 1983.

Ayala Anguiano, Armando, *JLP. Secretos de un sexenio,* Grijalbo, México, 1984.

Buendía, Manuel. *Los empresarios,* Océano/Fundación Manuel Buendía, México, 1986.

——————, *Red privada,* Marcha Editores, México, 1981.

Calderón, Felipe, *El hijo desobediente. Notas en campaña,* Aguilar, México, 2006.

Camacho, Óscar, y Alejandro Almazán, *La victoria que no fue. López Obrador: entre la guerra sucia y la soberbia,* Grijalbo, México, 2006.

Carpynteiro, Purificación, *El fin de los medios. Historia personal de la guerra en las telecomunicaciones.* Grijalbo, México, 2013.

Castañeda, Jorge G., *La herencia,* Extra Alfaguara, México, 1999

Domit Gemayel, Soumaya, *La verdadera alegría es la tristeza superada,* edición de autor.

Fernández, Claudia, y Andrew Paxman, *El Tigre. Emilio Azcárraga y su imperio Televisa,* 3ª ed., Grijalbo, México, 2000.

Fisk, Robert, *La gran guerra por la civilización. La conquista de Oriente Próximo,* trad. de Juan Gabriel López Guix, Roberto Falcó, Verónica Canales y Laura Manero, Ediciones Destino, México, 2006.

Fernández Menéndez, Jorge, *Calderón presidente. La lucha por el poder,* Grijalbo, México, 2007.

Fuentes-Berain, Rossana, *Oro gris. Zambrano, la gesta de CEMEX y la globalización en México,* Aguilar/Ediciones Raya en el Agua, México, 2007.

García Luna, Genaro, *¿Por qué 1 661 corporaciones de policía no bastan? Pasado, presente y futuro de la policía en México,* Kan sasana Printer, México, 2006.

González Rodríguez, Sergio, *Campo de guerra,* Anagrama, España, 2013

Gladwell, Malcolm, *Outliers (Fuera de Serie),* Punto de Lectura, España, 2012

Hoffman, David E., *Los oligarcas. Poder y dinero en la nueva Rusia,* trad. de Francisco Ramos, Mondadori, Barcelona, 2003.

Isaacson, Walter, *Steve Jobs,* Debate, España, 2011.

López Díaz, Pedro *Diccionario de la clase empresarial mexicana*, UNAM, México, 2010.

Loren, Sophia, *Mis memorias*, Lumen, México, 2014

Martínez Assad, Carlos, *La patria en el Paseo de la Reforma*, FCE/UNAM, México, 2005.

Martínez Mendoza, José, *Los secretos del hombre más rico del mundo. Carlos Slim*, Océano, México, 2011.

Ortiz Rivera, Alicia. *Juan Sánchez Navarro. Biografía de un testigo del México del siglo XX*, Grijalbo, México, 1997.

Paz, Octavio. *El ogro filantrópico*, Joaquín Mortiz, México 1979.

Ramírez, Luis Alfonso, *Secretos de familia. Libaneses y élites empresariales en Yucatán*, Conaculta, México, 1994.

Reyes, Alfonso, *En busca del padre Mier, nuestro paisano*, UANL, Monterrey, 2011.

Rodríguez Castañeda, Rafael, *Operación Telmex. Contacto en el poder*, Grijalbo, México, 1995.

Rodríguez García, Arturo, *El regreso autoritario del PRI,* Grijalbo, México, 2014.

Scherer García, Julio, *Historias de muerte y corrupción*, Grijalbo, México, 2011.

——————, *Secuestrados*, Grijalbo/Proceso, México, 2009.

Salinas de Gortari, Carlos, *¿Qué hacer?,* Debate, México, 2013

Scott, Peter Dale, *American War Machine. Deep Politics, the CIA Global Drug Connection, and the Road to Afghanistan*, Rowman & Littlefield, Maryland, 2010.

Staglianò, Riccardo, *Bill Gates. Una biografía no autorizada*, traduc. de Alex Lomónaco, Ediciones Infinito, Buenos Aires, 2000.

Tello Díaz, Carlos, *2 de julio. La crónica minuto a minuto del día más importante de nuestra historia contemporánea*, Planeta, México, 2007.

Weatherford, Jack, *Genghis Khan and the Making of the Modern World*, EUA, 2009

COMPILACIONES (ENSAYOS)

Aristegui, Carmen, y Ricardo Trabulsi, *Transición. Conversaciones y retratos de lo que se hizo y se dejó de hacer por la democracia en México*, 2ª ed., Grijalbo, México, 2010.

Fernando Gutiérrez Barrios. Diálogos con el hombre, el poder y la política, comp. de Gregorio Ortega, Planeta, México, 1995.

Terjesen, Andrew, "Is Don Draper a Good Man?", en *Mad Men and Philosophy. Nothing is as It Seems*, Rod Carveth y James B. South (eds.), John Whiley & Sons, Hoboken, 2010, pp. 154-169.

PUBLICACIONES PERIÓDICAS

Revistas

Azulejos
América Economía
El Búho
Caras
Centro. Guía para Caminantes
Certeza. Economía y Negocios
Contenido
Emir
Etiqueta Negra
Expansión
Fortune

Forbes
Gemas del Líbano
Gatopardo
Letras Libres
Líderes Mexicanos
Milenio Semanal
Proceso
Quehacer Político
Quién
Siglo XXI World Press
Veja

Periódicos

El Economista
Excélsior
El Financiero
La Jornada
The Jerusalem Post
Le Monde
Milenio Diario
Internazionale
Il Fatto Quotidiano
The New York Times

The Washington Post
Máspormás
Piauí
Reforma
Semanario
El Socialista
El Sol de México
El Malpensante
El Universal
The Wall Street Journal

Web

AristeguiNoticias
Animal Político
El Barrio Antiguo
Revolución 3.0

Sin Embargo
Uno TV
Vice

Alarcón, Raúl. "Ingrid Yrivarren: Embajadora del Perú". *Caretas*, http://www.caretas.com.pe/Main.asp?T=3082&S=&id=12&idE=748&idSTo=74&idA=29319#.U9KVZON5Pd0.

Badillo, Miguel. "Lunes 07 de abril de 2008". *Oficio de Papel. Columna semanal del periodista Miguel Badillo*, abril 7, 2008, http://oficiodepapel.com.mx/contenido/?p=284.

"Balean a Miembros de la Escolta de Carlos Slim". *Emerging Markets Inormation Service*,http://site.securities.com/doc.html?pc=MX&sv=CORP&doc_id=35619783&auto=1&que...

Beltrán del Río, Pascal. "La operación Casablanca, tragicómica trama de engaños, incongruencias y corrupción". *Proceso*, may. 24, 1998, http://hemeroteca.proceso.com.mx/?page_id=278958&a51dc26366d99bb5fa29cea-4747565fec=178148&rl=wh.

"Biografía." *Carlos Slim Helú.* http://www.carlosslim.com/biografia.html.

"Carlos Slim Domit/Embajadores Ale." Video de YouTube, 3:36. Posteado por "Asociación Ale IAP", julio 20, 2010. https://www.youtube.com/watch?-v=Zxy35VFnBXc.

"Carlos y Patrick Slim Domit/Embajadores Ale." Video de YouTube, 3:21. Posteado por "Asociación Ale IAP", agosto 13, 2010. https://www.youtube.com/watch?v=tomNQQr7UvA.

Cervantes, Sarai. "Arco Norte primer carretera inteligente en México" .*Grupo en Concreto*, jun. 16, 2009.

"De su pensamiento." *Carlos Slim Helú.* http://www.carlosslim.com/preg_resp.html.

New York Times, When Soros Decided to Go for the Jugular, 4 de junio de 2010.

http://dealbook.nytimes.com/2010/06/04/when-soros-decided-to-go-for-the-jugular/?_r=0

Fiscalía General de la Nación. "Multimillonario blanqueo develado en la 'Operación Casablanca'". *Fiscalía General de la Nación*, ago. 1, 2006, http://fiscalia.gov.co/pag/divulga/noticias2006/lavado/LavaCblancaAgo01.htm.

"Ideal de Slim gana conexión carretera norte México". *Terra*, oct. 15, 2009, http://economia.terra.com.mx/noticias/noticia.aspx?idNoticia=200910152132_RTI_1255642359nN15200474.

"Información, entrevistas, preguntas y respuestas." *Carlos Slim Helú.* h t t p : / / www.carlosslim.com/preg_resp.html.

"Ingrid Yrivarren: ¡Que viva México!" *Caretas.* http://www.caretas.com.pe/Main.asp?T=3082&idE=796&idS=74#.U9qFweN5Pd0.

Jiménez, Juan Ramón. "Mr. Monopoly". *Voltairenet.org*, diciembre 2005, http://www.voltairenet.org/article132987.html.

Labardini Inzunza, Adriana. "¿Por qué la reforma al artículo 17 constitucional es la reforma ciudadana más importante del siglo XXI?: acceso a la justicia colectiva". *AlConsumidor*, mar. 2010. http://www.alconsumidor.org/noticias.phtml?id=987.

"La fiesta inesperada." *Caretas*. http://www.caretas.com.pe/Main.asp?T=3082&id=12&idE=756&idA=30317#.U9qExON5Pd0.

"La historia de Carlos Slim." Video de YouTube, 9:25. Posteado por "mborden2010's channel," dic. 10, 2010. https://www.youtube.com/watch?v=i-FVDW4gXin8.

Levario Turcott, Marco. "'Casablanca'. *El Universal* apoyó esa operación estadunidense." *Etcétera*, sin fecha, http://www.etcetera.com.mx/1998/278/LTM0278.HTM.

"Medalla 1080 al Centro de Estudios de Historia de México Carso". *Correo de H-México* (blog), jul. 28, 2010 (7:19 a.m.), http://historia-mex.blogspot.com/2010/07/medalla-centro-carso.html.

"Patrick Slim Domit / Embajadores Ale." Video de YouTube, 2:22. Posteado por "Asociación Ale IAP", ago. 9, 2010, https://www.youtube.com/watch?v=yeqDD5ulMqw.

Ramírez, Carlos. "Telmex: pleito entre ex socios. Reclamos de Hernández Juárez". *Zócalo* (Saltillo, CL), http://www.zocalo.com.mx/seccion/opinion-articulo/telmex-pleito-entre-ex-socios.

Ruiz Rojina, Gilberto. "Entrevistamos al Dr. Javier Elguea, Rector del Instituto Tecnológico Telmex IT". *Sputnik*, may. 27, 2010. http://www.spk.la/2010/05/entrevistamos-al-dr-javier-elguea-rector-del-instituto-tecnologico-telmex-it/.

Slim Helú, Carlos. Entrevista realizada por Estela Caparelli. "Información, entrevistas, preguntas y respuestas. Entrevista realizada al Ing. Carlos Slim Helú, por Estela Caparelli, publicada en la Revista *Época Negocios,* núm. 6, del 1º de agosto de 2007". *Carlos Slim Helú*. http://www.carlosslim.com/preg_resp_entrevistaepoca.html.

Teléfonos de México, S. A. de C. V. "Telmex Impulso a la Innovación Tecnológica. Boletín informativo 31-05-10". *Telmex*, may. 2008. http://www.telmex.com/web/acerca-de-telmex/-/telmex-impulso-a-la-innovacion-tecnologica-?redirect=http%3A%2F%2Fwww.telmex.com%2Fweb%2Facerca-de-telmex%2Fprensa%3Fp_p_id%3D101_INSTANCE_K6e85ZzOcG04%26p_p_lifecycle%3D0%26p_p_state%3Dnormal%26p_p_mode%3Dview%26p_p_col_id%3Dcolumn-1%26p_p_col_pos%3D3%26p_p_col_count%3D4%26_101_INSTANCE_K6e85ZzO-

cG04_advancedSearch%3Dfalse%26_101_INSTANCE_K6e85ZzOcG04_
keywords%3D%26p_r_p_564233524_tag%3D2010%26_101_INSTANCE_
K6e85ZzOcG04_delta%3D5%26_101_INSTANCE_K6e85ZzOcG04_
cur%3D15%26_101_INSTANCE_K6e85ZzOcG04_andOperator%3Dtrue.

——————. "Inauguran la Secretaría de Marina y Teléfonos de México la Casa Telmex. Boletín informativo 24-11-08". *Telmex*, noviembre de 2008.

——————. "Telmex ofrece infraestructura tecnológica de telecomunicaciones, además de otros apoyos, para la difusión del Festival Internacional Cervantino en su edición XXXVII. Boletín informativo 19-10-09". *Telmex*, octubre de 2009.

——————. "Por octavo año consecutivo, Teléfonos de México recibe el distintivo 'Empresa Socialmente Responsable' por parte del Centro Mexicano para la Filantropía (Cenefi). Boletín informativo 17-03-09". *Telmex*, marzo de 2009.

——————. "Telmex, a través de su Instituto Tecnológico (Inttelmex) y el Instituto Tecnológico de Formación Policial serán responsables de la capacitación personal que operará el Proyecto Bicentenario de 'Ciudad Segura'. Boletín informativo 19-10-10". *Telmex*, octubre de 2009.

Teléfonos de México, S. A. de C. V. "El Jefe de Gobierno del D. F. y el Director General de Telmex inauguraron el Instituto Tecnológico de Teléfonos de México. Boletín informativo 20-05-10". *Telmex*, mayo de 2010. http://www.telmex.com/web/acerca-de-telmex/-/el-jefe-de-gobierno-del-df-y-el-director-general-de-telmex-inauguraron-el-instituto-tecnologico-de-telefonos-de-mexico-?redirect=http%3A%2F%2Fwww.telmex.com%2Fweb%2Facerca-de-telmex%2Fprensa%3Fp_p_id%3D101_INSTANCE_K6e85ZzOcG04%26p_p_lifecycle%3D0%26p_p_state%3Dnormal%26p_p_mode%3Dview%26p_p_col_id%3Dcolumn-1%26p_p_col_pos%3D3%26p_p_col_count%3D4%26_101_INSTANCE_K6e85ZzOcG04_advancedSearch%3Dfalse%26_101_INSTANCE_K6e85ZzOcG04_keywords%3D%26p_r_p_564233524_tag%3D2010%26_101_INSTANCE_K6e85ZzOcG04_delta%3D5%26_101_INSTANCE_K6e85ZzOcG04_cur%3D16%26_101_INSTANCE_K6e85ZzOcG04_andOperator%3Dtrue.

Valdez Mondragón, Carolina. "Carlos Slim Helú, el magnate mexicano." *Protocolo Foreign Affairs and Lifestyle,* may. 2009. http://www.protocolo.com.mx/personajes/carlos-slim-helu-el-magnate-mexicano/.

Vázques, Gisela, y Alberto Bello. "El secreto de Carlos Slim". *CNNExpansión*, dic. 23, 2007. http://www.cnnexpansion.com/negocios/2007/12/21/el-estilo-slim.

Índice onomástico

Agradecimientos

A lo largo de estos siete años de trabajo recibí variadas asesorías para entender temas complejos de diversos ámbitos, como el financiero, el de telecomunicaciones, o el político. Quiero destacar a una persona en especial, que por desgracia murió antes de que este proyecto viera la luz: el periodista Miguel Ángel Granados Chapa, quien con información, consejos y tips periodísticos me hizo avanzar en diferentes momentos. Otra de las personas fundamentales en este proceso también falleció en el camino: Conrado Osorno, un tío comerciante que en mi adolescencia me regalaba cariñosamente libros de Og Mandino, como *El vendedor más grande del mundo*. Mi tío Conrado era en la década de 1990 un crítico feroz de Carlos Slim, debido a la forma en que éste adquirió Telmex; sin embargo, al igual que no pocos mexicanos, en los años recientes había cambiado su punto de vista sobre el magnate y lo veía incluso como un mexicano ejemplar en múltiples sentidos. Sus constantes preguntas y percepciones me ayudaron a no olvidar esta perspectiva con la que ahora se mira comúnmente en México a Slim.

Asimismo, debo agradecer a Julio Villanueva Chang, editor de la revista peruana *Etiqueta Negra*, con quien trabajé intensamente el perfil de *El mecenas que usa calculadora*, y que me sirvió como base para este libro. En este mismo sentido, tengo que agradecer a la revista *Proceso*, por el Premio Internacional de Periodismo que me fue otorgado en 2011 por la historia de Julián Slim Helú que al igual forma parte de este libro y fue galardonada por un jurado compuesto por Jon Lee Anderson, Juan Villoro, Alma Guillermo Prieto, Vicente Leñero y Rafael Rodríguez Castañeda.

A los 15 años leí *Los periodistas*, de Vicente Leñero, y *La guerra de galio*, de Héctor Aguilar Camín, dos libros que novelan el golpe asestado en los setenta por el gobierno de Luis Echeverría al periódico *Excélsior*, que dirigía un periodista llamado Julio Scherer.

AGRADECIMIENTOS

Así como algunos adolescentes que gracias a sus primeras lecturas quedan marcados por héroes clásicos como Tom Sawyer o Marco Polo, a mí me marcó descubrir la existencia de un periodista cabal que enfrentó la censura en un momento ya épico de la historia reciente de México, en el cual se creó la revista *Proceso*. Me volví lector voraz de don Julio Scherer. No había nada que él escribiera que yo no leyera *ipso facto*. Devoraba sus libros e incluso los llevaba a todos lados como una brújula existencial. En mis primeras faenas como reportero y hasta el día de hoy, ante dilemas importantes, es común preguntarme internamente lo que haría Scherer frente una situación así.

Algo que siempre me impresionó de don Julio —a quien tuve la fortuna de conocer en vida— fue la manera en que se relacionó con las altas esferas del poder, esa determinación espartana con la que el fundador de *Proceso* les decía la verdad a los poderosos. Mientras trabajaba en este libro pensaba mucho en ese valioso aspecto de él, ya que en algunas ocasiones me cansaba y sentía que debía abandonar el proyecto de escribir sobre un hombre tan poderoso para volver a dedicarme a contar historias de la marginalidad. Sin embargo, los héroes legendarios que forjamos en la adolescencia están destinados a permanecer en nuestra ensoñación. Se quedan como dioses que acompañan nuestra vida pagana y cotidiana para, de repente, manifestarse: así, ese noviembre de 2011 en que recibí de sus manos el premio por el 35 aniversario de la revista *Proceso* fue uno de los momentos más felices de mi vida y me dio el aliento que me faltaba para terminar este libro.

Otros agradecimientos puntuales que debo hacer son a Issa Goraieb, Raymundo Pérez Arellano y Adriana Esthela Flores, baluartes durante mi viaje a Beirut.

En Nueva York a Francisco Goldman, Jon Lee Anderson, Rocío Cavazos, Michelle García y David Sullivan (QEPD).

En la ciudad de México a Batsheva Faitelson, José Martínez, Alejandro Rodríguez, Federico Arreola, Guillermo Osorno, Jesús Rangel, Carolina Enríquez, Fabrizio Prada, Emiliano Monge, John Gibler, Fabrizio Mejía, Froylán Enciso y Juan Villoro. También, por su fraternidad y aliento, a mis amigos Alicia Cárdenas, Alejandro Almazán, Alejandro Sánchez, Manuel Larios, Nayelli Castillo, Neldi Sanmartín, Juan Carlos Reyna y José Luis Valencia.

En Monterrey a César Cantú, Jessica Guerrero, Guillermo Martínez Berlanga, Karem Nerio y Abraham Nuncio.

AGRADECIMIENTOS

Para ciertos tramos específicos me ayudaron Diego Fonseca, Elda Cantú, Emma Friedland, Ely Treviño, Fernando Montiel, Miguel Ángel Vargas, Gabriela Pollit y Gustavo G. En diferentes momentos conté también con la ayuda especial de Melissa del Pozo, Lucía Paola Olivares, Ana Lucía Heredia, Jorge Hernández y Sarasuadi Vargas.

Debo una gratitud especial al equipo editorial conformado por Cynthia Chávez, Aurora Higuera, Enrique Calderón, Cristóbal Pera y Andrés Ramírez.

Por último, gracias más que a nadie, a toda mi adorada familia.

Slim de Diego Enrique Osorno
se terminó de imprimir en noviembre de 2015
en los talleres de
Litográfica Ingramex, S.A. de C.V.
Centeno 162-1, Col. Granjas Esmeralda, C.P. 09810 México, D.F.